财务管理
理论与实务

CAIWU GUANLI
LILUN YU SHIWU

主　编　孙燕芳　王爱东
副主编　齐建民　刘　锴　冯　磊

科 学 出 版 社
北　京

内 容 简 介

财务管理是组织企业财务活动、处理财务关系的一项经济管理工作，本书以企业价值管理为主线，系统介绍了财务管理的基本理论与方法和财务管理的主要职能，侧重于培养学生的财务管理理念和对财务决策方法的应用能力。本书立足于财务管理从信息化向数字化、智能化转型的变革，通过前瞻性的案例导入突出教学内容的问题导向，结合复杂情境的案例分析突出教材的启发性和实用性。

本书适用于高等院校会计学、财务管理、金融学、工商管理等专业的本科教学，以及会计硕士、金融硕士、工商管理硕士等专业硕士学位相关课程的教学。本书也适合作为从业者自主学习财务管理知识的参考书。

图书在版编目（CIP）数据

财务管理：理论与实务/孙燕芳，王爱东主编. —北京：科学出版社，2022.12

ISBN 978-7-03-073065-7

Ⅰ. ①财… Ⅱ. ①孙… ②王… Ⅲ. ①财务管理 Ⅳ. ①F275

中国版本图书馆 CIP 数据核字（2022）第 162723 号

责任编辑：郝 悦/责任校对：贾娜娜

责任印制：张 伟/封面设计：楠竹文化

科学出版社出版

北京东黄城根北街 16 号

邮政编码：100717

http://www.sciencep.com

北京九州迅驰传媒文化有限公司 印刷

科学出版社发行 各地新华书店经销

*

2022 年 12 月第 一 版 开本：787×1092 1/16

2024 年 1 月第四次印刷 印张：19 3/4

字数：456 000

定价：58.00 元

（如有印装质量问题，我社负责调换）

前　言

财务管理学是一门对企业财务问题进行系统研究的学科，是一门存在于金融学大厦之下的微观层面的分支学科，也是当前最具活力和发展潜力的学科。财务管理是价值管理的过程，是关于企业资源取得与使用的管理活动。本书紧紧围绕价值管理这一核心，以企业价值最大化为目标导向，以价值创造为主线，尽可能清晰地将一个全面完整的财务管理体系呈现给读者，并体现出最新的财务管理研究成果。

本书系统地介绍财务管理的基本理论和基本方法。全书内容共分为九章：第一章是财务管理总论，主要介绍财务管理的概念、职能、组织结构、目标及金融市场等；第二章是财务预测与计划，这是财务工作的起点；第三章是财务估价基础，估价问题是财务的核心，其几乎涉及每一项决策，故单独设为一章介绍其基础知识；第四章是项目投资决策，作为最核心的财务决策，其决定了企业的价值创造能力；第五章是证券投资决策，主要介绍基础证券的投资评价方法和投资组合理论；第六章是融资决策，主要介绍融资渠道与方式、资本成本与资本结构等；第七章是股利决策，主要介绍股利理论和各种分配政策；第八章是营运资金管理决策，作为日常财务工作的主体，营运资金的持有与筹集政策直接影响企业价值最大化目标的实现；第九章是财务分析，主要介绍财务分析的指标和方法。

为了让读者更深入地理解财务管理相关理论与方法，作者撰写时配合了案例导入和案例分析，努力体现本书的科学性、启发性、完整性和实用性。本书可作为本科阶段会计学、财务管理学等工商管理类专业学生学习财务管理的通用教材，也适用于 MBA、MPAcc 相关课程的学习。

党的二十大报告指出："我们要坚持教育优先发展、科技自立自强、人才引领驱动，加快建设教育强国、科技强国、人才强国，坚持为党育人、为国育才，全面提高人才自主培养质量，着力造就拔尖创新人才，聚天下英才而用之。"教材是教学内容的主要载体，是教学的重要依据、培养人才的重要保障。在优秀教材的编写道路上，我们一直在努力。

全书由孙燕芳教授和王爱东教授负责设计内容结构和审核定稿。各章内容的撰写具体分工如下：第一章、第二章由孙燕芳执笔，第三章、第九章由冯磊执笔，第四章、第五章由齐建民执笔，第六章由王爱东执笔，第七章、第八章由刘锴执笔。

本书在编写和出版过程中，得到了中国石油大学（华东）经济管理学院有关领导和各位同仁的关心和帮助，在此谨向他们表示最诚挚的感谢。限于作者水平，本书可能存在一些不妥之处，恳请读者批评指正。

孙燕芳

2022年3月于青岛

目　录

第一章

财务管理总论

✧ 案例导入

华为成功实施了 IFS（integrated financial system，集成财务转型）变革，其财务管理工作对公司管理效益的提升起到了强大的推动作用。华为管理纲要指出：财务与业务是辩证统一的关系，财务必须融入业务。财务与业务的关系可从两个维度来看：第一，财务监督业务，对业务成果的真实性进行审核，并做出记录；第二，财务服务业务，为业务协调资源，为业务决策提供支持。但财务融入业务，好说难做。

对于财务管理人员如何与业务人员进行沟通，怎样做好工作对接，华为财经管理部提出了“四化”标准：财务理论大众化、财务语言通俗化、财务制度统一化、财务输出模板化。这“四化”有语言的艺术、有工作的技巧，对财务切入业务提供了方法。如何切入业务，可优选三个方向：①参与项目管理。一个项目相当于一个小企业的完整周期，全面且贴近业务，经历这样的循环，财务管理人员可以为晋升为 CFO（chief financial officer，首席财务官）奠定基础。②参与经营分析。华为推崇经营分析，而不是单纯的财务分析，即要透过财务数据挖掘背后的业务原因，指出问题、找出对策、落实责任、到期考核。③参与预算预测。计划是方向，预算是量化，核算是校验，三者互相促进，其关键点是做计划的人要懂业务。

财务管理是一项旨在实现企业价值增值、增加股东财富的价值管理活动，财务管理学是对企业财务管理活动的一般规律进行研究的一门学科。

企业需要通过一系列的手段和采取多种方式来追求价值最大化和增加股东财富，其中投资决策是核心问题。通过发现投资机会、实施投资行为，才能使企业保持竞争地位，在竞争中立于不败之地；为了保证投资行为的顺利实施，需要筹措资金；为了投资行为的正确实施，需要进行监督和考核；为了对外展示公司的价值，需要进行利润分配，所以财务管理是一系列的管理行为。

为了实现财务目标，财务管理需要具有财务预测和计划、财务决策、财务控制、财务分析等职能，其中财务决策是核心。通常认为有四个重要的财务决策，即投资决策、融资决策、股利决策和营运资金管理决策。

企业的财务管理工作是一项技术性很强的工作，要想成为一名合格的财务管理人员就必须了解一些必要的金融学基础学说和模型，如果企业的决策问题依据管理者的经验意志来解决，而缺少财务理论的支持，就必然导致财务管理水平低下从而影响企业的稳定发展。此外，金融市场是企业投资和筹资的场所，财务管理人员必须熟悉金融市场的规则，有效地开展资金筹措和资本投资等活动。本章主要介绍财务管理的相关基本概念和基本理论。

第一节 财务管理的概念与职能

一、财务管理的概念

（一）财务管理学的学科性质

财务管理学也称为公司理财学，是一门独立的学科，是对企业财务问题（主要是投融资问题）进行系统研究的学科，涉及企业财务活动的所有方面，从财务计划、财务决策到财务控制与考核，还包括财务管理机构和财务人员管理。财务管理学面向所有企业，公司理财学面向公司制企业。财务管理学属于微观金融，是经济学的一个分支，主要研究基于投资机会预期收益的投资价值、一般项目投融资、战略投融资、并购重组，重点关注收益率和风险管理。

财务管理学是对企业财务行为的一般规律进行研究的一门学科。20 世纪 20 年代，随着企业外部融资活动的广泛开展，尤其是美国大型股份有限公司的不断建立和发展，理财问题逐渐引起学者的注意。20 世纪 20 年代末及 30 年代初全球性经济大恐慌的出现，使得资本结构、流动性和兼并、破产等问题成为财务管理学的主要研究对象。20 世纪 40 年代及 50 年代前半期，现金流量概念及其相关的现金流量规划与控制开始引起人们的关注。20 世纪 50 年代末以莫迪格莱尼（Modigliani）教授与米勒（Miller）教授发表的MM资本结构无税模型为起点，财务管理学发生了革命性的进步。这种进步主要体现在将企业价值最大化作为理财活动的基础，其成为人们普遍接受的理财行为和绩效的评判准绳。同时它也成为贯穿财务管理学整体的一个基本思路，即所有的财务决策都以了解企业价值为始，以企业价值最大化为终。伴随着这些概念的进步，还有许多技术上的进步，如资本预算编制技术越来越完善，经济学中的一些分析方法开始运用于解决财务问题。

（二）财务管理的含义

财务管理是以资金运动为管理对象，以资源配置为手段，以企业价值最大化为目标的企业管理活动。具体而言，财务管理是一项关于企业资源的取得与使用的管理活动。资源的取得是指筹资活动，即以最低的成本筹集经营活动所需要的各种资本。企业为了开展和维持正常的经营活动，需要具备包括有形资产和无形资产在内的各种经营性资产，企业为了取得对这些经营性资产投资所需的资金，必须出售代表所有权或债权的有价证券，即金融资产。它们代表着对企业经营性资产及其产生的现金流量拥有求偿权，这就要求企业的经营性资产能取得足够的现金流量以满足这些金融资产持有者的求偿权。资源的使用是指投资活动，即将筹措的资本用于旨在提高企业价值的各项活动，企业的各种经营性资产都必须通过投资形成。

财务管理分为长期投资管理、长期筹资管理和营运资本管理三个部分。长期投资管理（资本预算）主要侧重于企业资本的投向、规模、构成及使用效果管理；长期筹资管理主要侧重于资本的来源渠道、筹措方式、成本及结构管理；营运资本管理主要侧重于流动资产管理和为维持流动资产而进行的筹资管理。投资管理、筹资管理及营运资本管理共同作用的结果是使资源的使用效益大于资源的取得成本，实现企业价值最大化。需要说明的是，股利政策能确定企业的利润如何在股利和再投资这两方面进行分配。分配股利会增加股东财富，但若不将利润作为股利分配给股东，它就会成为企业的一项资本来源，将其进行再投资可为股东创造更多的财富。因此，在投资既定的情况下，企业的股利政策可看作筹资活动的一个组成部分。

二、财务管理的职能

财务管理的职能主要包括财务预测和计划、财务决策、财务控制、财务分析。

（一）财务预测和计划

财务预测是根据财务活动的历史资料，考虑现实的要求和条件，对企业未来的财务活动和财务成果做出科学的预计和测算。财务预测是制订财务计划的重要依据，任何一个企业对于未来的发展都需要做出多种设想和方案，这些方案中的收入、成本、利润和资金需要量等数据都是财务预测提供的。通过对销售前景的预测，财务预测有助于评估该增加还是减少生产能力，从而安排筹资计划。

财务计划可以分为财务规划和财务预算。财务规划是指相互协调资金、利润和成本以适应企业发展规模和水平。财务规划工作的重点在于对各部门活动进行协调，为财务预算提供基础。例如，市场营销影响了销售的增长，相应地，对投资要求也产生了影响，因此必须协调财务决策与资金来源、存货管理与生产能力之间的关系。财务部门必须与其他职能部门保持沟通和协调，以确保公司更为有效地运作。财务预算是指运用科学的技术手段和数量方法，对未来财务活动的内容及指标进行具体规划。财务预算是财务计划工作的重要成果，它不仅使财务决策更加具体化，而且是财务控制的依据。当财务管理人员着手准备并提出将决定公司未来发展的计划时，必须与其他管理人员保持交流。

（二）财务决策

财务决策是指财务管理人员按照财务目标的总体要求，利用专门方法对各种备选方案进行比较分析，并从中选出最佳方案的过程。在市场经济条件下，财务管理的核心是财务决策，财务预测是为财务决策服务的，财务决策成功与否直接关系到企业的兴衰成败。

一个财务决策系统由决策者、决策对象、信息、决策理论和方法及决策结果五个要素构成。决策者是决策的主体，可以是一个人，也可以是一个决策机构；决策对象是决策的客体，即决策想要解决的问题；信息包括企业内部功能的信息，以及企业外部环境的状态和发展变化的信息；决策理论和方法包括决策的一般模式、预测方法、定量分析和定性分析技术、决策方法论、数学和计算机应用等；决策结果是指通过决策过程形成的、指导人的行为的行动方案。

在企业财务管理活动中，通常认为有四个重要的财务决策：投资决策、融资决策、股利决策和营运资金管理决策。

1. 投资决策

投资决策又称为资本预算决策，是关于企业长期的、资本性的投资决策。具体方法是通过对投资项目所涉及的所有现金流量——现金流出与现金流入的预测与分析，对投资项目的绩效进行评价。只要投资项目的报酬率高于企业的资本成本，即项目的净现值为正值，项目就可以被接受，否则项目将被否决。

只有能够增加企业价值、股东财富的投资项目，才是可以被采纳的项目。按照现代财务理论，只有能够创造正净现值的投资项目才是企业价值的唯一源泉，同时也是企业实现财务目标的根本途径。投资决策是企业第一位的财务决策，是决定企业未来发展方向的财务决策，是最为重要的财务决策。

2. 融资决策

融资决策是企业关于长期融资问题所进行的取舍，如股票融资的数额、时机问题的决定；公司债券融资的数额、时机问题的决定；海外融资问题的决定；等等。融资决策其实是为企业的投资决策和经营活动服务的。按照MM资本结构无关理论，资本结构与企业的价值无关。虽然这一理论是在一些极端假设的基础上得出的，但财务管理人员也必须认识到能够影响并决定企业价值的唯有投资决策，其他所有的因素都是附属的要素，包括融资决策。

随着企业直接投资方式的大量运用以及证券市场的不断发展，企业融资活动的外部化现象越来越突出。融资活动外部化，就是一旦公司做出融资决策，一些重大的融资行为就可以委托给外部的专门人员和专门机构如投资银行、证券公司等机构来实施。对于企业的财务管理人员来讲，他们首先要明确各种不同的融资方式的重要特点以及对企业未来的股权结构、现金流量等产生的不同的影响，这是科学地进行融资决策的基础。

3. 股利决策

股利决策是上市公司财务决策系统中的重要内容之一，直接影响着股东财富的变化，是沟通企业现金流量与股东财富的基本途径。一个发展健康、管理理性的上市公司必然有明确的、稳定的股利政策，因为这是吸引股票投资者的重要方式之一。

股利政策的主要内容大致有两点：一是决定股利支付率的高低，即决定将多少当年的税后净利润以股利的方式分派给公司的股东；二是决定股利支付的具体形式，是以现金股利的方式，还是以股票股利的方式。

4. 营运资金管理决策

营运资本决策是关于企业流动资产占用和流动负债融资的政策。营运资本决策的制定，在客观上取决于以下几个因素：①财务管理人员对于未来经营活动中收益和风险的权衡态度。例如，如果极端厌恶财务风险，财务管理人员会制定较为稳健的营运资本决策；如果企业有意在效率提高方面做出努力，就会制定较为激进的营运资本决策。②财务管理人员对于营运资本性质的认识。例如，如果财务管理人员认为流动资产占用不会带来现金流量，对企业价值的创造不会产生任何有利的影响，那么，就会尽量地减少流动资产的占用。③企业经营活动的效率。通常情况下，企业的经营活动效率越高，资金的周转速度越快，营运资本决策就可以越激进。④行业特征的影响。与股利决策一样，营运资本决策是一个极具行业特征的财务决策。换言之，同行业其他企业营运资本决策的现状会在很大程度上影响到本公司的营运资本决策的制定。

（三）财务控制

财务控制是在财务管理的过程中，利用有关信息和采取特定手段，对企业财务活动施加的影响或进行的调节。实行财务控制是落实预算任务、保证预算实现的有效措施。财务控制的职能是对比应达计划与实际状况之间的差异，分析产生差异的原因，采取相应行动以纠正差异，使财务活动向既定目标发展。

财务控制是企业内部控制和风险管理的一个重要方面，依据内部控制和风险管理的基本原理，财务控制包括控制环境、目标设定、事项识别、风险评估、风险应对、控制活动、信息和沟通及监控八个基本要素。

（四）财务分析

财务分析是根据核算资料，运用特定方法，对企业财务活动过程及其结果进行分析和评价的一项工作。通过财务分析，可以掌握各项财务计划的完成情况，评价财务状况，研究和掌握企业财务活动的规律性，提高财务预测、决策、预算和控制水平，以及企业管理水平，增加企业经济效益。

三、财务管理的组织结构

企业管理行为的科学化体现在管理行为的逐渐细化与理性化方面。为实现管理行为的科学化，管理人员的职业化特征也越来越明显，对于提高企业管理水平起着非常大的作用。理财行为是一种极为复杂的管理活动，没有强大机制上的支持和执行人员理念上的支持，便不可能达到财务管理的较高水平。

财务管理工作在企业管理体系中的地位是很高的。在总经理之下，有各司其职的多位副总经理，如负责营销的副总经理、负责生产的副总经理、负责财务管理的副总经理等。财务副总经理事实上已经成为一个超过其他副总经理的管理职位，他所从事的工作在整个企业经营管理活动中客观上已居于重要的位置。

公司的组织结构如图 1-1 所示。

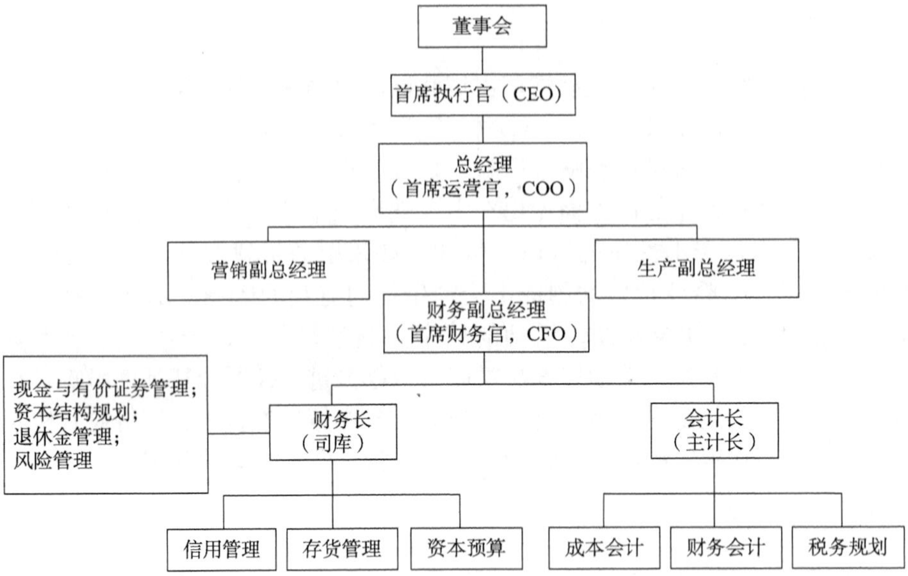

图 1-1　公司组织结构

在一个现代化的企业中，CFO 是管理职位次于 CEO（chief executive officer，首席执行官）的一位高级管理者。与 CEO 不同，CFO 的主要职责有三点：①明确 CEO 关于企业发展的战略考虑及其核心措施；②对企业发展过程中潜在的各种风险进行预测和规避；③科学地运作资金，保证企业发展战略的顺利实施。在这个过程中，CFO 最为紧要的素质就是要冷静地对 CEO 提出的发展战略进行周密地分析和科学地判断，并以财务技术量化企业的未来图景，提出针对性的财务规划，并敦促企业各个管理部门按照规划运作，保障企业经营目标的实现。在一个企业中，CEO 可以是胸怀大志的天才；但作为企业家左膀右臂的 CFO，他必须要经过严格的学术训练，具有科学的财务管理理念，掌握现代化的理财技术，这是企业能否取得成功的一个主要因素。

CFO 下通常设立会计部门和财务部门，分别由主计长和司库负责。主计长（会计长）的职责主要是通过各种会计核算工作向外部投资者和企业管理当局提供各种量化的财务信息；司库（财务长）的职责主要是负责企业的现金管理，对融资行为与投资行为的管理，以及与银行、股东及其他投资者保持联系。早在 20 世纪 30 年代，人们就已经认识到，财务长的主要职责在于管理企业的现金流动及保障企业的偿债能力。这种认识，时至今日仍为至理名言。由于现金流量的极端重要性，会计长负责财务报告工作，但有关现金流量的预测与报告工作，一般仍由财务长掌握。

在计算机技术极为发达的今天，几乎全部的会计处理工作皆可通过管理信息系统或数据处理的方式来进行，这是由财务会计的本质特征决定的。会计处理要求规范化、系统性和真实性，在一系列标准已规定明确的情况下，会计信息产生的过程其实就成为一种简单意义上的数据处理过程。而且，在这一过程中，不能再加进任何人为因素，否则必将影响到会计信息的客观性和准确性。与之相反，计算机技术再发达，也不可能取代人脑进行财务管理活动，因为财务管理的本质是根据企业当前的实际情况，制定出当前适用的财务决策，从而实现企业价值的最大化。财务管理活动更强调尊重事实，随机应变，抓住机遇，而这恰恰是计算机所不能为的。

在一些大型公司里，上述各种管理职责，有的集中在财务部门，有的由几个部门共同承担。例如，应收账款中的信贷限额可由财务部门负责，也可由市场部门负责，但由此引起的现金流量必须通过财务部门才能完成。又如，为企业现在经营或未来增长提供资本是财务经理的主要职责之一，但有关筹资工具或金融品种的设计、包装、发行，通常由财务部门和证券管理部门（如果企业专门设置了这一部门）共同完成。虽然企业的资本预算过程交由 CFO 或财务长负责组织、监管，但重大资本投资项目、产品开发计划、产品营销等方面的决策需要相关部门经理参与筹划和分析，最终的决策需由企业 CEO 或董事会决定或批准。

第二节 财务管理的目标

一、财务管理目标的含义

财务管理目标即理财目标，它是企业优化财务管理行为结果的理论化描述，又是对企业财务管理行为的理性化牵引，有助于提高财务决策的科学性与合理性。对于财务管理人员而言，确立明确合理的财务管理目标是极为重要的，这有助于科学地进行财务决策，保持日常财务管理行为的高效与规范化，并能够帮助财务管理人员建立科学的财务管理理念。从根本上说，财务管理目标取决于企业生存的目的或企业目标。根据现代企业财务管理理论和实践，最具有代表性的财务管理目标主要有以下几种观点。

（一）利润最大化

起源于亚当·斯密、基于“经济人”假说的利润最大化目标是经济学界的传统观点，时至今日这种观点在理论界和实务界仍有较大影响。

利润最大化目标假定在企业的投资预期收益确定的情况下，财务管理行为将朝着有利于企业利润最大化的方向发展。利润是企业在一定期间全部收入和全部费用的差额，是按照收入与费用配比原则加以计算的。它不仅可以直接反映企业创造剩余产品的多少，而且也从一定程度上反映出企业经济效益的高低和对社会贡献的大小。同时，利润是企业补充资本、扩大经营规模的源泉。因此，以利润最大化为财务管理目标是有一定道理的。

利润最大化目标在实践中存在以下难以解决的问题：①没有考虑利润的取得时间，不能体现资金的时间价值。例如，今年获利 500 万元和明年获利 500 万元，哪一个更符合企业的目标？若不考虑资金的时间价值，就难以做出正确的判断。②没有反映创造的利润与投入的资本之间的关系，不利于不同资本规模的企业或同一企业不同时期之间的比较。例如，同样获得 500 万元利润，一个企业投入资本 5 000 万元，另一个企业投入 4 000 万元，哪一个更符合企业的目标？如果不与投入的资本额联系起来，则难以做出正确判断。③没有考虑风险因素，高额利润往往要承担高风险。例如，同样投入 1 000 万元获利 500 万元，一个企业获利已全部转化为现金，另一个企业获利则全部是应收账款，并可能发生坏账损失，哪一个更符合企业的目标？若不考虑风险大小，就难以做出正确判断。如何处理风险问题，如何权衡报酬与风险之间的关系，是现代财务理论高度关注的问题，也是理财目标假设中不容忽视的一个方面。利润指标恰恰在处理风险的问题上无计可施。④片面追求利润最大化，可能导致企业短期行为，如忽视产品开发、人才开发、生产安全、技术装备水平和履行社会责任等。由于利润的性质及其会计技术问题，利润最大化可能只适于作为单期目标而非多期或长期目标。以利润最大化为理财目标势必会形成大量的短期行为，也就是说，这一目标很难实现当期绩效与未来发展之间的良好沟通，当期利润极大并不意味着企业可以维持一个持续发展的态势。必须明确的一点是，一切短期行为的本质都是以未来企业综合实力的下降或丧失为代价来换取当前的利益，它必将严重影响企业的未来发展，给企业投资者造成难以弥补的损失。杜绝短期行为是企业财务管理过程中必须坚持的一个基本原则。

一个科学的财务管理目标，应当有助于财务管理行为的科学化与高效化。如果将利润最大化作为企业的财务管理目标，管理当局势必将很大一部分精力用在对企业盈余的操纵上以及对利润表的管理上，而这种行为无论是对优化企业的财务状况，还是增加企业价值，都不利。在我国，管理人员普遍关注利润表的编制以及对利润表有关数据的分析，说明利润最大化观念已经深入人心。但客观事实证明，片面地、孤立地追求利润，尤其是短期利润，将给企业的可持续发展造成非常不利的影响。

利润最大化不能作为企业财务管理的目标，并不意味着利润指标在财务管理活动中的作用完全丧失。在财务管理活动中，利润额与多种形式的利润率仍然是判断企业获利水平的重要指标。

（二）股东财富最大化

这种观点认为，增加股东财富是财务管理的目标。股东创办企业的目的是增加财富，如果企业不能为股东创造价值，他们就不会为企业提供资金，没有了权益资金，企业也就不存在了，因此，企业要为股东创造价值。股东财富用股东权益的市场价值来衡量，由其所拥有的股票数量和股票市场价格两方面决定，在股票数量一定的前提下，当股票价格达到最高时，股东财富也达到最大，所以股东财富最大化又可以表现为股票价格最大化。股价的高低代表投资大众对公司股权价值的客观评价，每股的价格反映资本和获利之间的关系；预期每股收益反映每股收益大小和取得的时间之间的关系；企业风险大小反映每股收益的风险。值得注意的是，企业与股东之间的交易也会影响股价，但不影响股东财富。例如，分派股利时股价下跌，回购股票时股价上升等。因此，假设股东投资资本不变，股价最大化与增加股东财富具有同等意义。

股东财富最大化作为财务管理目标有其积极的方面，主要表现在以下方面：①概念清晰，股东财富最大化可以用股票市价来计量；②考虑了资金的时间价值；③科学地考虑了风险因素，因为风险的高低会对股票价格产生重要影响；④在一定程度上能够克服企业在追求利润上的短期行为，因为不仅目前的利润会影响股票价格，预期利润对企业股票价格也会产生重要影响；⑤目标比较容易量化，便于考核和奖惩。

同时，追求股东财富最大化也存在一些缺点，所以，股东财富最大化目标受到了理论界的质疑。

（1）它只适用于上市公司，对非上市公司很难适用。就我国现阶段国情而言，上市公司并不是我国企业的主体，因此在现实中，股东财富最大化尚不适合作为我国财务管理的目标。

（2）股票价格除受财务因素的影响之外，还受其他因素的影响，股票价格并不能准确反映企业的经营业绩，理财人员的行为往往不能有效地影响股东财富，故股票价格的高低实际上不能完全反映股东财富的大小。

（3）股东财富最大化目标在实际工作中可能导致公司所有者与其他利益主体之间的矛盾。例如，股东财富最大化要求金融市场是有效的，但由于股票的分散和信息的不对称，经理人员为实现自身利益的最大化，有可能以损失股东的利益为代价做出逆向选择，因此以股东财富最大化作为财务管理目标需要较高的运行成本。也有一种观点认为企业不能为了满足不同利益相关者的要求而确立多个目标，任何学科都需要一个统一的目标，唯一的目标可以为企业理财提供一个统一的决策依据，并且保持各项决策的内在一致性。如果使用多个目标，很难保证各项决策不发生冲突。主张股东财富最大化，并非不考虑其他利益相关者的利益，各国公司法都规定股东权益是剩余权益，只有满足了其他方面的利益之后才会有股东的利益。不可否认，股东和其他利益相关者之间既有共同利益，也有利益冲突，因此要通过立法调节他们之间的关系，保证各方的利益。企业守法经营就基本满足了其他利益相关者的要求，在此基础上追求自身利益最大化，也会有利于社会。当然仅有法律是不够的，还需要道德规范的约束以及增强企业的社会责任感。

（三）企业价值最大化

企业价值最大化是指通过企业财务上的合理经营，采用最优的财务政策，充分考虑资金的时间价值和风险与报酬的关系，在保证企业长期稳定发展的基础上，使企业总价值达到最大。企业价值最大化的基本思想是将企业长期稳定发展摆在首位，强调在企业价值增长中满足各方利益。企业价值概念已经成为现代理财学的核心概念之一，对它的理解与运用在很大程度上决定着一个企业财务管理水平的高低。

按照微观经济学的观点，价值是指未来现金流量的现值。随着折现技术在资本预算中的应用，财务管理学界也接受了关于价值的这一定义。具体而言，企业价值就是企业未来现金流量的现值。计算公式如下：

$$V_0=\sum_{t=0}^{n}\frac{\mathrm{CF}_t}{(1+k)^t}$$

其中，V_0为企业价值，它可以是总价值也可以是某一时期的价值；CF_t为企业第 t 年获得的现金流量；k为每年所获取的现金流量进行贴现时所使用的贴现率；t为企业取得现金流量的具体时间；n 为企业取得现金流量的持续时间，当计算企业总价值时 n 取∞

（假设企业持续经营）。

从以上企业价值的贴现现金流量法计量模式中可以看出，企业价值是由企业第 t 年获得的现金流量（CF_t）、每年所获现金流量进行贴现时所使用的贴现率（k）、企业取得现金流量的持续时间（n）三个因子共同决定的。相应地，可得出实现企业价值最大化的三大常规途径，即资金成本最小化、现金流量最大化、持续发展能力最大化。该计量模式既考虑了风险与收益均衡问题，又考虑了货币时间价值问题。

在财务管理活动中，追求企业价值最大化，意味着以下几个方面。

（1）从财务意义上来讲，企业是由不同的收益索偿权持有人构成的，如普通股股东、债权人等。因此，企业未来现金流可以细分为收益索偿权持有人的未来现金流量之和，尽管不同的持有人获得未来现金流量的风险是各不相同的。从本质上讲，企业价值就是属于其投资者——股权投资者与债权投资者的财富。有一种观点认为，企业价值的增加是权益价值增加和债务价值增加引起的。债务价值的变动是利率变化引起的，而利率不是企业的可控因素，若利率不变，增加企业价值就是增加权益价值。假设股东投资资本和利率不变，企业价值最大化与增加股东财富具有相同的意义。

（2）企业价值是企业在其未来经营期间所获得的现金流量的函数。简而言之，未来经营期内的现金流量越多，企业价值越大；现金流量越少，企业价值越小。与销售额、利润额等表明企业绩效的会计数据相比，现金流量具有所指明确、计量单一的特征。因为销售额、利润额等是以权责发生制与历史成本为基础确认和计量的，在许多情况下，并不表明企业可支配资源的真实增加，它们的性质不符合财务决策对目标函数的要求。对于理财人员而言，现金流量是至关重要的。西方企业界存在“现金流量至高无上”（cash flow is king）的观点，充分反映了现金流量的重要性。对于理财人员而言，一个基本的观念是，实现企业可持续发展的重要基础是现金流入必须大于现金流出。

（3）除现金流量以外，影响企业价值的另一个重要因素是对未来现金流量进行折现的折现率。折现率的高低，取决于各收益索偿权持有人投资企业而提出的报酬率，如股权资本报酬率、债权资本报酬率，它们在实质上是由投资人所承担的风险大小决定的。对企业的投资风险越大，折现率越高；投资风险越小，折现率越低。在现代经济社会中，任何经营都必然要承担一定的风险，回避风险或盲目地承担高风险都不是科学的管理。加强风险管理，将经营风险与财务风险纳入可控制范围，权衡风险与收益之间的关系，是理财人员在追求企业价值最大化的过程中必须慎重对待、科学解决的问题。

（4）注重企业的可持续发展，也是企业价值最大化的前提条件之一。没有企业的可持续发展，便无法实现企业价值的最大化。

“企业价值是指企业未来现金流量的现值”这一定义表明，企业价值最大化是一个具有前瞻性、复合性和实在性的企业目标函数。前瞻性是指企业价值及其最大化是着眼于未来时期的财富生成与分配的概念，而不是历史的概念。这种前瞻性延续了企业截至目前所拥有的、有助于可持续发展的一切特征，更重要的是，也隐含着企业管理当局对于未来发展的控制实力。这种控制实力越雄厚，企业价值最大化实现的可能性也就越大。复合性是指企业价值概念涵盖了一些极其重要的概念，如现金流量、风险、可持续发展等。追求企业价值最大化，必须科学地协调与权衡这些因素。例如，如果不顾及风险程度，单纯地追求现金流量的最大，势必会带来一些极其严重的问题，其结果不仅无法实现企业价值最大化（折现率过高会降低企业价值），严重者甚至会造成企业的破产倒闭。实在性是指企业价值对于企业的各类投资者而言，是实实在在的现金流量，而不是观念上的东西。现金流量的变化代表着实际的、可控制财富的变化。

现代企业理论认为，企业是多边契约关系的总和，股东、债权人、经理阶层、一般员工等缺一不可。各方都有各自的利益，共同构成企业的利益制衡机制。企业财务目标应与企业多个利益集团有关，是这些利益集团相互作用、相互妥协的结果，在一定时期一定环境下，某一集团利益可能会占主导作用，但从企业长远发展来看，不能只强调某一集团的利益，而置其他集团利益于不顾。企业价值最大化这一目标具有与相关利益者利益相一致，保证企业战略发展的长期性，考虑风险及货币时间价值等特征。因此，将企业价值最大化作为企业的理财目标是现代企业发展的必然要求，是企业财务目标的最优选择，该目标有利于企业长期、稳定、健康地发展。企业价值最大化具有深刻的现实意义，它要求企业建立股东对经营者及债权人对企业的监督和约束机制，要求企业的各个利益主体基于维护自身利益的需要，使企业形成一个相互制衡的机制，在企业价值最大化时，达到各自利益的均衡。另外，企业价值最大化是一个动态的指标，它促使企业在生命周期内追求价值的持续增长，具有长期性、可持续发展性。

二、财务管理目标的协调

企业是股东的企业，财务管理的目标也就是股东的目标。股东委托经营者代表他们管理企业，为实现他们的目标而努力，但经营者与股东的目标并不完全一致。企业的资金除了股东投资外，还包括借入资金。债权人将资金借给企业，并不是为了股东财富最大化，这与股东的目标也不一致。股东、经营者和债权人是企业最重要的三方利益相关者。企业必须协调这三方的利益冲突，才能实现财务管理的目标。

（一）股东与经营者的矛盾与协调

股东财富最大化直接反映股东的利益，与企业经营者没有直接的利益关系。对股东来讲，他所放弃的利益就是经营者所得的利益。这种被放弃的利益也称为股东支付给经营者的享受成本。但问题的关键不是享受成本的多少，而是在增加享受成本的同时，是否更多地提高了股东财富。因而，经营者和股东的主要矛盾是经营者希望在增加股东财富的同时，能更多地增加享受成本；股东则希望以较小的享受成本支出带来更多的股东财富。一般有以下两种方式防止经营者背离股东的目标。

1. 监督

经营者背离股东的目标，主要原因是双方存在信息不对称和利益冲突。由于经营者了解的信息比股东多，经营者基于自身的利益，可能出现“道德风险”和“逆向选择”。解决这一问题的主要途径就是让股东获取更多的信息，并对经营者进行监督，在经营者背离股东目标时，减少其各种形式的报酬，甚至解雇他们。实际经济生活中，股东是分散的或者远离经营者的，股东也并非都具备财会知识，股东亲自监督经营者的代价是高昂的，很可能超过它所带来的收益。因此，股东支付审计费聘请注册会计师进行审计鉴证。但注册会计师的审计鉴证往往限于审计财务报告，而不是全面审查所有管理行为人。股东对于情况的了解和对经营者的监督总是必要的，但受到监督成本的限制，不可能事事都监督。监督可以减少经营者违背股东意愿的行为，但不能解决全部问题。

2. *激励*

防止经营者背离股东利益的另一种方式是采用激励计划，使经营者分享企业增加的财富，鼓励他们采取符合股东最大利益的行动。激励的方式和数量大小有多种选择。例如，企业盈利率或股票价格提高后，给经营者现金、股票期权奖励。但报酬过低，不足以激励经营者，股东不能获得最大利益；报酬过高，股东付出的激励成本过大，也不能实现自己的最大利益。因此，激励可以减少经营者违背股东意愿的行为，但也不能解决全部问题。

通常，股东同时采取监督和激励两种方式来协调自己和经营者的目标。尽管如此，仍不能使经营者完全按股东的意愿行动，经营者仍然可能采取一些对自己有利而不符合股东最大利益的决策，并给股东带来一定的损失。监督成本、激励成本和偏离股东目标的损失之间此消彼长，相互制约。股东要权衡轻重，力求找出能使三项之和最小的解决方法，这就是最佳的解决办法。

（二）股东与债权人的矛盾与协调

股东的财务目标可能与债权人期望实现的目标发生矛盾。首先，股东可能要求经营者改变举债资金的原定用途，将其用于风险更高的项目，这会增大偿债的风险，债权人的债权价值也必然会降低。高风险的项目一旦成功，额外的利润就会被股东独享；但若失败，债权人却要与股东共同承担由此而造成的损失。这对债权人来说风险与收益是不对等的。其次，股东可能未征得现有债权人同意，要求经营者举借新债，致使旧债的价值降低（因为相应的偿债风险会增加）。

为协调股东与债权人的上述矛盾，通常可以采用以下方式。

（1）限制性借债，即在借款合同中加入某些限制性条款，如规定借款的用途、借款的担保条款和借款的信用条件等。

（2）收回借款或不再借款，即当债权人发现公司有侵蚀其债权价值的意图时，采取收回债权或不再给予公司增加放款的方式，来保护自身的权益。

（三）企业目标与社会责任

在全球商业格局下，市场经济中竞争的主体不再是单独个体，而是各种利益相关者，如股东、政府、债权人、员工、消费者、供应商，甚至是社区居民。均衡考虑所有利益相关者的利益要求，对企业的长期生存和发展至关重要。

企业的目标和社会的目标在许多方面是一致的。企业在追求自己的目标时，自然会使社会受益。例如，企业为了生存，必须要生产出符合顾客要求的产品，满足社会的需求；企业为了发展，要扩大规模，自然会增加职工人数，解决社会的就业问题；企业为了获利，必须提高劳动生产率，改进产品质量，改善服务，从而提高社会生产效率和公众的生活质量。

企业的目标和社会的目标也有不一致的地方。例如，企业为了获利，可能生产伪劣产品、不顾工人的健康和利益、造成环境污染、损害其他企业的利益等。

股东只是社会的一部分人，他们在谋求自己利益的时候，不应当损害他人的利益。为此，国家颁布了一系列保护公众利益的法律，通过这些法律调节股东和社会公众的利益。一般来说，企业只要依法经营，在谋求自己利益的同时就会使公众受益。但是，法律不可能解决所有问题，况且目前我国的法制尚不健全，企业有可能在合法的情况下从事不利于社会的事情。因此，企业还要受到商业道德的约束，要接受政府有关部门的行政监督及社会公众的舆论监督，进一步协调企业和社会的矛盾，促进构建和谐社会。

第三节　财务管理基本理论

财务管理学作为金融学的一个重要分支，在基础理论方面与整个金融理论是一脉相承的。这些基础理论既是现代金融学的学术基础，也是现代理财学的学术基础。财务管理基本理论是进行财务理论分析应当遵循的某些学说或模型，也可以理解为人们在现阶段进行财务理论研究应当遵循的一些基本规范。学习财务管理学除要掌握一些重要的财务概念（如资本成本、净现值、自由现金流量等）之外，也要了解一些必要的金融学的基础学说或模型，这些基础学说或模型对于财务管理行为的科学化有重大影响。

下面对与现代理财学密切相关的几个金融学学说或模型——有效市场理论、资本结构理论、折现现金流量模型、组合理论与资本资产定价模型、代理理论等予以讨论。

一、有效市场理论：理财环境假设

有效市场理论的演变历史极为曲折，各种争议此起彼伏，成为现代金融学中最具争议也是历经各种经验检验最多的一种学说。有效市场假设最早是由著名经济学家保罗·萨缪尔森在 1965 年提出的，他指出，在信息有效的市场中，如果价格被合理地预期，那么价格的变化就是不可预测的。法玛将这一假设进一步阐述为价格完全反映了所有可获得的信息。

有效市场假说是对财务管理学的发展影响最大的经济学说之一，它事实上是关于理财行为的一个环境假设。必须说明的是，完全资本市场侧重的是资本市场的纯粹性，是理论推导所赖以进行的逻辑前提。有效市场假说侧重于金融市场上信息的有效性，即证券价格能否有效地、及时地反映全部的相关信息。能够及时地、正确地反映全部相关信息的资本市场是有效的资本市场；相反，不能及时地、正确地反映全部相关信息的资本市场不是有效的资本市场。在现代经济学中，有效市场理论是一个极具挑战性的领域。众多学者经过多年的不懈努力，这一理论的重大价值正逐渐地显现出来。

金融市场是储蓄（贷出者）和借入（投资者）之间的传递机制。金融市场上那些收入大于支出的人能把他们多余的资金转移给支出大于收入的人们使用。储蓄——贷出者不断获得收益，因为他们从其资金中获得了利息或股利。借入——投资者也会不断地获得收入，因为他们用筹措来的资金执行投资计划。宏观而言，金融市场的目的，是将一个经济体系中的储蓄，有效地分配给资金运用效率更高的使用者。由于历史及其他各方面原因的影响，不同国家、不同时期的市场效率有着重大的差别。例如，美国证券市场的效率要远远地高于目前我国证券市场的效率。在一个有效率的资本市场上，公司的任何财务行为均可通过本公司发行在外的证券，如普通股股票或公司债券等的价格来获得回应：有利的理财行为可以提高证券价格，不利的理财行为会降低证券价格。因此，将完全资本市场与有效市场假说结合到一起，就意味着企业行为同时也是市场行为。这为企业绩效的研究开辟了一个理想的通道。

1970 年，法玛将有效资本市场的公允对策模型划分为三类。这种划分极有价值，它是以用于决策的不同类型的一系列信息为基础的。

（1）弱式有效市场，即当前的证券价格完全地反映了已蕴含在证券历史价格中的全部信息。这一假设隐含的含义是，任何一个投资者按照历史的价格或盈利信息进行交易，均不能获得额外盈利。

（2）次强式有效市场，即证券价格完全地反映了所有公开的可用信息。根据一切尽可能公开的信息，如公司的年度报告、证券交易所行情或公开的投资咨询报告等，投资者均不可能获得额外的盈利。

（3）强式有效市场，即证券价格完全地反映了一切公开的或非公开的信息。

以上划分具有重要的意义，因为它使人们能够运用不同类型的信息对有效资本市场的公允对策模型进行经验上的验证。对于某些实用性较强的社会科学而言，实证研究是一个极好的工具，用来验证理论是否成立。有效资本市场便是一个被事实证实了的学说，或者说，至少是部分地被证实了的学说。尽管如此，有效资本市场在西方仍是争议较多的经济学理论之一。

在有效的市场环境下，财务理论的分析可以将公司理财的外部环境固定化，不必考虑市场失调对理财行为的影响。在理财目标分析中，人们往往假设理财人员应当以股东财富最大化为理财的最高境界，在这个目标的实现过程中，可以忽略掉股票市场对公司股票价格的低估或者高估，而假设股票市场始终是高效的，所有的证券都被公允地定价。

有效市场理论的研究与公司信息的披露等有着紧密的关系，甚至从某种意义上讲，对市场的有效性进行研究，就是对各种各样的信息及其关系进行研究。

二、资本结构理论：理财目标问题

财务决策主要是指投资决策与融资决策，财务理论研究的主要内容也是对这两个财务决策以及它们各自与企业价值之间的相关性进行分析和探讨。资本结构理论正是财务决策研究、财务决策与企业价值之间相关性研究的核心内容之一。在财务理论研究中，如下几个问题是不容回避的：投资决策与融资决策对企业价值的影响是相同的吗？投资决策与融资决策哪一个是根本意义上的财务决策，即哪一个是基本的财务决策，哪一个是次生的财务决策？财务决策如何影响企业价值？这些问题都是财务理论中的根本问题，它们的解决与否以及如何解决，对于整个理财学的发展都会产生重大的影响。MM资本结构理论为这些问题的解决提供了一个科学的范式。

根据MM资本结构理论，投资决策与融资决策对企业价值影响的机制是完全不一样的。投资决策是根本意义上的财务决策，只有投资决策才对企业价值产生根本的影响；融资决策是派生的、处于从属地位的财务决策；现金流量与资本成本是财务决策影响企业价值的联结体。

按照严格的理论分析定义，资本结构是指长期资金尤其是指公司债权资本与股权资本之间的结构。在众多的理论分析中，为了简化问题的难度，一般会假设公司只以公司债与普通股两种融资方式来筹措企业经营所需要的资金。那资本结构理论，实际上是要探讨这样的一个问题：在公司投资决策既定的情况下，以公司债融资与以普通股融资对企业价值会产生不同的影响吗？

按照一般想法，资本结构对企业价值应当产生重大的影响，这是因为债务的资本成本要比股权资本的资本成本低得多。因此，较多地使用债务，企业的加权平均资本成本将趋于下降，这可以提高企业的价值。假设当债务比重提高时，债务成本与股权资本成本保持不变的话，最理想的资本结构应当是 100%的债务比率。债务成本通常要远远地低于股权资本的成本，因此，随着债务比率的上升，企业的加权平均资本成本会下降。当负债率达到 100%时，企业的加权平均资本成本最低，企业价值最大。“负债经营”的理论依据便是源于此。

但是，负债率的提高会增加企业的财务风险，进而会提高投资者对企业报酬率的要求，造成资本成本的提高。很明显，在这种情况下，公司的资本成本并不独立于其资本结构，每一公司均有其最佳的资本结构。

最佳的资本结构又称作最优的资本结构，是指使企业的加权平均资本成本最低，也是使企业价值达到最大化的资本结构。人们经常以负债率来替代严格意义上的资本结构，在计算负债率的时候，如果不做特别的说明，负债通常既包括长期负债，也包括短期负债。但在资本结构理论中，负债仅仅是指长期负债，不包括短期负债。短期负债与流动资产一起构成企业的营运资本管理。这里面所隐含的思想是，只有长期融资决策才是企业重要的财务决策，才可能对企业的长远发展产生重大影响。

以上这些关于资本结构的想法，都是人们在长期的财务管理活动中总结出来的极为朴素的思想。这些想法，在之后现代资本结构理论的发展过程中，有许多也得到了严格的理论证明。但是，朴素的想法再正确也无法替代规范而严谨的学术分析。因为只有经过了科学的理论分析，才能够明晰各个概念之间的关系，并保持结论的稳定性和可证明性。

三、折现现金流量模型：财务估价模型与基本理财工具

按照现代经济学理论，价值是指未来现金流量的贴现值。这种观念在现代财务管理学中得到了充分的认可与应用，无论是对证券的估价，还是对企业价值的估计，均是建立在这种价值观之上的。折现现金流量模型将这种价值观体现在了具体的操作工具之中。

折现现金流量估价法有时被称为折现现金流量模型（discounted cash flow model，DCFM），是最具理论意义的财务估价方法，是其他财务估价方法的基础。

威廉姆斯最早提出了折现现金流量的概念，但真正使这一概念在财务管理中受到重视并被广泛运用的是著名财务学家戈登教授，他在资本成本的研究中成功地运用了这一概念。这一方法的技术基础是货币时间价值概念及其计算。著名金融学家费雪也在20世纪早期对估价及其技术进行了研究。他认为，撇开风险不谈，每件东西都有一个市场价值，它仅仅取决于两个因素：投资人预期的利益和这些利益据以贴现的市场利率。

折现现金流量模型从实质来看，反映的是人们对于企业的一种认识。这就是费雪心中的企业，把技术、生产、销售等细节放到一个黑箱里，而把焦点放到净现金流上。费雪的企业就好像一部经过简化的发动机，它在不停地通过发行有价证券获得当前的可消费资源，并将其转化为未来可消费的资源以支付给有价证券的持有者。企业是与投资者之间进行现金流交换的一种机制，通过这种机制，投资者获得了所要求的报酬率。

对折现现金流量方法的运用可划分为如下四步。

第一步，预测未来现金流量。在证券估价中，有些证券现金流量的预测是较为容易的，如公司债，因为这些证券的现金流量都在信贷契约中提前约定了，除非清算倒闭，企业必须如期偿清这些款项。与之相对应的，有些证券现金流量的预测则比较困难，如普通股的现金流量。当然，预测难度最大的是对决定企业价值的现金流量的预测。

第二步，分析现金流量中隐含的风险程度。当未来时期的现金流量是唯一的、确定的值的时候，该现金流量为无风险的现金流量。例如，人们一般视政府公债所提供的现金流量为无风险的现金流量。当未来时期的现金流量随着未来状态的不同而变化的时候，该现金流量则为有风险的现金流量。可能状态的情形越多，变化越复杂，现金流量的风险程度也就越大。20 世纪 50 年代以来，对风险及其度量的研究始终是现代金融经济学的一个重大课题。

第三步，将风险因素加入折现现金流量分析之中。在财务估价中，将风险因素加入折现现金流量分析中的方式有两种：一种是确定等值法，另一种是风险调整折现率法。按照第一种方式，风险因素所调整的是未来时期的现金流量，即风险越大，现金流量的确定等值越小。例如，高风险的 1 000 元可等同于无风险的 800 元。按照第二种方式，风险因素调整的是对现金流量进行贴现计算的折现率，即风险越大，折现率越高。通常情况下，人们较习惯于使用风险调整折现率法。

第四步，计算企业未来现金流量的现值，即企业价值。按照折现现金流量方法，价值是期望现金流量的现值，现金流量是价值的最终源泉。按照经济学的分析，当人们或者企业进行投资的时候，意味着他们推迟了现在的消费而着眼于未来的消费。现金可以作为人们在未来消费各种商品和劳务时的一种交换媒介。一项资产（或者是企业）之所以有价值，是因为它具备提供未来现金流量的能力。该方法的一般模型为

$$V_0=\sum_{t=0}^{n}\frac{\mathrm{CF}_t}{(1+k)^t}$$

其中，V_0 为企业价值；CF_t 为 t 期的现金流量；k 为能够反映各期现金流量风险的折现率。

在具体运用中，关键是要合理地确定各期的现金流量及其折现率。在对普通股进行估价的时候，股利构成了相关现金流量，股东要求报酬率是其折现率；估价公司债，各期利息和本金构成了相关现金流量，债权人要求报酬率是其折现率；估价企业价值，相关现金流量是企业现金流量，相关的折现率则是加权平均资本成本。现金流量的性质与折现率的性质必须相互匹配。

现金流量的预测与折现率的确定是折现现金流量估价法的基础。在这些资料已确知的情况下，折现现金流量估价法的应用是非常简单的。换言之，该估价法的两个核心问题：一是预测企业未来时期的现金流量，二是根据现金流量的风险程度以及投资者要求的报酬率确定折现率。折现现金流量模型既是财务管理过程中一个基本的估价、计算工具，又是一种重要观念的体现。

未来时期现金流量的估计、现金流量风险程度的估计，以及以此为基础的折现率的确定是折现现金流量模型在使用中回避不掉的几个重大难题。但截至目前，这些难题并没有得到很好的解决。

四、组合理论与资本资产定价模型：风险与收益的相关性分析

任何财务决策的做出在理论上都是风险和收益之间权衡的结果。例如，资本预算决策，无论是项目现金流量的预测还是资本成本的预测，风险因素与收益因素的确定与计量始终贯穿全过程。投资项目的风险具体通过现金流量的波动来体现，进而又决定着企业资本成本的高低。毫无疑问，资本预算的风险，即企业生产经营过程中所蕴含的风险，是企业财务管理活动中需要面对和解决的基本风险。融资行为的风险事实上是源于企业的投资风险。

企业所有的财务决策都需从以下几方面入手进行分析：预计风险、预计收益，以及它们共同对企业价值可能造成的影响。

在多数情况下，风险被定义为出现财务损失的可能性，或者更加广义地定义为特定资产实现收益的不确定性。在风险分析中，通常将风险与不确定性作为同义语，不作严格区分。以证券市场为例，投资于短期国债一般被认为是零风险的，因为短期国债的收益十分稳定和确定；而投资于公司股票的风险却非常高，原因是股市波动较为剧烈。

尽管人们一般假设管理人员尤其是理财人员均为风险厌恶者，即他们不愿意承担过高的风险，但在实际工作中，人们对风险的感受是各不相同的，甚至差异很大。有的人根本无视风险的存在，收益水平越高越好；有的人则极为厌恶风险，宁愿获得最低水平的收益率也不愿承担些许的风险；大多数人介于以上两种人之间。

从财务管理的角度来看，只要未来现金流量不是唯一的、确知的，那么就存在着风险。未来现金流量的波动越大，风险也就越大。

组合理论的出现意味着风险分析技术的巨大进步。这也是相关分析在风险分析中的有效运用。学术研究在很大程度上是对人们所面对的各种因素之间的相关性进行探讨，进而对它们予以合理的调控，以实现人们不同的要求。在公司财务管理活动中，各项资

产总是密切联系、密切相关、相互影响的。如何对资产组合后的风险与收益进行评价，成为理财人员难以回避的一个重大问题。组合理论在整个财务理论中居于一个极为关键的位置，许多问题的探讨都得益于组合理论的基本思想。

1990 年，纽约市立大学哈利·马科维茨教授荣获诺贝尔经济学奖，他的主要贡献在于创造性地发展了证券组合理论（又叫马科维茨理论）。马科威茨理论说明在一定的条件下，一个投资者的证券组合选择可以简化为两个因素的权衡，即证券组合的期望收益及其方差。考虑到多样化投资会降低风险这种可能性，用方差来评价证券组合的风险，不仅依赖于各个资产报酬的方差，而且也依赖于资产之间的协方差。

1990 年，美国斯坦福大学威廉·夏普教授因其对金融资产价格形成理论的贡献，即资本资产定价模型（capital asset pricing model，CAPM）的创建而获得诺贝尔经济学奖。资本资产定价模型运用了一般均衡模型刻画所有投资者的集体行为，揭示了在均衡状态下证券风险与收益之间关系这个经济本质。

在授予夏普教授诺贝尔经济学奖的同时，瑞典皇家科学院对夏普教授的工作也给予了很高的评价，认为在 20 世纪 60 年代，对金融经济学理论做出第二大贡献的便是夏普教授。他以马科威茨教授的证券组合理论为基础，创建了一个金融资产价格形成的理论，即资本资产定价模型。目前，资本资产定价模型被公认为是金融市场现代价格理论的主干，它被广泛地用于经验分析，使丰富的金融统计数据可以得到系统而有效的利用。不仅如此，此模型也被广泛地用于实证研究并且成为不同领域中决策的一个重要基础。

组合理论，尤其是资本资产定价模型在财务理论中有着极为重要的应用。如果没有这些基础的、对风险与收益之间相关性进行分析的理论，企业报酬率的确定、资本成本的确定都将变得非常困难。

投资者在有风险的证券市场上对有关收益和风险进行权衡之后估算自己的报酬率水平，是一个市场行为；投资者还要对准备投资的企业或项目的风险水平进行分析和评价，最终确定进行投资所要求的报酬率。投资者这种必要报酬率的确定方法，是现代理财学赖以成立的重要基础之一。没有科学的必要报酬率的确定，公司资本成本的估算就没有了技术和理论上的支撑，整个财务理论的架构就难以成立。因此，资产定价问题既是投资学研究的核心内容，也是财务管理学的理论基础之一。

五、代理理论：理财行为的非理性分析

如果公司管理者严格按照投资者（尤其是股权投资者）的利益来行使自己的管理权，谋求股东利益的最大化，那么，股东和管理者之间这一最为重要的代理关系就不会产生损害股东利益的代理冲突，更无须发生代理成本以避免这种利益冲突。许多理财学问题的研究正是在这样的一个假设前提下进行的。但由于人们普遍存在的"逐利"特性，管理者很难抛开自己的私利，完全按照股东的意愿去管理，在所有权对管理权不能产生有效监控的情况下尤其如此。代理理论就是对这种股东与股东之间、股东与管理者之间、股东与债权人之间的代理冲突进行研究，从而确保股东财富最大化目标实现的一种学说。

企业在接受了投资者投入的资金后便可开始生产经营过程，创造现金流量，谋求企业价值的最大化。在这个过程中，如果企业的投资者与管理者之间不存在利益冲突的话，企业的管理行为就可以按照一个彼此认可的目标——企业价值最大化来实施，这是一种极为理想的状态。但在实际的管理活动中，由于各种客观因素的影响，更是因为管理者行为方面的倾向性问题，投资者的报酬往往会受到一些管理者自利行为的侵害，而且，管理当局的种种倾向性行为甚至会影响到企业长期的可持续发展。对这种投资者与管理者之间的代理冲突进行分析并提出解决建议，并非企业财务管理的主业，但它会对科学的理财行为带来约束。

与传统经济学一样，代理理论假设每个人的行为均被私利推动。当能使企业利益最大化的共同行为与每个人的私利行为相抵触时，就可能存在代理问题。代理理论的目的是分析经济社会中个人私利的冲突，解释共同行为与私利行为冲突而使企业效率下降的具体原因，分析为抵消代理问题引起的效率下降而设计的各种控制制度（如预算制度、雇佣制度、激励机制等）的影响。

具体到理财问题，代理冲突也很值得关注。关键的问题就是，代理问题会不会影响理财目标的实现？如何处理代理问题方能促进理财目标的实现？总而言之，目标实现过程中的障碍研究是管理科学研究中的重大课题之一。

1976 年 10 月，詹森教授与梅克林教授发表了共同研究代理理论的重大成果，按照定义，代理关系实则为一种契约关系，是指在如下过程中形成的关系：一个或多个委托人（如股东）雇用另外一个代理人（如管理者），并授予后者有进行决策的权利，促使其按约定完成某些活动。从财务管理的角度而言，代理关系主要存在于股东与管理者、股东与债权人之间等。

詹森和梅克林认为，只要管理者持有的公司普通股份不足 100%，那么，股东与管理者之间的代理冲突就不可避免。如果管理者完全拥有他管理的企业，即集所有者与管理者于一身，他会非常用心、非常审慎地组织管理活动以提高企业价值，因为企业的价值就是他自己的财富。如果此人向外界出售一部分股权，即他所持有的股份已经不足 100%，代理问题自然就会产生。管理者不会像以往那样努力地工作，而是会要求更多的享乐，如改善办公条件、采购高档工具、提高薪资等。但无论是收益的下降还是损失的增加，最终都会由所有的投资者承担。为了促使管理者更好地为股东工作，势必会增加有关费用以监督管理者的行为，这便是代理成本。代理成本的客观存在对财务决策可能会产生一定的影响。

第四节　金融市场与财务管理

在现代经济系统中，对经济的运行起主导作用的三大市场分别是要素市场、产品市场和金融市场。要素市场是分配土地、劳动与资本等生产要素的市场；产品市场是商品和服务进行交易的场所；金融市场是引导资本流向，连接资本由盈余部门向短缺部门转移的市场。

从企业理财的角度看，金融市场是企业筹资和投资的场所，是企业实现长、短期资金相互转化必不可少的条件，也是企业获得理财信息的重要渠道。财务管理人员必须熟悉金融市场的类型和管理规则，有效地利用金融市场来组织资金的筹措和进行资本投资等活动。

金融市场主要包括以下三层含义：第一，它是金融资产进行交易的一个有形或无形的场所；第二，它反映了金融资产的供应者和需求者之间形成的供求关系；第三，它包含了金融资产交易过程中产生的运行机制，其中最主要的是价格（包括利率、汇率及各种证券的价格）机制。在金融市场上，市场参与者之间的关系已不是一种单纯的买卖关系，而是一种借贷关系或委托代理关系，是以信用为基础的资本使用权和所有权的暂时分离或有条件的让渡。

一、金融市场的作用

金融市场的作用主要表现在以下几个方面。

（1）资本的筹措与投放。企业在金融市场上既可以发售不同性质的金融资产或金融工具，以吸收不同期限的资本，也可以通过购买金融工具进行投资，以获取额外收益。

（2）分散风险。在金融市场的初级交易过程中，资本使用权的出售者在获得资本使用权购买者（生产性投资者）一部分收益的同时，也有条件地分担了生产性投资者所面临的一部分风险。这样，资本使用权出售者本身也变成了风险投资者，使经济活动中风险承担者的数量大大增加，从而减少了每个投资者承担的风险量。在期货市场和期权市场，金融市场参与者还可以通过期货和期权交易进行筹资、投资的风险防范与控制。

（3）转售市场。资本使用权出售者可根据需要在金融市场上将尚未到期的金融资产转售给其他投资者，或用其交换其他金融资产。如果没有金融资产的转售市场，企业就几乎不可能筹集巨额资本。此外，由于企业股票没有到期日，即股票持有者无法从其发行处收回购买股票的资本（除非股票发行者想收回已发行的股票），所以，股票转售市场的存在显得格外重要。

（4）降低交易成本。金融市场减少了交易的搜索成本和信息成本。金融市场中的各种中介机构可以为潜在的和实际的金融交易双方创造交易条件，沟通买卖双方的信息往来，从而使潜在的金融交易变为现实。金融中介机构的专业活动降低了企业的交易成本和信息成本。

（5）确定金融资产价格。金融市场上买方与卖方的相互作用决定了交易资产的价格，或者说确定了金融资产要求的收益率，金融市场这一定价功能指示着资本流动的方向与性质。此外，在金融市场交易中形成的各种参数，如市场利率、汇率、证券价格和证券指数等，是进行财务决策的前提和基础。

二、金融市场的类型

从不同角度看，金融市场有如下类型。

（1）按金融工具的种类划分，金融市场可分为股票市场、企业债券市场、政府债券市场、大额可转让存单市场、银行承兑市场、银行同业拆借市场、外汇市场、期货合同市场、期权市场等。可以说，有一种金融工具在交易，就有一个金融市场存在。

（2）按金融市场的组织方式划分，金融市场可分为拍卖市场（又称交易所市场）和柜台市场（又称证券企业市场或店头市场）。

（3）按金融工具的期限划分，金融市场可分为长期金融市场等（又称资本市场）和短期金融市场（又称货币市场）。前者有期限在一年以上的股票等、债券交易市场等，后者有期限不超过一年的银行同业拆借市场、票据贴现市场、银行短期信贷市场、短期证券市场等。

（4）按金融市场活动的目的划分，金融市场可分为有价证券市场和保值市场。前者有股票、债券市场等，后者有期货市场、期权市场等。

（5）按金融交易的过程划分，金融市场可分为初级市场和二级市场。前者是指从事新证券和票据等金融工具买卖的转让市场，又称为发行市场或一级市场；后者是指从事已上市的旧证券或票据等金融工具买卖的转让市场，又称为流通市场或次级市场。

（6）按金融市场所处的地理位置和范围划分，金融市场可分为地方性金融市场、区域性金融市场、全国性金融市场、国际性金融市场等。

在实务中，金融市场通常是以金融工具大类为标准进行分类的，即把金融市场分为六个市场：股票市场、债券市场、货币市场、外汇市场、期货市场、期权市场。在这六大市场中，前三个市场又称为有价证券市场，这三个市场的金融工具主要发挥筹措资本、投放资本的功能。无论是从市场功能上看还是从交易规模上看，有价证券市场都构成了整个金融市场的核心部分。外汇市场的交易工具主要是外国货币，这个市场具有买卖外国通货和保值投机的双重功能，但对筹措资本和投放资本这两大主要财务活动来说，它只是一个辅助性的市场。对于以筹资或投资为目的的金融市场参与者来说，他们利用外汇市场，是为了最终参与其他国家的有价证券市场活动。期货市场和期权市场的辅助性质更为突出。它们既不能筹措资本用于生产，也不能投放资本以获得利息。对于具有筹资和投资目的的金融市场参与者来说，这两个市场主要是为了防止市场价格和市场利率剧烈波动给筹资、投资活动造成巨大损失的一种保护性机制。因此，这两个市场又可称为保值市场。

从企业理财的角度进行分析，有价证券市场是一国金融市场的主体。要想进行筹资或投资活动，必须利用有价证券市场。外汇市场是一国有价证券市场和另一国有价证券市场之间的纽带，一国的投资者或筹资者想要进入另一国的有价证券市场，就必须先通过外汇市场这一环节。期货市场和期权市场是市场价格不稳定条件下有价证券市场和外汇市场的两个支点，它们提供保证金融市场稳定发展的机制。

三、金融市场的基本要素

金融市场的要素主要有以下几个。

（1）市场主体，即参与金融市场交易活动而形成买卖关系的各经济单位。

（2）金融工具，即借以进行金融交易的工具，一般包括债权债务凭证和所有权凭证。金融工具对于持有者来说是金融资产，而对于发行者来说是金融负债。

金融资产是对未来现金流入量的索取权，其价值取决于它能带来的现金流量。由于这个现金流量是未来的，尚未实现的，所以它具有时间价值和不确定性。

从时间价值角度分析，金融资产是一种特殊的资产形态，其特殊性在于，对于购买人来说，获得金融资产时支付的是现金，而持有金融资产后获得的收入流量仍然是现金。因此，购买金融资产，实质上是购买人把今天的现金收入变成未来的现金收入，把自己今天的现金使用权在一段时间内让渡给他人，然后按商定的条件逐渐收回。在商品经济条件下，金融资产的购买人通常要求购买的金融资产能够带来比其价款更多的现金流量，多出的部分即让渡现金时资本使用权的补偿，这个补偿额的高低通常按让渡时间的长短计算。金融资产的期限越长，购买人要求的时间补偿就越大，这就是金融资产现金流量的时间价值特征。

金融资产的现金流量还具有不确定性。当金融资产被交易后，购买人当期的现金流量便转移到金融资产出售人手中。出售人用这笔现金流量购买资产，通过生产过程使其增值，再从这些有形资产创造的收入流量中分出一部分现金支付给金融资产购买人。在商品经济条件下，由于未来的各种因素（如经济因素、政治因素、社会因素等）是不确定的，在金融资产的买卖中，社会中暂时闲置的现金从金融资产购买人手中转移到金融资产出售人手中，同时一部分生产性投资风险也从金融资产出售人那里转移到金融资产购买人那里，使后者也变成了风险投资人，其持有的金融资产的未来现金流入量就变成了一个不确定的量。金融资产购买人承担生产性风险并不是无条件的，他要求生产性投资人支付一定的报酬作为其承担风险的补偿。这个补偿额的大小与投资风险成正比，金融资产的风险越大，购买人要求的风险补偿也越大，这就是金融资产现金流量的风险性特征。

金融资产一般具有流动性、风险性和收益性。流动性是指金融工具在必要时迅速转变为现金而不致遭受损失的能力，流动性高的金融资产具备容易变现、市场价格波动小的特点。风险性是指某种金融资产不能恢复其原投资价格的可能性，主要有违约风险和市场风险：违约风险是指由于金融资产的发行人破产而导致永远不能偿还的风险；市场风险是指由于投资的金融资产的市场价格波动而产生的风险。收益性是指持有金融工具能够带来一定的收益。金融资产的三种属性相互联系、相互制约，流动性和收益性成反比，收益性和风险型成正比。一般来说，现金的流动性最高，但持有现金不能获得收益；股票的收益性好，但风险大；政府债券的收益性不如股票，但政府债券风险小。

（3）交易价格，反映的是在一定时期内转让货币资金使用权的报酬，如利率、汇率等。

（4）组织方式，即金融市场的交易采用的方式，主要包括交易所市场和场外交易市场。

案例分析：财务总监的一天

作为一家特大型综合性的上市公司的财务总监，钱总只要在办公室，每天就在开会、签字、听汇报、做批示中度过。2016 年 2 月 15 日，新年上班第一天，也是国家经济新常态的第二年，假期积攒的各种问题从上班开始就一拨接一拨纷至沓来，这一天注定又是繁忙而不同寻常的一天。

上午

7点50分，钱总刚到办公室门口，环球建筑公司的陆总已经等在办公室外面。2015年11月1日，该上市公司下属的房地产子公司应该付给环球建筑公司1.2亿元工程款，但当时房地产公司资金紧张，无法按期付款，于是签了一个延期付款协议，延期到2016年2月1日付款，但是半个月过去了，仍然没有按期付款，于是陆总就上门来了。陆总说，“我年前没来，可是年后我们要招工、要开工、要采购，无论如何要给我们付拖欠的工程款，否则我们就活不下去了。”钱总马上询问房地产子公司的资金状况，房地产子公司财务经理汇报说，“本来房地产子公司想利用春节期间为一个新楼盘促销，用该楼盘的销售款来支付拖欠的工程款，但是新楼盘的销售没有达到预期，现在账面上资金仍不够，缺口达8 000多万元，所以1.2亿元工程款无法支付。”听到这里，陆总急了，声称如果10天内不支付工程款，就要诉诸法律。钱总好言把陆总送走，表示一定想办法在10天之内付款。一个上市公司要是闹上法庭，对其声誉的负面影响很大，所以一定要想办法按期支付工程款。

钱总带着一脸的愁容，于8点半召开公司投资项目论证会，这个项目是下属石油装备公司的第二条油套管生产线。在石油价格高位走势下，国内外石油企业对勘探开发投资逐渐增大，各石油公司每年打新井数量逐年增加。该石油装备公司现有的一条油套管生产线不能满足市场需求，2014年下半年进行市场调研后决定上一条新的油套管生产线。该生产线的前期工作已经基本就绪，场地也已经平整好，设备也交了定金，由于年前天气寒冷，厂房没有动工，准备2016年年后开工建设厂房。但是，2015年12月以后，油价跌至每桶30美元，下跌了70%，春节期间在每桶30美元徘徊。2016年油价走势仍然难以预测，基于此，各大石油公司纷纷调减2016年的勘探开发投资。第二条油套管生产线厂房需要投资5 000万元，设备需要投资8 000万元，总投资1.3亿元。根据2015年下半年的市场调查，其他石油装备制造企业也在扩大油套管生产能力。如果国际原油价格持续低迷，1.3亿元投资形成的资产就要闲置，每年会造成近千万元的资金成本，还有厂房设备的维护费用、相关人员费用等，也会有几百万元。如果放弃第二条油套管生产线，一旦原油价格走高、市场形势好转，就会失去提高市场占有率的大好时机。钱总召开的论证会要对是否上第二条油套管生产线拿出结论性的意见。

留下一屋子专家继续对项目进行论证，钱总又来参加公司董事长主持的9点半的务虚会，主要研究房地产公司战略转型问题。面对国内房地产的严峻形势，需要对房地产公司的发展方向进行战略性调整。务虚会提出两个转型方向：一是由住宅地产向商业地产转型；二是经营方向大转移，公司业务由房地产行业转向空气净化器行业。两个方案都存在机遇和风险。对于第一个方案，大连万达集团已经取得成功和领先地位，若作为后来者进入该领域，切入点在哪里？公司的竞争优势有哪些？市场风险有多大？对于第二个方案，在雾霾天气比较严重的情况下，空气净化器行业迎来生机，但是空气净化器对雾霾天气有多大作用？公众对空气净化器接受能力有多少？作为一个门外汉公司进入空气净化器行业有多大的成功把握？这些问题都摆在公司决策者的面前，一着不慎全盘皆输。

钱总对房地产公司战略转型发表意见后，10 点半，又马不停蹄地来到海洋生物公司。2014 年海洋生物公司取得了快速发展，公司投放化妆品、医药、保健品市场的 3 个新产品取得了巨大成功，2015 年盈利 3.8 亿元，2016 年公司准备在市场推广、新产品开发、新生产基地建设方面大干一场。钱总在会议室坐下后，海洋生物公司总经理开始汇报 2016 年公司发展规划，“2016 年公司市场推广预算费用增加 1 500 万元、新产品研发投入增加 5 000 万元、新场地征地建设投资 1 亿元”，钱总越听越头大，都是花钱的事情，公司总部准备从海洋生物公司抽取资金用于支付房地产公司工程款的议题，看来在海洋生物公司这里难以通过。然后公司财务经理又继续汇报，“由于 2015 年公司发展势头良好，而海洋生物公司又是高科技引领的企业，没有科研人员的积极性，公司发展就无从谈起，因此准备吸收科研人员入股，如何对股权进行作价，需要总公司给出指导意见。公司发展势头起来了、对外的影响增大，一家私募股权基金主动上门，要求投资入股，对公司价值如何估值？出让多大比例的股权？是否要签订对赌协议？这些也要由公司总部拿出指导意见。公司发展速度日益加快，资金需求越来越大，是进行股票增发，还是发行债券，或是从银行贷款，也需要公司总部给予指示……”

11 点半，钱总带着一脑袋的问题回到办公室，看到桌上摆着一封信，他打开一看，是海洋生物公司第二大股东城市投资公司寄来的，信中说 2015 年海洋生物公司盈利 3.8 亿元，应该拿出 50%的盈利对股东进行分红。这下钱总的头简直要爆了，如果拿出盈利的一半分红，别说从海洋生物公司借钱，就是海洋生物公司自己的事情也无法应付，需要进行筹资。

上午总算是过去了，钱总抓紧去食堂吃饭，下午还不知道有多少的事情在等着他。

下午

1 点半，公司规划部将一份材料呈送上来。对房地产公司的战略转型问题，钱总早在一年前就安排规划部进行研究，转型空气净化器的方案就是在公司规划部前期研究的基础上提出的。规划部前期对一家生产空气净化器的企业进行过适当考察，现在拿出收购该企业的初步方案，请钱总批示。如果房地产公司转型到空气净化器行业，收购一家空气净化器企业可以快速地进入该行业，充分利用现有企业的人才、技术、产品、渠道、声誉等，但是面临的问题也很多，如如何接管该企业？房地产公司的现有人员如何处置？被收购企业的人员如何处置？两个企业的文化如何融合？在讨论这些问题之前，还有一个问题至关重要，那就是花多少钱来购买该企业。

2 点半，房地产公司财务经理来钱总办公室汇报解决工程款的几个方案。根据国家政策，房地产企业无法从银行获得贷款，必须想其他的办法筹措资金。房地产公司提出，一是从房地产职工处高息借入资金，动员职工和企业一起共渡难关；二是借用物业公司的业主装修押金和维修基金；三是从民间高息借入资金。但钱总无法答复。

3 点半，下属房地产中介分公司的顾总面带笑容地来到办公室，钱总见到他，心想终于来一个报喜的了。顾总神秘地对钱总说，新年第一天股市上涨势头良好，这一势头还会持续一段时间，他有可靠的内幕消息，买入内幕消息提供的股票，几天就可以赚 50%。机会可遇不可求，中国股市的机会越来越少了，这次再不抓住以后就很可能没有了。他要用房地产中介的客户保证金入市，赚到钱后马上转回来。钱总一时心中大乱，公司资金严重紧张，如果能进入股市赚上一笔缓解一段时间就好了。

4 点半，公司总部经营办公室来汇报对子公司、分公司、控股企业新的财务考核指标，在经济新常态下，公司总部决定适当下放投资权限，扩大对各子公司、分公司、控股企业的投资权限，考核指标也从总利润考核改为投资收益率考核。现在需要制订公司基准投资收益率标准：所属企业达到基准投资收益率，管理层兑现基本奖励；所属企业实际投资收益率每超过一个百分点，给予管理层超额奖励；所属企业实际投资收益率每降低一个百分点，从基本奖励中扣除一定金额；对管理层的奖励和扣除上不封顶、下不保底。

5 点半，终于到了下班时间，钱总今天不想加班，拖着一身疲惫回家，他要好好地回味和消化这一天发生的事情。

问题

（1）一个企业财务经理的工作内容是否就是企业的全部财务管理内容。

（2）谈谈你对企业财务管理的认识。

第二章

财务预测与计划

✧ 案例导入

作为一家A+H股的上市公司，青岛港在“十三五”期间内强管理、外拓市场、转型升级，实现了业绩的稳健增长，每年营业收入的增长率都达到了两位数。以2016年和2017年为例，2016年青岛港实现营业收入增长17.8%，2017年增长16.8%。快速增长的企业往往都面临着较大的资金需求。本书作者查询青岛港的年报发现，2016年青岛港发行两笔公司债券，融资规模合计约35亿元；2017年增发H股融资约9亿元，定向股权融资约26亿元，合计约35亿元。由此可见2016年和2017年，每年都需要外部融资约35亿元。2016年的发债融资使青岛港资产负债率增加到接近60%，较高的财务杠杆使2016年股东投资收益率高于上港集团。由于60%的负债率在行业中已处于较高水平，为控制财务风险，对于2017年快速增长产生的新融资缺口，青岛港采取了股权融资的方式，融资后使得公司资产负债率降到50%多，财务杠杆效应也有所降低。

财务预测是财务管理的首要环节，主要内容是预测未来的资金需要量，正确的财务预测为企业财务决策提供依据，并为财务计划的编制提供服务。财务计划可以分为财务规划和财务预算。财务规划工作的重点是对各部门活动进行协调，为财务预算提供基础。财务预算是对未来的财务状况和经营成果做出科学的估计，是财务计划工作的重要成果，它不仅使财务决策更加具体化，而且也是财务控制的依据。本章主要介绍财务预测的方法与步骤、企业增长与外部融资需求、全面预算体系的相关内容及营业预算和财务预算的编制等。

第一节 财务预测

财务预测是根据财务活动的历史资料，考虑现实的要求和条件，对企业未来的财务活动和财务成果做出科学的预计和测算。正确的财务预测为企业财务决策提供依据，并为财务计划的编制提供服务。财务预测的主要内容包括资产预测、成本费用和留存收益预测，以及资金需要量预测，其重点是对企业未来资金需要量加以估计。

一、财务预测的意义与目的

企业在筹资之前，应当采用一定的方法预测资金需要量，只有这样，才能使筹集来的资金既能满足生产经营的需要，又不会有太多的闲置。

财务预测是财务计划的前提。企业对外提供产品和服务，必须要有一定的资产。销售增加时，要相应增加流动资产，甚至还需增加固定资产。为取得扩大销售所需增加的资产，企业要筹措资金。这些资金，一部分来自留存收益，另一部分通过外部融资取得。通常，销售增长率较高时，留存收益不能满足资金需要，即使获利良好的企业也需外部融资。对外融资，需要寻找提供资金的人，向他们做出还本付息的承诺或提供盈利前景，使之相信其投资是安全的并且可以获利的，这个过程往往需要较长时间。因此，企业需要预先知道自己的财务需求，提前安排融资计划，否则就可能发生资金周转问题。

财务预测有助于企业改善投资决策。根据销售前景估计出的融资需要不一定总能被满足，因此，就需要企业根据可能筹措到的资金来安排销售增长和有关的投资项目，使投资决策建立在可行的基础之上。

财务预测的真正目的是有助于提高应变能力。由于未来理财环境的不确定性和预测工作本身的主观性，财务预测与其他预测一样都不可能很准确。从表面上看，不准确的财务预测会导致不准确的财务计划，从而使财务预测和财务计划都失去意义。其实并非如此，财务预测给人们展现了未来各种可能的前景，促使人们制订出相应的应急计划。财务预测和财务计划是超前思考的过程，其结果并非仅仅是一个资金需要量数字，还包括对未来各种可能前景的认识和思考。财务预测可以提高企业对不确定事件的反应能力，从而减少不利事件出现带来的损失，增加利用有利机会带来的收益。

二、财务预测的方法与基本步骤

（一）预测方法

1. 定性预测法

定性预测法是指利用相关的资料，依靠个人的经验、主观分析和判断能力，预测未来资金需要量的方法。这种方法通常在企业缺乏完备、准确的历史资料的情况下采用。其预测过程如下：首先，由熟悉财务情况和生产经营情况的专家，根据过去所积累的经验进行分析判断，提出预测的初步意见；其次，通过座谈会或发出各种表格等形式，对上述预测的初步意见进行修正补充。这样经过一次或几次反复以后，得出预测的最终结果。

定性预测法是十分有用的，但它不能提示资金需要量与有关因素之间的数量关系。例如，预测资金需要量应和生产经营规模相联系。生产规模扩大，销售数量增加，会引起资金需求增加；反之，会使资金需求量减少。

2. 定量预测法

定量预测法也称统计预测，它是根据已掌握得比较完备的历史统计数据，运用一定的数学方法进行科学的加工整理，以此来提示资金需要量与有关变量（如销售额）之间的规律性联系，用于预测和推测未来资金需要量的一类预测方法。

定量预测法基本上可分为两类。第一类是时序预测法，它是以一个指标本身的历史数据的变化趋势去寻找市场的演变规律来作为预测的依据，即把未来作为历史的延伸。时序预测法包括平均平滑法、趋势外推法、季节变动预测法和马尔可夫时序预测法。第二类是因果分析法，它包括一元回归预测法、多元回归预测法和投入产出法。回归预测法是因果分析法中很重要的一种方法，它从一个指标与其他指标的历史和现实变化的相互关系中，探索它们之间的规律性联系，并将其作为预测未来的依据。

定量预测法的优点如下：偏重数量方面的分析，重视预测对象的变化程度，能做出变化程度在数量上的准确描述；它主要把历史统计数据和客观实际资料作为预测的依据，运用数学方法进行处理分析，受主观因素的影响较少；它可以利用现代化的计算方法进行大量的计算和数据处理工作，求出最佳数据曲线。缺点是比较机械，不易灵活掌握，对信息资料质量要求较高。

资金需要量的定量预测方法有很多，本书主要介绍销售百分比法。

（二）基本步骤

资金需要量预测是企业财务预测的重要组成部分，基本步骤如下。

1. 销售预测

销售预测是财务预测的前提。一般情况下，进行财务预测时，将销售数据视为已知数作为财务预测的起点。销售预测对财务预测的质量有重大影响。如果销售的实际状况超出预测很多，企业没有准备足够的资金添置设备或储备存货，无法满足顾客需要，不仅会失去盈利机会，并且会丧失原有的市场份额。如果销售预测过高，筹集大量资金购买设备并储备存货，会造成设备闲置和存货积压，使资产周转率下降，导致权益收益率降低，股价下跌。

2. 估计需要的经营资产和经营负债

通常，经营资产是销售收入的函数，根据历史数据可以分析出该函数关系。根据预计销售收入以及资产与销售收入的函数，可以预测所需资产的数额。大部分经营负债也是销售的函数，也应预测负债的自发增长，这种增长可以减少企业外部融资的数额。

3. 估计各项费用和留存收益

假设各项费用也是销售的函数，可以根据预计销售收入估计费用、支出和损失，并在此基础上确定净收益。净收益和股利支付率共同决定留存收益能提供的资金数额。

4. 估计所需融资

根据预计资产总量，减去已有的经营资产、经营负债的自发增长、可动用的金融资产和内部能够提供的利润留存，便可得出外部融资的需求。

三、销售百分比法的含义、基本假定与步骤

（一）销售百分比法的含义与基本假定

销售百分比法，是假设经营资产、经营负债与销售收入存在稳定的百分比关系，根据预计销售收入和相应的百分比预计经营资产、经营负债，然后确定融资需求的一种财务预测方法。

销售百分比法预测资金需要量，是建立在企业的部分资产和负债与销售额同比例变化的假定基础之上的。

（二）销售百分比法的步骤

1. 确定经营资产和经营负债项目的销售百分比

确定经营资产和经营负债项目的销售百分比，可以根据统一的财务报表数据预计，也可以使用经过调整的用于管理的财务报表数据预计，后者更方便，也更合理。

例 2-1　假设 ABC 公司 20×2 年预计销售收入 4 000 万元，根据资产负债表和利润表调整 20×1 年相关数据如表 2-1 的“20×1 年实际”所示。

各项目销售百分比=基期经营资产（经营负债）÷基期销售额×100%

根据 20×1 年实际销售收入（3 000 万元）计算的各项经营资产和经营负债的百分比，见表 2-1 的“销售百分比”。

表 2-1　20×2 年经营资产的预计　　单位：万元

项目	20×1 年实际	销售百分比	20×2 年预测
应收票据	8	0.27%	11
应收账款	398	13.27%	531
预付账款	22	0.73%	29
其他应收款	12	0.40%	16
存货	119	3.97%	159
一年内到期的非流动资产	45	1.50%	60
其他流动资产	8	0.27%	11
长期股权投资	30	1.00%	40
固定资产	1 238	41.27%	1 651
在建工程	18	0.60%	24
无形资产	6	0.20%	8
长期待摊费用	5	0.17%	7
其他非流动资产	3	0.10%	4
经营资产合计	1 912	63.75%	2 551

续表

项目	20×1 年实际	销售百分比	20×2 年预测
应付票据	5	0.17%	7
应付账款	100	3.33%	133
预收账款	10	0.33%	13
应付职工薪酬	2	0.07%	3
应交税费	5	0.17%	7
应付利息	12	0.40%	16
应付股利	28	0.93%	37
其他应付款	14	0.47%	19
预计负债	2	0.07%	3
一年内到期的非流动负债	50	1.67%	67
其他流动负债	3	0.10%	4
长期应付款	50	1.67%	67
经营负债合计	281	9.38%	376
净经营资产总计	1 631	54.37%	2 175

经营资产、经营负债项目占销售额的百分比，也可以根据以前若干年度的平均数确定。

2. 预计各项经营资产和经营负债

各项经营资产（经营负债）=预计销售收入×各项目销售百分比

根据 20×2 年预计销售收入（4 000 万元）和各项目销售百分比计算的各项经营资产和经营负债，见表 2-1 的“20×2 年预测”。

融资总需求=预计净经营资产合计−基期净经营资产合计

该公司 20×2 年需要筹措的资金总量：

融资总需求=2 175−1 631=544（万元）

如何筹集该资金取决于企业的筹资政策。通常，筹资的优先顺序如下：①动用现存的金融资产；②增加留存收益；③增加金融负债；④增加股本。

3. 预计可以动用的金融资产

可动用金融资产是基期全部金融资产扣除用于各种意外支付需备的货币资金后的余额。

可动用金融资产=基期金融资产−最低货币资金保留额

该公司 20×1 年年底的金融资产为 56 万元。根据过去经验，公司至少要保留 20 万元的货币资金，以备各种意外支付。

可动用金融资产=56−20=36（万元）

尚需筹集资金=融资总需求−可动用金融资产

=544−36=508（万元）

4. 预计增加的留存收益

留存收益是公司内部的筹资来源。只要公司有盈利并且不是全部支付股利，留存收益就会使股东权益增长，可以满足或部分满足企业的筹资要求。这部分资金的多少，取决于收益的多少和股利支付率的高低。

留存收益增加=预计销售额×计划销售净利率×（1−股利支付率）

假设 ABC 公司 20×2 年计划销售净利率 4.5%（与 20×1 年实际接近）。由于需要的筹资额较大，20×2 年 ABC 公司不支付股利，则：

留存收益增加=4 000×4.5%=180（万元）

这里需要注意一个问题：该留存收益增加额的计算方法隐含了一个假设，即计划销售净利率可以涵盖增加的利息。设置该假设是为了摆脱筹资预测的数据循环。在融资预测时，需要先确定留存收益的增加数额，然后确定需要增加的借款，但是借款的改变反过来影响留存收益。其数据关系如下：在股利支付率确定之后，留存收益受净利润的影响，净利润多少受利息支付的影响，利息多少受借款数额的影响，借款增加数额要视留存收益增加额而定。为了解该数据循环问题，有两种方法：第一种办法是使用多次迭代法，逐步逼近可以使数据平衡的留存收益和借款数额；第二种简单的办法是假设销售净利率可以涵盖借款增加的利息，先确定留存收益，然后确定借款的数额。本书使用了第二种处理办法。

5. 预计外部筹资额

预计外部筹资额=融资总需求−可动用金融资产−留存收益增加额

该公司需要的外部筹资数额：

预计外部筹资额=544−36−180=328（万元）

需要的外部筹资额，可以通过增加借款或增发股票筹集，这涉及资本结构管理问题。通常，在目标资本结构允许时企业会优先使用借款筹资。如果已经不宜再增加借款，则需要增发股票。

销售百分比法是一种比较简单、粗略的预测方法。首先，该方法假设各项经营资产和经营负债与销售额保持稳定的百分比，这可能与事实不符；其次，该方法假设计划销售利润率可以涵盖借款利息的增加，也不一定合理。

第二节　增长率与资金需求

一、企业增长的实现方式

企业增长的财务意义是资金增长。在销售增长时企业往往需要补充资金，这主要是因为销售增加通常会引起存货和应收账款等资产的增加。销售增长得越多，需要的资金就越多。

从资金来源上看，企业增长的实现方式有三种。

1. 完全依靠内部资金增长

内部的财务资源是有限的，往往会限制企业的发展，无法充分利用其来增加企业财富的机会。

2. 主要依靠外部资金增长

外部筹资包括增加债务和股东投资，也可以提高增长率。主要依靠外部资金实现增长是不能持久的。增加负债会使企业的财务风险增加，筹资能力下降，最终会使借款能力完全丧失；通过增发股票等方式增加股东投入资本，不仅会分散控制权，而且会稀释每股收益，除非追加投资有更高的回报率，否则不能增加股东财富。

3. 平衡增长

平衡增长是指保持目前的财务结构和与此有关的财务风险，按照股东权益的增长比例增加借款，以此支持销售增长。这种增长一般不会消耗企业的财务资源，是一种可持续的增长方式。

二、销售增长与外部融资的关系

既然销售增长会带来资金需求的增加，那么销售增长和融资需求之间就会有函数关系，根据这种关系，就可以直接计算特定增长下的融资需求。假设它们成正比，两者之间有稳定的百分比，即销售额每增长 1 元需要追加的外部融资额，可将其称为“外部融资额占销售增长的百分比”，简称“外部融资销售增长比”。

计算公式如下。

假设可动用的金融资产为零：

$$\begin{aligned}\frac{\text{外部}}{\text{融资额}}=&\left(\frac{\text{经营资产}}{\text{计划销售}}\times\frac{\text{新增}}{\text{销售额}}\right)-\left(\frac{\text{经营负债}}{\text{销售百分比}}\times\frac{\text{新增}}{\text{销售额}}\right)\\&-\left[\frac{\text{计划销售}}{\text{净利率}}\times\frac{\text{计划}}{\text{销售额}}\times\left(1-\frac{\text{股利}}{\text{支付率}}\right)\right]\end{aligned}\tag{2-1}$$

其中，新增销售额=销售增长率×基期销售额，代入式（2-1），可得

$$\begin{aligned}\frac{\text{外部}}{\text{融资额}}=&\left(\frac{\text{基期}}{\text{销售额}}\times\frac{\text{销售}}{\text{增长率}}\times\frac{\text{经营资产}}{\text{销售百分比}}\right)-\left(\frac{\text{基期}}{\text{销售额}}\times\frac{\text{销售}}{\text{增长率}}\times\frac{\text{经营负债}}{\text{销售百分比}}\right)\\&-\left[\frac{\text{计划销售}}{\text{净利率}}\times\frac{\text{基期}}{\text{销售额}}\times\left(1-\frac{\text{销售}}{\text{增长率}}\right)\times\left(1-\frac{\text{股利}}{\text{支付率}}\right)\right]\end{aligned}$$

两边同除“基期销售额×销售增长率”：

$$\begin{aligned}\frac{\text{外部融资}}{\text{销售增长比}}=&\frac{\text{经营资产}}{\text{销售百分比}}-\frac{\text{经营负债}}{\text{销售百分比}}-\frac{\text{计划销售}}{\text{净利率}}\\&-\left[\left(1-\frac{\text{销售}}{\text{增长率}}\right)\div\frac{\text{销售}}{\text{增长率}}\right]\times\left(1-\frac{\text{股利}}{\text{支付率}}\right)\end{aligned}\tag{2-2}$$

例 2-2 某公司上年销售收入为 4 000 万元，本年计划销售收入为 6 000 万元，销售

增长率为50%。假设经营资产销售百分比为66.67%，经营负债销售百分比为6.17%，计划销售净利率为6%，股利支付率为40%，则：

外部融资销售增长比=66.67%−6.17%−6%×（1.5÷0.5）×（1−40%）

=0.605−0.108=0.497

外部融资额=外部融资销售增长比×新增销售额

=0.497×（6 000−4 000）

=994（万元）

三、内含增长率

销售额增加引起的资金需求增长，有三种途径来满足：一是动用金融资产；二是内部留存收益的增加；三是外部融资（包括借款和股权融资，不包括经营负债的自然增长）。如果企业没有可动用的金融资产，且不能或不打算从外部融资，则只能靠内部积累，从而限制了销售的增长。此时的销售增长率，称为“内含增长率”。

例 2-3　沿用例 2-2，假设外部融资等于零。

$$0=\frac{\text{经营资产}}{\text{销售百分比}}-\frac{\text{经营负债}}{\text{销售百分比}}-\frac{\text{计划销售}}{\text{净利率}}\times\left[\left(1+\frac{\text{销售}}{\text{增长率}}\right)\div\frac{\text{销售}}{\text{增长率}}\right]\times\left(1-\frac{\text{股利}}{\text{支付率}}\right)$$

0=66.67%−6.17%−6%×[（1+销售增长率）÷销售增长率]×0.6

得到：销售增长率=6.327%

验算：

新增销售额=4 000×6.327%=253.08（万元）

$$\frac{\text{外部}}{\text{融资额}}=\left(\frac{\text{经营资产}}{\text{销售百分比}}\times\frac{\text{新增}}{\text{销售额}}\right)-\left(\frac{\text{经营负债}}{\text{销售百分比}}\times\frac{\text{新增}}{\text{销售额}}\right)$$
$$-\left[\frac{\text{计划销售}}{\text{净利率}}\times\frac{\text{计划}}{\text{销售额}}\times\left(1-\frac{\text{股利}}{\text{支付率}}\right)\right]$$
$$=(66.67\%\times253.08)-(6.17\%\times253.08)-(6\%\times4\,253.08\times0.6)$$
$$=0(\text{万元})$$

四、可持续增长率

（一）可持续增长率的概念

可持续增长率是指不增发新股，不改变经营效率（不改变销售净利率和资产周转率）和财务政策（不改变负债/权益比和收益留存率）时，销售所能达到的最大增长率。

可持续增长率的假设条件如下。

（1）公司目前的资本结构是目标资本结构，并且打算继续维持下去；

（2）公司目前的利润留存率是目标留存率，并且打算继续维持下去；

（3）公司不愿意或不打算发售新股，增加债务是其唯一的外部筹资来源；

（4）公司的销售净利率将维持当前水平，并且可以涵盖负债的利息；

（5）公司的资产周转率将维持当前的水平。

在上述假设条件成立时，销售的实际增长率与可持续增长率相等。

可持续增长的思想，不是说企业的增长不可以高于或低于可持续增长率。问题在于管理人员必须事先预计实际增长率超过可持续增长率时可能导致的财务问题。如果不增发新股，超过部分的资金只有两个解决办法，提高资产收益率或改变财务政策。提高资产收益率并非总是可行的，改变财务政策是有风险和极限的，故超常增长只能是短期的。尽管企业的增长时快时慢，但长期来看总是受到可持续增长率的制约。

（二）可持续增长率的计算

1. 根据期初股东权益计算可持续增长率

限制销售增长的是资产，限制资产增长的是资金来源（包括负债和股东权益）。在不增发新股、不改变经营效率和财务政策的情况下（即企业平衡增长），限制资产增长的是股东权益的增长率。因此，可持续增长率的计算公式可推导如下：

$$
\begin{aligned}
\text{可持续增长率} &= \text{股东权益增长率} \\
&= \frac{\text{股东权益本期增加}}{\text{期初股东权益}} \times 100\% \\
&= \frac{\text{本期净利} \times \text{本期收益留存率}}{\text{期初股东权益}} \times 100\% \\
&= \text{期初权益资本净利率} \times \text{本期收益留存率} \times 100\% \\
&= \frac{\text{本期净利}}{\text{本期销售}} \times \frac{\text{本期销售}}{\text{期末总资产}} \times \frac{\text{期末总资产}}{\text{期初股东权益}} \times \begin{matrix}\text{本期收益}\\ \text{留存率}\end{matrix} \times 100\% \\
&= \begin{matrix}\text{销售}\\ \text{净利率}\end{matrix} \times \begin{matrix}\text{总资产}\\ \text{周转率}\end{matrix} \times \begin{matrix}\text{收益}\\ \text{留存率}\end{matrix} \times \begin{matrix}\text{期初权益}\\ \text{期末总资产乘数}\end{matrix} \times 100\%
\end{aligned}
\qquad (2\text{-}3)
$$

应注意，这里的“权益乘数”是用“期初权益”计算的，不要用“期末权益”计算。

例 2-4 A 公司 20×6~20×0 年的主要财务数据如表 2-2 所示。

表 2-2 根据期初股东权益计算的可持续增长率 单位：万元

项目	20×6 年	20×7 年	20×8 年	20×9 年	20×0 年
收入	3 000.00	3 300.00	4 950.00	4 125.00	4 537.50
净利润	150.00	165.00	247.50	206.25	226.89
股利	60.00	66.00	99.00	82.50	90.75
留存收益	90.00	99.00	148.50	123.75	136.14
股东权益	990.00	1 089.00	1 237.50	1 361.25	1 497.39
负债	180.00	198.00	693.00	247.50	272.25
总资产	1 170.00	1 287.00	1 930.50	1 608.75	1 769.64
销售净利率	5.00%	5.00%	5.00%	5.00%	5.00%

续表

项目	20×6 年	20×7 年	20×8 年	20×9 年	20×0 年
销售/总资产	2.564 1	2.564 1	2.564 1	2.564 1	2.564 1
总资产/期初股东权益	1.300 0	1.300 0	1.772 7	1.300 0	1.300 0
收益留存率	0.6	0.6	0.6	0.6	0.6
可持续增长率	10.00%	10.00%	13.64%	10.00%	10.00%
实际增长率		10.00%	50.00%	−16.67%	10.00%

根据可持续增长率公式（期初股东权益）计算如下：

可持续增长率（20×7 年）=销售净利率×资产周转率×期初权益乘数×收益留存率×100%

=5%×2.564 1×1.3×0.6×100%=10%

实际增长率（20×7 年）=（本年销售−上年销售）/上年销售×100%

=（3 300−3 000）/ 3 000×100%=10%

其他各年的可持续增长率的计算方法与此相同。

2. 根据期末股东权益计算可持续增长率

可持续增长率也可以用期末数和本期发生额进行计算，其推导过程如下：

可持续增长率=股东权益增长率

$$=\frac{\text{股东权益本期增加}}{\text{期初股东权益}}\times 100\%$$

$$=\frac{\text{股东权益本期增加}}{\text{期末股东权益}-\text{股东权益本期增加}}\times 100\%$$

将分子分母同时除以期末股东权益，则有

$$\text{可持续增长率}=\frac{\dfrac{\text{股东权益本期增加}}{\text{期末股东权益}}}{\dfrac{\text{期末股东权益}}{\text{期末股东权益}}-\dfrac{\text{股东权益本期增加}}{\text{期末股东权益}}}\times 100\%$$

$$=\frac{\dfrac{\text{股东权益本期增加}}{\text{期末股东权益}}}{1-\dfrac{\text{股东权益本期增加}}{\text{期末股东权益}}}\times 100\%$$

$$=\frac{\dfrac{\text{本期净利}\times\text{收益留存率}}{\text{期末股东权益}}}{1-\dfrac{\text{本期净利}\times\text{收益留存率}}{\text{期末股东权益}}}\times 100\%$$

$$=\frac{\text{权益净利率}\times\text{收益留存率}}{1-\text{权益净利率}\times\text{收益留存率}}\times 100\%$$

$$=\frac{\text{销售净利率}\times\text{资产周转率}\times\text{权益乘数}\times\text{收益留存率}}{1-\text{销售净利率}\times\text{资产周转率}\times\text{权益乘数}\times\text{收益留存率}}\times 100\%$$

例 2-5 使用例 2-4 的数据，计算的可持续增长率如表 2-3 所示。

表 2-3 根据期末股东权益计算的可持续增长率 单位：万元

项目	20×6 年	20×7 年	20×8 年	20×9 年	20×0 年
收入	3 000.00	3 300.00	4 950.00	4 125.00	4 537.50
净利润	150.00	165.00	247.50	206.25	226.89
股利	60.00	66.00	99.00	82.50	90.75
留存收益	90.00	99.00	148.50	123.75	136.14
股东权益	990.00	1 089.00	1 237.50	1 361.25	1 497.39
负债	180.00	198.00	693.00	247.50	272.25
总资产	1 170.00	1 287.00	1 930.50	1 608.75	1 769.64
销售净利率	5.00%	5.00%	5.00%	5.00%	5.00%
销售/总资产	2.564 1	2.564 1	2.564 1	2.564 1	2.564 1
总资产/期末股东权益	1.181 8	1.181 8	1.560 0	1.181 8	1.181 8
收益留存率	0.6	0.6	0.6	0.6	0.6
可持续增长率	10.00%	10.00%	13.64%	10.00%	10.00%
实际增长率		10.00%	50.00%	−16.67%	10.00%

根据可持续增长率（期末股东权益）公式计算如下：

$$\text{可持续增长率（20×7 年）}=\frac{5\%\times 2.5641\times 1.1818\times 0.6}{1-5\%\times 2.5641\times 1.1818\times 0.6}\times 100\%=10\%$$

其他各年的可持续增长率的计算方法与此相同。

通过比较表 2-2 和表 2-3 可以看出，在不增发新股的情况下，两个公式计算的可持续增长率是一致的。

（三）可持续增长率与实际增长率

实际增长率和可持续增长率经常不一致。通过分析两者的差异，可以了解企业的经营业绩和财务政策有何变化，高速增长的资金从哪里来以及能否持续下去。

例 2-6 仍沿用例 2-4 的例子来说明分析的方法。

问题 1：公司经营政策有何变化？

（1）20×7 年的经营效率和财务政策与 20×6 年相同。20×7 年的实际增长率、20×6 年和 20×7 年的可持续增长率均为 10%。

（2）20×8 年权益乘数提高，而销售净利率、总资产周转率和留存收益率没有变化。实际增长率上升为 50%，可持续增长率上升为 13.64%，20×7 年的可持续增长率为 10%。提高财务杠杆，提供了高速增长所需要的资金。

（3）20×9 年权益乘数下降，而销售净利率、总资产周转率和留存收益率没有变化。实际增长率下降为−16.67%，2008 年的可持续增长率为 13.64%，20×9 年的可持续增长率为 10%。为了归还借款，使财务杠杆恢复到历史正常水平，降低了销售增长速度。

（4）20×0 年的经营效率和财务政策与 20×9 年相同。实际增长率、上年和本年的可持续增长率均为 10%。

问题 2：高速增长所需的资金从哪里来？

该公司 20×8 年的实际增长率是 50%，大大超过上年的可持续增长率 10%。

（1）计算超常增长的销售额。

按可持续增长率计算的销售额=上年销售收入×（1+可持续增长率）

=3 300×（1+10%）=3 630（万元）

超常增长的销售额=实际销售收入−可持续增长销售额

=4 950−3 630=1 320（万元）

（2）计算超常增长所需资金。

实际销售需要资金=实际销售收入÷本年资产周转率

=4 950÷2.564 1=1 930.50（万元）

持续增长需要资金=可持续增长销售额÷上年资产周转率

=[3 300×（1+10%）]÷2.564 1=1 415.70（万元）

超常增长额外所需资金=实际增长需要资金−可持续增长需要资金

=1 930.50− 1 415.70=514.80（万元）

（3）分析超常增长的资金来源。

留存收益提供资金=148.5（万元）

其中，按可持续增长率增长提供留存收益=99×（1+10%）=108.9（万元）

超常增长产生的留存收益=实际利润留存−可持续增长利润留存

=148.5−108.9=39.6（万元）

负债提供资金=693−198=495（万元）

其中，按可持续增长率增长需要增加负债=198×10%=19.8（万元）

超常增长额外负债=495−19.8=475.2（万元）

上述有关的计算过程如表 2-4 所示。

表 2-4　超常增长的资金来源　　单位：万元

项目	20×6 年	20×7 年	20×8 年	假设增长	差额
收入	3 000.00	3 300.00	4 950.00	3.630	1 320
净利润	150.00	165.00	247.50	181.5	66
股利	60.00	66.00	99.00	72.6	26.4
留存收益	90.00	99.00	148.50	108.90	39.60
股东权益	990.00	1 089.00	1 237.50	1 197.9	39.6
负债	180.00	198.00	693.00	217.80	475.20
总资产	1 170.00	1 287.00	1 930.50	1 415.70	514.80
可持续增长率的计算					
销售净利率	5.00%	5.00%	5.00%	5.00%	
销售/总资产	2.564 1	2.564 1	2.564 1	2.564 1	
总资产/期末股东权益	1.181 8	1.181 8	1.560 0	1.181 8	
收益留存率	0.6	0.6	0.6	0.6	
可持续增长率	10.00%	10.00%	13.64%	10.00%	
实际增长率		10.00%	50.00%	10.00%	

因此，超常增长额外所需的 514.80 万元资金，有 39.60 万元来自超常增长本身引起的留存收益增加，另外的 475.20 万元来自额外增加的负债。正是这一增量权益资本和增量借款的比例不同于原来的资本结构，使得权益乘数提高到 1.56。

问题 3：增长潜力如何？

20×7 年的经营业绩和财务政策决定可持续增长率是 10%，而 20×8 年的实际增长率是 50%。通过以上分析可知，这种高增长主要是依靠外部注入资金取得的。这种高增长率是否能继续下去呢？

如果 20×9 年想继续维持 50%的增长率，必须继续进一步增加负债或进行权益筹资。根据 20×8 年数据计算，可持续增长率是 13.64%，这就是说，20×9 年维持 20×8 年可持续增长率分解后的四个财务比率，也只能取得 13.64%的增长。超常增长不是维持财务比率的结果，而是提高财务比率的结果。

如果想要维持 50%的增长率，20×9 年需要额外补充多少资金呢？

需要资金总额=计划销售 ÷ 计划资产周转率

=4 950 ×（1+50%）÷ 2.564 1=2 895.75（万元）

留存收益提供资金=7 425 × 5% × 0.6=222.75（万元）

假设除留存收益外，全部使用负债补充资金，则财务杠杆为

权益乘数=总资产 ÷ 期末权益

=2 895.75 ÷（1 237.50+222.75）=1.98

上述有关的计算过程如表 2-5 所示。

表 2-5 提高财务杠杆支持高增长 单位：万元

项目	20×6 年	20×7 年	20×8 年	20×9 年
收入	3 000.00	3 300.00	4 950.00	7 425.00
净利润	150.00	165.00	247.50	371.25
股利	60.00	66.00	99.00	148.50
留存收益	90.00	99.00	148.50	222.75
股东权益	990.00	1 089.00	1 237.50	1 460.25
负债	180.00	198.00	693.00	1 435.50
总资产	1 170.00	1 287.00	1 930.50	2 895.75
可持续增长率的计算				
销售净利率	5.00%	5.00%	5.00%	5.00%
销售/总资产	2.564 1	2.564 1	2.564 1	2.564 1
总资产/期末股东权益	1.181 8	1.181 8	1.560 0	1.983 1
收益留存率	0.6	0.6	0.6	0.6
可持续增长率	10.00%	10.00%	13.64%	18.00%
实际增长率		10.00%	50.00%	50.00%

20×9 年该公司通过提高财务杠杆维持了 50%的增长率。如果今后要继续维持 50%的增长率，还需要进一步提高财务杠杆。财务杠杆是重要的财务政策，不可能随便提

高，更不可能无限提高。既然公司的财务杠杆不能持续提高，则50%的增长率就是不可持续的。销售净利率、资产周转率和股利分配率，如同财务杠杆一样，都不可能无限提高，从而限制了企业的增长率。因此，超常增长是不可能持续的。

企业的增长潜力来源于上述四个财务比率的可持续水平。如果通过技术和管理创新使销售净利率和资产周转率提高到一个新水平，则企业增长率可以相应提高。财务杠杆和收益留存率受到资本市场的制约，通过提高这两个比率支持高增长，只能是一次性的临时解决办法，不可能持续使用。

那么，通过筹集权益资本支持高增长是否可行？

我们假设20×1年该公司计划增长50%，由于四个财务比率已经不能再提高，因此只能在保持资本结构的前提下，同时筹集权益资本和增加负债。其结果是销售增长了50%，净利润也增长了 50%，但是净资产收益率没有任何提高，仍然是 15.15%（表2-6）。

表2-6 无效的增长 单位：万元

项目	20×6年	20×7年	20×8年	20×9年	20×0年	20×1年
收入	3 000.00	3 300.00	4 950.00	4 125.00	4 537.50	6 806.25
净利润	150.00	165.00	247.50	206.25	226.89	340.34
股利	60.00	66.00	99.00	82.50	90.75	136.13
留存收益	90.00	99.00	148.50	123.75	136.14	204.21
筹集权益资本						544.52
股东权益	990.00	1 089.00	1 237.50	1 361.25	1 497.39	2 246.09
负债	180.00	198.00	693.00	247.50	272.25	408.37
总资产	1 170.00	1 287.00	1 930.50	1 608.75	1 769.64	2 654.46
可持续增长率的计算						
销售净利率	5.00%	5.00%	5.00%	5.00%	5.00%	5.00%
销售/总资产	2.564 1	2.564 1	2.564 1	2.564 1	2.564 1	2.564 1
总资产/期末股东权益	1.181 8	1.181 8	1.560 0	1.181 8	1.181 8	1.181 8
收益留存率	0.6	0.6	0.6	0.6	0.6	0.6
可持续增长率	10.00%	10.00%	13.64%	10.00%	10.00%	10.00%
实际增长率		10.00%	50.00%	−16.67%	10.00%	50.00%
净资产收益率	15.15%	15.15%	20%	15.15%	15.15%	15.15%

因此，如无特殊原因，该公司今后的增长应当在10%左右波动，不应当追求无效的增长，任何过快的增长都会引发后续的低增长。

通过上面的举例可以看出，可持续增长率是企业当前经营效率和财务政策决定的内在增长能力，实际增长率是本年销售额相较于上年销售额的增长百分比。在不增发新股的情况下，它们之间有如下联系。

（1）如果某一年的经营效率和财务政策与上年相同，则实际增长率、上年的可持续增长率及本年的可持续增长率三者相等。这种增长状态，在资金上可以永远持续发展下去，可称之为平衡增长。当然，外部条件是公司不断增加的产品能为市场所接受。

（2）如果某一年的公式中四个财务比率有一个或多个增长，则实际增长率就会超过上年的可持续增长率，本年的可持续增长率也会超过上年的可持续增长率。由此可见，超常增长是改变财务比率的结果，而不是持续当前状态的结果。企业不可能每年提高这四个财务比率，也就不可能使超常增长继续下去。

（3）如果某一年的公式中四个财务比率有一个或多个比上年下降，则实际销售增长就会低于上年的可持续增长率，本年的可持续增长率也会低于上年的可持续增长率。这是超常增长之后的必然结果，公司对此事要先有所准备。如果不愿意接受这种现实，继续勉强冲刺，现金周转的危机很快就会来临。

（4）如果公式中四个财务比率已经达到公司的极限水平，单纯的销售增长无助于增加股东财富。销售净利率和资产周转率的乘积是资产净利率，它体现了企业运用资产获取收益的能力，决定于企业的综合效率。至于采用“薄利多销”还是“厚利少销”的方针，则是经营政策选择的问题。收益留存率和权益乘数的高低是财务政策选择问题，取决于决策人对收益与风险的权衡。因此，企业的综合效率和承担风险的能力，决定了企业的增长速度。

实际上一个理智的企业在增长问题上并没有很大的回旋余地，从长期来看更是如此。一些企业由于发展过快而陷入危机甚至破产，另一些企业由于增长太慢而遇到困难以至于被其他企业收购，这说明不当的增长足以毁掉一个企业。

第三节 财务预算

财务预算是对未来的财务状况和经营成果做出科学的估计，是财务计划工作的重要成果，它不仅使财务决策更加具体化，而且也是财务控制的依据。财务预算是企业全面预算的一部分，它和业务预算等是联系在一起的，全面预算是一个数字相互衔接的整体。

一、全面预算体系

（一）全面预算的构成

全面预算是企业根据战略规划、经营目标和资源状况，运用系统方法编制的企业整体经营、资本、财务等一系列业务管理标准和行动计划。

全面预算是一种管理工具，也是一套系统的管理方法。全面预算是计划工作的成果，它既是决策的具体化，又是控制生产经营活动的依据。企业的全面预算一般包括业务预算、资本预算和财务预算三大类。其中，业务预算和财务预算主要为预算期在一年以内的短期预算，如年度预算、季度预算和月度预算；资本预算主要为预算期在一年以上的长期预算。

业务预算又称经营预算，是关于企业日常营业业务的预算，通常与企业营业业务环节相结合。就制造业企业而言，业务预算一般包括销售预算、生产预算、成本预算、费用预算等。资本预算是对企业投资和筹资业务的预算，包括长期投资预算和长期筹资预算。财务预算是对企业财务状况、经营成果和现金流量的预算，是企业的综合预算。为便于与企业财务会计报表相比较，财务预算一般包括现金预算、利润预算、财务状况预算等。本节主要讨论业务预算和财务预算。

总之，全面预算是由一系列预算构成的体系，各项预算之间相互联系，关系较复杂。图 2-1 勾画了各项预算之间的主要联系。

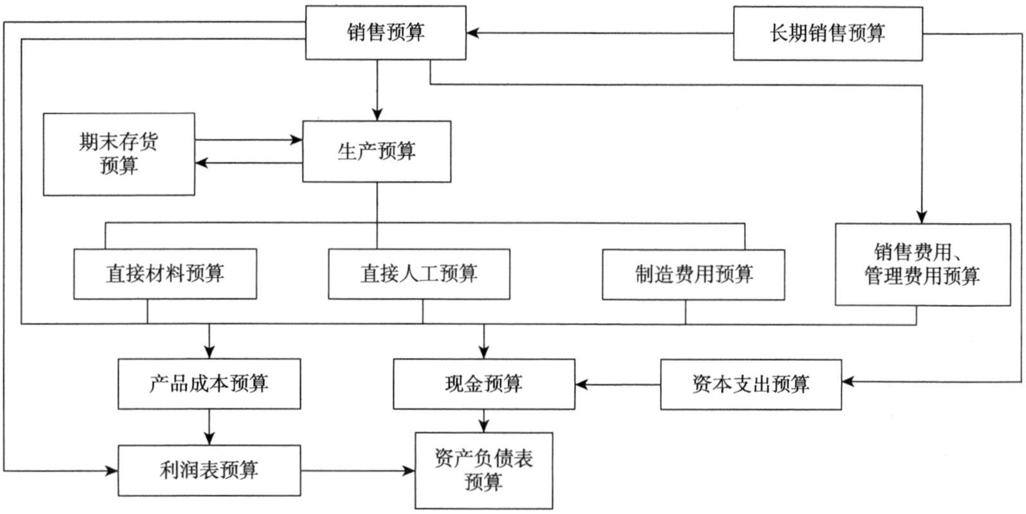

图 2-1　全面预算体系关系图

企业应根据长期市场预测和生产能力编制长期销售预算。以长期销售预算为基础，确定年度的销售预算，并根据企业财力确定资本支出预算。销售预算是年度预算的编制起点，按照“以销定产”的原则编制生产预算，同时编制销售费用预算。生产预算的编制，除了考虑计划销售量外，还要考虑现有存货和年末存货。根据生产预算来确定直接材料费用、直接人工费用、制造费用预算及采购预算。产品成本预算和现金流量预算（或现金预算）是有关预算的汇总。利润预算（或利润表预算、预算利润表）和财务状况预算（或资产负债表预算）是全部预算的综合。

（二）全面预算的特征

全面预算是企业的总体计划，涉及企业的方方面面，具有如下特征。

（1）以战略规划和经营目标为导向。全面预算应体现企业长期发展的阶段性，围绕企业不同发展阶段的经营目标，预测并设定资产、负债、收入、成本、费用、利润、投资、筹资等核心指标的目标。

（2）以业务活动环节及部门为依托。全面预算必须结合企业的业务活动，落实到企业业务活动的各环节和各部门，作为各环节和各部门的工作目标和考核标准。

（3）以人、财、物等资源要素为基础。全面预算是对企业全部资源要素的合理有效的匹配，旨在提高企业资源的使用效率和效果。

（4）与管理控制相衔接。全面预算管理实际上是系统的管理控制制度和过程。全面预算管理作为一种有效的管理控制手段，联结着企业战略目标和具体的业务执行。

（三）全面预算的作用

全面预算是对企业未来的系统规划，对企业的未来发展和业务工作具有直接作用。

（1）用于落实企业长期战略目标规划。企业的全面预算要与长期战略目标及规划相衔接，企业长期战略目标规划需要通过各期的全面预算予以分期落实和分步实现。

（2）用于明确业务环节和部门的目标。全面预算是企业未来的总体计划。企业通过全面预算，分解落实企业的总体和综合目标，为其业务活动的各环节和各部门规定预期目标和责任，指导各业务环节和各部门开展业务工作的方向。

（3）用于协调业务环节和部门的行动。全面预算是企业未来的行动计划。企业通过全面预算，合理设计预算指标体系，注重预算指标之间相互衔接，整合规划企业各种资源，协调业务活动的各环节和各部门的工作计划和职责，指导各环节和各部门开展业务工作的行动。

（4）用于控制业务环节和部门的业务。全面预算为企业各业务环节和各部门设定了一系列的管理标准，用于业务过程的实际结果与预算标准的比较分析，查找差距、分析原因，促使企业实现预期的目标。

（5）用于考核业务环节和部门的业绩。全面预算是企业各业务环节和各部门及全体员工业绩考核的基本标准，也是实施激励的重要依据。

（四）全面预算的依据

企业在全面预算的编制过程中，需要分析、研究企业内部和外部的各种情况和因素，充分考虑全面预算编制的有效依据。通常情况下，编制全面预算前需要认真研究和分析宏观经济周期、企业发展阶段、企业战略规划、企业经营目标、企业资源状况、企业组织结构等问题。

1. 宏观经济周期

宏观经济周期对企业具有重大的影响。宏观经济周期具体而言包括经济周期、产业周期、消费周期、利率周期等。企业必须研究当前和未来所处的宏观经济环境，在全面预算尤其是资本预算中采取有效的应对措施，以保证企业战略与宏观经济周期相匹配。

2. 企业发展阶段

一个企业往往经历一定的发展历程，在一定时期处于一定的发展阶段。在企业发展的不同阶段，具体的目标和对资源的需求是有差异的。企业必须准确把握所处的具体发展阶段，在全面预算尤其是资本预算中密切结合本身的发展阶段，制定科学合理的全面预算。

3. 企业战略规划

全面预算应围绕企业战略规划，服务企业战略规划目标，分期落实企业战略目标，促进逐步实现企业目标的长期发展。

4. 企业经营目标

全面预算必须以企业经营目标为直接的和主要的指导依据，将企业预算期的总体经营目标予以具体化、系统化的分解和落实。

5. 企业资源状况

企业的资源状况是全面预算的客观依据。企业制定全面预算必须分析企业内部现有人、财、物等各种资源规模及分布状况，研究企业从外部市场获取资源的潜力，保证全面预算具备可获得和可使用的资源支撑。

6. 企业组织结构

企业内部的组织结构是全面预算的基本依托，科学合理的组织结构是落实预算目标、明确管理责任、协调业务工作的重要保障。全面预算必须与企业组织结构相匹配，才能充分发挥其管理控制功能。

（五）全面预算的组织

为有效编制和实施全面预算，企业需要设立预算委员会和预算管理部，赋予它们相应的职责，并设计预算工作程序。

1. 预算委员会

企业应当设立预算委员会或预算领导小组，履行有关预算的职责，主要有以下主要职责。

（1）拟订企业预算编制与管理的原则和目标；
（2）审议企业预算方案及其调整方案；
（3）协调解决企业全面预算编制和执行中的重大问题；
（4）根据预算执行结果提出考核和奖惩意见。

2. 预算管理部

企业应当设立预算管理部或计划财务部，负责组织全面预算的编制、报告、执行和日常监控工作。管理部应当履行以下主要职责。

（1）组织企业预算的编制、审核、汇总工作；
（2）组织下达预算，监督企业预算执行情况；
（3）制订企业预算调整方案；
（4）协调解决企业预算编制和执行中的有关问题；
（5）分析和考核企业内部各业务部门及所属子公司的预算完成情况。

3. 全面预算程序

企业编制全面预算应当遵循以下基本工作程序。

（1）企业决策机构根据长期计划，利用本量利分析等工具，提出企业一定时期的总目标，并下达规划指标；

（2）成本控制最基层人员自行草编预算，使预算能较为可靠、比较符合实际；

（3）各部门汇总部门预算，并初步协调本部门预算，编制出销售、生产、财务等预算；

（4）预算委员会审查、平衡各预算，汇总出公司的总预算；

（5）经过总经理批准，审议机构通过或者驳回修改预算；

（6）主要预算指标报告给董事会或上级主管单位，讨论通过或驳回修改；

（7）通过后的预算下达给各部门执行。

（六）全面预算的方法

1. 增量预算法与零基预算法

增量预算法和零基预算法主要用于销售费用预算和管理费用预算的编制，两者的差别在于编制预算的基础不同。

1）增量预算法

增量预算法又称调整预算法，是指以基期水平为基础，分析预算期业务量水平及有关影响因素的变动情况，通过调整基期项目及数额，编制相关预算的方法。

2）零基预算法

零基预算法是“以零为基础编制预算”的方法，主要用于销售费用、管理费用等预算的编制。采用零基预算法在编制费用预算时，不考虑以往期间的费用项目和费用数额，主要根据预算期的需要和可能分析费用项目及费用数额的合理性，综合平衡编制费用预算。应用零基预算法编制费用预算，不受前期费用项目和费用水平的制约，能够调动各部门降低费用的积极性。

2. 固定预算法与弹性预算法

固定预算法和弹性预算法主要用于产品成本、费用和利润的编制，两者之间存在静态与动态之别。

1）固定预算法

固定预算法又称静态预算法，是按照某一固定的业务量（如生产量、销售量等）编制预算的方法。固定预算法通常是用于业务量水平较为稳定的生产和销售业务的成本费用预算的编制，如直接材料预算、直接人工预算和制造费用预算等。

2）弹性预算法

弹性预算法又称动态预算法，是在成本性态分析的基础上，依据业务量、成本和利润之间的联动关系，按照预算期内可能的一系列业务量（如生产量、销售量、工时等）水平编制系列预算的方法。弹性预算法适用于业务量有关的预算的编制，主要用于成本费用预算和利润预算。

编制弹性预算，要选用一个最能代表生产经营活动水平的业务量计量单位。例如，以手工操作为主的车间，就应选用人工工时；制造单一产品或零件的部门，可以选用实物数量；修理部门可以选用直接修理工时；等等。

弹性预算法采用的业务量范围，视企业或部门的业务量变化情况而定，务必使实际业务量不至于超出相关的业务量范围。一般来说，可定在正常生产能力的 70%~110%，或以历史上最高业务量和最低业务量为其上下限。弹性预算法编制预算的准确性，在很大程度上取决于成本性态分析的可靠性。

与按特定业务量水平编制的固定预算相比，弹性预算有两个显著特点：①弹性预算是按一系列业务量水平编制的，从而扩大了预算的使用范围；②弹性预算是按成本性态分类列示的，在预算执行中可以计算实际业务量的预算成本，便于预算执行的评价和考核。

3. 定期预算法与滚动预算法

定期预算法和滚动预算法是依据预算期间的固定性和滚动性来区分的两种预算编制方法。

1）定期预算法

定期预算法是以固定不变的会计期间（如年度、季度、月度）作为预算期间编制预算的方法。采用定期预算法编制预算，保证预算期间与会计期间在时期上匹配，便于依据会计报告的数据与预算的比较，考核和评价预算的执行结果。但不利于前后各个期间的预算衔接，不能适应连续不断的业务活动过程的预算管理。

2）滚动预算法

滚动预算法又称连续预算法或永续预算法，是在上期预算完成情况的基础上，调整和编制下期预算，并将预算期间逐期连续向前滚动推移，能够保持预算的连续性，有利于考虑未来业务活动；使预算随时间的推进不断加以调整和修订，能使预算与实际情况更相适应，有利于充分发挥预算的指导和控制作用。因此，滚动预算法尤其适用于连续性强的业务或项目的预算安排，如基本建设工程项目、大型机器设备采购安装项目。

二、业务预算的编制

业务预算是企业日常营业活动的预算，企业的营业活动涉及供、产、销等各个环节及业务。业务预算包括销售预算、生产预算、直接材料预算、直接人工预算、制造费用预算、产品成本预算、销售费用预算和管理费用预算等。

（一）销售预算的编制

销售预算是关于预算期销售数量、销售价格和销售收入的预算。销售预算是全面预算的编制起点，也是编制其他有关预算的基础。销售预算的预算期间一般同时包含年度、季度和月度。在企业存在不同的销售品种、销售市场分区和营销人员分工的情况下，应按照销售品种、销售市场区域和营销人员分别编制具体的销售预算，并汇总编制企业全部销售预算。

销售预算中的销售数量是根据市场预测、销货合同、生产能力等因素确定的，销售单价是根据供求关系和竞争策略等因素确定的，销售收入是由销售数量和销售单价决定的。

销售预算中通常还列出销售产生的现金流入，以便为编制现金流量预算提供必要的资料。其中，各期的现金流入应包含上期销售收入中于本期收到的货款和本期销售收入中于本期收到的货款。

例 2-7 M公司编制的20×9年分季度销售预算如表2-7所示。其中，在各季度的销售收入中，60%货款于本季度收到，另40%货款于下季度收到。

表 2-7 销售预算 单位：元

季度	一	二	三	四	全年
销售数量/件	100	150	200	180	630
销售单价/（元/件）	200	200	200	200	200
销售收入	20 000	30 000	40 000	36 000	126 000
预计现金流入					
上年应收账款	6 200				6 200
第一季度（销货 20 000）	12 000				20 000
第二季度（销货 30 000）		8 000	12 000		30 000
第三季度（销货 40 000）		18 000	24 000	16 000	40 000
第四季度（销货 36 000）				21 600	21 600
现金流入合计	18 200	26 000	36 000	37 600	117 800

（二）生产预算的编制

生产预算是预算期产品销售数量、期初和期末产成品存量及生产数量的预算。生产预算的预算期间一般包含年度、季度和月度，以及上、中、下旬。在企业存在不同的产品品种和生产车间的情况下，应按照产品品种和生产车间分别编制具体的生产预算，并汇总编制企业全部生产预算。

生产预算是在销售预算的基础上，结合预算期期初存量，考虑预算期期末存量编制的。其中，各期有关数量之间的关系是

本期生产数量=（本期销售数量+期末存量）−期初存量

例 2-8 M公司编制的20×9年分季度生产预算如表2-8所示。

表 2-8 生产预算 单位：件

季度	一	二	三	四	全年
产品销售数量	100	150	200	180	630
加：期末存量	15	20	18	20	20
产品需要数量	115	170	218	200	650
减：预计期初存量	10	15	20	18	10
生产数量	105	155	198	182	640

注：本表中的“产品销售数量”取自表2-7

产品的生产销售往往很难做到“同步同量”，故需要保有一定的存量，以保证在发生意外情况时按时供货，促进均衡生产，避免因赶工而发生额外费用。产品存量通常按下期销售数量一定的百分比确定，如本例按10%安排期末存量。其中，年初存量为10件，年末存量为20件。

在企业生产和销售业务管理过程中，编制生产预算不仅要以销售预算为基础，还要结合生产能力和仓库容量等条件，同时应考虑成本费用因素。此外，有些产品的生产或销售客观上存在季节性或周期性，需要合理安排生产进度。

（三）直接材料预算的编制

直接材料预算是预算期产品生产直接耗用原材料及原材料采购的预算。直接材料预算一般包含年度、季度和月度的预算。在产品生产需用多种原材料的情况下，应按照原材料品种分别编制具体的直接材料预算，并汇总编制企业全部直接材料预算。

直接材料预算是以生产预算为基础编制的，还要考虑预算期期初、期末的原材料存量。其主要内容有直接材料单位产品用量、生产耗用数量、期初和期末存量等。其中，“预计生产量”的数据来自生产预算，“单位产品材料用量”的数据来自标准成本资料或消耗定额资料，“生产需用总量”是上述两项的乘积。年初和年末的材料存货量，是根据当前情况和长期销售预测估计的。各期“期末材料存量”根据下期生产数量一定的百分比确定。各期“期初材料存量”是上期的期末存量。各期有关数量之间的关系如下：

预计采购数量=（本期生产耗用数量+期末存量）−期初存量

由于原材料采购需要付出现金，为编制现金流量预算的需要，直接材料预算通常还要预计各期原材料采购的现金流出。各期的现金流出包括偿付上期应付货款和本期应支付的采购货款。

例2-9　M公司编制的20×9年分季度直接材料预算如表2-9所示。在表中，材料采购金额（货款）的50%在本季度内付清，50%在下季度付清。

表2-9　直接材料预算

季度	一	二	三	四	全年
产品销售数量/件	105	155	198	182	640
单位产品材料用量/（千克/件）	10	10	10	10	10
生产耗用数量/千克	1 050	1 550	1 980	1 820	6 400
加：期末存量/千克	310	396	364	400	400
合计	1 360	1 946	2 344	2 220	6 800
减：期初存量/千克	300	310	396	364	300
材料采购总量/千克	1 060	1 636	1 948	1 856	6 500
材料采购单价/（元/千克）	5	5	5	5	5
材料采购金额/元	5 300	8 180	9 740	9 280	32 500

续表

季度	一	二	三	四	全年
预计现金流出					
上期应付采购货款/元	2 350				2 350
第一季度（采购 5 300 元）	2 650				5 300
第二季度（采购 8 180 元）		2 650	4 090		8 180
第三季度（采购 9 740 元）		4 090	4 870	4 870	9 740
第四季度（采购 9 280 元）				4 640	4 640
合计/元	5 000	6 740	8 960	9 510	30 210

注：表中“产品生产数量”取自表 2-8

直接材料预算也为产品生产成本预算提供必要的资料。在表 2-9 中，生产耗用数量和材料采购单价，构成产品成本预算的直接材料费用资料来源。

（四）直接人工预算的编制

直接人工预算是预算期产品生产直接耗用人工及费用的预算。直接人工预算一般包含年度、季度和月度的预算。在企业存在不同的产品品种和生产车间的情况下，应按照产品品种和生产车间分别编制具体的直接人工预算，并汇总编制企业全部直接人工预算。

直接人工预算也是以生产预算为基础编制的。其主要内容有预计产量、单位产品工时、人工工时总量、每小时人工成本和人工成本总额。单位产品人工工时和每小时人工成本数据，来自标准成本资料。人工工时总量和人工成本总额由直接人工预算表计算生成。

例 2-10 M 公司编制的 20×9 年分季度直接人工预算如表 2-10 所示。

表 2-10 直接人工预算

季度	一	二	三	四	全年
产品生产数量/件	105	155	198	182	640
单位产品工时/（小时/件）	10	10	10	10	10
人工工时总量/小时	1 050	1 550	1 980	1 820	6 400
小时人工费用/（元/小时）	2	2	2	2	2
人工费用总额/元	2 100	3 100	3 960	3 640	12 800

注：表中“产品生产数量”取自表 2-8

企业产品生产所耗用的直接人工费用通常以现金支付，所以，不需要另外预计现金流出，可直接参加现金预算汇总，所以直接人工预算也为编制现金流量预算提供了资料来源。

（五）制造费用预算的编制

制造费用预算是预算期产品生产所需制造费用的预算。制造费用预算一般包含年度、季度和月度的预算。在企业存在不同的产品品种、基本和辅助生产车间的情况下，应按照产品品种和生产车间分别编制具体的制造费用预算，并汇总编制企业全部制造费用预算。

制造费用通常分为变动制造费用和固定制造费用两部分。变动制造费用以生产预算为基础来编制。如果有完善的标准成本资料，用单位产品的标准成本与产量相乘，即可得到相应的预算金额。如果没有标准成本资料，就需要逐项预计计划产量需要的各项制造费用。固定制造费用需要逐项进行预计，通常与本期产量无关，可按各期生产需要等情况加以预计，然后求出全年数。

例 2-11 M 公司编制的 20×9 年分季度制造费用预算如表 2-11 所示。

表 2-11 制造费用预算 单位：元

季度	一	二	三	四	全年
变动制造费用：					
间接人工费用	105	155	198	182	640
间接材料费用	105	155	198	182	640
设备修理费用	210	310	396	364	1 280
水电气费用	105	155	198	182	640
小计	525	775	990	910	3 200
固定制造费用：					
修理费用	1 000	1 140	900	900	3 940
折旧费用	1 000	1 000	1 000	1 000	4 000
固定人工费用	200	200	200	200	800
保险费用	75	85	110	190	460
财产税	100	100	100	100	400
小计	2 375	2 525	2 310	2 390	9 600
合计	2 900	3 300	3 300	3 300	12 800
减：折旧费用	1 000	1 000	1 000	1 000	4 000
付现费用	1 900	2 300	2 300	2 300	8 800

为便于编制产品成本预算，需要计算小时费用率。

$$变动制造费用分配率=\frac{3\,200}{6\,400}=0.5（元/小时）$$

$$固定制造费用分配率=\frac{9\,600}{6\,400}=1.5（元/小时）$$

为便于编制现金流量预算，需要在制造费用预算中预计现金支出。在制造费用中，除折旧费用外一般都需支付现金，根据各期制造费用数额扣除折旧费用后，即可得出“付现费用”。

（六）产品成本预算的编制

产品成本预算是预算期产品生产成本的预算，是销售预算、生产预算、直接材料预算、直接人工预算和制造费用预算的汇总。其主要内容是产品的单位成本和总成本。单位产品成本的有关数据，来自前述的直接材料预算、直接人工预算和制造费用预算。生产数量、期末存量来自生产预算，销售数量来自销售预算。生产成本、存货成本和销货成本等数据，根据单位成本和有关数据计算得出。

例 2-12 M 公司编制的 20×9 年产品成本预算如表 2-12 所示。

表 2-12 产品成本预算 单位：元

项目	单位成本			生产成本	期末存量	销货成本
	单价	耗用量	成本			
产品数量/件				640	20	630
直接材料	5	10 千克	50	32 000	1 000	31 500
直接人工	2	10 小时	20	12 800	400	12 600
变动制造费用	0.5	10 小时	5	3 200	100	3 150
固定制造费用	1.5	10 小时	15	9 600	300	9 450
合计			90	57 600	1 800	56 700

（七）销售费用和管理费用预算的编制

销售费用预算是企业预算期有关产品销售费用的预算。它以销售预算为基础，分析销售收入、销售利润和销售费用的关系，力求实现销售费用的最有效使用。在安排销售费用时，要利用本量利分析方法，费用的支出应能获取更多的收益。在草拟销售费用预算时，要对过去的销售费用进行分析，考察过去销售费用支出的必要性和效果。销售费用预算应和销售预算相配合，应有按品种、按地区、按用途的具体预算数额。

管理费用预算是企业一般管理费用的预算。管理费用是企业一般管理业务所必要的费用。随着企业规模的扩大，一般管理职能日益重要，其费用也相应增加。在编制管理费用预算时，要分析企业的业务成绩和一般经济状况，务必做到费用合理化。管理费用多属固定成本，所以，一般是以过去的实际开支为基础，按预算期的可预见变化来调整的。重要的是，必须充分考察每种费用是否必要，以便提高费用效率。

企业的销售费用和管理费用通常以现金支付，因此销售费用和管理费用预算也为现金流量预算提供了资料来源。

例 2-13 M 公司编制的 20×9 年销售费用预算和管理费用预算合并如表 2-13 所示。

表 2-13　销售费用和管理费用预算　　单位：元

项目	金额
销售费用：	
销售人员工资	2 000
广告费用	5 500
包装、运输费	3 000
保管费用	2 700
管理费用：	
管理人员工资	4 000
福利费用	800
保险费用	600
办公费用	1 400
合计	20 000
各季度支付现金（20 000÷4）	5 000

三、财务预算的编制

财务预算是企业的综合性预算，包括现金流量预算、利润预算和资产负债表预算。

（一）现金流量预算的编制

现金流量预算又称现金预算，是关于企业预算期现金流转时间及金额数量的预算，是企业的一种综合性预算，包括营业活动、投资活动和筹资活动的现金流量的预算。现金流量预算一般包含年度、季度、月度、旬、周的预算。

现金流量预算包括现金收入、现金支出、现金多余或不足、现金的筹措和运用的测算。销售预算、直接材料预算、直接人工预算、销售费用预算和管理费用都为营业现金流量预算提供了资料。营业现金流量预算可以分开编成短期现金收支预算和短期信贷预算两个预算，也可以合并编成一个预算。

投资和筹资活动现金流量的预算需结合投资、筹资活动进行预算安排。

现金流量预算实际上是其他预算有关现金收支部分的汇总，以及收支差额平衡措施的具体计划。

例 2-14　M 公司编制的 20×9 年分季度现金流量预算如表 2-14 所示。

表 2-14　现金流量预算　　单位：元

季度	一	二	三	四	全年
期初现金余额	8 000	8 200	6 060	6 290	8 000
加：销货现金收入	18 200	26 000	36 000	37 600	117 800
可供使用现金	26 200	34 200	42 060	43 890	125 800
减：现金支出					
直接材料采购	5 000	6 740	8 960	9 510	30 210

续表

季度	一	二	三	四	全年
直接人工工资	2 100	3 100	3 960	3 640	12 800
制造费用	1 900	2 300	2 300	2 300	8 800
销售费用和管理费用	5 000	5 000	5 000	5 000	20 000
所得税费用	4 000	4 000	4 000	4 000	16 000
购买设备		10 000			10 000
股利支付		8 000		8 000	16 000
现金支出合计	18 000	39 140	24 220	32 450	113 810
现金多余或不足	8 200	（4 940）	17 840	11 440	11 990
取得银行借款		11 000			11 000
偿还银行借款			11 000		11 000
短期借款利息（年利 10%）			550		550
长期借款利息（年利 12%）				1 080	1 080
期末现金余额	8 200	6 060	6 290	10 360	10 360

（二）利润预算的编制

利润预算又称利润表预算、预算利润表，是关于企业预算期营业利润、利润总额和税后利润的预算。利润预算是企业的一种综合性预算，是在销售预算、产品成本预算、销售费用预算、管理费用预算、财务费用预算等基础上汇总编制的。

例 2-15 M 公司编制的 20×9 年简化的利润预算如表 2-15 所示。

表 2-15 利润预算 单位：元

项目	金额
销售收入	126 000
销货成本	56 700
毛利	69 300
销售及管理费用	20 000
利息费用	1 630
利润总额	47 670
所得税费用	16 000
税后利润	31 670

在表 2-15 中，销售收入项目的数据，来自销售预算；销售成本项目的数据，来自产品成本预算；毛利项目的数据是前两项的差额；销售及管理费用项目的数据，来自销售费用和管理费用预算；利息支出项目的数据，来自现金流量预算。

所得税费用项目是在利润规划时估计的，并已列入现金流量预算。它通常不是根据利润总额和所得税税率计算出来的，因为有许多纳税调整的事项存在。此外，从预算编制程序上看，如果根据本年利润和税率重新计算所得税，就需要修改现金流量预算，引起信贷计划修订，进而改变利息支出，最终又要修订本年利润，从而陷入数据的循环调整。

（三）资产负债表预算的编制

资产负债表预算与实际的资产负债表内容、格式相同，只不过数据是反映预算期期末的财务状况。该表是利用本期期初资产负债表，根据销售、生产、资本预算的有关数据加以调整编制的。

例 2-16　M 公司编制的 20×9 年简化的财务状况预算如表 2-16 所示。

表 2-16　财务状况预算　　单位：元

资产			负债及所有者权益		
项目	期初	期末	项目	期初	期末
库存现金	8 000	10 360	应付账款	2 350	4 640
应收账款	6 200	14 400	长期借款	9 000	9 000
直接材料	1 500	2 000	普通股	20 000	20 000
产成品	900	1 800	未分配利润	16 250	31 920
固定资产	35 000	45 000			
累计折旧	4 000	8 000			
资产总额	47 600	65 560	负债及所有者权益总额	47 600	65 560

在表 2-16 中，普通股、长期借款两项在预算期没有变化。预算期末的未分配利润计算如下：

期末未分配利润=期初未分配利润+本期利润−本期股利

=16 250+31 670−16 000=31 920（元）

案例分析：战略预算管理为青岛港引路领航

青岛港位于中国环渤海港口群及长江三角洲港口群的中心地带，占据东北亚港口圈的中心位置，是西太平洋重要的国际贸易枢纽，目前是世界最大综合性港口之一，建设有适应大型化船舶、具备世界最高水准的码头。青岛港是城市和区域经济的重要公共服务平台，该港口自 1892 年开埠，经历了一百多年风雨历程。青岛港（06198.HK）于 2013 年 11 月 15 日成立，并于 2014 年 6 月 6 日在中国香港联合交易所主板挂牌上市，2018 年 9 月 18 日其首发 A 股上市申请通过了中国证券监督管理委员会发行审核委员会审核，于 2019 年 1 月 21 日登陆 A 股，正式在上海证券交易所挂牌上市。

港口行业属于周期性行业，与宏观经济发展关系密切。面临着世界经济复苏不及预期、中国国内经济下行压力加大、发展速度放缓的局面，国内外港口货物吞吐量增幅普遍收窄，港口行业面临着前所未有的挑战。我国规模以上港口货物吞吐量的平均增速从“十五”期间年均 18.3%逐渐放缓至“十一五”期间年均 14%，“十二五”期间年均仅 7.6%。可见，低速增长成为我国港口吞吐量未来变化的长期趋势。但是青岛港积极应对宏观形势变化，在从优秀到卓越不断攀升的过程中，完善体系、提高效率、提升服务，在“十三五”期间实现了快速发展，为股东创造了良好的回报。

一、战略规划：三情分析显差距

（一）行情分析：顺周期行业突显增长压力

宏观经济情况是影响全球贸易量及港口吞吐量的最主要因素。港口行业是典型的顺周期行业，经济行情的周期性波动对该行业的业务量增速有着明显的影响。根据交通运输部公布的信息，2006~2017 年我国规模以上港口货物吞吐量增速如图 2-2 所示，数据显示行业增速放缓，跑低 GDP（gross domestic product，国内生产总值）。面对行业增长压力，青岛港的高管们每次开会都会感慨和叹息，董事长一边鼓励大家“逆境之中定有机遇”，一边指明方向“逆境生存重在转变”，要考虑如何“完善功能链、延伸服务链、拓展价值链”。

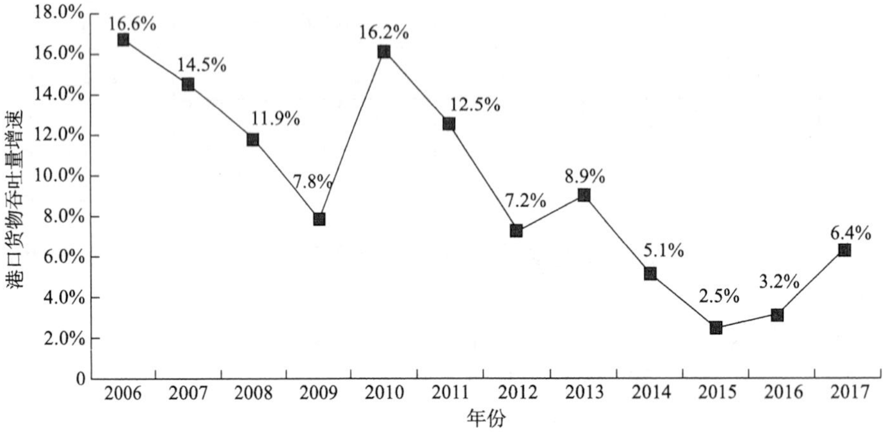

图 2-2 2006~2017 年我国规模以上港口货物吞吐量增速

（二）敌情分析：白热化竞争面临突围难题

布局拥挤、业务重叠。经历多年的高投入之后，我国沿海港口已相当拥挤，竞争日趋白热化。五大区域港口群都存在着经济腹地交叉、主要货种重叠的问题。再加上遇到全球贸易增速放缓、中国外贸增速大幅下降甚至负增长的时代，部分港口企业已陷入困境，利润大幅下跌。大多数港口近年来的利润和股价表现均不理想。在航运业不断整合之际，这些沿海主要港口也面临着越来越大的压力。近年来，沿海港口企业为应对日益加剧的激烈竞争掀起上市热潮，做着“扩军备战”的准备。

对标翘楚、转型突围。行业吞吐量平均增速严重下滑期间，各港口经受着行业业绩增长放缓的压力，身处现有的竞争格局，仍然有个别港口企业通过业务转型实现了不错的增长业绩，如上港集团、唐山港、珠海港、重庆港九等。究其原因，这些港口的一个共同的选择是海铁联运业务转型。海铁联运确实可能增加港口的腹地与业绩，但在港口整体激烈竞争和全球贸易增速放缓的背景下，这一看似“蓝海”的领域将很快变为“红海”，甚至“血海”。

（三）我情分析：中长期规划实现多核驱动

青岛港在中国山东省及环渤海港口企业中具有主导作用，是中国港口行业龙头企业之一。但是青岛港董事长表示，面对经济发展的新常态，青岛港的盈利增长点不再局限于以往二十年来的装卸业务，必须推动港口发展从单一化的吞吐量增长驱动向复合型的多核驱动转变。集团层面经过研讨确定，青岛港围绕建设“东北亚国际枢纽港”的战略目标，以经济效率为中心，以创新驱动、转型升级为主线，以码头业务为根基，积极发展现代物流业务，深入实施金融、国际化、互联网三大战略，内强管理，外拓市场，货物吞吐量和经营绩效保持稳健增长的战略规划。

转型升级海铁联运。吞吐量一度是支持港口发展的最重要数据，但港口体量已发展至一定规模，在新常态下，港口吞吐量增速放缓，如果继续走只依靠吞吐量来拉动营收的老路，港口企业的发展必定停滞不前。公司决定积极应对宏观形势变化，大力推进转型升级。青岛港的一系列动作指向了海铁联运，重点发展海铁联运网络、扩大内陆港布局、增强通关功能配置、拓展运输通道体系，建设网格化的区域综合物流服务中心，为客户提供更加高效便捷的一站式、全程化的物流解决方案，助推码头公司市场占有率再度提升，实现“物流增收、码头增量”的双赢效果。

产融结合强产业链。青岛港把提供优质高效的金融服务作为优化营商环境的增值举措，把金融“活水”引入港口物流产业链，为上下游企业雪中送炭，支持产业链做大做强；产业链强，青岛港才能更强，青岛港强，产业链才能更加繁荣。2019 年起，青岛港落实国家“普惠金融”发展规划，提升服务质效、拓宽服务深广度、挖掘资本合作机遇，为客户提供更丰富、更优质的金融服务，打造港航特色鲜明的产业链金融生态圈，全心营造更完美的港口营商环境，服务实体经济发展。

二、工作计划：行动方案找路径

战略决定生存，执行决定利润。战略规划是为了实现企业的生存和长远利益的最大化，但要通过企业每个部门的具体工作来实现。预算的每个数字背后都是行动计划和行动方案，没有预算支撑的战略规划是空洞的战略，没有战略引导为基础的预算是没有目标的预算，难以提升企业的竞争能力和价值。

（一）厚植码头主业

作为青岛港发展战略中根基的码头业务，青岛港积极应对劣势，保持该业务的稳健增长。抢抓政策机遇，深入推进公司总部战略，创新网络化营销方式，实现增量增效。集装箱业务加快搭建中转通道，2016 年新增航线 20 条、2017 年新增航线 12 条，2016

年国际中转箱量劲增50%、2017年增长48%。干散货业务，发挥港口资源联动优势，推进港铁联动、扩大江海联运，铁矿业务量位居全国沿海港口首位。液态散货业务，强化黄岛、董家口两港区联动，管道、铁路、公路、水路四路疏运综合发力，吞吐量快速增长。

要保持稳健增长，厚植码头业务的途径就是提高该业务的核心竞争力。码头主业的核心竞争力体现为装卸效率，青岛港不遗余力地致力于提高装卸效率。凭借天然水深优势与业内领先的设施和设备，青岛港能够停泊世界上最大的集装箱船、铁矿石船及油轮，其装卸效率一直全球领先。2015~2020年，青岛港在马士基码头泊位效率排名中始终保持全球第一，集装箱全自动化码头创出单机平均作业效率39.6自然箱/小时的纪录，铁矿石单机接卸效率达到2 856吨/小时，保持全球第一。

（二）深耕全程物流

青岛港充分利用港口产业链上下游的资源，发挥港口在全程物流中的枢纽和核心作用，2015年完善集运输、船代、货代、保税、加工、仓储、查验、金融等于一体的港口综合物流服务产业链，开始布局“门到门”全程物流体系；2016年变革业务模式，推进“港口+场站+代理+车队+铁路+海运”等全程物流新业态，形成提供综合性全程物流服务的发展模式；2017年强化码头、物流、信息、金融等要素的融合，打造“门到门”综合物流体系，使物流板块利润突破15亿元。

港口多式联运引领了行业发展，2016年中国交通运输部、国家发展和改革委员会第一批多式联运示范工程共16个项目立项，青岛港牵头的“青岛‘一带一路’跨境集装箱海铁公多式联运示范工程”成为入选项目之一，这代表着青岛港的多式联运业务处于领先水平。国家示范项目对青岛港海铁联运的政策支持效应也逐步显现，青岛港实现了与港口“前港后站、一体运作”海铁联运模式的无缝对接，通过与船公司合作，推广全程提单运行模式，打通海陆双向物流通道。

（三）提速三大战略

青岛港借助金融、国际化和互联网要素，从结构上创新业态、从空间上走出国门、从运转上提高效能，形成了“国内+国外”“物流+金融+互联网”的立体式融合发展新格局。

青岛港深入实施金融战略，以“产业+金融”融合发展为主线，金融业务牌照更加全面。2014年7月，青岛港财务有限责任公司获中国银行业监督管理委员会批准成立。作为集团金融战略的主要载体和金融板块的核心单元，青岛港财务有限责任公司从无到有、健康运营，打造了“五位一体”平台，即资金归集管理平台、资金调配运用平台、综合化金融服务平台、金融风险控制平台、金融咨询接口平台，资金集中成效显著，加速了传统码头和现代金融深度融合。2015年7月，经商务部批准，青岛港国际融资租赁有限公司正式开业运营，标志着青岛港在发展港口金融产业、丰富金融业态方面又迈出了新的一步。

青岛港拓展国际发展空间，在持续向缅甸皎漂港输出管理和技术的同时，2016年联手马士基、中远海运合资运营意大利瓦多利古雷港码头，成为首个海外资本输出项目。2017年深化与中远海运、马士基等大船公司的多领域合作，与中远海运港口联手设立海路国际港口运营管理有限公司，加快落地阿拉伯联合酋长国阿布扎比哈里法港二期集装箱码头等重点项目，稳健运营管理缅甸马德岛原油码头和意大利瓦多利古雷港集装箱码头，稳定推进管理与资本输出，加快成为国际化码头运营商，提升青岛港在全球码头行业的影响力和话语权。

青岛港深化实施互联网战略，以大数据、智能物联网、移动互联网、云计算为重要技术载体和推动力，推进产业智慧化、智慧产业化。加快推进以港口生产智能操作、物流电商智能服务、管理协同智能分析为支撑的智慧港口建设。具体包括以下方面：运营管理好全球领先的集装箱自动化码头；加快推进集装箱、散杂货、公路集疏运等生产调度智能化，提升物流电商服务平台效能，吸引物流、商流、信息流、资金流等资源聚集，扩大电商生态圈。

三、预算编制：职能部门配资源

在这个庞大的企业帝国，各业务板块有不同的工作计划和工作重点，各路资源如何在各业务板块间进行分配才算有效？这是近几年实施预算管理以来一直困扰着集团预算管理委员会的问题，每年的预算管理协调会上，各业务部门的一把手总会为预算资源分配的问题起争执，有时场面难以控制。针对这些问题，作为集团预算管理的组织部门，财务部通过不断地对各业务部门的管理者、各职能部门的管理者和各级预算管理员进行培训，从集团战略规划的角度、各业务部门发展计划的角度、资源有限和成本利润指标的关系等方面解读预算管理的政策和原则，使其逐渐转变观念，在预算资源配置上达成以下共识。

（一）码头打造核心竞争力

我国港口行业现状中码头业务已进入业务发展的成熟期，竞争异常激烈。2014年6月交通运输部发布《关于推进港口转型升级的指导意见》，对推进我国港口转型升级提出指导意见，强调突出港口信息化带动作用，基本实现由主要依靠增加资源投入向主要依靠科技进步、劳动者素质提高和管理创新转变，由主要追求吞吐量增长向着力提升质量和效益转变。

因此，进入成熟期的码头业务预算管理的重点为成本控制与质量提升。成本控制不是指一味地节约成本，而是需要将码头业务的成本分为策略性成本和非策略性成本，其中策略性成本是指影响到核心竞争力的支出，这类成本不以节约为目的，而是应该按照“压强原则”以超过主要竞争对手的力度往核心竞争力上配置资源。质量提升靠的是信息技术、靠的是核心竞争力，装卸效率代表着码头主业的核心竞争力，所以应以压强原则往装卸效率的提升上配置资源。

（二）物流猛攻销售增长率

转型升级战略指引下，青岛港近几年以海向、陆向双向资源的优化配置，构建起安全便捷高效的物流“黄金通道”，全面增强了青岛港作为“丝绸之路经济带”沿线地区“出海口”和“桥头堡”的竞争实力。

目前物流业务处于快速发展期，预算资源的配置上以销售预算为重点，主攻市场和客户的拓展。在海向方面，目前青岛港已聚集集装箱航线 160 多条，居中国北方港口之首；在陆向方面，青岛港依托海铁联运优势，加强内陆港建设，完善网格化市场营销布局，提高海铁联运市场占有率。继 2015~2017 年领跑全国后，2018 年青岛港海铁联运再度实现爆发式增长，连续第 4 年蝉联全国港口冠军。未来，青岛港将与多个内陆枢纽城市联手建设海铁联运中转基地，打造东、中、西沿黄流域三个核心区，为腹地客户架起与世界各地无缝衔接、高效运转的海铁联运物流“黄金通道”。

（三）金融服务创新出大招

2014 年青岛港财务有限责任公司的成立代表着青岛港金融业务的起步，2017 年资金集中度达到 80%以上，在全国 190 多家财务公司中位居第六，资产规模升至港口行业财务公司第二位。尽管金融业务利润增幅位居集团各业务板块之首，产融结合、以融促产的积极作用初步显现，金融业务成为港口发展的新增长极，但从业务规模来看，金融业务还处于培育阶段，金融牌照不够齐全、产品种类相对单一、服务广度和深度不足……

要想让传统港口与时尚金融碰撞出花火，需要资源的强大扶持，才能让这一新的业务增长极产生强大的爆发力。因此，在预算资源配置时，要有大局观，适当往处于培育阶段的金融板块倾斜。

四、预算执行：部门协同创业绩

预算监控与分析是保证预算得以实施最有效的一个环节。预算执行过程中各业务部门消耗资源的同时创造着价值，且各业务部门之间、业务部门与职能部门之间形成互为表里的影响关系，某个部门执行过程中产生的预算偏差会对其他部门产生有利或不利的影响，进而对公司的整体业绩产生影响。青岛港开发了一套预算执控系统，负责监控各部门的预算执行情况，通过该系统保障各部门之间发挥协同作战的精神，使预算目标得以实现。

作为实现了 A+H 的梦想的股份制企业，为股东创造财富是其必须完成的任务。与 A 股上市的其他港口公司相比，2015~2017 年青岛港净资产收益率（return on equity，ROE）指标交出了让股东满意的答卷，从 ROE 指标排序中排名前十的港口公司的业绩变化来看，青岛港处于领先地位，连续两年 ROE 指标排名港口类上市公司榜首，但 2017 年被上港集团超过。采取对标管理的方式，紧盯行业龙头企业上港集团，2015~2016 年青岛港的 ROE 指标均高于上港集团，但 2017 年上港集团给股东创造财富的能力超过了青岛港。青岛港也在进步，可是上港集团进步的速度比青岛港更快。为探究原因，寻找差距，根据杜邦财务分析体系的分解思路，两公司 2016 年和 2017 年相关财务指标的对比如

图 2-3 所示（标灰部分为青岛港数据）。

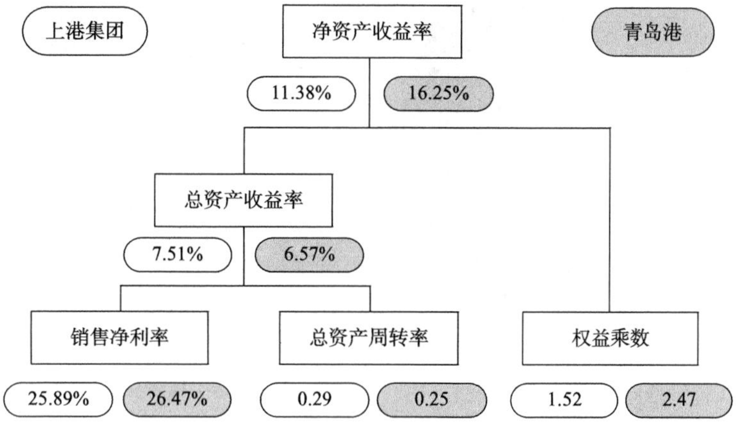

（a）2016 年杜邦财务分析

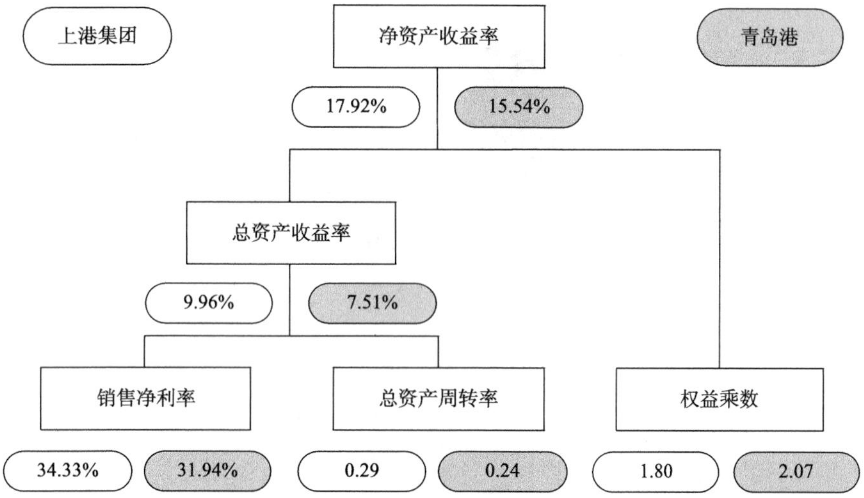

（b）2017 年杜邦财务分析

图 2-3 青岛港与上港集团杜邦财务分析对比图

上港集团经过内部结构调整，总资产收益率显著提高，远远超出青岛港，其在成本费用控制、资产的使用效率和财务杠杆的利用等方面都有了优于青岛港的表现。尽管 2015 年和 2016 年青岛港 ROE 排名第一，超过主要竞争对手，但青岛港也深知自身管理中仍存在着很多不足与问题，仍需继续挖潜，不断优化和改进。

青岛港立足装卸主业稳固优势，在做大做强的基础上，深化实施现代物流+金融、国际化、互联网“三大战略”，打造出多元发展的综合港口生态圈，保持了经营业绩持续稳健增长。2015~2017 年，各类业务业绩金额占比如图 2-4 所示，物流增值及港口增值服务的业绩占比已达到 1/3 强。

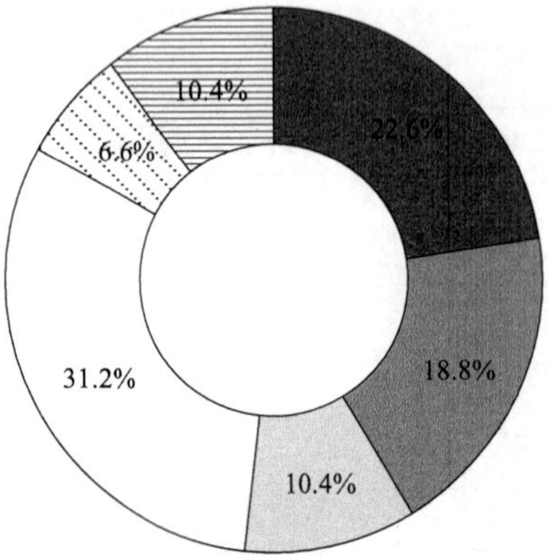

（a）2015 年各类业务业绩占比

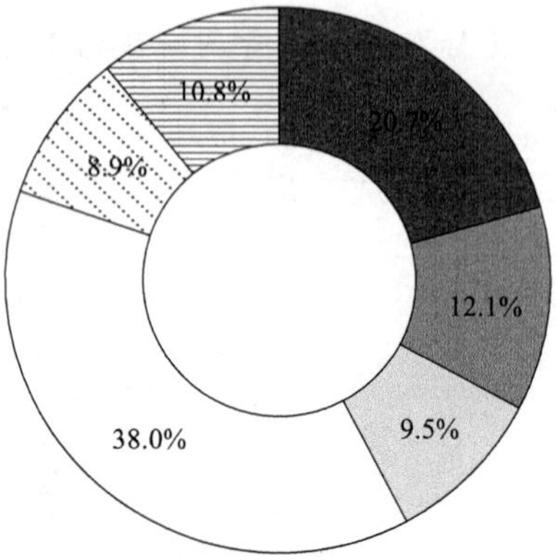

（b）2016 年各类业务业绩占比

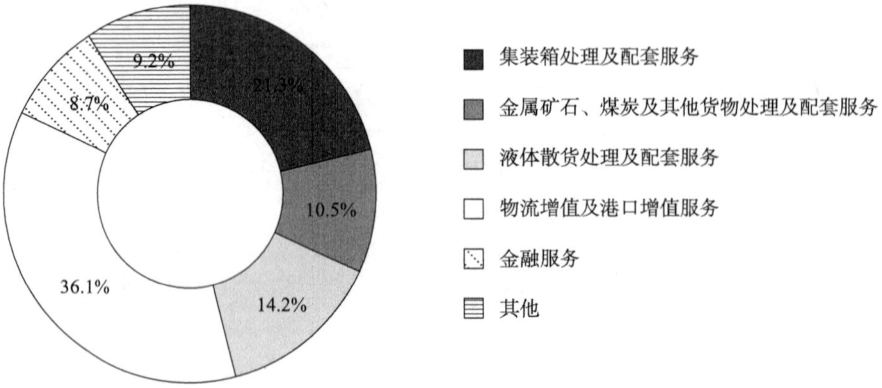

（c）2017 年各类业务业绩占比

图 2-4　各类业务业绩占比

预算是公司战略执行的有效工具，是资源合理配置的手段，是指导业务流程的行为规范，是企业绩效管理的依据。预算管理的战略性体现在它沟通了青岛港的战略规划与业务活动的关系，使企业战略意图得以具体贯彻，长短期预算计划得以衔接。预算管理就是古代航海时的“北极星”，就是青岛港现在前进时需要找的 GPS（global positioning system，全球定位系统）。

问题

（1）战略预算管理是如何保障青岛港实现转型升级和可持续发展的？业务部门与财务部门的关系发生了什么样的变化？

（2）青岛港编制预算时如何将有限的资源在不同业务板块间分配？又如何确定各业务板块预算控制的重点？

第三章

财务估价基础

✧ 案例导入

2014 年 6 月 30 日，花样年控股将旗下彩生活物业管理业务在香港分拆上市，这是境内第一例房地产企业分拆旗下的物业业务上市。截至 2020 年 7 月 31 日，我国共有 22 家房地产企业成功分拆上市。此外，世茂服务、合景悠活、金科股份等近十家物业管理企业已申请递交招股说明书。为什么房地产企业要将其关联业务——物业管理板块分拆上市?

在资本市场中，多元化企业的估值一直是一个难题。通常情况下，多元化企业因为业务复杂难以被投资者理解，所以其估值存在一定的折价，而分拆后可以让低估的业务获得重新被估值的机会，从而推动公司价值成长。表 3-1 列示了近年来房地产企业分拆其物业管理公司上市的市盈率、市值数据。22 家成功分拆的物业管理公司中，市盈率最高达 110 倍左右，平均达到 55 倍，而对应的房地产企业的市盈率普遍在 10 倍以下，可见分拆有助于释放物业管理业务的价值。就市值而言，从母公司分拆之后，绿城服务、雅生活服务、建业新生活三家物业管理公司的市值均超过了母公司的市值，而彩生活、碧桂园服务、蓝光嘉宝服务、宝龙商业的市值均达到母公司市值的 50%以上。

表 3-1　物业管理公司与其对应的房地产企业的市值比较（2020 年 8 月 3 日）

上市日期	物业管理公司			对应的房地产企业（母公司）		
	企业名称	市盈率	市值/亿元	企业名称	市盈率	市值/亿元
2014/6/30	彩生活	10.42	57.9	花样年	9.45	91.72
2015/10/23	中海物业	49.01	263.61	中国海外发展	5.47	2 547.22
2016/7/12	绿城服务	62.59	336.49	绿城中国	7.96	221.21
2018/2/9	雅生活服务	43.38	596.67	雅居乐	4.58	384.26
2018/6/19	碧桂园服务	70.5	1 320.36	碧桂园	4.85	2 130.16
2018/11/6	新城悦服务	65.16	206.57	新城控股	6.07	767.96
2018/12/6	佳兆业美好	53.98	29.34	佳兆业	3.99	206.06

续表

上市日期	物业管理公司			对应的房地产企业（母公司）		
	企业名称	市盈率	市值/亿元	企业名称	市盈率	市值/亿元
2018/12/17	永升生活服务	101.5	255.91	旭辉	7.87	564.6
2019/3/15	滨江服务	38.74	51.47	滨江	8.98	146.55
2019/3/18	奥园健康	32.56	59.48	中国奥园	5.41	255.15
2019/10/18	蓝光嘉宝服务	19.54	93.95	蓝光发展	4.69	162.37
2019/11/22	银城生活服务	52.55	19.45	银城国际	20.24	34
2019/12/16	招商积余	110.76	358.4	招商蛇口	8.43	1 351.55
2019/12/19	保利物业	83.08	455.12	保利	6.66	1 861.74
2019/12/19	时代邻里	116.86	125.57	时代中国	4.4	255.93
2019/12/30	宝龙商业	67.72	135.49	宝龙地产	4.22	193.45
2020/3/9	兴业物联	14.96	5.88	正商实业	3.85	49.58
2020/3/13	烨星集团	18.78	5.43	鸿坤地产		
2020/5/15	建业新生活	53.72	139.69	建业地产	4.66	104.84
2020/7/6	金融街物业	34.94	41.16	金融街	5.99	206.24
2020/7/10	弘阳服务	44.14	29.34	弘阳地产	5.63	92.3
2020/7/17	正荣服务	60.36	69.62	正荣	7.56	211.84

财务管理以企业价值最大化为目标，需要使每一项决策都有助于增加企业价值。为了判断每项决策对企业价值的影响，必须合理计量价值。因此，财务估价是财务管理的核心问题，几乎涉及每一项财务决策。

财务估价是指对一项资产价值的估计，这里的“资产”可能是股票、债券等金融资产，也可能是一条生产线等实物资产，甚至可能是一个企业。企业价值的评估是财务估价的一种特殊形式。要想评估企业的价值，需要掌握估价的方法。在进行价值评估所使用的大量模型中，现金流量折现模型是最基本且较为常用的方法。本章首先重点介绍现金流量折现模型中用到的两个重要的概念：货币时间价值、风险与收益。其次从归属视角分析现金流量的计算口径。

第一节　财务估价概述

一、财务估价的意义

财务估价是指对企业的持续经营价值进行判断、估计的过程，是对企业未来效率水平进行科学量化的过程。无论是对于投资者，还是对于企业管理人员，科学地进行财务估价，准确地了解企业价值，都具有重大意义。

（一）财务估价是企业理财决策的基础

企业的理财目标是企业价值最大化，为实现企业价值最大化，必须要科学地进行投资与筹资决策。在理财决策中遵循的基本原则是，能够使企业价值最大的理财方案才是最优的决策方案。在投资决策中，拥有正的净现值的投资方案能够使企业价值增加；在筹资决策中，企业加权平均成本最低的筹资方案，能够使企业价值增加。企业价值的增加与减少，必须要运用财务估价作为手段，依据财务估价的结果进行判断。

（二）财务估价是企业确定资产经济价值的重要方法

对企业资产价值的计量，存在着多种标准，如账面价值、重置成本、变现价值、清算价值等。财务意义上的资产价值，是指该项资产在未来企业持续经营中所带来的现金净流量所折合成相当于目前的总现值，即资产的经济价值。在财务估价中，一项资产的经济价值，与该项资产过去的支出无关，资产的经济价值在于其能够在未来的使用中带来经济利益，所带来的未来经济利益表现为现金净流量。在市场高度有效，即能够反映与该项资产所有的相关信息、投资者不需要支付交易费用的情况下，市场能够对资产的经济价值进行确定，资产的经济价值与资产的市场价值应该相等。但是，由于市场反映的信息是有限的，可能会出现市场定价高于或低于经济价值的现象。在理财决策中，依据财务估价所确认的资产的价值是否大于其市场价值，就可以对该项资产的投资进行决策。如果资产的经济价值大于市场价值，说明市场低估了该项资产的价值，投资于该项资产具有财务可行性；如果资产的经济价值低于市场价值，说明市场高估了该项资产的价值、投资于该项目不可行。

二、财务估价的方法

财务估价对于企业理财人员具有尤为重要的意义。利用财务估价技术，理财人员可以估计现有企业价值，为保证科学的财务决策提供依据。只有深刻地了解企业价值的性质，掌握财务估价的基本原则与基本方法，企业价值最大化观念才能对理财行为产生真正的、有效的影响。

财务估价的方法多种多样，其最根本的原因是对不同的人而言，“价值”与“企业价值”往往具有不同的意义，如经济学家、会计师、理财人员、律师等。对于会计师而言，价值主要是指历史价值；而对于理财人员而言，价值主要是指未来现金流量对人们财富的影响。财务估价方法可分为客观估价法和主观估价法。

（一）客观估价法

客观估价法是指以已确定的资产价值为基础的一类估价方法。普通股票的市场价值和账面价值，资产的原始成本都是较常见的客观依据。这些数据很容易得到，人们也比较清楚其性质。主观估价法却要求购买者首先要确定其最低的报酬率水平，同时，这一报酬率水平的确定应将资产对购买者的有用性及购买者的资本成本考虑在内。将估价者对未来的预期纳入财务估价的过程是主观估价法的基本特征。

客观估价法主要包括账面价值、原始成本价值、市场价值、公允市场价值、再生产价值及清算价值等。账面价值是财务会计意义上的经营活动的净价值。因此，账面价值在应用时，必须注意会计政策对净值计算的影响。例如，存货的先进先出法与后进先出法，固定资产折旧计算的直线法与加速折旧法。账面价值的最具价值之处在于其数据较为客观且容易得到，它有一个完整且规范的簿记系统作技术支撑。但从财务理论上讲，账面价值与投资决策是不相关的。因为账面价值反映的是历史成本，对于决策而言，这都是一些沉没成本。

（二）主观估价法

主观估价法需要对资产或企业的未来价值进行估计，最基本的技术工具就是折现现金流量模型，即以一定的富于意义的折现率对未来时期预计的收益流量、股利或现金流量等进行贴现，以确定其资本化价值。以盈利资本化为例，这一方法假设任一企业的现有价值均依赖于其在未来年度里所创造的收益。收益越多，企业价值越大。因此，企业的资产应以其获取盈利的能力为基础进行重新估价。

对于理财人员而言，他们进行财务估价的直接目的是确定持续经营情况下的企业价值，根本目的是以企业价值为依据科学地进行财务决策——投资决策与融资决策，实现企业价值最大化的理财目标。在这个过程中，理财人员必须着眼于未来，很好地规划企业在可预计年度内的效率及其成长。从这个意义上讲，上述论及的客观估价法无法在财务决策为目的的财务估价中得以运用。事实上，如果将主观估价法剥离出财务估价，那么财务估价将变成一种毫无灵魂的、机械的计算和推导，无法体现财务估价的灵魂与宗旨。企业财务管理的水平越高，这种主观估计对企业未来效率的牵引就越明显，企业价值及投资者财富增加的幅度越大，企业经营也就越成功。同时，财务管理水平越高，在财务估价的这种主观估计中体现的经营观念、经营技巧也就越系统、越科学。这必将转化为企业较强的生存能力和竞争能力，有助于企业的持续稳定发展。

三、财务估价的基本程序

第一步，明确被估价的目标。财务估价的直接目标有时是确定整个企业的价值，有时是确定整个企业中一个组成部分的价值，如某一分部的价值。随着经济的不断发展，企业规模越来越大，分派机构也越来越多，这无疑加大了企业价值估价的难度。

第二步，收集并整理估价期间的外部经营环境资料。重要的有国民经济发展战略、宏观经济形势及其变化、同行业竞争格局及其变化、国际市场状况等。对绝大多数企业而言，其效率的高低、价值的大小在很大程度上受到整个宏观经济形势的重大影响。例如，经济繁荣会使大部分企业的绩效上升，经济衰退又会使大部分企业的绩效下降。不了解或不够了解企业的外部经营环境，会使财务估价偏离其合理的轨迹。

第三步，分析企业经营战略。经营战略是企业高层管理人员对企业持续发展的一种长远规划，这是企业展开各方面工作的基本指针。理财人员在进行财务估价时，必须透彻地了解并领会经营战略及其对理财活动的影响。具体言之，在财务估价中应当充分考虑经营战略因素。

第四步，预测企业经营绩效的重要指标，如销货额、净收益、现金流量。这是财务估价过程中最为重要也是最为复杂的一个环节，其预测的质量将直接决定整个财务估价工作的质量。

第五步，选择、运用合适的估价方法，计算企业价值。

必须指出的是，选用的估价方法不同，进行财务估价的程序及需要的信息就会有所不同。例如，如果运用期权估价模型进行估价，有关风险度量的统计数据就成为必须，而在折现现金流量方法中，这些数据可能没有直接的作用。

四、财务估价的折现现金流量模型

折现现金流量模型是财务估价中使用最广泛、理论最健全的模型，也是财务管理工作的重要工具之一。按照这一模型，任何一项资产或企业的价值等于该项资产或企业在未来所创造的现金净流量的现值，后续我们将要讲述的债券、股票、投资项目、企业并购的决策分析，都是依据对其进行财务估价的结果进行的。

运用折现现金流量模型，需要深入理解这一模型蕴含的以下含义。

第一，资产的经济价值取决于资产在未来创造的经济收益，经济收益是以现金净流量来表示的。之所以不采用利润指标代表资产未来的经济收益，首先，是因为利润要受到人为选择的会计方法的影响，不如现金净流量客观。其次，利润表示经济收益不能反映企业的持续经营能力，有利润不意味着拥有现金，而真正能够使企业具有可持续发展性的是企业的现金。现金可以用于派发股利，从而使投资者获取实在的报酬；现金可以清偿企业债务，避免企业到期不能还债而遭受破产的威胁；现金可以用于再投资，实现企业规模的扩大，拥有足够的现金是企业再生产得以顺利进行的前提条件。这种能够使企业具有持续发展能力的现金净收益，就成为衡量企业价值的重要依据。

第二，货币时间价值是财务估价的手段。资产或企业的价值等于其未来所创造的现金净流量的总现值。现值是货币时间价值的重要概念，现值是将来的资金在当前时点的价值，因此，资产的价值都是按照现值加以计量的。

第三，投资者要求的必要报酬率，是影响资产或企业价值的重要因素。在财务估价中，资产的价值是按照投资者要求的必要报酬率对未来现金净流量折现计算的。投资者要求的必要报酬率是投资者按照货币的时间价值和冒风险的程度所要求的基本报酬率，企业投资只有达到或超过必要报酬率，投资项目才是可行的。在未来现金净流量确定的情况下，投资者要求的必要报酬率越高，未来现金净流量折合的现值就越低，该项资产或企业的价值就越低；反之，则越高。

第四，资产或企业的价值高低与其风险程度相关。一般而言，风险越大，意味着投资者获得的肯定的现金净流量就越小，投资者要求的必要报酬率就越高，资产或企业的价值就越低。因此，在财务估价中，必须要考虑风险因素，确定投资者要求的必要报酬率或现金净流量，从而正确地对资产或企业价值进行估计。

第二节 货币的时间价值

一、货币时间价值的概念

企业财务估价是借助货币时间价值的计算来进行的。货币时间价值，是指在不考虑风险和通货膨胀的情况下，货币经过一定时间的投资与再投资所产生的增值，也称为资金的时间价值。货币的时间价值几乎渗透财务领域的每一个细节。

货币投入企业生产经营过程，每完成一次资金循环，就增加一定数额，也就完成一次增值过程，循环次数越多，资金的增加额就越大。随着时间的推移，周转使用中的资金价值发生了增值。

一定量的货币资金在不同的时点上具有不同的价值。例如，将现在的 100 元钱存入银行，假设银行存款年利率为 10%，1 年以后将得到本息共 110 元。100 元经过 1 年时间的投资增加了 10 元，这 10 元就是 100 元 1 年的时间价值。因此，货币时间价值可以表述为一定量的货币在不同时点上的价值量的差额。

货币之所以具有时间价值，是因为必须经历一定时间的投资和再投资，或者说，货币必须在运动过程中才产生时间价值。货币时间价值的实质是货币周转使用后的增值额。

货币时间价值是以一定量的资金在一定时期内的利息来度量的，利息是衡量货币时间价值的绝对尺度，而利率是衡量货币时间价值的相对尺度。利率的实际内容是社会资金利润率。各种形式的利率（如贷款利率、债券利率、股利率等）的水平就是根据社会资金利润率确定的。但是，一般的利率除了包括货币时间价值因素外，还包括风险价值和通货膨胀因素。

综上所述，货币时间价值是指一定量资金在不同时点上的价值量差额。通常情况下，它相当于没有风险和没有通货膨胀条件下的社会平均投资利润率，这是利润平均化规律作用的结果。

二、单利和复利

（一）单利

单利是指仅对原本金进行利息计算，利息的计算公式如下：

$$I = P \times r \times t$$

其中，I 为利息；P 为本金，即所借资金额；r 为利率，即使用资金的价格；t 为使用资金的特定时间。

注意，在使用该公式时，利率与时间要保持一致，除非特别说明，利率都是指年利率。因此，如果利率为年，时间为月，那么要么将时间调整为年，要么将利率调整为月利率。

例 3-1 某银行向甲公司提供金额为 500 000 元的短期贷款，利率为 8%，期限为 6 个月，请问这笔贷款的利息是多少？

解析：P=500 000 元，r=8%，t=6 个月，由于时间为月，利率为年利率，因此，应将时间除以 12 个月。

$I=P \times r \times t=500\,000 \times 8\% \times 6/12=20\,000$（元）

（二）复利

复利是指将投资期或贷款期的一定期间划分为一期（通常为月、季、半年或年），当每期终了时，将该期的本金和利息作为新的本金重新计息。简单地说，复利就是反复的单利。

假设本金为 P，每期利率为 i，如果每期都计算利息，则：

第 1 期期末的本利和为 $P(1+i)$；

第 2 期期末的本利和为 $P(1+i)(1+i)=P(1+i)^2$；

第 3 期期末的本利和为 $P(1+i)^2(1+i)=P(1+i)^3$；

……

依此类推，第 n 期期末的本利和 S 为

$$S=P(1+i)^n$$

如果利率为 r，一年复利 m 次，则 t 年后的本利和 S 为

$$S=P(1+r/m)^{t\times m}$$

其中，$r/m=i$ 为每期利率；$t\times m=n$ 为总的期数。

例 3-2　沿用例 3-1，若贷款期限为 2 年，如果每年复利 2 次，计算到期还款金额。

解析：因为利率 8%为年利率，所以每期利率 i=8%/2=4%，总的期数为 n=2×2=4，运用上述公式计算得

$$S=P(1+i)^n=500\ 000\times(1+4\%)^4=584\ 929.3\text{（元）}$$

假设我们把投资看作一个永续周转的过程的话，货币不断沿着投资—收回—再投资—再收回的过程周而复始地运动，在无风险和通货膨胀的假设下，货币不断地按几何级数发生增值，这种增值的状况，等同于复利计息制度，所以，货币的时间价值是按复利计算制度加以计量的。

（三）名义利率与实际利率

名义利率是银行挂牌或票面所标明的利率，如例3-1中的8%就是名义利率。实际利率是指投资实际赚得或借款实际发生的利率，即

实际利率=一年的复利息/本金

同一本金、同一时期的一笔资金，由于每年复利次数不同，所得复利也不同。在一年内，计算的实际利率也不一致。因此，名义利率与实际利率可能是不一致的，如果实际利率为 r_e，则名义利率 r 与实际利率 r_e 之间的关系为

$$r_e=(1+r/m)^m-1 \tag{3-1}$$

例 3-3　若利率为 6%，分别求每半年复利一次，每季度复利一次的实际利率。

解析：名义利率为 6%，每半年复利一次 m=2，根据公式得实际利率为

$$r_e=(1+r/m)^m-1=(1+6\%/2)^2-1=6.09\%$$

如果每季度复利一次，则实际利率为

$$r_e=(1+r/m)^m-1=(1+6\%/4)^4-1=6.14\%$$

可见，同样的名义利率，若：

m>1，复利次数越多，实际利率越高，实际利率大于名义利率；

m=1，每年复利一次，实际利率与名义利率相等；

m<1，一年以上复利一次，实际利率小于名义利率。

三、终值和现值

在企业财务管理中，要正确进行投资决策、筹资决策和短期经营决策，就必须根据货币时间价值的计算方法，弄清楚在不同时点上收入或付出的资金量在价值方面的数量关系。货币时间价值的计算主要表现为各种终值和现值的换算，即等效值的计算。

终值又称将来值，是指现在的一定量资金在未来某一时点上的价值，又称本利和。例如，某人存入银行 100 元，假定年利率为复利 10%，经过 3 年，一次性取出本利和 133.1 元，3 年后的本利和 133.1 元即终值。

现值又称本金，是指未来某一时点上的一定量资金折合到现在的价值。例如，3 年后的 133.1 元在复利 10%的条件下折合到现在的价值为 100 元，这 100 元即现值。

终值与现值的计算涉及利息计算方式的选择，即单利和复利。现代财务管理中一般用复利方法计算终值与现值。另外，货币时间价值的计算方法还与货币的收付款方式有关。货币的收付款方式主要分为一次性收付款项、分期等额收付款项和分期不等额收付款项等。

（一）复利终值和现值的计算

1. 复利终值

在复利计息方式下，每经过一个计息期，都要将产生利息加入本金，再计算利息，即以当期本利和为基础计算下期利息，逐期滚动计算，俗称“利滚利”。

复利终值是指某笔资金在复利计息的条件下若干期期末时的本利和。现在的 1 元，年利率 10%，从第 1 年到第 5 年各年年末的终值可计算为

1 年后 1 元的终值=1×（1+10%）=1.1（元）

2 年后 1 元的终值=1.10×（1+10%）=1×（1+10%）^{2}=1.21（元）

3 年后 1 元的终值=1.21×（1+10%）=1×（1+10%）^{3}=1.331（元）

4 年后 1 元的终值=1.331×（1+10%）=1×（1+10%）^{4}=1.464（元）

5 年后 1 元的终值=1.464×（1+10%）=1×（1+10%）^{5}=1.611（元）

以此类推，1 元 n 年后的终值=1×（1+10%）^{n}

因此，复利终值的一般计算公式为

$$F = P \times (1+i)^n = P \times (F/P, i, n) \tag{3-2}$$

其中，P 为现值，表示第 0 年（第 1 年年初）的价值；F 为终值，即第 n 年年末的价值；i 为利率；n 为计息期数。$(F/P,i,n)$ 为 $(1+i)^n$ 的简略表示形式，称为复利终值系数。

上述计算过程可用图 3-1 来说明，绘制现金流量图可以帮助我们理解各种现金流量终值和现值的关系。

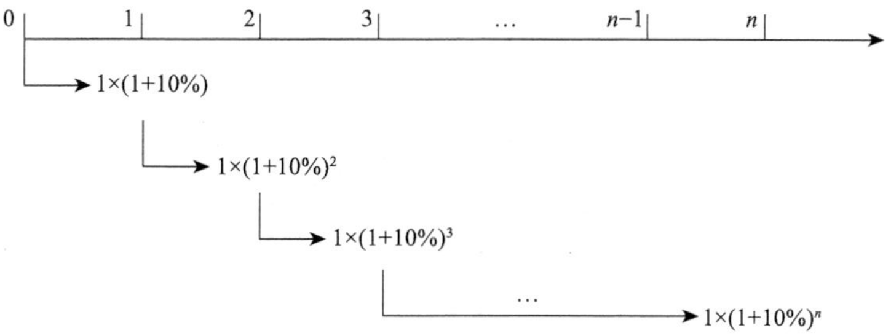

图 3-1　复利终值计算过程

复利终值系数可以直接通过查阅按不同利率和时期编成的“复利终值系数表”查出，表 3-2 位该表的部分截取。该表的第一行是利率 i，第一列是计息期数 n，行列交叉处是 $(1+i)^n$ 的值。例如，通过该表查（F/P，5%，8）=1.477，说明在年利率为 5%的情况下，现在的 1 元与 8 年后的 1.477 元在价值上是等效的。根据该系数可以将任何数额的现值换算成终值。“复利终值系数表”的作用在于已知 P，F，i，n 中任意三个数，都可以计算出另外的一个数。

表 3-2　复利终值系数表部分截取（$F/P, i, n$）

n \ i	1%	2%	3%	4%	5%	6%	7%	8%	9%	10%
1	1.010	1.020	1.030	1.040	1.050	1.060	1.070	1.080	1.090	1.100
2	1.020	1.040	1.061	1.082	1.103	1.124	1.145	1.166	1.188	1.210
3	1.030	1.061	1.093	1.125	1.158	1.191	1.225	1.260	1.295	1.331
4	1.041	1.082	1.126	1.170	1.216	1.262	1.311	1.360	1.412	1.464
5	1.051	1.104	1.159	1.217	1.276	1.338	1.403	1.469	1.539	1.611
6	1.062	1.126	1.194	1.265	1.340	1.419	1.501	1.587	1.677	1.772
7	1.072	1.149	1.230	1.316	1.407	1.504	1.606	1.714	1.828	1.949
8	1.083	1.172	1.267	1.369	1.477	1.594	1.718	1.851	1.993	2.144
9	1.094	1.195	1.305	1.423	1.551	1.689	1.838	1.999	2.172	2.358
10	1.105	1.219	1.344	1.480	1.629	1.791	1.967	2.159	2.367	2.594

例 3-4　某人存入银行 2 000 元，假定年利率为 5%，5 年后的本利和为

$F = P\times(1+i)^5 = P\times(F/P,i,n)$

=2 000×（1+5%）^{5}

=2 000×（F/P，5%，5）

=2 000×1.276

=2 552（元）

其中，1.276 通过查“复利终值系数表”获得。

2. 复利现值

复利现值是指在复利计息的条件下，若干期以后收入或付出的资金量的现在价值。若年利率为 10%，从第 1 年到第 5 年，各年年末的 1 元，其现值可计算为

1 年后 1 元的现值=1/（1+10%）=1/1.1=0.909（元）

2 年后 1 元的现值=1/（1+10%）^{2}=1/1.21=0.826（元）

3 年后 1 元的现值=1/（1+10%）^{3}=1/1.331=0.751（元）

4 年后 1 元的现值=1/（1+10%）^{4}=1/1.464=0.683（元）

5 年后 1 元的现值=1/（1+10%）^{5}=1/1.610=0.621（元）

n 年后 1 元的现值=1/（1+10%）^{n}

上述计算过程可用图 3-2 来说明。

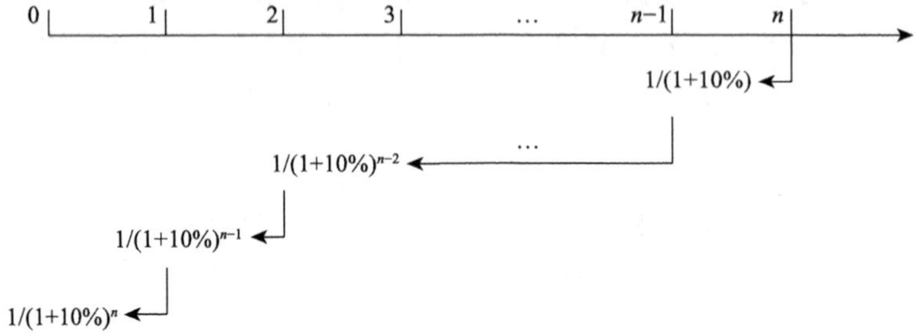

图 3-2 复利现值计算过程

复利现值的一般计算公式为

$$P = F \times \frac{1}{(1+i)^n} = F \times (P / F, i, n) \qquad (3\text{-}3)$$

其中，P 为现值；F 为终值，即第 n 年年末的价值；i 为利率；n 为计息期；$(P / F, i, n)$ 为 $1/(1+i)^n$ 的简略表示形式，称为复利现值系数。在实际计算中，其数值可查阅按不同利率和时期编成的“复利现值系数表”来获得，表 3-3 为该表的部分截取。

表 3-3 复利现值系数表部分截取（$P / F, i, n$）

n \ i	1%	2%	3%	4%	5%	6%	7%	8%	9%	10%
1	0.990	0.980	0.971	0.962	0.952	0.943	0.935	0.926	0.917	0.909
2	0.980	0.961	0.943	0.925	0.907	0.890	0.873	0.857	0.842	0.826
3	0.971	0.942	0.915	0.889	0.864	0.840	0.816	0.794	0.772	0.751
4	0.961	0.924	0.888	0.855	0.823	0.792	0.763	0.735	0.708	0.683
5	0.951	0.906	0.863	0.822	0.784	0.747	0.713	0.681	0.650	0.621
6	0.942	0.888	0.837	0.790	0.746	0.705	0.666	0.630	0.596	0.564
7	0.933	0.871	0.813	0.760	0.711	0.665	0.623	0.583	0.547	0.513
8	0.923	0.853	0.789	0.731	0.677	0.627	0.582	0.540	0.502	0.467
9	0.914	0.837	0.766	0.703	0.645	0.592	0.544	0.500	0.460	0.424
10	0.905	0.820	0.744	0.676	0.614	0.558	0.508	0.463	0.422	0.386

例 3-5 某项投资 5 年后可得收益 40 000 元，按年利率 6%计算，其现值应为

$$P = F \times \frac{1}{(1+i)^n} = F \times (P/F, i, n)$$
$$= 40\,000 \times \frac{1}{(1+6\%)^5}$$
$$= 40\,000 \times (P/F, 6\%, 5)$$
$$= 40\,000 \times 0.747$$
$$= 29\,880(\text{元})$$

其中，0.747 通过查“复利现值系数表”获得。

（二）年金终值和现值的计算

年金是指一定期间内每期相等金额的收付款项。折旧、租金、优先股股利、保险金、养老金等通常都采取年金的形式。年金的收款、付款方式有多种：每期期末等额收付款项的年金称为后付年金，即普通年金；每期期初等额收付款项的年金称为先付年金，或称为预付年金；若干期以后发生的每期期末等额收付款项的年金称为递延年金；无期限连续等额收付款项的年金称为永续年金。

1. 普通年金（后付年金）终值和现值的计算

普通年金是指一定时期内每期期末等额的系列收付款项。由于在经济活动中后付年金最为常见，故又称普通年金。

1）普通年金的终值

普通年金终值是指一定时期内每期期末收付款的复利终值之和，如零存整取的本利和即普通年金终值。普通年金终值的计算过程可用图 3-3 来说明。

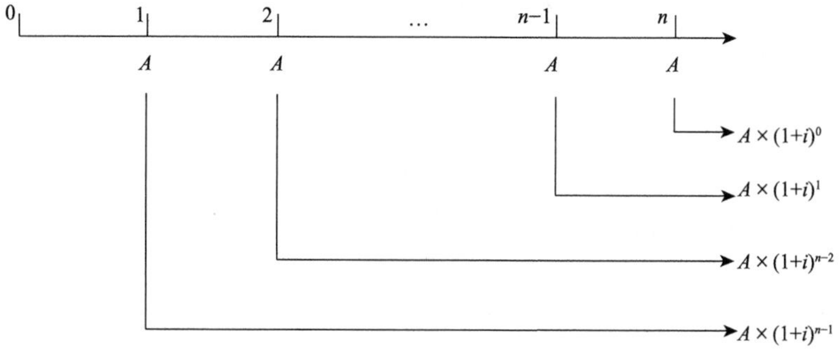

图 3-3 普通年金终值计算过程

第 1 年年末 A 的终值 $FV_1 = A \times (1+i)^{n-1}$

第 2 年年末 A 的终值 $FV_2 = A \times (1+i)^{n-2}$

……

第 $n-1$ 年年末 A 的终值 $FV_{n-1} = A \times (1+i)^1$

第 n 年年末 A 的终值 $FV_n = A\times(1+i)^0$

因此，普通年金终值 $FV = A\times(1+i)^0 + A\times(1+i)^1 + \cdots + A\times(1+i)^{n-2} + A\times(1+i)^{n-1}$

根据等比数列求和公式可求得

$$FV = A\times\frac{(1+i)^n-1}{i} = A\times(F/A,i,n) \tag{3-4}$$

其中，FV 为年金终值；A 为每次收付款项的金额，即年金；i 为利率；n 为全部年金的计息期数；$\frac{(1+i)^n-1}{i}$ 为年金终值系数，其简略形式可用 $(F/A,i,n)$ 表示，其数值可以查“年金终值系数表”获得，表 3-4 为部分截取。

表 3-4　年金终值系数表截取（*F* / *A*, *i*, *n*）

n \ i	1%	2%	3%	4%	5%	6%	7%	8%	9%	10%
1	1.000	1.000	1.000	1.000	1.000	1.000	1.000	1.000	1.000	1.000
2	2.010	2.020	2.030	2.040	2.050	2.060	2.070	2.080	2.090	2.100
3	3.030	3.060	3.091	3.122	3.153	3.184	3.215	3.246	3.278	3.310
4	4.060	4.122	4.184	4.246	4.310	4.375	4.440	4.506	4.573	4.641
5	5.101	5.204	5.309	5.416	5.526	5.637	5.751	5.867	5.985	6.105
6	6.152	6.308	6.468	6.633	6.802	6.975	7.153	7.336	7.523	7.716
7	7.214	7.434	7.662	7.898	8.142	8.394	8.654	8.923	9.200	9.487
8	8.286	8.583	8.892	9.214	9.549	9.897	10.260	10.637	11.028	11.436
9	9.369	9.755	10.159	10.583	11.027	11.491	11.978	12.488	13.021	13.579
10	10.462	10.950	11.464	12.006	12.578	13.181	13.816	14.487	15.193	15.937

例 3-6　如果每年年末存款 1 元，年利率 10%，5 年中年金各年的终值及年金终值的计算过程为

第 1 年年末 1 元的终值=1×（1+10%）^{4}=1.464（元）

第 2 年年末 1 元的终值=1×（1+10%）^{3}=1.331（元）

第 3 年年末 1 元的终值=1×（1+10%）^{2}=1.21（元）

第 4 年年末 1 元的终值=1×（1+10%）^{1}=1.1（元）

第 5 年年末 1 元的终值=1×（1+10%）^{0}=1（元）

第 5 年年末的年金终值=1+1.1+1.21+1.331+1.464=6.105（元）

也可以根据以下公式进行计算：

$$\begin{aligned}FV &= A\times(F/A,i,n)\\ &=1\times(F/A,10\%,5)\\ &=6.105(\text{元})\end{aligned}$$

2）普通年金的现值

普通年金的现值是指一定时期内每期期末等额收付款项的复利现值之和，通常表现

为每年等额投资收益的现值总和。普通年金现值的计算过程可用图 3-4 来说明。

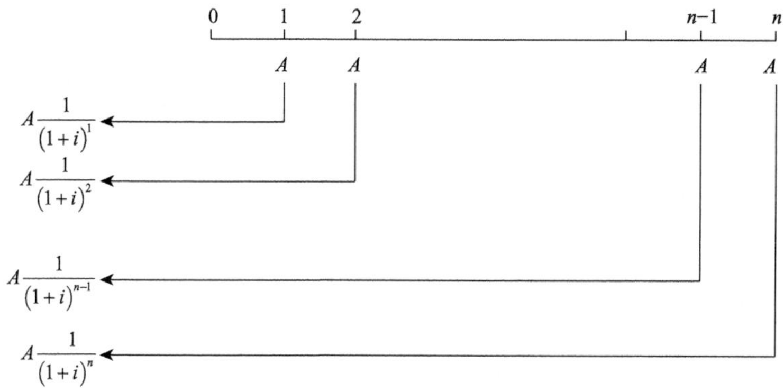

图 3-4 普通年金现值计算过程

根据复利现值公式，图 3-4 各时点上普通年金 A 的复利现值分别为

第 1 年年末 A 的现值 $PV_1 = A\times\left[1/(1+i)^1\right]$

第 2 年年末 A 的现值 $PV_2 = A\times\left[1/(1+i)^2\right]$

……

第 n−1 年年末 A 的现值 $PV_{n-1} = A\times\left[1/(1+i)^{n-1}\right]$

第 n 年年末 A 的现值 $PV_n = A\times\left[1/(1+i)^n\right]$

因此，普通年金现值为

$$PV = A\times\left[1/(1+i)^1\right]+A\times\left[1/(1+i)^2\right]+\cdots+A\times\left[1/(1+i)^{n-1}\right]+A\times\left[1/(1+i)^n\right]$$
$$= A\times\left[1/(1+i)^1+1/(1+i)^2+\cdots+1/(1+i)^{n-1}+1/(1+i)^n\right]$$

利用等比数列前 n 项求和公式求得

$$PV = A\times\frac{1-(1+i)^{-n}}{i} = A\times(P/A,i,n) \quad (3\text{-}5)$$

其中，$\frac{1-(1+i)^{-n}}{i}$ 称为年金现值系数，其简略表示形式为 $(P/A,i,n)$，其数值可以查“年金现值系数表”获得，表 3-5 为部分截取。

表 3-5 年金现值系数表截取（$P/A, i, n$）

n \ i	1%	2%	3%	4%	5%	6%	7%	8%	9%	10%
1	0.990	0.980	0.971	0.962	0.952	0.943	0.935	0.926	0.917	0.909
2	1.970	1.942	1.913	1.886	1.859	1.833	1.808	1.783	1.759	1.736
3	2.941	2.884	2.829	2.775	2.723	2.673	2.624	2.577	2.531	2.487
4	3.902	3.808	3.717	3.630	3.546	3.465	3.387	3.312	3.240	3.170
5	4.853	4.713	4.580	4.452	4.329	4.212	4.100	3.993	3.890	3.791

续表

n \ i	1%	2%	3%	4%	5%	6%	7%	8%	9%	10%
6	5.795	5.601	5.417	5.242	5.076	4.917	4.767	4.623	4.486	4.355
7	6.728	6.472	6.230	6.002	5.786	5.582	5.389	5.206	5.033	4.868
8	7.652	7.325	7.020	6.733	6.463	6.210	5.971	5.747	5.535	5.335
9	8.566	8.162	7.786	7.435	7.108	6.802	6.515	6.247	5.995	5.759
10	9.471	8.983	8.530	8.111	7.722	7.360	7.024	6.710	6.418	6.145

例 3-7 某企业租入一套设备，每年年末要支付租金 4 000 元，年利率为 8%。则 10 年中支付租金的现值为多少？

解析：$\mathrm{PV}=A\times(P/A,i,n)=4\,000\times(P/A,8\%,10)=4\,000\times6.710=26\,840$（元）

3）偿债基金（积累基金）

偿债基金是指要偿还将来某时点上的到期债务，从现在起每期期末应等额积累的资金量，又称积累基金。即已知年金终值 F、利率 i 和期限 n，求等额年金 A。偿债基金的计算实际上是年金终值的逆运算。计算公式如下：

$$A=F\times\frac{i}{(1+i)^n-1}=F\times(A/F,i,n) \tag{3-6}$$

其中，$\frac{i}{(1+i)^n-1}$ 称为偿债基金系数，记为 $(A/F,i,n)$，可根据年金终值系数的倒数计算获得。

例 3-8 某银行的年复利利率为 8%，如果要在 20 年后获得本利和 20 000 元，那么从现在起每年年末应存入多少元？

解析：$A=F\times(A/F,i,n)=20\,000\times(A/F,8\%,20)=20\,000\times0.021\,9=438$（元）

4）投资回收额

投资回收额是指现在投资后，若想在若干期后收回全部投资额，每年应等额回收的资金量。即已知现在投资 P、收益率 i 和期限 n，求等额年金 A。显然，年投资回收额的计算是年金现值的逆运算。计算公式如下：

$$A=P\times\frac{i}{1-(1+i)^n}=P\times(A/P,i,n) \tag{3-7}$$

其中，$\frac{i}{1-(1+i)^n}$ 称为投资回收系数，记为 $(A/P,i,n)$，可根据年金现值系数的倒数计算获得。

例 3-9 某建设项目投资 1 000 万元，年复利利率为 8%，欲在 10 年内收回全部投资，每年应等额回收多少？

解析：$A=P\times(A/P,i,n)=1\,000\times(A/P,8\%,10)=1\,000\times0.149\,0=149$（万元）

2. 先付年金终值和现值的计算

先付年金是指一定时期内每期期初等额收付的系列款项，又称即付年金、预付年金。先付年金与普通年金的区别在于付款时间不同、计息期不同。

1）先付年金终值

先付年金的终值是每期期初等额收付的系列款项按复利计算到最后一期期末时的本利和，是各期收付款项的复利终值之和。

n 期先付年金终值与 n 期普通年金终值之间的关系可用图 3-5 加以说明。

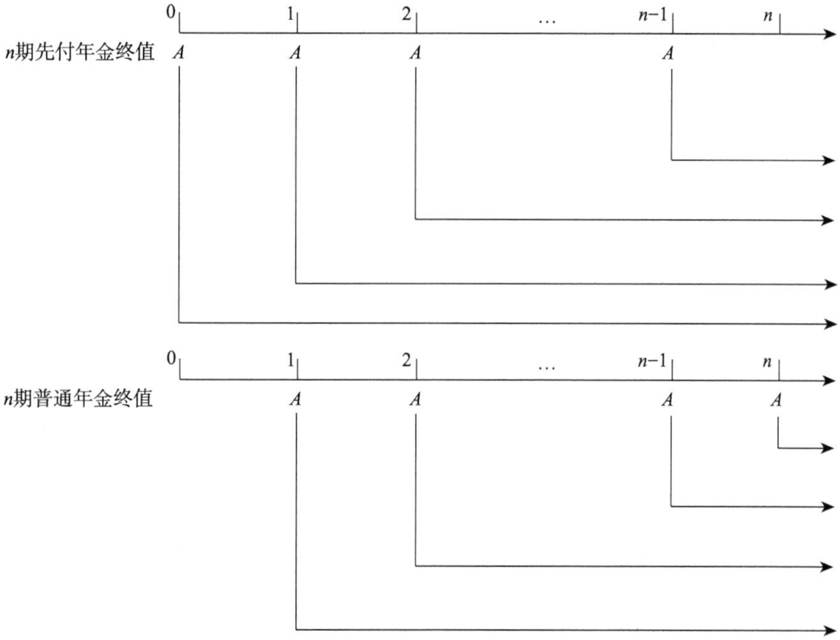

图 3-5　先付年金与普通年金终值计算对比

从图 3-5 可以看出，n 期先付年金与 n 期普通年金的付款次数相同，但由于其付款时间不同，n 期先付年金终值比 n 期普通年金的终值多计算一期利息。因此，在 n 期普通年金终值的基础上乘以 $(1+i)$ 就是 n 期先付年金的终值则：

$$F = A\times\frac{(1+i)^{n}-1}{i}\times(1+i) = A\times\left[\frac{(1+i)^{n+1}-1}{i}-1\right]$$

其中，$\frac{(1+i)^{n+1}-1}{i}-1$ 称为先付年金终值系数，它是在普通年金终值系数的基础上，通过期数加 1、系数减 1 所得的结果，通常记作 $\left[(F/A,i,n+1)-1\right]$。这样，通过查阅“年金终值系数表”得 $(n+1)$ 期的值，然后减 1 便可得对应的先付年金系数的值；也可以直接查第 n 期年金终值系数乘以 $(1+i)$ 来计算。用公式表示如下：

$$\text{FV} = A\times\left[(F/A,i,n+1)-1\right] = A\times(F/A,i,n)\times(1+i) \tag{3-8}$$

例 3-10　某公司决定连续 5 年于每年年初存入 100 万元作为住房基金。银行存款利率为 10%。则该公司在第 5 年年末能一次性取得本利和为多少？

解析：$FV = A\times(F/A,i,n)\times(1+i) = 100\times(F/A,10\%,5)\times(1+10\%)$

$= 100\times 6.105\times 1.1$

$= 672$（万元）

或 $FV = A\times[(F/A,i,n+1)-1] = 100\times[(F/A,10\%,6)-1]$

$=100\times(7.715-1)$

$=672$（万元）

2）先付年金现值

先付年金现值是每期期初等额收付的系列款项的复利现值之和。*n* 期先付年金现值与 *n* 期普通年金现值之和的关系，可用图 3-6 加以说明。

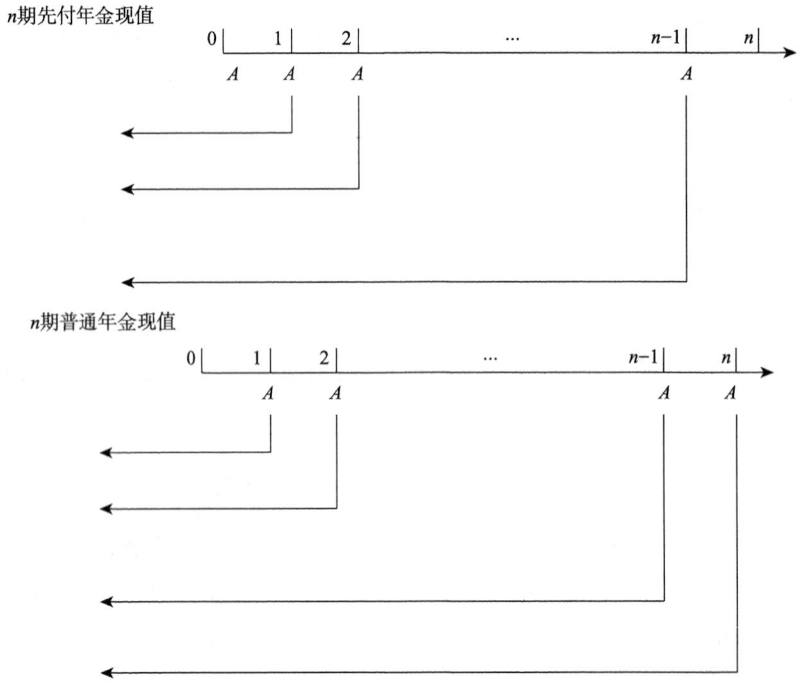

图 3-6 先付年金与普通年金现值计算对比

从图 3-6 可以看出，*n* 期先付年金现值与 *n* 期普通年金现值的期限相同，但由于其收付款时间不同，*n* 期先付年金现值比 *n* 期普通年金现值少折现一期。因此，在 *n* 期普通年金现值的基础上乘以（1+*i*），便可求出 *n* 期先付年金的现值则：

$$P = A\times\frac{1-(1+i)^{-n}}{i}\times(1+i) = A\times\left[\frac{1-(1+i)^{-(n-1)}}{i}+1\right]$$

其中，$\frac{1-(1+i)^{-(n-1)}}{i}+1$ 称为先付年金现值系数，它是在普通年金现值系数的基础上，通过期数减 1、系数加 1 所得的结果，通常记作 $[(P/A,i,n-1)+1]$。这样，通过查阅“年金现值系数表”得（*n*−1）期的值，然后加 1 便可得出对应的先付年金现值系数的值；

也可直接查第 n 期年金现值系数乘以（1+i）计算，用公式表示如下：

$$\mathrm{PV}=A\times\left[\left(P/A,i,n-1\right)+1\right]=A\times\left(P/A,i,n\right)\times\left(1+i\right) \tag{3-9}$$

例 3-11 某企业租用一台设备，在 10 年中每年年初要支付租金 5 000 元，假设年利率为 8%，则这些租金的现值是多少？

解析：$\mathrm{PV}=A\times\left(P/A,i,n-1\right)\times\left(1+i\right)=5\,000\times\left(P/A,8\%,10\right)\times\left(1+8\%\right)$

$=5\,000\times6.710\times1.08=36\,235$（元）

或 $\mathrm{PV}=A\times\left[\left(P/A,i,n-1\right)+1\right]=5\,000\times\left[\left(P/A,8\%,9\right)+1\right]$

$=5\,000\times[6.246+1]=36\,235$（元）

3. 递延年金现值的计算

递延年金是指等额收付款项不是从第一期开始，而是隔若干期后才开始发生的每期期末等额收付款项。它是普通年金的特殊形式，凡不是从第一期开始的普通年金都是递延年金。

递延年金终值的计算方法与普通年金终值相同，计算时应注意计息期数。递延年金的现值是从若干期后开始发生的每期期末等额收付款项的现值之和。设全部计息期为 n 期，递延期用 m 表示。

递延年金现值计算可采用以下两种方法。

方法一：先计算出全部 n 期的普通年金现值，然后减去前 m 期的普通年金现值，得递延年金的现值。公式为

$$P=A\times\frac{1-\left(1+i\right)^{-n}}{i}-A\times\frac{1-\left(1+i\right)^{-m}}{i}=A\times\left(P/A,i,n\right)-A\times\left(P/A,i,m\right)$$

方法二：先将此递延年金视为 $(n-m)$ 期普通年金，按普通年金现值法求出在第 $(n-m)$ 期期初（即第 m 期期末）时的现值，然后再按复利现值法折现到第一期期初的现值，即递延年金的现值。计算公式为

$$P=A\times\frac{1-\left(1+i\right)^{-(n-m)}}{i}\times\frac{1}{\left(1+i\right)^{m}}=A\times\left(P/A,i,n-m\right)\times\left(P/F,i,m\right)$$

4. 永续年金现值的计算

永续年金是指无限期连续等额收付款项的特种年金。永续年金也是普通年金的特殊形式，即期限趋于无穷大的普通年金，如存本取息、诺贝尔奖奖金等都可视为永续年金。此外，也可将利率较高、持续期限较长的年金视同永续年金计算。

由于永续年金是无限期等额发生，没有终止的时间，因此没有终值，只能计算其现值。通过普通年金现值公式 $P=A\times\dfrac{1-\left(1+i\right)^{-n}}{i}$，当 n 趋于无穷大时，公式中分子趋于 1，可推导出永续年金现值的计算公式为

$$P=\frac{A}{i}$$

例 3-12 拟建立一项永久性的奖学金，每年计划颁发 10 000 元奖金。若利率为10%，现在应存入多少元？

$$p = 10\,000 \times \frac{1}{10\%} = 100\,000（元）$$

第三节 风险与收益

一、风险和风险报酬的含义

（一）风险的含义

风险是指当采取某一行动时，在一定条件下和一定时期内可能发生的各种结果的变动程度。风险普遍存在于现实生活中。例如，企业进行投资，其实际获取的报酬率有多种可能，而且与期望报酬率可能会发生较大的差异。又如，企业进行举债融资，未来能否归还到期债务是不确定的，它取决于企业未来的经营状况和财务状况。

风险是事件本身的不确定性，具有客观性。投资者进行投资时，不同投资项目的风险程度是不同的。例如，购买国库券收益稳定且到期一定能够收回本息，风险较小，但是如果投资于股票，其收益的不确定性高，一旦进行了该项投资，风险的大小也就无法改变，具有客观性。也就是说，特定投资的风险大小是客观的，是否去冒风险及冒多大风险，是可以选择的，是主观的。

风险的大小随时间延续而变化，是“一定时期内”的风险，即表现为采取某项行动期间内的风险。当采取的某项行动结束时，事件的不确定性在缩小，其结果也就完全确定了。

风险是可以控制的。采取行动之前，我们可以测算该行动可产生的风险程度，根据抗风险能力、心理承受能力等多种因素，选择风险程度适宜的行动方案。在行动进行中，我们可以通过对行动方案的不断调节和严格的制度保证，来控制行动的风险程度。例如，负债所带来的财务风险，可以根据企业经营的实际情况，选择适应企业的负债程度来控制财务风险；当企业举债程度确定后，还可以通过改善企业现金流转的措施，增强企业的支付特别是还债支付能力，控制企业的债务风险。又如，对于企业经营中管理方面的不确定性所导致的风险，我们可以通过企业控制流程、内部审计等方式进行控制。

风险可能给投资人带来超出预期的收益，也可能带来超出预期的损失。采取投资行动，为获取高收益就必须承担发生高损失的可能性。从财务角度来说，风险主要是指无法达到预期报酬的可能性。

（二）风险报酬的含义

风险报酬是指投资者由于冒风险进行投资而获得的超过货币时间价值的额外收益，又称风险价值、风险收益等。风险在长期投资中是经常存在的。投资者讨厌风险，不愿遭受损失，但仍愿意进行风险投资，是因为进行风险投资有可能获得额外的收益——风险收益。人们总想冒较小的风险而获得较多的收益，至少要使所得的收益与所冒的风险相当。

风险报酬有两种表示方法，风险报酬额和风险报酬率。投资者由于冒风险进行投资而获得的超过货币时间价值的额外收益，称为风险报酬额。风险报酬额对于投资额的比率，称为风险报酬率。在实际工作中，通常用相对数——风险报酬率进行计量。

在不考虑物价变动情况下，投资报酬率包括两部分：一部分是货币时间价值，它是在没有投资风险状态下得到的价值，即无风险报酬率；另一部分是风险价值，即风险报酬率，其关系可表示为

投资收益率=无风险报酬率+风险报酬率

二、风险的种类

（一）按风险形成原因不同进行分类

按风险形成原因的不同，风险可分为经营风险和财务风险。

经营风险是指因生产经营的不确定性给企业带来的风险。生产经营过程受很多因素的影响，具有很大的不确定性，直接影响企业的经营成果，如原材料价值变动、开发新产品失败、销售市场发生变化、通货膨胀等。这些不确定性无法控制，会给企业带来风险。

财务风险是指由于负债融资而给企业带来的风险。企业经营资金中除投资者投入之外，还有借入资金，“负债经营”是现代企业的经营理念之一，企业可以获得负债经营带来的好处，即负债经营可以给企业带来财务杠杆利益，但也加大了企业的风险。例如，借入资金 100 万元，利率为 6%，若经济景气，息税前资金利润率为 20%，这时用借入资金利润率 20%补偿借款利息后还剩余 14%，剩余部分除了交纳相应的所得税外，全部归投资人所有，因此，可以提高自有资金利润率，而且借款越多，盈利就越多，这是负债经营的好处。若经济不景气，息税前资金利润率为 2%，这时借入资金利润率 2%不足以补偿借款利息，另 4%部分利息需用自有资金来支付，从而使自有资金利润率降低。这时借款越多损失越大，这是负债经营的风险。

借款增加了企业风险，使企业盈利具有不确定性，如果不借入资金，企业就没有财务风险，只有经营风险。对财务风险的规避，关键是保证有一个合理的资金结构，维持适当的负债水平，即充分利用举债获得财务杠杆收益，同时又要注意防止过度举债使财务风险加大。

（二）按风险能否分散进行分类

按风险能否分散分为不可分散风险和可分散风险。

不可分散风险也称系统风险，是指影响所有公司的因素带来的风险，如通货膨胀、经济衰退、战争等。这类风险涉及所有的投资对象，不能通过多元化投资来分散。例如，所有上市公司都受上述因素影响，投资者购买其中任何一种股票，都要承担市场风险。

可分散风险也称非系统风险，是指发生于个别公司的特有事件给企业带来的风险，如开发新产品失败、诉讼失败等。这类事件是一些公司特有的，可以通过多元化投资去分散。例如，买股票，为分散公司特有风险可以同时买几种不同的股票，一家公司出现了不利因素，可以被其他公司的有利因素抵消，比只买某一种股票风险要小。

三、单项资产风险的计量

（一）概率分布

一般来说，风险是指某一不利事件将会发生的可能性，即概率。为了理解这一概念我们看一个例子。假设一家公司现有 100 万元的资金可供投资，投资期限为 1 年。有 4 种可供投资的项目。

国库券，投资期限为 1 年，收益率为 8%，国库券以折价发行，到期时按面值兑现。

公司债券，债券按面值销售，息票率为 9%，10 年后到期。不过公司可以在 1 年后出售，收益取决于当时的价格和利率水平，而利率水平又取决于当时的经济状况。如果经济状况不错，可能导致较高的利率水平，因此债券的市场价格将下降，反之，债券的价格将上升。

项目 1，投资成本 100 万元，投资期 1 年，在此期间现金流量为零，收益在年底，取决于 1 年后的经济状况。

项目 2，投资成本 100 万元，投资期 1 年，收益也在年底，但是，其收益情况与投资项目 1 不同。

4 种可能的投资方案，如表 3-6 所示。

表 3-6 投资收益的概率分布

经济状况	发生的概率	投资收益率			
		国库券	公司债券	项目 1	项目 2
萧条	0.05	8.0%	12.0%	−3.0%	−2.0%
衰退	0.20	8.0%	10.0%	6.0%	9.0%
一般	0.50	8.0%	9.0%	11.0%	12.0%
增长	0.20	8.0%	8.5%	14.0%	15.0%
繁荣	0.05	8.0%	8.0%	19.0%	26.0%

由表 3-6 我们可以看到，概率分布实际上为一系列可能的结果以及相对应的每一结果发生的可能性大小。表 3-6 列出了 4 种概率分布，它们一一对应上述 4 种投资方案。其中，国库券的收益是确定的，不论经济状况如何，它都有 8%的收益率，因此，国库券具有零风险。一般将国库券的利率称为无风险利率。但是，其他 3 种投资方案的实际收益，或实现的收益只能在年终时揭晓，取决于当年的经济状况，这 3 种投资方案由于其结果不能在事前确切得知，因此，被定义为风险投资。

概率分布可以是离散的，也可以是连续的。对于离散型概率分布，其可能的结果数目有限。表 3-6 列出的 4 种概率分布都是离散型概率分布。

在财务管理中，我们遇到的大多数问题都是离散型概率分布，离散型概率分布表明可能的结果是有限的。然而，在实际生活中，我们需要考虑投资的所有可能的结果，因此在处理此类问题时都按连续型概率分布来处理。知道了概率分布，怎样才能知道风险的大小？以下介绍度量风险的方法。

（二）度量风险的方法

1. 期望值

如果把某种投资方案中收益率的每一个可能的结果与其相对应的概率相乘，然后相加求和，即得到该方案投资收益率的一个加权平均值。这里的权数是指各种收益实现的概率，而得到的加权平均值就定义为期望值或均值，该值代表着一种平均水平。期望收益率用 $\overline{R}$ 表示，即

$$\overline{R}=\sum_{j=1}^{n}R_jP_j \tag{3-12}$$

其中，R_j 为第 j 个可能实现的收益率；P_j 为 R_j 相对应的概率；n 为收益率的可能值。

由式（3-1），可求得项目 2 的期望收益率为 12%，即

$$\begin{aligned}\overline{R}&=\sum_{j=1}^{n}R_jP_j=R_1P_1+R_2P_2+R_3P_3+R_4P_4+R_5P_5\\&=-2.0\%\times0.05+9.0\%\times0.20+12.0\%\times0.50+15\%\times0.20+26\%\times0.05\\&=12\%\end{aligned}$$

2. 标准差：风险的绝对度量

衡量期望值相对于各种可能结果的代表性，可用方差来表示。方差是概率分布相对其期望值的离散程度的度量。方差越大，离散程度就越大；方差越小，离散程度就越小。离散型概率分布的方差 σ^2 可用式（3-2）表示：

$$\sigma^2=\sum_{j=1}^{n}\left(R_j-\overline{R}\right)^2P_j \tag{3-13}$$

由式（3-2），可计算出项目 2 的方差。计算过程如下：

$$\begin{aligned}\sigma^2&=\sum_{j=1}^{n}\left(R_j-\overline{R}\right)^2P_j\\&=(-2.0\%-12.0\%)^2\times0.05+(9.0\%-12.0\%)^2\times0.20+(12.0\%-12.0\%)^2\times0.50\\&\quad+(15.0\%-12.0\%)^2\times0.20+(26.0\%-12.0\%)^2\times0.05\\&=(-14.0\%)^2\times0.05+(-3.0\%)^2\times0.20+0^2\times0.5+3.0\%^2\times0.20+14.0\%^2\times0.05\\&=2.32\times10^{-3}\end{aligned}$$

由于很难理解平方百分比的含义，因此我们通常使用标准差来取代度量可能值相对于均值的离散程度，即对方差开平方，用 SD 或 σ 来表示。表达式如下：

$$SD=\sigma=\sqrt{\sigma^2}=\left[\sum_{j=1}^{n}\left(R_j-\overline{R}\right)^2 P_j\right]^{1/2} \tag{3-14}$$

因此，项目 2 收益率的标准差为

$$SD=\sigma=\sqrt{23.2}=4.82\%$$

由于大多数投资的可能收益服从正态分布，正态分布图如图 3-7 所示。这样就可以用期望值和标准差来解释项目 2 的收益率情况。项目 2 的收益率有 68.26%的概率落在（12%−4.82%，12%+4.82%），即（7.18%，16.82%）区间内。我们常用标准差来度量单一风险。

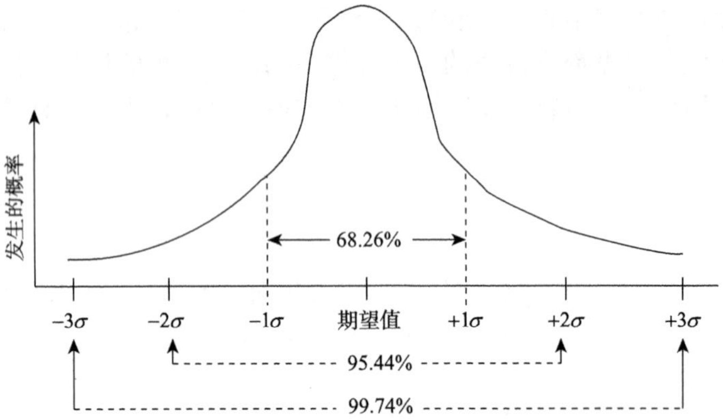

图 3-7 正态分布图

此外，我们还可以通过查“正态分布表”来确定某一收益率相对于期望收益率的概率。

通常，衡量风险大小的原则如下。

（1）在标准差相同的情况下，期望收益率越高，说明在同样的范围内，收益率的一般水平越高，则风险越小；从现金流量来看，流入的平均现金流量越高，则风险越小。

（2）在期望值相同的情况下，对期望值的偏离程度越大，期望收益率的代表性就越小；对期望值的偏离程度越小，则期望收益率的代表性就越强。即标准差越大，风险越大；标准差越小，风险越小。如图 3-8 所示，图像越陡，风险越小；图像越平坦，风险越大。

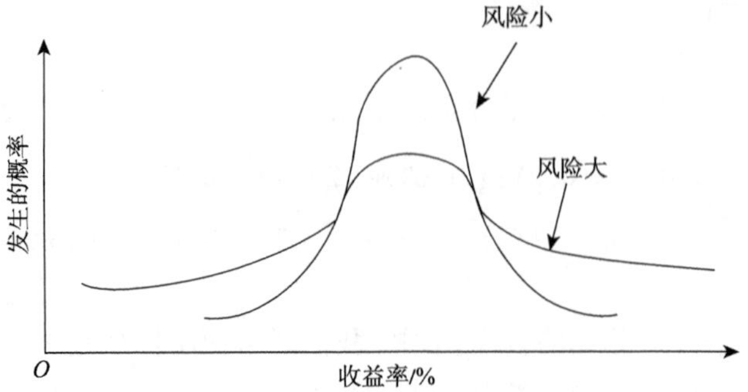

图 3-8 不同方案的收益率分布

3. 变异系数：风险的相对度量

在一般情况下，我们可采用上面的风险衡量原则。通常，期望收益率较高的投资方案有较高的标准差。但是，有时很难用上面的标准来度量风险的大小，并不适用比较不同预期收益和不同标准差的投资方案。

例如，有两项投资方案 T 和 S，如表 3-7 所示。

表 3-7 投资方案 T 和 S

投资方案	预期年收益率	标准差
方案 T	25%	20%
方案 S	10%	18%

两项投资方案没有一个统一的衡量标准，那么究竟哪个方案的风险大？为了正确地度量风险的大小，本节将标准差标准化，使它能度量单位收益率的风险，变异系数（v）则可提供这一风险的度量。其表达式为

$$v=\frac{\sigma}{\overline{R}} \tag{3-15}$$

随着变异系数的增加，投资风险也相对增加，即在 1%的收益率条件下，标准差越大，风险就越大。运用式（3-4），可以比较投资方案 T 和投资方案 S 的风险大小。

投资方案 T：$v=\frac{\sigma}{\overline{R}}=\frac{20\%}{25\%}=0.8$

投资方案 S：$v=\frac{\sigma}{\overline{R}}=\frac{18\%}{10\%}=1.8$

由此可见，方案 S 的收益与方案 T 的收益相比，有较大的变异系数，因此在两项投资方案中，方案 S 有较大的风险。

总的来讲，当比较两项预期收益相同的投资方案的风险时，标准差比较适用；而当比较两项不同预期收益的投资方案的风险时，变异系数更适用。

表 3-8 归纳了前面 4 个投资项目的期望值、方差、标准差和变异系数。

表 3-8 投资项目的风险与收益的度量

期望收益率或风险的度量	投资方案			
	国库券	公司债券	项目 1	项目 2
期望收益	8.00%	9.20%	10.30%	12.00%
方差	0.00	0.71	19.31	23.20
标准差	0.00	0.84	4.39	4.83
变异系数	0.00	0.09	0.43	0.40

根据表 3-8，可见投资方案中国库券的风险最小，而项目 1 的风险最大，这是因为

项目1具有较大的变异系数，获取相同单位收益率所承担的风险最大。

当然，除了上述的分析指标外，在分析风险时，我们还需要考虑一些其他因素，如是否符合标准正态分布、概率分布的置信区间、每项资产与其他资产的关系等。并且还要注意，风险是时间的递增函数，随着时间的推移，正态分布图形越来越平坦，则风险越来越大。

第四节　现金流量分析

在折现现金流估价模型中，资产在未来持有期间所创造的现金流量越多，在其他因素相同的情况下，其价值就越大。从根本上说，经营现金流量的多少是决定企业价值的根本因素。因而，如何预测和确定企业经营现金流量的具体数额便成为财务估价中的核心内容之一。

与现金流量的具体数额同样重要的是现金流量归属的性质。换言之，在财务估价中，必须明确现金流量的归属是企业、股权所有者，还是债权所有者。

在未来现金流量的折现过程中，被折现的现金流量的性质（分子）与折现率的性质（分母）要一致。具体而言，现金流量是属于普通股股东的现金流量，折现率就应当是普通股股东要求的报酬率；现金流量是企业的现金流量，折现率便是企业的加权平均资本成本；等等。明确不同状态下的现金流量的内容并予以准确预测，是财务估价过程中至关重要的一个步骤，它将从根本上决定整个财务估价的质量。

一、自由现金流量概念

詹森教授在研究代理冲突的时候论及自由现金流量概念。按照他的定义，自由现金流量是指在满足全部净现值为正的项目之后的剩余现金流量；如果企业的目标为追求企业价值最大化，这种自由现金流量就必须支付给企业的股东。自由现金流量越大，企业价值越大，股东财富也越大。

具体而言，自由现金流量即扣除营运资金投资与资本投资之后的经营活动所带来的现金流量。“自由”即体现为管理当局可以在不影响企业持续增长的前提下，将这部分现金流量自由地分派给企业所有的索偿权持有人，包括短期、长期债权人及股权持有人等。从现金流量的角度来讲，股东与债权人没有性质上的差异，只是索偿权支付的顺序上的差异。这里经营活动所带来的现金流量应当是利息之前、纳税之后的现金流量。换言之，在计算自由现金流量的时候，负债的利息费用不应作为扣除项，而扣除的纳税额反映的是企业在没有利息扣除情况下的支付额。

由于内涵上的具体表述的多种性，从自由现金流量的外延分类的方法有很多，但是在财务领域，依据现金流量的口径不同，大体上将现金流量分为股东自由现金流量和企业自由现金流量两大类。

（1）股东自由现金流量是指满足债务清偿、资本支出和营运资本等所有的需要之后剩下的可作为发放股利的现金流量，也是企业自由现金流量扣除债权人自由现金流量的余额。

（2）企业自由现金流量（经营实体自由现金流量），是指扣除税收、必要的资本性支出和营运资本增加后，能够支付给所有的清偿权者（债权人和股东）的现金流量。

二、股权投资者自由现金流量

股权投资者即企业的普通股东，是企业剩余收益索偿权的持有人。企业在支付了经营费用、债务利息和本金、资本投资之后，如果仍有剩余现金，从性质上讲，其属于股权投资者的现金流量。对于无负债企业而言，由于没有负债，因而也就没有了利息和本金。企业投资及经营所需的全部现金均由股权资本来满足。

营业收入−营业费用＝利息、税与折旧前盈利−折旧所得税
＝纳税付息前盈利−所得税
＝净收益+折旧
＝经营活动带来的现金流量−资本支出−营运资本变动
＝股权投资者自由现金流量

从以上计算中不难看出，属于股权投资者的自由现金流量是在满足了企业的所有财务需求之后的剩余现金流量。如果为正值，管理当局可将此现金流量以股利的方式支付给股东；如果为负值，则为了维持企业的持续增长，必须发行新的股权资本。

折旧（还有摊销费用）属于抵税费用，同时，也属于非现金费用。这些费用的金额越大，给企业所带来的抵税收益（现金流入）越大。因为抵税收益等于折旧或摊销金额乘以企业所得税税率之积。企业的自动化程度越大，固定资产投资越多，折旧费用就越多，其给企业所带来的抵税收益也就越多。

资本支出即资本预算支出，是企业为了维持或扩展其经营活动必须安排的固定资产投资。通常情况下，企业经营活动所带来的现金流量应当首先满足资本支出的需求。在有剩余的情况下，才以股利的方式支付给普通股股东，即“剩余股利政策”。企业的持续增长依赖于不断增加的资本支出，这是一个普通的规律。在现金流量预测中，这种增长是不容忽视的一个重大问题。另外，在许多现金流量预测过程中，人们常假设各期资本支出与各期的折旧额相等。事实上，资本支出与折旧额两者之间的关系是极为复杂的。例如，在高速增长期，资本支出通常要大于其折旧额；而在固定增长期，两者之间的差距一般不会太大。因此，人们便假设那些稳定增长企业的折旧与资本支出两者相等，进而大大简化了财务估价工作。

在现金流量分析中，营运资本通常是指企业流动资产与流动负债的差额，即“净营运资本”。从现金流量的角度来看，营运资本的需求意味着现金的运用，因而，营运资本的增加为现金流出，营运资本的减少则为现金流入。营运资本需求的增加与资本支出呈一定程度的正比例关系，同时也减少了可向股东自由支付的现金流量。

对于有负债的企业而言，除了上述的现金流出外，还会有一部分现金流量用于支付利息和偿还本金。

营业收入−营业费用＝利息、税与折旧前盈利−折旧与摊销−所得税
＝纳税付息前盈利−利息费用−所得税
＝税前盈利−所得税
＝净收益+折旧
＝经营活动带来的现金流量−资本支出−营运资本变动
−偿还本金+发行新负债进款
＝股权投资者自由现金流量

三、企业自由现金流量

企业经营所需资金是由企业的各类收益索偿权持有人来提供的，既包括股权资本投资者，也包括债权人和优先股持有人。那么，经营所获得的企业自由现金流量也应当支付给企业全部的索偿权持有人，而绝不仅仅是普通股股东，即

企业的索偿权持有人＝股权资本投资者+债权人+优先股股东

属于企业的自由现金流量是扣除经营费用和所得税后，向各类收益索偿权持有人支付前的现金流量，即

企业自由现金流量＝股权投资者自由现金流量+利息费用×（1−所得税税率）
+偿还本金−发行新债+优先股股利

其中，“利息费用×（1−所得税税率）+偿还本金−发行新债”是属于债权人的现金流量，“优先股股利”是属于优先股股东的现金流量。

企业自由现金流量也可按以下公式进行计算：

企业自由现金流量＝纳税付息前盈利×（1−所得税税率）+折旧−资本支出
−营运资本变动（需求）

企业自由现金流量通常高于有负债企业的股权投资者现金流量，而等于无负债企业的股权投资者现金流量。

企业自由现金流量为债务支付前的现金流量，因此它不受企业运用负债数额大小的影响。但这并不意味着由企业自由现金流量贴现而得的企业价值与负债金额没有关联。因为过高的负债会导致企业加权资本成本提高，从而引起企业价值的变动。

案例分析：大数据资产的估值

一、大数据资产的概念

在探究大数据资产估值的过程中，首先要对大数据资产的概念有一个明确的界定，目前学术界有关大数据资产的概念还未达成一致。企业会计准则对资产的定义是由企业过去的交易或事项形成的，由企业拥有或控制的，预期会给企业带来经济利益的资源。

大数据要确认为资产，需要满足资产的定义。第一，大数据是由企业过去的交易或事项形成的。目前企业存在的大部分数据资产都是通过企业过去外购的，或是在企业的经营过程中由日常的运营产生的。企业外购的数据是由企业通过银行存款购买的；企业

日常运营过程中产生的数据是由企业在花费了大量的人力、物力、财力后所形成的，这些都满足由过去的交易或事项形成的。

第二，由企业拥有或控制的，如一个电商网站中数据记录的是注册用户的行为数据，其所有权应该属于用户，但是网站是这些用户的实际控制者，网站的所有者拥有数据的使用权。企业拥有所有权便可进行数据资产的产权交易，而企业通过个性化算法为企业创造价值，所以使用权和所有权都应该被认为是企业的资产，由企业拥有或控制的。但是由于使用权只能根据网站的数据通过个性化的算法为企业创造价值，不能像企业拥有所有权一样可以进行所有权的转移（即大数据资产的买卖），所以在企业的报表或是在报表的附注中应该披露大数据的权属，是使用权还是所有权。

第三，预期会给企业带来经济利益的资源。首先，对于拥有大量数据资产的平台企业来说，企业的用户数及点击量决定着企业未来的发展状况。平台的活跃系数及用户的活跃系数决定点击量，点击量决定该企业目前的价值以及未来带来经济利益的流入。其次，企业拥有大数据资产的所有权和使用权，当企业拥有大数据资产的所有权时，可以通过数据资产所有权的转移来为企业创造价值进而获取超额收益。再次，当企业拥有的是使用权时，企业通过一定的数据分析或是个性化的算法在具体应用场景下为企业带来经济利益的流入，其经济利益的流入反映在企业的运营过程中主要涉及两个方面，一是收入，二是支出，收入的增加具有很强的不确定性，但是支出具有很强的可控性。最后，数据资产的风险主要基于当前的环境，某些数据很可能会因为某一项政策或是法律的出台导致价值为零，也可能会随着政策法律的出台价值倍增。在法律尚未明确规定的情况下，哪些数据绝对不能交易，哪些数据经过合法化处理后可以交易，这些问题都影响着其价值。因此，在数据资产的评估中要特别注意风险的量化，因为其可以直接对相应的数据资产的价值带来从量变到质变的影响。

针对上面的分析，总结出大数据资产的定义为，由企业过去的交易或事项形成，由企业拥有其使用权或所有权的，有具体的应用场景且能为企业带来经济利益的数据。

二、大数据资产的特点

有关大数据资产的定义，目前学术界还在探索阶段，但要对该大数据资产进行估值就必须充分了解大数据资产的特点，对其进行定性分析，并准确评估其价值。

（一）业务附着性

从数据产生的角度以及上文中对大数据资产概念的界定来看，大数据资产的价值依赖于企业的业务关系，即业务附着性。按照开放组体系结构框架，数据是在业务的发生过程中产生的，根据业务产生的记录形成的企业的数据资产，为企业未来的经营决策提供方向，所以在对数据进行估值的过程中要首先还原该数据源自什么业务，通过业务现状来预测之后数据为公司带来的价值，进而来体现数据资产的价值。

（二）可复制性

可复制性是大数据资产在数据流转中最具有标志性的特征。因为复制的过程很容易实现，所以对于数据资产的安全管控和价值变现等问题要尤为关注。如果企业的数据需要与外部进行交易，就要关注数据安全，对于交易过程进行严格的把控。交易的次数越多，其价值也会随之逐渐降低。数据的稀缺性会受到恶意流转复制的损害，这种恶意的流转复制主要体现为一些非正规的交易渠道，其后果是使数据资产面临内容被篡改的风险，导致数据的价值降低，所以交易的过程要首先保证数据的安全。

（三）数据资产的真实性

在大数据的应用过程中，有学者强调数据整合会带来比单一数据更大的价值，但是数据之间会存在归并或者替代，所以在此过程中要首先关注数据的真实性。很多相关领域的专家在研究大数据中发现，对多种类型的数据进行整合可以在原有的基础上展现出很多新的价值，对企业的日常经营决策有一定的影响，但在实践中强调数据整合带来的价值会远远超过单一数据所体现的价值，会丧失数据原有的真实性，对企业决策造成很大的影响。

（四）价值的不确定性

在分析大数据为企业创造的经济利益的流入的过程中发现，价值不确定性是大数据资产最典型的特性。数据资产的价值会随着该企业平台用户数量和具体应用场景的不同存在巨大差异。针对这一特性，有学者在研究大数据资产的估值中提出，按照业务场景的个案定价策略比较合适，而且未来若是大数据的交易市场较为成熟，这些个案可以对相同或相似类型的数据提供一定的参考作用，为大数据的规模销售提供一定的借鉴。

三、大数据资产估值方法

（一）现有的评估方法分析

现有的评估方法主要有成本法、市场法、收益法。成本法是从资产重置角度考虑其估值的一种方法，需要知道该项数据资产的重置成本、贬值因素、成新率来对其价值进行估计，但数据类型具有多样性，很难对某一类型的数据的重置成本和贬值因素进行确定。

评估价值=重置成本−贬值因素或重置成本×成新率

其中，重置成本是得到同样一项数据资产所要支付的金额；贬值因素是因为时效等因素对数据产生价值减少的金额。

市场法是基于相同或是相似市场可比交易案例的一种方法，但数据资产种类繁多且其价值具有不确定性，价值随着应用场景的变化而不断变化。而且市场法需要有相对较为成熟活跃的数据资产交易市场。

评估价值可比数据资产成交额=$\sum$修正系数

其中，可比数据资产成交额是在现存的市场下相同或是类似数据资产的交易额；修正系数是对于评估的数据与市场存在价值的数据之间的差异。

收益法是对数据资产未来所能带来的经济利益的流入进行折现，收益法对于数据资产的价值的不确定性具有很强的适用性，但也存在未来现金流很难估计，使用期限不确定等局限性。

$$评估价值=\sum_{i=0}^{n}\frac{\mathrm{CF}_t}{(1+i)^t}$$

其中，CF_t 为第 t 年产生的净现金流；i 为适用的折现率；n 为数据资产持续获益的年限。

上面的方法各自都存在优缺点，且单一的评估方法涉及的问题较多，评估的结果不准确，所以深入研究数据资产的特点，结合网络平台企业的用户数及点击量，对其影响因素和特点进行量化，找到更适合、更准确的评估方法。

（二）采用 B-S 模型方法的优势

实物期权是从金融期权衍生来的，实物期权法可以对隐藏于实物资产中的期权价值进行评估，可以识别企业的隐形价值和潜在机会，如数据资产等。实物期权模型有二叉树模型、B-S 模型，针对模型各自的特点及计算过程，学者们认为 B-S 模型在数据资产的估值上计算简单，更适合数据资产。通过总结，使用 B-S 模型对大数据资产价值进行评估的优点包括以下几条。

（1）在分析了数据资产的特点之后，发现数据资产最典型的特点是其价值的不确定性，价值随着时间、不断的加工处理，使用次数及人数、应用场景的不同，波动性较大，而波动性越大，数据资产的价值越高。实物期权法充分考虑了其不确定性而对数据资产的价值进行评估，更具有灵活性，避免数据资产被高估或低估。

（2）数据资产具有多维使用的特性，而该模型更好地考虑了资产收益随着应用场景具有很大的不确定性和管理柔性，对数据资产的机会和管理柔性价值做出更准确的预测。

（3）数据资产具有业务附着性，仅靠数据不会为企业带来经济利益的流入，都是通过还原当前的业务现状来预测为企业带来的价值，获得超额收益的目的，所以企业拥有的数据资产可看作一项期权，企业有权自主决定对其拥有的数据资产是否进行投资，是否利用企业现有的资源时间等。

（4）实物期权法是一种动态的评估方法，在如今大数据及人工智能的发展较为成熟的时代产生了大量的数据，数据资产也处于一种动态的评估环境中且与其评估方法相吻合，可以针对其价值的不断变化更为准确评估其价值。

（5）数据资产具有可复制性，在其无限的复制过程中，当二叉树模型中某一事件趋于无穷小时便成为 B-S 模型，都是在假设风险为中性，无套利均衡的条件下进行。二叉树模型的步骤较为复杂，在决策树中的每一层次节点的计算量大；B-S 模型需要遵循的条件一旦满足，各个参数的选取一旦确定，代入公式可直接得到结果，并且计算过程更贴合实际，在实际生活中应用更为广泛。

（6）实物期权法为大数据资产在企业项目中的决策提供支持。在实际操作中，很多投资项目并不能在短期内获得收益，而是长期性、战略性的投资，实物期权并不会忽视数据资产存在的潜在价值。

（三）数据资产价值的构成

在分析了数据资产的特点和多种评估的方法之后，发现B-S模型更贴合数据资产的特点，得到的评估结果更为准确。在对数据资产带来经济利益的流入进行分析时发现，主要有四个部分会对企业的价值产生影响：平台用户数和点击量，数据资产在具体的应用场景下产生的收益或节省的成本，数据资产对外出售产生的超额收益和风险对于其价值的影响。

根据用户浏览数据，对其进行选择推送可以为公司带来更多流量，通过公域的平台搭建自己的“私域流量”，它对于企业的价值是可以和用户直接建立联系，更好地进行二次营销，降低营销的成本，增强客户的黏性和忠诚度，保证客户不易流失，更有助于塑造企业的品牌形象。这些流量就是对企业价值的创造，而且是其未来利润和核心竞争力的增长源泉。平台用户数和点击量部分的价值是这些平台企业总体的数据资产价值的估计。

平台企业的数据资产除了上述的本身价值外，还拥有数据资产的使用权和所有权，但对数据资产拥有的使用权进行估值时，要考虑其应用场景，数据资产的价值具有很强的不确定性，具体应用场景不同体现的价值也不相同。平台企业可以通过对现有数据的分析来制定企业未来的发展计划，服务于企业自身的经营决策，就是数据资产应用的价值体现。但是在实际的生活中，某一数据可能会存在多种应用场景，如淘宝平台的数据，公司可以利用这些数据对某一商铺的具体产品的销售状况进行分析，来帮助商铺调整产品的供需状况，减少存储成本，同样也可以利用这些数据分析某一顾客的购买状况，为其推荐符合自身消费水平的产品，达到精准营销、增加收益的目的。

上面是对企业数据资产的使用权的分析，但数据资产除使用权之外还拥有所有权，企业拥有数据的所有权时便可以进行所有权的转移，进行数据资产的交易。数据资产具有可复制性，一旦可以交易，其价值将会受到影响，若是在非正常情况下进行交易很可能会损害数据资产安全，对其价值产生很大的影响，所以针对这种状况，在进行数据资产的交易时要首先关注数据安全问题，在安全的前提下进行交易。贵阳大数据交易所目前交易的不是最原始的数据而是数据处理分析之后的结果。这样一来数据的交易将会涉及多个方面，不会因为行业限制等因素对交易造成影响，而会为企业带来超额的收益，这些收益都是该企业数据资产价值的体现。

除了数据资产产生的上述收益外，还有风险对其产生的影响。风险这一指标对于数据资产来说不太好衡量，主要体现在数据会受到国家政策、法律道德因素的影响，很可能会随着某一政策的出台，对其价值产生从量变到质变的影响。

四、标的数据资产的价值构成

首先是平台数据资产的价值 C_1，这一部分产生的收益受平台活跃系数、数据的价值系数、平台用户人数和网络节点的距离四个因素影响。其中，平台活跃系数分为用户活跃系数和用户在线活跃时间系数，这两者的乘积为平台活跃系数。

计算公式：$C_1 = \lambda \times d \times K\frac{N^2}{R^2}$

其中，λ为平台的活跃系数；d为每一个用户的价值；K为溢价率系数；N为该平台的用户人数；R为网络节点的距离。

其次是数据资产使用权的应用，在具体的应用场景体现的价值C_2，包括因为应用带来的收益和节省的成本，因为这一部分的价值与其应用场景密切相关，所以这一部分的价值采用收益法下的现金流折现法。

计算公式：$C_2 = \sum_{t=1}^{n}\frac{\mathrm{CF}_t}{(1+r)^t}$

其中，CF_t为某年所有应用场景下产生的净现金流；r为对应的折现率；n为持续获益的年限。

最后是数据资产所有权的转移，在转移过程中要首先关注数据的安全，在安全的前提下进行交易，获得超额收益C_3。

计算公式：$C_3 = \sum_{t=1}^{n}\frac{\mathrm{ER}_t}{(1+r)^t}$

其中，ER_t为转移过程中产生的超额收益；r为对应的折现率；n为获得收益的年限。

数据资产价值的构成有四个部分，上文对前三个部分的价值进行了量化，最后一个是风险，风险具有很大的不确定性，而数据资产的风险主要来自道德因素或是国家政策的影响，数据资产会因某一政策的出台导致价值高涨或是全归于零，所以对于这一部分的量化，在前三个部分的基础上加入系数β，其范围在$[0,\infty)$，当出台的政策使得资产价值为零时系数即为零，当出台的政策对资产的价值有削弱影响时，根据削弱程度将系数范围控制在0至1之间，对其有增强作用时，根据增强程度使其系数大于1，得到标的数据资产的价值C_U。

计算公式：$C_U = \beta(C_1 + C_2 + C_3)$

五、数据资产的总价值

实物期权定价法可以识别企业潜在的价值和隐形的机会，由于数据资产具有不确定性，以及大数据资产的价值在使用权交易过程中并不会随着转移而丧失，在转移过程中所有涉及数据的相关方都会拥有对大数据的使用权，进而为自己公司带来收益，这样一层一层的传播与树状的结构相类似。B-S模型标的证券期末价格有很多，其价格的树状结构不断延伸，大数据交易过程中所流通的形式类似于树状结构节点不断向下扩展，并且随着不断扩展，大数据资产在每一企业每一应用场景下的价值与模型期末标的资产的价格存在很多类似。数据资产处于一个动态的环境中，而实物期权法刚好是一个动态的评估方法。

上一部分得到的标的数据资产的价值，通过B-S模型的分析得到数据资产期权的价值C_4。

计算公式：$d_1 = \dfrac{\ln\left(\dfrac{C_U}{X}\right) + \left(r + 0.5\delta^2\right)T}{\delta\sqrt{T}}$

$d_2 = d_1 - \delta\sqrt{T}$

$C_4 = C_U N\left(d_1\right) - Xe^{-rt} N\left(d_2\right)$

其中，C_U 为标的数据资产的价值；X 为持有该数据资产的设备成本、人力资本成本；r 为无风险收益率；δ 为实际波动率；T 为数据资产的经济有效期；$N\left(d\right)$ 为标准正态分布中离差小于 d 的概率。

第四章

项目投资决策

✧ **案例导入**

大多数人在大学毕业的时候会面临两个选择，直接就业或继续考研。假设一个人从出生到22岁大学毕业，不考虑父母投入的时间成本，只考虑经济投入，每年他要花费5万元。大学本科毕业时，如果他选择直接就业，从23岁参加工作到60岁退休（假设不考虑延迟退休），平均每年可以获得经济收入20万元；如果他选择考研，在读研究生的3年里，父母仍然要为他每年支付5万元的费用，研究生毕业后从26岁参加工作到60岁退休，平均每年可以获得25万元的经济收入。请问，如果是你该做何种选择？

第一节　项目投资决策概述

一、投资决策与企业价值最大化

（一）项目投资决策的内容

投资是指企业对现在所持有资金的一种运用，如投入经营资产、购买金融资产，或者是取得这些资产的权利，其目的是在未来一定时期内获得与风险相匹配的报酬。在市场经济下，企业能否将筹集到的资金投入报酬高、回报快、风险小的项目，对企业的生存和发展至关重要。

项目投资决策又称资本预算。在现代理财学中，资本是指长期资产或固定资产；资本预算是有关资本投资——固定资产投资所涉及现金流量及其风险程度分析的预算。资本预算是一种必要的管理工具。公司经营过程中必须要选择能产生让人满意的现金流入和收益率的投资项目。因此，我们要决定某个项目是否值得投资时，必须要能够在不同的项目之间进行取舍。资本预算就是为了实现这一目的，而对各个项目进行评估、比较及筛选的一套方法。

不论是公司的权益资本还是债务资本，相对于公司的投资需求来讲，资源都是有限的。在我国，企业获取在股票市场上进行股权融资的资格难度相对较大，金融机构也不可能无限制地向企业提供债务融资。资源的稀缺性要求企业在不同的投资项目之间进行很好的选择和分配。在接受或否决某个项目时要非常谨慎，要运用科学的方法进行决策。在不同项目之间进行选择时，一定要从企业价值创造的角度出发，要鉴别出能够最大限度地增加企业价值的项目。

（二）项目投资决策与财务管理目标

企业投资是实现财务管理目标的基本前提，企业财务管理的目标是不断提高企业价值，为股东创造财富。因此，要采取各种措施增加利润、降低风险，要在投资中获得效益。对于企业的价值创造而言，投资决策是财务决策中最重要的决策，其他的决策则要服从投资决策的需要，投资决定融资的数量和时间，投资也决定购置的资产类别，不同的生产经营活动需要不同的资产。

按照现代财务理论的基本架构，资本预算应当属于财务理论体系中的核心部分。企业的资本投资决策决定企业经营活动创造现金流量的能力，进而决定着企业价值的创造。通过资本预算，理财人员可以清晰地了解现金流量产生的原理及企业价值创造的途径。因此，资本预算决策是企业根本意义上的财务决策，是统领融资决策、股利决策及其他从属性财务决策的总财务决策，如图 4-1 所示。

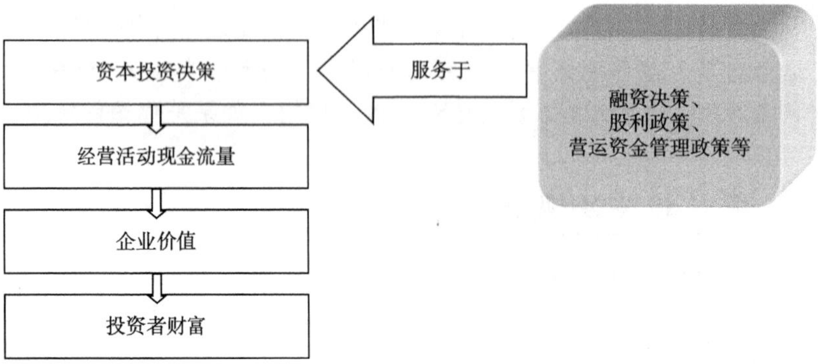

图 4-1　资本预算决策

二、项目投资的分类

为了正确评估长期投资项目。首先要了解长期投资项目的种类，以便对不同的项目采取不同的预算方法，实现资本预算的科学性、合理性和有效性。

（一）按投资目的划分

项目投资按投资目的主要分为资产更新项目、扩大经营项目、法定投资项目、研究与开发项目。

1. 资产更新项目

公司进行资产更新是指对原有资产由于损耗而进行的替换。第一种更新是指当旧资产老化时，公司如果想继续维持现有的经营模式和规模，必须重新购置该种资产；第二种更新是指技术进步等原因引起原有资产的无形损耗，即使原有资产能够继续使用，但是为了提高竞争力，公司必须使用先进的资产替代旧资产，降低公司经营成本。

2. 扩大经营项目

扩大经营项目，第一种是扩大现有产品的生产规模或扩大现有营销渠道的规模；第二种是生产新产品或开辟新营销渠道。

3. 法定投资项目

为了遵守政府颁布的法律规定必须进行的投资，如安全设施、环保设施的安装等。这些项目几乎没有收入，只是发生成本，但是它们一般能够带来社会效益。

4. 研究与开发项目

公司在投入生产新产品或开辟新的营销渠道之前，都少不了研究与开发环节，尤其是高新技术公司，研究与开发支出也是经营费用中重要的组成部分。研究与开发项目的风险很高，需要重点进行风险分析。

（二）按项目之间的关系划分

项目投资按可供选择的数量可分为独立项目、互斥项目和关联项目。

1. 独立项目

独立项目是指为达到投资目的，只有一种投资项目可供选择。尽管这样，对于投资项目是否可行的决策仍可在两种方案中进行，即投资此项目或不投资此项目。例如，公司是否要购买一条生产流水线？这类决策属于采纳与否投资决策。

2. 互斥项目

互斥项目是指为达到投资目的，可供选择的投资项目有两种及以上，而公司在一定时期的投资规模是有限的，或存在其他的资源限制，不可能将可行的全部项目都实施，只能选取满足公司需要的最佳项目。例如，建设的发电厂是用水力、火力还是核能？公司为生产某产品是购置设备还是租赁设备？等等。

3. 关联项目

关联项目是指必须依赖其他项目的实施而存在的项目。例如，建立电镀厂，要相应地安装环保设备；建立轧钢厂，要相应地建立发电设备；等等。

三、项目投资决策的程序

项目投资决策的基本程序如下。

1. 寻找有价值的投资项目

任何公司都有大量潜在的投资项目，每项可能的投资都是公司的一个可能的选择，有些选择是有价值的，而有些不是。公司理财的精髓是学会寻找价值所在，有了这一认识，公司管理层就可以在公司内部营造一种氛围，这种氛围有助于培养公司科学的投资理念和寻找投资机会、识别投资机会的能力。

2. 估算与项目计划相关的现金流量

一旦寻找到了投资项目，就要估算与项目计划相关的现金流量，这是资本预算中最重要也是最困难的环节。内容包括估计项目寿命期、估计项目计划预期产生的现金流量的大小及风险、估计用来计算项目计划预期现金流量的现值所需要的折现率。

3. 进行项目计划的取舍

拟订了项目计划，估算了与项目相关的现金流量，下一步就对项目计划进行取舍。通常用资本预算决策标准，对不同项目计划的现金流量进行折现后来判断。

4. 项目的实施和考评

一旦项目被采纳就必须付诸实施，并在项目整个寿命期内对其进行定期考评。例如，对项目的现金流量和发生时间进行监控，确定其实际与预期的差异，并查明原因，以吸取成功的经验和失败的教训，不断提高资本预算的水平。

四、项目投资评价的基本原理

项目投资评价的基本原理是，投资项目的收益率超过资本成本时，企业的价值将增加；投资项目的收益率小于资本成本时，企业的价值将减少。这一原理涉及资本成本、项目收益与股东财富之间的关系。

例如，一个企业的资本由债务和权益组成，假设 A 企业目前有 100 万元债务和 200 万元所有者权益，因此，企业的总资产是 300 万元。

债权人把钱借给企业是为了赚取利息，假设债权人希望他们的债权能赚取 10%的收益，他们的要求一般反映在借款契约中。因此，债权人要求的收益率比较容易确定。

股东把钱投入企业是为了赚取收益，不过股东要求的收益率是不明确的，他们的要求权是一种剩余要求权。好在有一个资本市场，股东要求的收益率可以通过股价来计算。股东要求的收益率的计算方法我们在第六章“融资决策”中讨论。这里先假定它是已知的，股东要求能赚取 20%的收益。

A 企业要符合债权人的期望，应有 10 万元（100 万 × 10%）的收益，以便给债权人支付利息。由于企业可以在税前支付利息，有效的税后成本为 7.5 万元（假设所得税税率为 25%）。A 企业要符合股东的期望，应有 40 万元（200 万 × 20%）的收益，以便给股东支付股利（或者留在企业里再投资，但它也是属于股东的）。两者加起来，企业要赚取 47.5 万元息前税后收益。为了同时满足债权人和股东的期望，企业的资产收益率为 15.8%（47.5/300）。

按照这个推理过程，我们可以得到以下公式：

$$\text{投资的必要报酬率}=\frac{\text{债务}\times\text{利率}\times\left(1-\text{所得税税率}\right)+\text{所有者权益}\times\text{权益成本}}{\text{债务}+\text{所有者权益}}$$
$$=\frac{\text{债务}\times\text{利率}\times\left(1-\text{所得税税率}\right)}{\text{债务}+\text{所有者权益}}+\frac{\text{所有者权益}\times\text{权益成本}}{\text{债务}+\text{所有者权益}}$$
$$=\text{债务比重}\times\text{利率}\times\left(1-\text{所得税税率}\right)+\text{所有者权益比重}\times\text{权益成本} \tag{4-1}$$

将上述数据代入：

$$\text{投资的必要报酬率}=\frac{100\times10\%\times\left(1-25\%\right)+200\times20\%}{100+200}$$
$$=1/3\times10\%\times\left(1-25\%\right)+2/3\times20\%=15.8\%$$

投资的必要报酬率可以用资本成本率来代替，这里的“成本”是一种机会成本，是投资人的机会成本，是投资人将资金投资于其他同等风险资产可以赚取的收益。企业投资项目的收益率，必须达到这一要求。

如果企业的资产获得的收益超过资本成本，债权人仍按 10%的合同条款取得利息，超额收益应当全部属于股东。企业的收益大于股东的要求，必然会吸引新的投资者购买该公司股票，其结果是股价上升。如果情况相反，有些股东会对公司不满，出售该公司股票，使股价下跌。因此，资本成本可以说是企业在现有资产上必须赚取的、能使股价维持不变的收益。股价代表了股东的财富，反映了资本市场对公司价值的估计。企业投资取得高于资本成本的收益，就为股东创造了价值；企业投资取得低于资本成本的收益，就损失了股东的财富。

因此，投资者要求的收益率即资本成本，是评价项目能否为股东创造价值的标准。

第二节　项目投资现金流量分析

公司采纳一个项目的结果会改变公司今天和未来的总体现金流量。要对预期的项目进行评价，财务分析人员需要考虑现金流量的总体变化，然后决定它们是否增加了公司的价值。

一、现金流量分析概述

（一）现金流量的含义

公司要进行长期项目投资决策，无论采用哪种资本预算方法，首先必须确定投资项目未来各期的现金流量，这是长期投资项目决策中最重要、最困难的环节之一。投资项目现金流量预测的准确性、预算方法的科学性直接关系投资决策的正确与否，因此，现金流量分析是资本预算的重要基础。

现金流量是指投资决策中一个长期投资项目在其寿命周期内（从起点到终结点，如图 4-2 所示）可能发生的现金流入量和现金流出量的统称，它是计算项目投资决策评价指标的主要依据和重要信息之一。

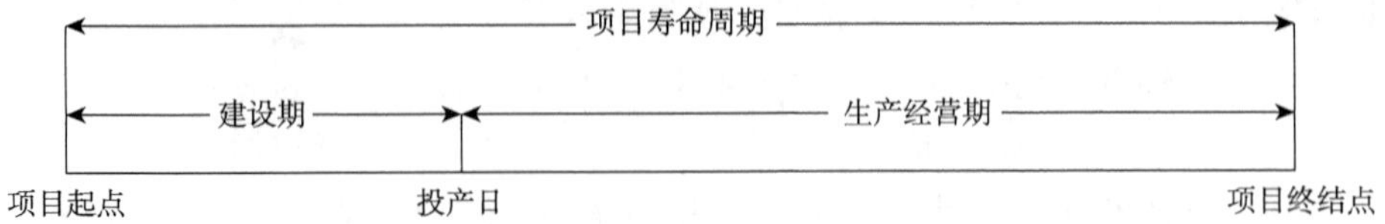

图 4-2　投资项目寿命周期

这里的“现金”是指广义的现金，它不仅包括各种货币资本，而且还包括与项目相关的非货币资源的变现价值。例如，一个投资项目需要使用原有的厂房、设备和材料等，则与该投资相关的现金流量包括这些原有资源的变现价值，而不是其账面成本。

项目寿命周期是指从投资建设开始到最终清理结束的全部时间。

需要指出的是，财务管理中所介绍的现金流量与财务会计中所讲的现金流量不是一个概念，表 4-1 表明了二者的区别。

表 4-1　财务管理的现金流量与会计的现金流量的区别

项目	财务管理	会计
对象	特定项目	特定公司
时间特征	整个项目计算期，连续多年	特定会计期间
内容结构	表格和评价指标两大部分	通过主表和辅表反映
钩稽关系	表现为各年的现金流量具体项目与现金流量合计项目之间的一个对应关系	通过主、辅表分别对按直接法和间接法确定的净现金流量进行钩稽
信息属性	面向未来的预计数	已知的历史数据

（二）确定现金流量的假设

为了正确地评估现金流量，相关的假设如下。

1. 投资类型的假设

假设投资类型只包括项目投资，如单纯固定资产投资项目、完整工业投资项目和更新改造投资项目等。

2. 财务可行性分析假设

在实际工作中，评价一个项目是否可行，不仅要考虑财务的相关指标，还要考虑是否给环境带来污染、技术上是否可行及人力能否跟上等各方面。在财务管理中，当评价一个项目是否可行时，只考虑财务可行性的问题。

3. 全投资假设

即使实际存在借入资本，也将其作为自有资本对待，不区分自有资本和借入资本，将项目所需资本都视为自有资本，忽略融资现金流。

4. 建设期投入全部资本假设

如果是新建项目，假设项目资本在建设期全部投入，则可以简化项目经营期间现金流的估算，使项目资本及营运资本现金流更为清晰。

5. 经营期与折旧年限一致假设

在实践中，由于项目投资受到风险、税法、会计准则等的影响，项目的折旧估算年限与项目的实际经营期不一定相同。但在项目预算时，该假设可以保证项目现金流的完整性、均衡性，并便于项目经营期间现金流的估算。

6. 时点指标假设

在财务分析中，我们必须要正确地考虑现金流量发生的时间。会计的利润表反映的是一段期间的经营状况，而不能精确地反映在此期间的现金收入与现金费用的发生。由于货币具有时间价值，从理论上讲，分析投资项目现金流量应该与其发生时间一致。而投资项目的现金流量可能会发生在投资期间的任何时点。为便于利用货币时间价值的形式，不论现金流量具体内容涉及的价值指标是时点指标还是时期指标，均假设按照年初或年末的时点指标处理。

对于建设投资，假设在建设期内有关现金流在期初发生；经营期内各年的收入、成本、折旧、摊销、利润、税金等项目的确认均在期末发生；项目最终报废或清理均发生在终结点（但更新改造项目除外）。

7. 确定性假设

假设长期投资项目的现金流在项目寿命周期内的各个时点可以确定，即不存在风险。

（三）现金流量的分类

现金流量可以按现金流的流向或投资项目所处时期划分，这两者的分类在分析中常并用。

1. 按现金流向不同划分

1）现金流出量

现金流出量是指一项投资引起的公司现金支出的增加额，如建设投资、设备购置支出、增加的营运资本、付现经营成本、所得税等。

2）现金流入量

现金流入量是指一项投资引起的公司现金收入的增加额，如营业现金收入、固定资产残值收入或变现收入、垫支的营运资本的回收等。

3）净现金流量

净现金流量是指一定期间内现金流入量与现金流出量的差额。这里所说的“一定期间”，有时指一年，有时指投资项目持续的某个时间。流入量大于流出量时，净现金流量为正值，反之为负值。

2. 按投资项目所处时期不同划分

现金流量按投资项目所处时期不同，分为初始现金流量、经营期间现金流量和项目终结现金流量。

1）初始现金流量

初始现金流量是指开始投资时发生的现金流量，即建设期间现金流，一般包括以下项目。

（1）投资前费用。投资前费用是指在正式投资之前为做好各项准备工作而花费的费用。主要包括勘察设计费、技术资料费、土地购入费和其他费用。投资前费用的总额要在综合考虑以上费用的基础上，合理加以预测。

（2）设备购置费用。设备购置费用是指为购买投资项目所需各项设备而花费的费用。企业财务人员要根据所需设备的数量、规格、型号、性能、价格水平、运输费用等预测设备购置费的多少。

（3）设备安装费用。设备安装费用是指为安装各种设备所需的费用。这部分费用主要根据安装设备的多少、安装的难度、安装的工作量、当地安装的收费标准等因素进行预测。

（4）建筑工程费。建筑工程费是指进行土建工程花费的费用。这部分费用要根据建筑类型、建筑面积的大小、建筑质量的要求、当地的建筑造价标准进行预测。

（5）无形资产投资。无形资产投资主要包括土地使用权、专利权、商标权、专有技术、商誉、特许权等方面的投资费用。

（6）营运资金的垫支。投资项目建成后，必须垫支一定的营运资金才能投入运营。这部分营运资金的垫支一般要到项目寿命终结时才能收回。

（7）原有固定资产的变价收入扣除相关税金后的净收益。变价收入主要是指固定资产更新时变卖原有固定资产所得的现金收入。

（8）不可预见费。不可预见费是指在投资项目正式建设之前不能完全估计到的，但又很可能发生的一系列费用，如设备价格的上涨、自然灾害等。这些因素也要合理预测，以便为现金流量预测留有余地。

2）经营期间现金流量

经营期间现金流量是指投资项目在建成投产后，在其寿命周期内，由于开展正常生产经营活动而发生的现金流入和现金流出的净现金流量。这种现金流量一般按年度进行计算，包括以下数项。

（1）经营现金收入。经营现金收入是指项目投产后生产产品或提供劳务而使公司每年增加的现金销售收入，这是经营期间最主要的现金流入项目。

（2）经营成本，又称为付现成本。经营成本是指所有现金支出的各种成本和费用，如材料费用、人工费用、设备修理费用等。这是经营期间最主要的现金流出项目。由于公司每年支付的总成本中，一部分是付现成本，另一部分是非付现成本，如固定资产折旧费、无形资产摊销费等，而无形资产摊销费往往数额不大或是不经常发生，为简化起见通常忽略不计。因此，付现成本可以用当年的总成本减固定资产折旧费后得到。

（3）缴纳的各项税款。缴纳的各项税款是指项目投资后依法缴纳的、单独列示的各项税款，如营业税、消费税、所得税等。

（4）固定资产折旧费。折旧费用为一项成本，会导致营业利润的下降，由于折旧费用可以抵税，少缴纳的税收是公司少付的现金，故可将其视为一项税后现金流入。

3）项目终结现金流量

项目终结现金流量是指投资项目最终结束时发生的现金流量，主要包括固定资产的残值收入或变价收入、停止使用的土地的变价收入及原来垫支在各种流动资产上的资金回收等。

二、估算现金流量的原则

（一）使用现金流量而不是利润

在财务管理中，我们强调的是现金而不是利润。利润（或称会计收益）是按照权责发生制确定的，而现金流量是根据收付实现制确定的，两者既有区别又有联系。公司在进行资本预算决策时，主要依据的是项目的现金流量，而不是项目的会计收益，这是因为以下几点。

（1）在项目整个投资有效期限内，利润总计与现金净流量总计是相等的，所以现金净流量可以取代利润作为评价长期投资方案优劣的基础指标。

例 4-1　某公司有一项目投资，总额为 1 000 万元，分 4 年在年初支付工程款，建设期为 3 年，第 4 年年初开始投产，项目寿命期为 5 年，项目终结时无残值。投产开始时垫付流动资本 300 万元，结束时收回。项目投资后每年销售收入 900 万元，付现成本 600 万元。假定按直线法和双倍余额递减法分别计提折旧，试分析该项目的现金流量和利润。

解析：这里不考虑税收，只考虑经营现金流，如表 4-2 所示。

表 4-2　投资项目的现金流量和利润　　单位：万元

时间/年	0	1	2	3	4	5	6	7	8	合计
固定资产投资	−250	−250	−250	−250						−1 000
销售收入					900	900	900	900	900	4 500
直线法折旧										
付现成本					600	600	600	600	600	3 000
折旧					200	200	200	200	200	1 000
利润					100	100	100	100	100	500
双倍余额递减法折旧										
付现成本					600	600	600	600	600	3 000
折旧					400	240	144	108	108	1 000
利润					−100	60	156	192	192	500
营业现金流量					300	300	300	300	300	1 500
流动资金垫支与回收				−300					300	0
现金净流量	−250	−250	−250	−550	300	300	300	300	600	500

通过表 4-2 可以看出，整个投资年限内利润合计与现金净流量合计均为 500 万元，所以现金流量可以取代利润作为评价投资项目的依据。

（2）采用现金流量有利于科学地考虑时间价值因素。投资项目具有长期性，要实现科学的决策必须考虑资本的时间价值，要将不同时点的现金收入或支出调整到同一时点进行汇总和比较，这就要求决策时需弄清每笔预期收入款项和支出款项的具体时间。会计收益的计量遵循权责发生制原则，其收入与费用的确认不考虑现金的实际收到和支出的时间。因此，要在投资决策中考虑时间价值的因素，就不能利用会计收益来衡量项目的优劣，而必须采用现金流量。

（3）采用现金流量使投资决策更符合客观实际，会计收益的计量有时带有主观随意性。会计上对同一种业务的处理可以采用多种方法，如存货计价方法、固定资产折旧方法等，不同方法的使用会导致同一收入或费用项目有不同的发生额，从而形成不同的会计收益，但同一种业务对现金流量的影响只能有一种结果，以实际收到的或付出的款额为准，如表 4-2 中，采用直线法折旧时的会计收益分布与采用双倍余额递减法时的会计收益分布不同，但它们的营业现金流量却是相同的。

（4）在投资分析中，现金流动状况比盈亏状况更重要。有利润的年份不一定能产生多余的现金来进行其他项目的再投资。一个项目能否维持下去，不取决于一定期间是否盈利，而取决于有没有现金用于各种支付。例 4-1 中第 4 年的利润虽然亏损 100 万元，但营业现金流量有 300 万元可用于各种支付。因此，在投资决策中要重视现金流量的分析。

（二）考虑增量现金流量

资本预算是一个决策过程，是在众多投资项目中进行取舍、选择最优的过程。即使公司只提出了一个投资项目，对于决策者来说，仍然要进行选择，要么接受，要么拒绝。资本预算中这种比较优劣的过程，要求分析人员关心投资项目各自发生的现金流量，而且要重视项目之间现金流量的比较，考虑增量的现金流量。增量现金流量，是指接受或拒绝某个方案后，公司总现金流因此发生的变动。只有那些采纳某个项目引起的现金支出增加额，才是该项目的现金流出量；只有那些采纳某个项目而引起的现金流入增加额，才是该项目的现金流入量。总之，在资本预算中，只有增量现金流才是与项目相关的现金流。

例 4-2 某公司原有一台旧设备，可以用来生产产品。如果旧设备目前变现，市场价值只有 4 万元，账面价值 10 万元。公司现考虑购买新设备，新设备市场价值 40 万元，购买新设备的同时将旧设备变现。公司适用的所得税税率为 25%。分析该公司初始投资的现金流量。

解析：由于公司要变卖旧设备，因此，在考虑投资新设备时不能忽略旧设备的处理，这是一个增量现金流量的问题。该公司初始现金流分析如下。

增量投资=新设备投资 40 万元–旧设备变现 4 万元=36 万元（现金流出）

出售旧设备 4 万元，但账面价值有 10 万元，因此，变现旧设备损失可以抵税，少缴的税款=（账面价值 10 万元–变现价值 4 万元）×所得税税率 25%=1.5 万元（现金流入）。

新设备初始投资净现金流出量=36−1.5=34.5（万元）

这说明与购置新设备相关的初始投资增量现金流量是 34.5 万元，而非 40 万元。

（三）关注新项目对公司其他方面的影响

新项目生产的产品或提供的服务与公司现有的产品或提供的服务在功能上相关时，也许互斥，也许互补，从而产生关联效应。当功能互斥时，新产品或新服务会挤掉原有产品或服务的市场份额，从而减少原有产品或服务为公司带来的现金流量。当功能互补时，新项目的实施会增加原有产品或服务为公司带来的现金流量。例如，某公司准备上一条新的产品生产线，用于生产新型产品 A，公司原有的产品 B 仍继续生产销售。若 A 的生产销售使 B 销售下降，每年 B 的现金流入量减少 100 万元，则应将这 100 万元列入 A 项目的现金流出量；若 A 的生产销售使 B 的成本降低，每年 B 的现金流出量将减少 60 万元，则应将这 60 万元列入 A 项目的现金流入量。因此，投资项目对公司其他方面产生的关联效应是否是增量现金流量，尽管很难预测和计量，但必须在资本预算中考虑。

（四）考虑净营运资本的需求

在一般情况下，当公司的新项目开始运营时，需要存货的支持；当销售增加时，会产生应收款项；因公司采购或分配政策的原因自发形成各种应付款项，从而为项目筹集新的资本。净营运资本的需求量，是指项目增加的流动资产与增加的流动负债之间的差额。如果差额是正数，意味着公司对营运资本的投资，公司产生现金流出量；如果差额是负数，意味着公司对营运资本的回收，公司产生现金流入量。当项目终止时，公司将与项目有关的存货出售，应收账款变为现金，应付款也随之偿付，净营运资本恢复到原有水平。因此，在项目现金流量分析时，假定初始时投资的净营运资本在项目结束时收回，即可作为现金流入。

（五）牢记沉没成本不是增量现金流

项目现金流考虑的是增量成本及增量收益。沉没成本又称过去成本，是指在决策时点前已经发生的成本，由于沉没成本是在项目决策之前发生的，它并不因接受或拒绝某个项目而改变，应该忽略这类成本。在例 4-2 中，该公司旧设备的购置成本为 10 万元，那么在进行新设备购置与否的决策中，这 10 万元应包括在相关现金流中吗？分析可知，这 10 万元是过去已经支付的成本，即决策时已经发生过的现金流，不管公司是否进行设备更新，这 10 万元已经支出，不可能收回，新的决策对其不能产生任何影响，与公司未来的总现金流量无关，因此，对此类成本不予考虑。通常，沉没成本包括调研费、咨询费等。我们应牢记，在资本预算中，只有受新项目决策影响的现金流才是与该项目相关的现金流。

（六）勿忘机会成本

在长期投资决策中，相关现金流量并非都是项目中实际收入或付出的现金流量，因为在一般情况下，每项资源通常有多种用途。但是由于资源的稀缺性，资源用于某一方面就不能同时用于另一方面，也就是说，资源在某一方面使用所得，正是由于放弃其他方面使用机会之所失。机会成本，是指一项经营资源因选择了某一使用方案，而放弃其他使用方案，被放弃方案的预期收益就是被选择方案的机会成本。简单来讲，机会成本就是一项经济资源的潜在收益，只有通过比较才会计算出的现金流量，因此，它是增量现金流量，在资本预算时应考虑这一内容。若新项目需要使用公司现有资源，则在计算该项资源在新项目中的成本时，应以其机会成本计算，而不能按其账面价值计算。例如，一座仓库，原值 100 000 元，账面价值 50 000 元，市值 80 000 元，所得税税率 25%。如果新项目上马，仓库归项目使用，其成本为 80 000 元；若新项目不上马就卖掉，则其税后机会成本=80 000−（80 000−50 000）×25%=72 500（元）；若新项目不上马并闲置，则其机会成本=0。

（七）考虑相关的非现金费用

非现金费用对现金流有间接的影响。非现金费用没有引起现金的流出，但对税收有影响，因此，在税前收益中扣除后，应该在税后收益上再加回非现金费用。例如，折旧费用、无形资产摊销费用在现金流量分析中，由于它们没有引起现金的流出，不应包括在现金流量分析中，但是课税是依照扣除折旧和无形资产摊销费用后的利润计算的，折旧和无形资产摊销费用可以作为税盾使税基降低，产生节税利益，从而影响投资项目的现金流量。因此，在计税利润中扣除后，应该在税后净利上再加回折旧费用和无形资产摊销费用。

（八）忽略利息支付和融资现金流

在评价新项目和确定现金流量时，往往将投资决策和融资决策分开，即从全部资本角度来考虑。此时，利息费用和项目的其他融资现金流量不应看作该项目的增量现金流量。也就是说，即使接受项目时不得不发行债券或银行贷款来筹集资本，与之相关联的利息支出及债务本金的偿还也不是相关的现金流出。因为用公司要求的收益率作为折现率贴现项目的增量现金流量时，该折现率已经隐含了此项目的融资成本，因此，在项目现金流量分析中不必考虑利息支出，而期初投资中已考虑了本金，故也不应在经营现金流中减去本金，否则会造成重复计算。

三、初始现金流量的估算

初始现金流量最关键的问题是预测投资额，预测投资额的方法有很多，现说明最常用的几种方法。

（一）逐项测算法

逐项测算法是对构成投资额基本内容的各个项目，先逐项测算其数额，然后进行汇总，来预测投资额的一种方法。

例 4-3 甲公司是一家高新技术企业，成功研制了一种商用的草坪节水喷灌控制系统。如果将它投产，需要生产场地、厂房和设备。公司现在可以购买一块价值 1 000 万元的地皮，在此之上建造厂房，造价约 700 万元，工期为两年，第 1 年需投资 500 万元，余下资金为第 2 年的投资额。两年后，厂房竣工交付使用，公司需要购置 900 万元的设备进行生产，另需运输及安装费 40 万元。为购置满足生产所需的材料等流动资产，还需投入净营运资本 200 万元。请对甲公司初始投资进行分析。

解析：这是在生产新产品之前的投资，即初始投资，具体支出如表 4-3 所示。

表 4-3　初始现金流量表　　单位：万元

时间/年	0	1	2
购置土地	1 000		
建造厂房	500	200	
购置设备			940
净营运资本投入			200
合计	1 500	200	1 140

（二）单位生产能力估算法

单位生产能力估算法是根据同类项目的单位生产能力投资额和拟建项目的生产能力来估算投资额的一种方法。生产能力是指投资项目建成投产后每年可达到的产量。一般来说，生产能力越大，所需投资额越多，两者之间存在一定的数量关系。可以用公式预测投资额。

拟建项目投资总额=同类企业单位生产能力投资额×拟建项目生产能力

利用公式进行预测时，需要注意以下几个问题。

（1）同类企业单位生产能力投资额可从有关统计资料中获得，如果国内没有可供参考的有关资料，可以用国外投资的有关资料作为参考标准，但要进行适当调整。

（2）如果通货膨胀比较明显，要合理考虑物价变动的影响。

（3）作为对比的同类工程项目的生产能力与拟建的投资项目的生产能力应比较接近，否则会有较大的误差。

（4）考虑投资项目在地理环境、交通条件等方面的差别，并相应调整预测得出的投资额。

四、经营期间现金流量的估算

经营期间现金流量，主要是指项目投产后生产经营活动产生的增量现金流量，因此又称为营业现金流量。估计营业现金流量的一个主要问题是要考虑所得税的影响。所得税是企业的一种现金流出，它取决于应纳税所得额的大小和税率的高低。应纳税所得额的大小与会计利润有密切的关系，而利润大小受折旧额和摊销额等的影响。考虑到无形资产摊销额相对折旧而言较小，后面的经营期间现金流量的分析中，只考虑折旧因素。

（一）所得税和折旧对现金流量的影响

1. 税后成本与税后收入

如果问一位企业家，他的工厂厂房租金是多少，他的答案比实际每月支付的租金要少一些。因为租金是一项可以减免所得税的费用，所以应以税后的基础来观察。凡是可以减免税负的项目，实际支付额并不是真实的成本，而是将其减少的所得税考虑进去的结果。扣除了所得税影响以后的费用净额，称为税后成本。

与税后成本相对应的概念是税后收入。由于所得税的作用，企业营业收入的金额会有一部分流出企业，企业实际得到的现金流入是税后收入，公式如下：

税后收入=收入金额×（1−税率）

收入金额是指根据税法规定需要纳税的收入，不包括项目结束时收回垫支资金等现金流入。

2. 折旧的抵税作用

折旧是一种非付现的成本支出，所以它本来与现金流量无关，但是，折旧作为一种费用会减少利润，进而影响所得税支出。如果不计提折旧，企业的所得税将会增加许多，所以，折旧对投资决策产生的影响实际是由所得税引起的。折旧可以起到减少税负的作用，这种作用被称为折旧抵税或税收挡板。

例 4-4 假设甲公司和乙公司全年销货收入、付现费用均相同，所得税税率为25%。两者的区别是甲公司有一项可计提折旧的资产，每年折旧额相同。两家公司的现金流量见表 4-4。

表 4-4 甲公司和乙公司的现金流量 单位：元

项目	甲公司	乙公司
销售收入	20 000	20 000
费用：		
付现营业费用	10 000	10 000
折旧	3 000	0
合计	13 000	10 000
税前净利	7 000	10 000
所得税支出（25%）	1 750	2 500
税后净利	5 250	7 500
营业现金流入：		
净利	5 250	7 500
折旧	3 000	0
合计	8 250	7 500
甲公司比乙公司拥有较多现金	750	

甲公司利润虽然比乙公司少 2 250 元（7 500−5 250），但现金净流入却多出 750 元，其原因在于甲公司有 3 000 元的折旧计入成本，使应税所得额减少 3 000 元，从而少

纳税 750 元（3 000×25%）。这笔现金保留在企业里，不必缴出。从增量分析的观点来看，由于增加了一笔 3 000 元折旧，企业获得 750 元的现金流入。折旧对税负的影响可按下式计算：

税负减少额=折旧×税率=3 000×25%=750（元）

（二）经营期间现金流量的估算方法

1. 根据直接法计算

根据现金流量的定义，所得税是一种现金支付，应当作为每年营业现金流量的一个减项。

营业现金流量=营业收入−付现成本−所得税　（4-2）

2. 根据间接法计算

企业每年的现金增加来自两个主要方面：第一个是当年增加的净利；第二个是计提的折旧以现金形式从销售收入中扣回，留在企业里。

营业现金流量=税后净利润+折旧　（4-3）

式（4-3）与式（4-2）是一致的，可以从式（4-2）推导出来。

付现成本 = 营业成本−折旧

营业现金流量=营业收入−付现成本−所得税
=营业收入−（营业成本−折旧）−所得税
=营业利润+折旧−所得税
=税后净利润+折旧

3. 根据所得税对收入和折旧的影响来计算

根据前面分析的税收成本、税后收入和折旧抵税可知，由于所得税的影响，现金流量并不等于项目实际的收支金额。

税后成本=支出金额×（1−税率）

税后收入=收入金额×（1−税率）

税负抵税=折旧×税率

因此，现金流量应当按式（4-4）计算：

营业现金流量=税后收入－税后付现成本+折旧抵税
=收入×(1－税率)－付现成本×(1－税率)+折旧×税率　（4-4）

式（4-4）也可以根据式（4-3）直接推导出来。

营业现金流量=税后净利+折旧
=（收入−成本）×（1−税率）+折旧
=（收入−付现成本−折旧）×（1−税率）+折旧
=收入×（1−税率）−付现成本×（1−税率）−折旧×（1−税率）+折旧
=收入×（1−税率）−付现成本×（1−税率）−折旧+折旧×税率+折旧
=收入×（1−税率）−付现成本×（1−税率）+折旧×税率

上述三个公式，最常用的是式（4-4），因为企业的所得税是根据企业总利润计算的，在决定某个项目是否投资时，我们往往使用差额分析法确定现金流量，并不知道整个企业的利润及与此有关的所得税，这就妨碍了式（4-2）和式（4-3）的使用。式（4-4）并不需要知道企业的利润是多少，使用起来比较方便。

例 4-5 沿用例 4-3，甲公司的上述投资项目运营期限为 5 年。预计第 1 年的销售量为 10 000 个，单位售价为 0.2 万元。变动成本率为 40%，未计入折旧费用的每年固定成本费用为 600 万元，公司对这两项成本均支付现金。厂房和生产设备的经济使用年限分别为 20 年和 5 年。计算税法允许的折旧费用时，全额折旧，对厂房使用直线法，而生产设备使用双倍余额递减法，公司适用的所得税税率为 25%。对甲公司经营期间的现金流量进行分析。

解析：对经营期间现金流量分析，首先要计算固定资产的折旧。由于土地不允许计提折旧，因此，只考虑厂房和设备的折旧。投资项目经营第 1 年税法允许的折旧费用计算如下：

厂房折旧费用=700×（1/20）=35（万元）

生产设备折旧费用=940×（1/5×2）=376（万元）

第 1 年的经营净现金流量可以运用间接法计算，也可以列表计算，但是经常采用列表形式。因此，经营期间的第 1 年现金流量如表 4-5 所示。

表 4-5 第 1 年经营现金流量 单位：万元

项目	金额
收入	2 000
减：变动成本费用（收入的 40%）	800
未来计提折旧的固定成本费用	600
厂房折旧费用	35
生产设备折旧费用	376
税前利润	189
减：所得税支出（税前利润的 25%）	47.25
税后利润	141.75
加：厂房折旧费用	35
生产设备折旧费用	376
经营现金净流量	552.75

若根据所得税对收入和折旧的影响计算，运用公式得

营业现金流量=收入×（1−税率）−付现成本×（1−税率）+折旧×税率

=1 000×2×（1−40%）×（1−25%）−600×（1−25%）+（35+376）×25%

=552.75（万元）

五、项目终结时现金流量的估算

在项目终结时，最后一期的现金流除了包括正常经营活动产生的现金流量外，还要

包括处理设备的价值和营运资本的回收。有关处理设备缴纳税金问题，一般原则如下。

（1）公司处理设备的价值与设备的账面价值相等，说明公司既无收益，又无损失，因此，不考虑税收。

例如，某公司当前设备的账面价值为 5 万元，处理设备时的售价为 5 万元，这表明公司出售机器既无收益，又无损失，因此，不考虑税收，将出售设备时的收入直接作为现金流量即可。

（2）若处理设备的售价低于设备的账面价值，可将二者的差视为经营损失，可抵扣应税收益。

例如，在前例中，设备的账面价值不变，而处理设备时的售价为2万元，那么2−5=−3（万元）则视为税前损失，可抵扣应税收益。

（3）若设备的售价大于账面价值，但小于其原始价值，其差额应作为经营收益纳税。

仍以前例说明。若设备的账面价值不变，而设备售价为 6 万元，则 6−5=1（万元）应作为经营收益纳税。

（4）若设备的售价大于账面价值，并且大于原始价值，其差额部分要视具体情况纳税。

在前例中，若设备的账面价值不变，出售设备的价值为 12 万元，而设备的原始价值为 11 万元，则 12−5=7（万元），这一数额可以分解为两部分，即

原始价值−账面价值=11−5=6（万元），这部分作为经营收益加到原来应税收益中；

处理售价−原始价值=12−11=1（万元），这部分视为设备的增值部分，作为资本利得。

有关处理设备征税问题，各国有不同的规定，在资本预算时应根据具体情况来确定。例如，按美国 1986 年税法改革条款，这两个部分征税 34%，而加拿大的税法则将后者的一半加到应税收益中。根据我国的税法，这两个部分均应作为应税所得，交纳企业所得税。

例 4-6 沿用例 4-3，甲公司投资项目结束时，土地的售价预计为 1 200 万元，厂房和设备的净残值分别为 400 万元和 100 万元。请分析该公司项目终结时的现金流量。

解析：在投资项目结束时，现金流量除了 552.75 万元外，还要考虑处理设备的价值等。该公司在项目结束时要对土地、厂房和设备进行处理，根据前面分析，需要考虑税收影响的未计提折旧额（账面价值）。

土地不计提折旧、未计提折旧额为最初的取得成本 1 000 万元。

厂房累计折旧总额为 700 ×（1/20 × 5）=175（万元），未计提折旧额为

700−175=525（万元）

设备由于经济使用年限为 5 年，依税法全额计提折旧。在项目结束时，未计提折旧额为零。

出售土地、厂房和设备形成的现金流量如表 4-6 所示。

表 4-6　项目终结时处理长期资产的现金流量　　单位：万元

项目	土地	厂房	设备
（1）出售收入	1 200	400	100
（2）减：未计提折旧额（账面价值）	1 000	525	0
（3）转让收益（或损失）	200	−125	100
（4）所得税支出（税率 25%）	50	−31.25	25
出售业务现金净流量（1）−（4）	1 150	431.25	75

项目终结时，终结现金流量并不意味着只是处理设备的回收问题，因为在终结年份，也可能进行经营活动，因此，除了终结现金流量外（1 150+431.25+75），还有经营活动现金净流量 552.75 万元和净营运资本 200 万元的回收。

终结现金流量=552.75+200+（1 150+431.25+75）=2 409（万元）

例 4-7　乙公司准备更新一台技术落后的设备，该设备现在的账面价值为 42 000 元，它仍可以使用 6 年。如果继续使用旧设备，在使用的第 3 年年末要进行一次性维修，维修支出为 3 000 元。旧设备如果现在处理，其收入为 3 000 元。购买新设备需要 200 000 元，安装和运输费为 10 000 元，预计使用 6 年。第 6 年后设备的处理收入预计为 5 000 元。新设备的使用将占用公司原有的部分厂房，在所占用的厂房中。其中有一间厂房正在出租，预计每年的租金收入为 5 000 元，年末支付。税法允许的折旧费用是旧设备采用直线折旧法，新设备采用年数总和法，二者都是全额折旧。新设备的使用需要乙公司最初增加营运资本 10 000 元，投入运营后，第 1 年的营运资本为初始营运资本的 5%，此后随着生产量的增加，营运资本均在上一年的基础上连续 5 年增加 5%，第 6 年没有营运资本的投入。新设备为公司每年节约生产成本 20 000 元。公司适用的所得税税率为 25%。

解析：由于这是考虑用新设备替换旧设备，故这是一个重置项目分析。

1. 初始现金流量（单位：元）

	购买新设备成本	200 000
+	安装和运输费	10 000
	购买设备的总成本	210 000
−	出售旧设备收入	−3 000
−	出售旧设备的纳税支出	− 9 750
+	净营运资本的投入	10 000
	初始现金流量	207 250

注：出售设备的价值是 3 000 元，但是账面价值是 42 000 元，因此出售设备的损失可以抵税，抵税金额为（3 000−42 000）×25%=−9 750（元）

2. 经营期间的现金流和项目终结时的现金流

在项目分析中，经常将经营期间的现金流与终结时的现金流放在同一张现金流量表中。计算设备的折旧：

旧设备采用直线折旧法，每年折旧额=42 000/6=7 000（元）

新设备采用年数总和法，每年的折旧额如表 4-7 所示。

表 4-7　新设备每年的折旧额　　单位：元

时间/年	1	2	3	4	5	6
折旧率	6/21	5/21	4/21	3/21	2/21	1/21
折旧额	60 000	50 000	40 000	30 000	20 000	10 000

因此，经营期间的现金流量和终结时的现金流量计算结果如表 4-8 所示。

表 4-8　经营期间和终结时的现金流量计算表　　单位：元

项目	1	2	3	4	5	6
（1）节约生产成本的净税额 20 000×（1−25%）	15 000	15 000	15 000	15 000	15 000	15 000
（2）失去租金收入的净税额 5000×（1−25%）	3 750	3 750	3 750	3 750	3 750	3 750
（3）增量的税后收益（1）−（2）	11 250	11 250	11 250	11 250	11 250	11 250
（4）新设备的折旧额	60 000	50 000	40 000	30 000	20 000	10 000
（5）旧设备的折旧额	7 000	7 000	7 000	7 000	7 000	7 000
（6）增量设备折旧额（4）−（5）	53 000	43 000	33 000	23 000	13 000	3 000
（7）增量设备折旧额的纳税节约额（6）×25%	13 250	10 750	8 250	5 750	3 250	750
（8）第 3 年末维修费用的净税额 3 000×（1−25%）			2 250			
（9）经营现金流量合计（3）+（7）−（8）	24 500	22 000	17 250	17 000	14 500	12 000
（10）净营运资本回收	−500	−525	−551	−579	−608	12 763
（11）处理设备收入						5 000
（12）处理设备利得纳税支出						1 250
（13）净现金流量（9）+（10）+（11）−（12）	24 000	21 475	16 699	16 421	13 892	28 513

第三节　项目投资决策评价指标

项目投资评价指标可分为两类，第一类是动态评价法，第二类是静态评价法。

动态评价法，又称折现现金流法，是指考虑了货币时间价值后的分析评价方法。这种方法假定不同时期的现金流量具有不同的价值，不能直接相加减，要通过一定的方法将不同时点上的现金流量折算到同一时点，才能进行比较、判断，主要有净现值法、现值指数法、内含报酬率法等。

静态评价法，又称非折现现金流法，是指不考虑货币时间价值的分析评价方法。这种方法假定不同时期的现金流量是等效的，对它们不加区别，而是直接相加减，主要有投资回收期法、会计收益率法等。

一、折现现金流法

（一）净现值法

这种方法使用净现值作为评价方案优劣的指标。净现值是指特定方案未来现金流入的现值与未来现金流出的现值之间的差额。按照这种方法，所有未来现金流入和流出都要按预定贴现率折算为它们的现值，然后再计算它们的差额。例如，净现值为正数，即贴现后现金流入大于贴现后现金流出，该项投资项目的报酬率大于预定的贴现率。贴现后现金流入等于贴现后现金流出，该项投资项目的报酬率相当于预定的贴现率。又如净现值为负数，即贴现后现金流入小于贴现后现金流出，该投资项目的报酬率小于预定的贴现率。

计算净现值的公式为

$$净现值=\sum_{k=0}^{n}\frac{I_k}{(1+i)^k}-\sum_{k=0}^{n}\frac{O_k}{(1+i)^k} \tag{4-5}$$

其中，n 为投资涉及的年限；I_k 为第 k 年的现金流入量；O_k 为第 k 年的现金流出量；i 为预定的贴现率。

例 4-8 设贴现率为 10%，有三项投资方案。有关数据如表 4-9 所示。

表 4-9 不同方案的现金流量 单位：元

时间/年	A 方案		B 方案		C 方案	
	净收益	现金净流量	净收益	现金净流量	净收益	现金净流量
0		−20 000		−9 000		−12 000
1	1 800	11 800	−1 800	1 200	600	4 600
2	3 240	13 240	3 000	6 000	600	4 600
3			3 000	6 000	600	4 600
合计	5 040	5 040	4 200	4 200	1 800	1 800

$$\begin{aligned}净现值(A)&=(11\,800\times0.909\,1+13\,240\times0.826\,4)-20\,000\\&=21\,669-20\,000\\&=1\,669(元)\end{aligned}$$

$$\begin{aligned}净现值(B)&=(1\,200\times0.909\,1+6\,000\times0.826\,4+6\,000\times0.751\,3)-9\,000\\&=10\,557-9\,000\\&=1\,557(元)\end{aligned}$$

$$\begin{aligned}净现值(C)&=4\,600\times2.487-12\,000\\&=11\,440-12\,000\\&=-560(元)\end{aligned}$$

A、B 两项投资的净现值为正数，说明该方案的报酬率超过 10%。如果企业的资金成本率或要求的投资报酬率是 10%，则这两个方案是有利的，是可以接受的。C 方案净现值为负数，说明该方案的报酬率还不到 10%，应予放弃。A 和 B 相比，A 方案更好些。

净现值法所依据的原理是，假设预计的现金流入在年末肯定可以实现，并把原始投资看成是按预定贴现率借入的。当净现值为正数时，偿还本息后该项目仍有剩余的收益；当净现值为零时，偿还本息后一无所获；当净现值为负数时，该项目收益不足以偿还本息，这一原理可以通过 A 、C 两方案的还本付息表来说明，见表 4-10 和表 4-11。

表 4-10 A 方案还本付息表 单位：元

时间/年	年初债款	年息 10%	年末债款	偿还现金	债款金额
1	20 000	2 000	22 000	11 800	10 200
2	10 200	1 020	11 220	13 240	−2 020

表 4-11 C 方案还本付息表 单位：元

时间/年	年初债款	年息 10%	年末债款	偿还现金	债款金额
1	12 000	1 200	13 200	4 600	8 600
2	8 600	860	9 460	4 600	4 860
3	4 860	486	5 346	4 600	746

A 方案在第二年末还清本息后，尚有 2 020 元剩余，折合成现值为 1 669 元（2 020×0.826 4），即该方案的净现值。C 方案第三年末没能还清本息，尚欠 746 元，折合成现值为 560 元（746×0.751 3），即 C 方案的净现值，可见，净现值的经济意义是投资方案的贴现后净收益。

净现值法具有广泛的适用性，在理论上也比其他方法更完善。净现值法应用的主要问题是如何确定贴现率，第一种办法是根据资金成本来确定，第二种办法是根据企业要求的最低资金利润率来确定。第一种办法，由于计算资金成本比较困难，故限制了其应用范围；第二种办法根据资金的机会成本，即一般情况下可以获得的报酬来确定，比较容易解决。

（二）现值指数法

这种方法使用现值指数作为评价方案的指标。现值指数，是未来现金流入现值与现金流出现值的比率，也称为现值比率、获利指数等。

计算现值指数的公式：

$$现值指数=\sum_{k=0}^{n}\frac{I_k}{(1+i)^k}\div\sum_{k=0}^{n}\frac{O_k}{(1+i)^k} \tag{4-6}$$

现值指数（A）= 21 669 ÷ 20 000=1.08

现值指数（B）= 10 557 ÷ 9 000=1.17

现值指数（C）= 11 440 ÷ 12 000=0.95

通过以上计算可知，A、B 两项投资机会的现值指数大于 1，说明其收益超过成本，即投资报酬率超过预定的贴现率。C 项投资机会的现值指数小于 1，说明其报酬率没有达到预定的贴现率，如果现值指数为 1，说明投资的报酬率与预定的贴现率相同。

现值指数法的主要优点是，可以进行独立投资机会获利能力的比较。在例 4-8 中，

A 方案的净现值是 1 669 元，B 方案的净现值是 1 557 元。如果这两个方案之间是互斥的，当然 A 方案较好。如果两者是独立的，哪一个应优先考虑，可能根据现值指数来选择。B 方案现值指数为 1.17，大于 A 方案的 1.08，所以 B 方案优于 A 方案。现值指数作为评价方案的一个指标，它是一个相对数指标，反映投资的效率；净现值指标是绝对数指标，反映投资的效益。

（三）内含报酬率法

内含报酬率法，是根据方案本身内含报酬率来评价方案优劣的一种方法。内含报酬率是指能够使未来现金流入量现值等于未来现金流出量现值的贴现率，或者说是使投资方案净现值为零的贴现率。

内含报酬率通常需要逐步测试法来计算。首先估计一个贴现率，用它来计算方案的净现值。如果净现值为正数，说明方案本身的报酬率超过估计的贴现率，应提高贴现率后进一步测试；如果净现值为负数，说明方案本身的报酬率低于估计的贴现率，应降低贴现率后进一步测试。经过多次测试寻找出使净现值接近于零的贴现率，即方案本身的内含报酬率。

根据例 4-8，已知 A 方案的净现值为正数，说明它的投资报酬率大于 10%，应提高贴现率进一步测试。假设以 18%贴现率进行测试，其结果净现值为−499 元。下一步降低到 16%。结果净现值是 9 元，已接近于零。可以认为 A 方案的内含报酬率为 16%。测试过程见表 4-12。B 方案用 18%作为贴现率测试，净现值为负 22 元，接近于零，可认为其内含报酬率为 18%。测试过程见表 4-13。

表 4-12　A 方案内含报酬率的测试

时间/年	现金净流量/元	贴现率=18%		贴现率=16%	
		贴现系数	现值/元	贴现系数	现值/元
0	−20 000	1	−20 000	1	−20 000
1	11 800	0.847	9 995	0.862	10 172
2	13 240	0.718	9 506	0.743	9 837
净现值			−499		9

表 4-13　B 方案内含报酬率的测试

时间/年	现金净流量/元	贴现率=18%		贴现率=16%	
		贴现系数	现值/元	贴现系数	现值/元
0	−9 000	1	−9 000	1	−9 000
1	1 200	0.847	1 016	0.862	1 034
2	6 000	0.718	4 308	0.743	4 458
3	6 000	0.609	3 654	0.641	3 846
净现值			−22		338

如果对测试结果的精确度不满意，可以使用内插法来改善。

$$内含报酬率（A）=16\%+\left(2\%\times\frac{9}{9+499}\right)=16.04\%$$

$$内含报酬率（B）=16\%+\left(2\%\times\frac{338}{22+338}\right)=17.88\%$$

C 方案各期现金流入量相等，符合年金形式，内含报酬率可直接利用年金现值表来确定，不需要进行逐步测试。

设现金流入的现值与原始投资相等，则：

原始投资=每年现金流入量×年金现值系数

12 000=4 600×（P/A，i，3）

（P/A，i，3）=2.609

查阅“年金现值系数表”，寻找 n=3 且系数为 2.609 所指的利率。查表结果，与 2.609 接近的现值系数 2.624 和 2.577 分别指向 7%和 8%。用内插法确定 C 方案的内含报酬率为 7.32%。

$$\begin{aligned}内含报酬率（C）&=7\%+\left(1\%\times\frac{2.624-2.609}{2.624-2.577}\right)\\&=7\%+0.32\%\\&=7.32\%\end{aligned}$$

计算出各方案的内含报酬率以后，可以根据企业的资金成本或要求的最低投资报酬率对方案进行取舍。假设资金成本是 10%。那么 A、B 两个方案都可以接受，而 C 方案则应放弃。

内含报酬率是方案本身的收益能力，反映其内在的获利水平。

二、非折现现金流法

（一）投资回收期法

投资回收期是指投资引起的现金流入累计至与投资额相等所需要的时间。它代表收回投资所需要的年限。回收年限越短，方案越有利。

在原始投资一次支出，每年现金流入量相等时：

$$投资回收期=\frac{原始投资额}{每年现金净流入量}$$

例 4-8 的 C 方案属于这种情况：

$$投资回收期（C）=\frac{12\ 000}{4\ 600}=2.61（年）$$

如果现金流入量每年不等，或原始投资是分几年投入的，则可使下式成立的 n 为回收期：

$$\sum_{k=0}^{n}I_k=\sum_{k=0}^{n}O_k$$

在现金流入量每年不等的情况下，投资回收期有个通用的计算公式为

$$投资回收期=\frac{累计现金净流量}{开始为正的年份}-1+\frac{上年累计现金净流量}{当年现金净流量} \qquad (4\text{-}7)$$

根据例 4-8，A 方案和 B 方案的回收期分别为 1.62 年和 2.30 年，计算过程见表 4-14。

表 4-14　两种方案的计算过程　　单位：元

A 方案	年现金净流量	累计现金净流量	回收额	未回收额
原始投资	−20 000	−20 000		
现金流入				
第一年	11 800	（8 200）	11 800	8 200
第二年	13 240	5 040	8 200	0
回收期=1+（8 200 ÷ 13 240）=1.62（年）				
B 方案	现金流量	累计现金净流量	回收额	未回收额
原始投资	−9 000	−9 000		
现金流入				
第一年	1 200	−7 800	1 200	7 800
第二年	6 000	−1 800	6 000	1 800
第三年	6 000	4 200	1 800	0
回收期= 2+（1 800 ÷ 6 000）= 2.30（年）				

投资回收期法计算简便，并且容易被决策人正确理解。它的缺点在于不仅忽视时间价值，而且没有考虑回收期以后的收益。事实上，有战略意义的长期投资往往早期收益较低，而中后期收益较高。投资回收期法优先考虑急功近利的项目，可能导致放弃长期成功的方案。它是过去评价投资方案最常用的方法，目前作为辅助方法使用，主要用来测定方案的流动性而非营利性。

（二）会计收益率法

这种方法计算简便，应用范围很广。它在计算时使用会计报表上的数据，以及普通会计的收益和成本概念。

$$会计收益率=\frac{年平均净收益}{原始投资额}\times 100\% \qquad (4\text{-}8)$$

仍根据例 4-8 计算：

$$会计收益率(A)=\frac{(1\,800+3\,240)\div 2}{20\,000}\times 100\%=12.6\%$$

$$会计收益率(B)=\frac{(-1\,800+3\,000+3\,000)\div 3}{9\,000}\times 100\%=15.6\%$$

$$会计收益率(C)=\frac{600}{12\,000}\times 100\%=5\%$$

有人主张，计算时公式的分母使用平均投资额，这样计算的结果可能会提高1倍，但不改变方案的优先次序。

计算年平均净收益时，如使用不包括建设期的经营期年数，则最终结果称为经营期会计收益率。

三、项目投资评价指标的比较

在实践中究竟选择什么样的项目投资决策指标，应结合实际情况而定。一般而言，好的决策指标应具备以下三点：①必须考虑项目整个寿命周期内的现金流；②必须考虑货币的时间价值；③在选择互斥项目时，能实现公司价值最大化。投资回收期法和会计收益率法不具备上述特点，我们在此主要比较净现值法、现值指数法和内含报酬率法。

（一）净现值法与现值指数法的比较

由于净现值法与现值指数法使用的是相同的信息，在评价独立项目与同等规模下的互斥项目时，结论是一致的，而在评价规模不同的互斥项目时得到的结论有可能不同，此时应考虑公司的财务实力。在资金无限制的情况下，应以净现值为准。而在资金受限制的情况下，公司应按照现值指数的大小来选择净现值之和最大的投资项目组合，以保证公司获得最大的收益，增加股东财富。

在资金受限制情况下，投资组合决策的基本程序以例4-9进行说明。

例4-9　丙公司资本限额为600万元，现有5个投资项目可供选择，各项目的投资规模、现值指数、净现值如表4-15所示。

表4-15　丙公司投资备选方案

投资项目	投资规模/万元	现值指数	净现值/万元
A	400	2.0	400
B	100	1.5	50
C	250	2.2	300
D	150	0.9	−15
E	200	2.5	300

解析：（1）投资项目按现值指数由大到小进行排序，如表4-16所示。

表4-16　按现值指数排序的投资项目

投资项目	投资规模/万元	现值指数	净现值/万元
E	200	2.5	300
C	250	2.2	300
A	400	2.0	400
B	100	1.5	50
D	150	0.9	−15

（2）从现值指数较高的投资项目中选取，确定投资组合，尽量充分利用资本限额，并计算各种组合的净现值总额。比较合适的投资组合，如表4-17所示。

表 4-17 丙公司的投资组合选择

投资组合	包括的项目	投资规模/万元	净现值/万元
1	E、A	600	300+400=700
2	E、C、B 和 50 万的投资机会	600	650 万与余下的 50 万带来的净现值

（3）按照投资组合的净现值总额选取最佳组合。从表 4-16 中可看出，最佳组合的选择取决于投资组合 2 中未充分利用的 50 万元能够带来的净现值是否超过 50 万元。例如，这 50 万元可以投资于有价证券或存在银行中赚取利息等。

（二）净现值法与内含报酬率法的比较

净现值法与内含报酬率法是资本预算中最常用的两种方法，但相比之下，净现值法优于内含报酬率法。因为对于独立投资项目，内含报酬率法的评价结果始终与净现值法的结果是一致的，但在使用内含报酬率法评价互斥项目时可能会存在矛盾。

例 4-10 根据前面的计算，甲公司方案 A 和方案 B 的净现值和内含报酬率如表 4-18 所示（折现率为 10%）。

表 4-18 甲公司方案 A 和方案 B 的净现值及内含报酬率

方案	投资额/元	净现值/元	内含报酬率
A	200 000	65 356	22.18%
B	200 000	71 865	19.00%

试分析应该采用哪个决策标准。

解析：假如 A 和 B 是互斥项目，根据净现值法决策准则，由于净现值（B）>净现值（A），公司应选择方案 B；根据内含报酬率决策准则，由于内含报酬率（A）>内含报酬率（B），公司应选择方案 A，结果产生了矛盾。为了进一步弄清其间的关系，我们分别计算不同资本成本下各方案的净现值，并将两个方案的净现值用图 4-3 表示。

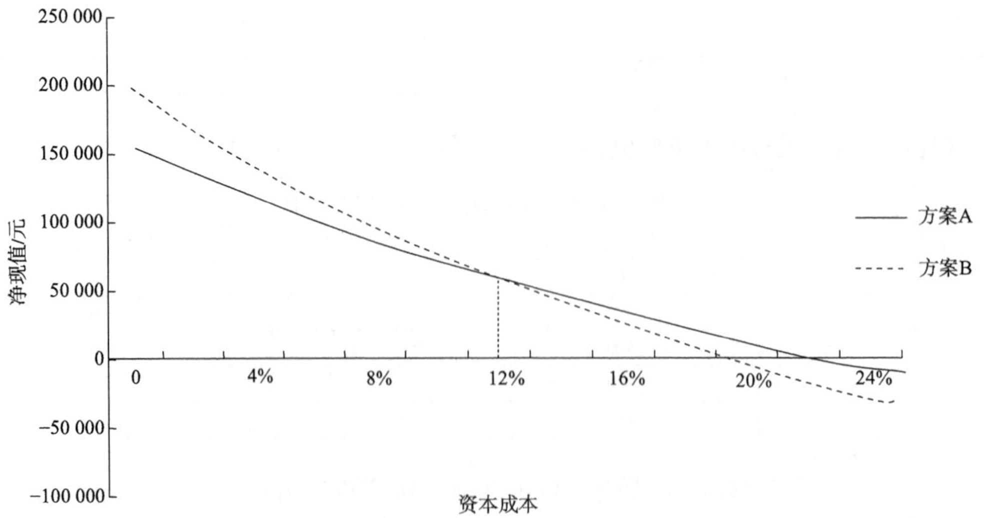

图 4-3 净现值法与内含报酬率法的比较

由图4-3可知，A、B两个方案的净现值曲线相交于折现率12%处。当项目的折现率小于12%时，方案B的净现值大于方案A，即方案B优于方案A；当项目的折现率大于12%时，方案A的净现值大于方案B，即方案A优于方案B。因此，在折现率为10%且资金无限制的情况下，方案B净现值较高，可为公司带来较多的财富，是较优的项目；当折现率大于12%时，不论用净现值法还是用内含报酬率法，都会得出项目A优于项目B的结论。也就是说，净现值法总是正确的，而内含报酬率法有时会得出错误的结论。因此，当对互斥项目进行评价时，应以净现值法作为决策的准则。

需要指出的是，造成净现值法和内含报酬率法发生矛盾的根本原因是两种方法对再投资收益率的假设各不相同。隐含在净现值法中的一个假设是，公司将投资方案产生的净现金流量再投资后能得到的收益率等于该方案的资本成本；隐含在内含报酬率法中的一个假设是，公司能够按照投资方案的内含报酬率法将该方案产生的净现金流量予以再投资，哪一种对再投资收益率的假设更合理呢？假定资本市场资金充裕，投资者对资本成本的预期和对项目风险的预期与现在相同，那么从项目中获取的现金可以返还给投资者再投资，投资者要求的报酬率是资本成本；或者留在公司再投资，它的机会成本就是投资者自己投资要求的报酬率即资本成本。无论使用哪一种方式，使用资本成本替代再投资收益率最为合理。即使再投资收益率在未来有可能高出资本成本很多，但是在资金充足的市场中，这只是暂时的。市场有效均衡理论告诉我们，再投资收益率最终会向资本成本回归。因此，在实践中，人们更愿意采用净现值法的评价结果。

第四节　项目投资决策方法的应用

一、独立项目投资决策

独立项目投资决策是指对待定投资项目采纳与否的决策，这种投资决策可以不考虑任何其他投资项目是否得到采纳和实施；这种投资的收益与成本也不会因其他项目的采纳与否而受影响，即项目的取舍只取决于项目本身的经济价值。从财务的角度看，两种独立性投资所引起的现金流量是不相关的。

对于独立项目的决策，可运用净现值、现值指数、内含报酬率及投资回收期、会计收益率等合理的标准进行分析，决定项目的取舍。只要运用得当，一般都能做出正确的决策。

二、互斥项目投资决策

互斥项目投资决策是指在一组项目中，采用其中某一项目意味着放弃其他项目。进行互斥项目决策分析时，选择最优投资项目的基本方法有以下几种。

（一）排列顺序法

在排列顺序法中，分别计算每个互斥项目的净现值、现值指数或内含报酬率，按降级顺序排列，然后进行项目挑选，通常选其大者为最优。通常情况下，按上述三个评价标准对互斥项目进行排序选择的结果是一致的，但在某些情况下也会得出不一致的结论。在这种情况下，通常应以净现值作为选择标准。这种出现矛盾的情况在本章第三节中已做详细分析。下面以固定资产更新决策为例对该方法进行说明，并假设评价指标之间不存在前述的矛盾。

在固定资产更新决策中，使用排列顺序法要求将购置新设备和继续使用旧设备看作两个互斥项目，即为实现同一个目标提出的两种投资方案，分别计算每个投资方案的净现值、现值指数或内含报酬率，并评价指标较大的方案。需要注意的是，把继续使用旧设备作为一个投资方案时，估计其初始投资现金流量时，表面上该方案在初始投资期并没有现金流出，但是继续使用旧设备却隐含着因放弃处置旧设备的机会成本，应该将这一机会成本作为这一方案在初始投资期的相关现金流量。

例 4-11 某公司正在考虑以一台技术更先进、效率更高的新设备来取代现有的旧设备，有关资料如下。

旧设备原购置成本 10 万元，已使用 5 年，估计还可以使用 5 年，已提折旧 5 万元，假定使用期满后无残值，如果现在出售可得价款 4 万元，每年付现成本 8 万元，每年销售收入 11 万元。

新设备的购置成本 11 万元，估计可用 5 年，期满后有残值 1 万元，使用新设备后，每年付现成本为 5 万元，每年销售收入 11 万元。

假定该公司按直线法折旧，所得税税率为 25%，资本成本为 15%。

解析：采用排列顺序法进行投资决策时，把继续使用旧设备和购置新设备看作两个方案，分别估计每个方案的现金净流量并计算其净现值，进行比较。具体见表 4-19 和表 4-20。

表 4-19 继续使用旧设备的现金流量 单位：元

项目	0 年	1~4 年	5 年
初始投资现金流量：			
旧设备变现价值	−40 000		
旧设备出售损失节税	−2 500		
经营活动现金流量：			
税后销售收入		82 500	82 500
−税后付现成本		60 000	60 000
+折旧减税		2 500	2 500
设备处置现金流量：			
残值收入			0
现金净流量	−42 500	25 000	25 000

$$
\begin{aligned}
\text{继续使用旧设备的净现值} &= -42\,500+25\,000\times(P/A,\ 15\%,\ 5)\\
&= -42\,500+25\,000\times 3.352\\
&= 41\,300\text{（元）}
\end{aligned}
$$

表 4-20　使用新设备的现金流量　　单位：元

项目	0 年	1~4 年	5 年
初始投资现金流量：			
设备购置支出	−110 000		
经营活动现金流量：			
税后销售收入		82 500	82 500
−税后付现成本		37 500	37 500
+折旧减税		5 000	5 000
设备处置现金流量：			
残值收入			10 000
现金净流量	−110 000	50 000	60 000

使用新设备的净现值=−110 000+50 000×（P/A,15%,4）+60 000×（P/F,15%,5）

=−110 000+50 000×2.855+60 000×0.497

=62 570（元）

（二）增量收益分析法

增量收益分析法，又称差量分析法，是指在对互斥项目进行投资决策时，可根据两两方案现金流量对比时所得的增量现金流量计算增量净现值、增量现值指数或增量内含报酬率，并根据各类评价指标的评价标准进行项目的选择。具体判断标准是，如果增量净现值大于零，或增量现值指数大于 1，或增量内含报酬率大于资本成本，则增量投资在经济上是可行的。

对于投资规模不同的互斥项目，如果增量净现值>0，或增量现值指数>1，或增量内含报酬率>综合资本成本，则投资额大的项目较优；反之，投资额小的项目较优。

对于旧设备是否更新的选择，通常是站在新设备的角度进行分析，如果增量净现值>0，或增量现值指数>1，或增量内含报酬率>综合资本成本，则应选择设备更新；反之，则应继续使用旧设备。

例 4-12　沿用例 4-11，改为站在新设备的角度进行旧设备继续使用与更新的增量分析，其分析结果如表 4-21 所示。

表 4-21　分析结果　　单位：元

项目	0 年	1~4 年	5 年
初始投资现金流量	−67 500		
销售收入		0	0
− 付现成本节约额		+30 000	+30 000
− 折旧费		−10 000	−10 000
税前利润		+20 000	+20 000
− 所得税		−5 000	−5 000
税后净利		+15 000	+15 000
+ 折旧费		+10 000	+10 000

续表

项目	0 年	1~4 年	5 年
经营现金净流量		+25 000	+25 000
终结现金流量			+10 000
现金净流量	−67 500	+25 000	+35 000

根据表 4-21 可以计算增量净现值如下：

增量净现值=25 000 ×（P/A,15%,4）+35 000 ×（P/F,15%,5）−67 500

=21 270（元）

结论：由于增量净现值>0，故应以新设备更新替代旧设备。

（三）总费用现值法

总费用现值法是指通过计算各备选项目的全部费用的现值来进行项目选择的一种方法。这种方法一般适用于收入相同、计算期相同的项目之间的选择，其选择标准是以总费用现值较小者为最佳。

例 4-13 在例 4-11 中，由于购置新设备和继续使用旧设备两个方案的销售收入没有差别，所以可以通过计算两个方案的总费用现值进行决策。其现金流量计算见表 4-22。

表 4-22 重置投资项目实际现金流量表 单位：元

项目	旧设备	新设备
初始投资（第 0 年）		
设备购置支出		−110 000
旧设备变现价值	−40 000	
旧设备出售损失节税	−2 500	
现金流出合计	−42 500	−110 000
经营现金流量（第 1~5 年）		
税后经营成本	−60 000	−37 500
折旧减税	2 500	5 000
现金流出合计	−57 500	−32 500
终结现金流量（第 5 年）	0	10 000

旧设备总费用现值=42 500+57 500 ×（P/A，15%，5）=235 240（元）

新设备总费用现值=110 000+32 500 ×（P/A，15%，5）−10 000 ×（P/F，15%，5）

=213 970（元）

计算结果表明，由于以新设备取代旧设备可节约费用现值 21 270 元（235 240−213 970），故应选择设备更新，这一结果与增量净现值相同。

（四）重置链法和年金法

很多互斥项目的期限不一致。当期限差别很大时，简单地比较各投资项目的净现值不一定能够得到最合理的结论。因为较短期限的投资项目结束后，公司可以利用从该项目中获得的资金继续投资，但此时较长期限的投资项目仍处于它的运营阶段，没有结束。通常，对于不同期限的项目进行评估时可采用重置链法和年金法。需要说明的是这两种方法都需要将投资项目看成是互斥的方案进行决策。

1. 重置链法

重置链法是将不同期限的投资项目建立在共同期限上比较，共同期限的值等于所有被评价投资项目期限的最小公倍数。例如，项目 A 和 B 的期限分别为 5 年和 4 年，它们的共同期限是 20 年；在 20 年的期限上比较项目 A 和 B，实际上假定项目 A 和 B 在 20 年里不断地被重新投资或称重置，项目 A 被重置了 3 次，分别在第 5 年、第 10 年和第 15 年末，项目 B 被重置了 4 次，分别在第 4 年、第 8 年、第 12 年和第 16 年末。但是，这种方法计算很烦琐，为了便于计算，在假设可以重复投资的前提下，可采用年金法。

2. 年金法

年金法是指对于期限不同的互斥项目，首先求各项目寿命期内的净现值，然后将其净现值按贴现率等额分摊到每年，求出项目每年的年均净现值，因此又称年均净现值法。用公式表示如下：

$$\text{等值年金}=\frac{\text{净现值}}{(P/A,i,n)}$$

在重复投资的假设前提下，由于净现值转化成了年金，项目在时间上是可比的，而且从净现值转化为年金只是做了货币时间价值的一种等值交换，两种方法是等价的。

例 4-14　维达公司准备购进一套设备，可供选择的设备有两种，其功能一样，只是自动化程度不同。半自动化设备 A 需要 200 000 元的初始投资，每年产生 92 000 元的净现金流量，项目的使用寿命为 3 年，3 年后必须更新无残值；全自动设备 B 需要初始投资 250 000 元，使用寿命为 6 年，每年产生 70 000 元的净现金流量，6 年后必须更新且无残值，公司的资本成本为 15%。试分析该公司应选用哪套设备？

解析：（1）由于已知每套设备的净现金流量和初始投资，通常考虑计算每套设备的净现值。

$$\begin{aligned}\text{净现值}(\text{A})&=\text{NCF}\times(P/A,15\%,3)-I_0\\&=92\,000\times 2.283\,2-200\,000\\&=10\,054(\text{元})\end{aligned}$$

$$\begin{aligned}\text{净现值}(\text{B})&=\text{NCF}\times(P/A,15\%,6)-I_0\\&=70\,000\times 3.784\,5-250\,000\\&=14\,915(\text{元})\end{aligned}$$

根据净现值决策标准，净现值（A）<净现值（B），因此应该选择设备 B。但这种分析是不完全正确的，因为两个项目的寿命期是不同的，直接使用净现值法来评价两项目的优劣，会得出错误的结论，在此种情况下，应使用重置链法或年均净现值法。

（2）根据题意，设备 A 和设备 B 的最小公倍数是 6 年。由于设备 B 的净现值原来就是按 6 年计算的，所以无须重新调整，对于设备 A，必须计算一个新的假设项目在第 0 年和第 3 年进行相同投资的净现值，具体情况如表 4-23 所示。

表 4-23　投资设备 A 的现金流量　　单位：元

时间	0	1	2	3	4	5	6
第 0 年投资的现金流量	−200 000	92 000	92 000	92 000			
第 3 年投资的现金流量				−200 000	92 000	92 000	92 000
两次投资合并的现金流量	−200 000	92 000	92 000	−108 000	92 000	92 000	92 000

计算设备 A 的 6 年期净现值。

净现值（A）= 第 0 年投资的净现值 + 第 3 年重置投资的净现值 ×（P/F, 15%,3）

= 10 054 + 10 054×（P/F, 15%, 3）

= 16 665（元）

这时，就可以对两套设备的净现值进行比较，因为设备 A 的净现值为 16 665 元，而设备 B 的净现值为 14 915 元，所以公司应选择设备 A。

对该公司的这两套设备来说，它们的最小公倍寿命期为 6 年。但在有些情况下，计算两个项目的最小公倍寿命很麻烦。例如，一个项目的寿命期为 7 年，另一个项目的寿命期为 5 年，那么最小公倍寿命期为 35 年，在这种情况下，运用最小公倍寿命法来评价这两个项目，工作量就相当大。

（3）年金法可以运用年金公式将净现值转化为年净现值，或将成本转化为年成本，这样可以将计算简化。对维达公司的两套设备来说，可运用通过年金计算公式分别计算设备 A 和设备 B 的年均净现值为

$$\text{NPV} = \text{NCF} \times (P / A, i, n)$$

$$\text{NCF}_\text{A} = \frac{\text{NPV}_\text{A}}{(P / A, 15\%, 3)} = \frac{10\,054}{2.283\,2} = 4\,403(\text{元})$$

$$\text{NCF}_\text{B} = \frac{\text{NPV}_\text{B}}{(P / A, 15\%, 6)} = \frac{14\,915}{3.784\,7} = 3\,941(\text{元})$$

从上面计算可以看出，设备 A 的年净现值比设备 B 高，所以公司要选用设备 A。把这一计算结果与重置链法计算的结果相比较，两者的结果是一致的，而用年金法更为方便。

3. 年成本法

对于固定资产更新这类决策而言，其与一般的投资决策不同，设备更换并不改变企业的生产能力，不增加企业的现金流入。更新决策的现金流量主要是现金流出。即使有少量的残值变价收入，也属于支出抵减，而并非实质上的流入增加。如果新旧资产的未来使用年限相同，我们可以采用前面讲述的排列顺序法和差额分析法等。

如果新旧资产的未来使用年限不同，对这类情况采用年金法时只需要将未来使用年限内的现金流出总现值按年金现值系数转化为平均每年的现金流出。这种情况下的年金法又称为平均年成本法。采用平均年成本法时进行决策时，应选择平均年成本较小者作为优选项目。

例 4-15　某企业有一旧设备，工程技术人员提出更新要求，有关数据如表 4-24 所示。

表 4-24　有关数据　　单位：元

项目	旧设备	新设备
原值	2 200	2 400
预计使用年限/年	10	10
已经使用年限/年	4	0
最终残值	200	300
变现价值	600	2 400
年运行成本	700	400

假设该企业要求的最低报酬率为 15%，继续使用与更新的现金流量见图 4-4。

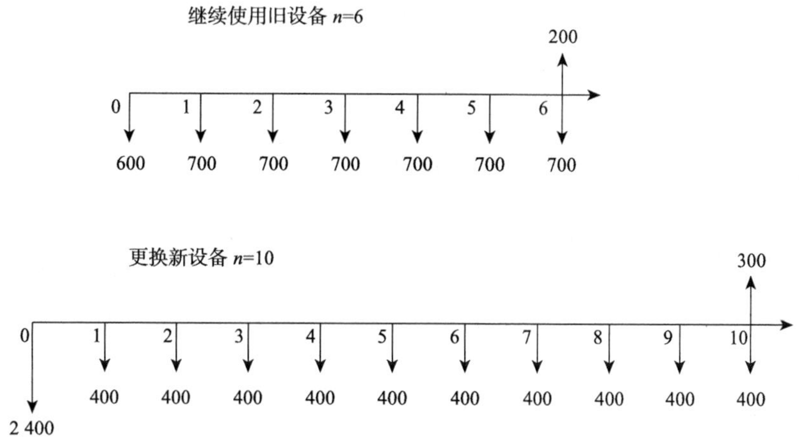

图 4-4　现金流量

解析：计算平均年成本时，有多种计算方法。

（1）计算现金流出的总现值，然后分摊给每一年。

$$\text{旧设备平均年成本}=\frac{600+700\times(P/A,15\%,6)-200\times(P/F,15\%,6)}{(P/A,15\%,6)}$$

$$=\frac{600+700\times3.784-200\times0.432}{3.784}$$

=836（元）

$$\text{新设备平均年成本}=\frac{2\,400+400\times(P/A,15\%,10)-300\times(P/F,15\%,10)}{(P/A,15\%,10)}$$

$$=\frac{2\,400+400\times5.019-300\times0.247}{5.019}$$

=863（元）

（2）由于各年已经有相等的运行成本，只要将原始投资和残值摊销到每年，然后求和，可得到每年平均的现金流出量。

平均年成本=投资摊销+运行成本－残值摊销

$$旧设备平均年成本=\frac{600}{(P/A,15\%,6)}+700-\frac{200}{(F/A,15\%,6)}$$

$$=\frac{600}{3.784}+700-\frac{200}{8.753}$$

$$=158.56+700-22.85$$

$$=836(元)$$

$$新设备平均年成本=\frac{2400}{(P/A,15\%,10)}+400-\frac{300}{(F/A,15\%,10)}$$

$$=\frac{2\,400}{5.019}+400-\frac{300}{20.303}$$

$$=478.18+400-14.78$$

$$=863(元)$$

通过上述计算可知，使用旧设备的平均年成本较低，故不宜进行设备更新。

第五节　项目投资决策的风险分析

我们在本章第三节讨论项目投资决策评价标准时，假定项目现金流量是确定的，即确知现金流的金额及其发生的时间，折现率就是资本成本，即投资者要求的最低收益率（不包括风险因素）。实际上，投资活动充满了不确定性。如果决策面临的不确定性小，一般可以忽略它的影响。但如果决策面临的不确定性大，就应对其进行计量并在决策时加以考虑。本节重点讨论考虑风险因素时的资本预算。

一、风险与资本投资决策

资本预算的风险源自资本投资项目现金流量的不确定性。

在没有投资风险的情况下，由资本投资决策所决定的未来经营活动现金流量是完全确知的，且是唯一的。投资项目涉及的每一笔现金流量的价值都只与时间有关，时间越长，现金流量的价值就越小。例如，某些基于营销契约的资本投资项目，像军火供应项目、航天设备供应项目等，其未来的现金流量既是确知的也是唯一的，除非有什么重大的宏观形势方面的变故。这样的资本投资项目，在其有效期内，每一个时间总是对应着每一笔确定的现金流量。换言之，唯有时间的改变才会带来现金流量的变化。即

现金流量 $=f$（时间）

按照投资组合理论，无风险的现金流量的内在价值应当由无风险利率来计算求得。对于无风险的资本投资项目而言，其净现值的计算也应当是以无风险贴现率为基础的。

对于通常的资本投资项目而言，完全没有风险几乎是不可能的。在存在投资风险的情况下，投资项目涉及的每一笔现金流量的价值既与时间有关，也与实际发生的客观状况有关。例如，在项目投入运营之后，实际现金流量取决于以下两个因素，发生的时间及该时间的实际状况。具体情形往往是，在好的状况下，现金流量较多；在不好的状况

下，现金流量较少。在通常情况下，人们会分三种情形来预计未来可能发生的状况，即最差状况、一般状况（或称最可能发生的状况）和最佳状况。

在存在投资风险的情况下，为了确定投资项目的净现值，必须对未来现金流量所发生的时间及其具体状况进行预测和判断。不同的时间，对应着不同的现金流量；不同的状况，同样对应着不同的现金流量。可能出现的状况越多、越复杂，表明该资本投资项目的风险越大，即

现金流量 $=f$（时间，状况）

可以想象，在实际的资本预算过程中，在复杂的竞争环境下，现金流量的预测面临着极大的变数，各种状况也难以准确预见。如何分析在有风险状况下的资本预算决策问题，便成为一个不容回避的重大财务课题。

二、有风险情况下的项目投资决策

由于投资项目的风险源自现金流量的不确定性，即各期现金流量的不确定性。对这种风险程度进行度量，可以通过如下两种途径：第一种是调整现金流量法，这种方法通过缩小净现值模型的分子，使净现值减少；第二种是风险调整贴现率法，这种方法通过扩大净现值模型的分母，使净现值减少。

（一）调整现金流量法

通过调整现金流量的方法来度量未来现金流量的风险程度，一般被称为确定等值法。其基本原理为，高风险的现金流量与低风险的现金流量之间存在着一种等值关系，即较多的高风险现金流量可以与较少的现金流量等值。Brigham 教授以一个简例说明了这一原理。

（1）假设掷一枚硬币。如果正面朝上，你可以得到 100 万元，如果反面朝上，则一无所得。按照概率理论，这一游戏的期望值为 100×50% + 0×50% = 50（万元）。事实上，该游戏的结果要么是 100 万元，要么是 0，因此，风险极高。

（2）如果不掷硬币，你可以获得 30 万元。在这个游戏中，30 万元是一笔确知的、无风险的现金流量，50 万元则是一笔高风险的现金流量。如果你认为这两种选择没有差异，意味着无风险的 30 万元与高风险的 50 万元所提供的效用是完全一样的，即 50 万元的确定等值为 30 万元。当然，不同的人由于风险厌恶感程度的不同，对确定等值的计量也有不同。例如，对一位喜欢刺激的亿万富翁来讲，他极有可能会选择掷币；但对于一位不喜欢冒险且收入欠丰的人士而言，他会选择获得稳定的 30 万元现金流入。

从理论上讲，确定等值概念可以应用于资本预算的编制：①根据各年期望现金流量及其风险程度确定各个时期的确定等值现金流量；②以无风险利率对各期的确定等值现金流量进行贴现，求得该投资项目的净现值。按照这一技术，实际上是以一组无风险的现金流量替代了原来的有风险的现金流量。其中，如何实现这种从有风险现金流量向确定等值现金流量的转换是一个核心问题。一般可以通过计算确定等值系数（又称肯定当量系数）来解决这个问题。确定等值系数是指不确定的 1 元现金流量期望值相当于使投资者满意的确定的金额的系数。它可以把各年不确定的现金流量换算为确定的现

金流量。

$$确定等值系数=\frac{第t年的确定等值现金流量}{第t年的有风险现金流量} \quad (4\text{-}9)$$

其中，确定等值系数的大小介于0~1。以上述掷币为例，确定等值系数可以计算为

确定等值系数 = 30/50 = 0.6

由于时间延续越长，现金流量的风险程度越大，因此，在资本投资项目中，随着时间的延长，确定等值系数会逐年或逐期地下降。

例 4-16 当前的无风险报酬率为 4%。公司有两个投资机会，有关资料如表 4-25 所示。

表 4-25 有关资料 单位：元

时间/年	现金流量	确定等值系数	确定现金流量	现值系数（4%）	未调整现值	调整后现值
A 项目						
0	−40 000	1	−40 000	1.000 0	40 000	−40 000
1	13 000	0.9	11 700	0.961 5	12 500	11 250
2	13 000	0.8	10 400	0.924 6	12 020	9 616
3	13 000	0.7	9 100	0.889 0	11 557	8 090
4	13 000	0.6	7 800	0.854 8	11 112	6 667
5	13 000	0.5	6 500	0.821 9	10 685	5 342
净现值					17 874	965
B 项目						
0	−47 000	1	−47 000	1.000 0	−47 000	−47 000
1	14 00O	0.9	12 600	0.961 5	13 461	12 115
2	14 000	0.8	11 200	0.924 6	12 944	10 356
3	14 000	0.8	11 200	0.889 0	12 446	9 957
4	14 000	0.7	9 800	0.854 8	11 967	8 377
5	14 000	0.7	9 800	0.821 9	11 507	8 055
净现值					15 325	1 860

调整前A项目的净现值较大，调整后B项目的净现值较大。不进行调整，就可能导致错误的判断。

从理论上讲，确定等值法是对有风险资本投资项目进行风险分析较为科学的一种方法。该方法对时间价值和风险价值分别进行调整，先调整风险，然后把确定的现金流量用无风险报酬率进行折现。对不同年份的现金流量，可以根据风险的差别使用不同的确定等值系数进行调整。

但是，这一风险分析技术所面临的最大一个困难是如何确定等值系数。如果企业在资本预算的编制过程中，运用这一方法来对未来时期的现金流量进行风险分析，在许多情况下，在进行必要的统计计算的基础之上，只能依靠理财人员的主观判断来估计确定

等值系数，应尽量保证确定等值现金流量预测的科学性与合理性。

（二）风险调整折现率法

组合理论与资本资产定价模型在现代理财学中的大量运用，使得根据风险程度的高低来调整折现率成为一个相当成熟的风险分析技术，一般被称为风险调整折现率法。具体程序大致如下：首先，假设投资项目的折现率为无风险利率；其次，分析和判断现金流量风险程度的大小，并据此确定风险补偿利率；最后，无风险利率加上风险补偿利率即适用于该投资项目的折现率。公式表示为

投资项目折现率 = 无风险利率 + 风险补偿利率

按照现代财务理论，资本预算使用的折现率取决于投资者对资本投资项目风险程度的评价，即项目风险越大，要求的报酬率越高，折现率就越高。一般而论，投资项目的折现率不能低于同等风险程度的金融证券投资所获得的报酬率水平。如果企业资本投资不能带来超过金融市场上同等风险证券投资所带来的报酬率的话，管理者应当将用于资本投资的资金分派给投资者，由他们自己去投资，从而获得更高的报酬率。

对于资本预算而言，风险补偿利率可按下式确定：

风险补偿利率 = $b\times\sigma$

其中，b 为企业设定的风险系数；σ 为标准离差率。

标准离差率是对一项资本投资项目现金流量的风险程度的度量，具体是指投资项目现金流量的标准差与其期望值之比。标准离差率越大，表明该项投资的风险程度越高。投资的风险系数通常是企业参照以往适中风险程度的同类投资项目的历史资料计算确定的。风险厌恶感较小的企业，可将风险系数定得高一些；较为厌恶风险的企业，可把风险系数定得低一些。

按照调整折现率方法对投资项目的风险程度进行评价和度量，对于风险较大的投资项目，采用较高的折现率；对于风险较小的投资项目，采用较低的折现率；没有风险的投资项目，则以无风险利率为折现率。

例 4-17　当前的无风险报酬率为 4%，市场平均报酬率为 12%，A 项目的预期股权现金流量风险大，其 β 值为 1.5；B 项目的预期股权现金流量风险小，其 β 值为 0.75。β 为风险系数。

应用资本资产定价模型：

A 项目的风险调整折现率=4%+1.5 ×（12%−4%）=16%

B 项目的风险调整折现率=4%+0.75 ×（12%−4%）=10%

其他有关数据如表 4-26 所示。

表 4-26　有关数据　　单位：元

时间/年	现金流量	现值系数（4%）	未调整现值		调整后现值
		A 项目	现值系数（16%）		
0	−40 000	1	−40 000	1.000 0	−40 000
1	13 000	0.961 5	12 500	0.862 1	11 207
2	13 000	0.924 6	12 020	0.743 2	9 662

续表

时间/年	现金流量	现值系数（4%）	未调整现值		调整后现值
		A 项目	现值系数（16%）		
3	13 000	0.889 0	11 557	0.640 7	8 329
4	13 000	0.854 8	11 112	0.552 3	7 180
5	13 000	0.821 9	10 685	0.476 2	6 191
净现值			17 874		2 569
		B 项目	现值系数（10%）		
0	−47 000	1	−47 000	1.000 0	−47 000
1	14 000	0.961 5	13 461	0.909 1	12 727
2	14 000	0.924 6	12 944	0.826 4	11 570
3	14 000	0.889 0	12 446	0.751 3	10 518
4	14 000	0.854 8	11 967	0.683 0	9 562
5	14 000	0.821 9	11 507	0.620 9	8 693
净现值			15 325		6 070

如果不进行折现率调整，两个项目差不多；调整以后，两个项目有明显差别，B 项目要好得多。

由于理解容易，再加上有资本资产定价模型的助力，故在实务中风险调整折现率法被普遍应用于资本预算决策中。必须明确的是，确定风险补偿利率绝非一个毫无理论争议的问题，其局限性相当明显。风险调整折现率法在理论上受到批评，因其用单一的折现率同时完成风险调整和时间调整。这种做法意味着风险随时间推移而加大，可能与事实不符，夸大远期现金流量的风险。

三、项目投资决策风险的分析方法

（一）敏感性分析

项目投资决策是以相关因素的预测数据为依据的，因此，决策的科学性和合理性便会受到各种因素预测水平的制约和影响。由于企业未来经营活动的宏观因素与微观因素均处于不断的变动之中，投资项目现金流量的风险是一种客观的存在。为了了解各种预测因素对投资项目绩效，如净现值的影响程度，有必要进行敏感性分析。某一相关因素在很小幅度内发生变动，如果对项目的净现值造成较大的影响，表明投资绩效对该因素的敏感性较强；某一因素在较大幅度内发生变动，如果对项目的净现值影响甚微，表明投资绩效对该因素的敏感性较差。对于敏感性较强的因素，在资本投资项目的控制过程中，应当加强监管，以保证净现值目标的顺利实现。

敏感性分析能确切表明一个给定的输入变量发生变化，其他因素保持不变时，净现值的相应变化情况的技术分析方法。进行项目的敏感性分析，首先，根据对项目的基础方案的评价标准（净现值或内含报酬率）有影响的各种因素的预期值，计算出预期的净现值或内含报酬率；其次，假定其中一个因素变动，而其他因素不变，重新计算净现值或内含报酬率。用通俗的提问方式表达就是，如果销售价格下降 10%，净现值会如何变化？如果材料成本上升 5%，内含报酬率会下降多少？这个变动因素在预期值上的不同变动方向和幅度，可以得到不同的净现值或内含报酬率。用横轴代表变动因素的变动程度，纵轴代表净现值或内含报酬率，将其绘制成图，表示了净现值或内含报酬率对某个因素的敏感程度。图中的直线越陡，意味着项目的净现值或内含报酬率对该因素变动的敏感性越强；直线越平缓，则敏感性越弱，如图 4-5 所示。

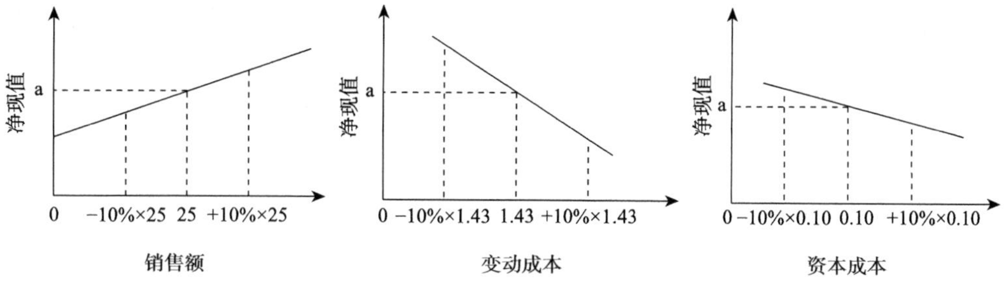

图 4-5　敏感性分析

例 4-18　某公司对新项目计划投资 110 万元，其中 100 万元是固定资产投资，10 万元是营运资本投资。项目运营期限为 4 年。每年新产品的销量预计为 3 000 个，单位售价为 250 元。每年公司经营的变动成本是当年销售收入的 40%，不计折旧的固定成本费用为 3 万元。公司采用直线法全额折旧。第 4 年年末，固定资产的处理收入为 20 万元，营运资本全额回收。第 5 年该项目停止经营，但是需要将生产场地恢复原貌，预计耗资约 5 万元。公司的所得税税率为 33%。项目具有平均风险，公司的资本成本为 10%。

新项目涉及的变量如表 4-27 所示。

表 4-27　项目的各种变量

变量	数值	变量	数值
变动成本率	40%	未计折旧固定成本费用/元	30 000
所得税税率	33%	每年销量/个	3 000
资本成本	10%	单位售价/元	250
固定资产支出/元	1 000 000	第五年的恢复费用/元	50 000
营运资本支出/元	100 000	项目运营期限/年	4
固定资产处理收入/元	200 000		

新项目的现金流量如表 4-28 所示。

表 4-28　新投资项目现金流量表

项目	0	1	2	3	4	5
固定资产投资	−1 000 000					
营运资本投资	−100 000					
a. 销量		3 000	3 000	3 000	3 000	
b. 单价		250	250	250	250	
c. 收入（a×b）		750 000	750 000	750 000	750 000	

续表

项目	0	1	2	3	4	5
减：d. 变动成本费用（c×40%）		300 000	300 000	300 000	300 000	
e. 不计折旧固定成本费用		30 000	30 000	30 000	30 000	
f. 固定资产折旧费用		250 000	250 000	250 000	250 000	
g. 税前利润（c–d–e–f）		170 000	170 000	170 000	170 000	
减：h. 所得税支出（g×33%）		56 100	56 100	56 100	56 100	
i. 税后利润(g–h)		113 900	113 900	113 900	113 900	
加：j. 固定资产折旧费用（=f）		250 000	250 000	250 000	250 000	
k. 经营现金流量小计（i+j）		363 900	363 900	363 900	363 900	
l. 营运资本回收额					100 000	
m. 固定资产处理收入					200 000	
减：n. 处理收入纳税额					–66 000	
o. 生产场地的恢复费用						−50 000
现金净流量	−1 100 000	363 900	363 900	363 900	597 900	−50 000

新项目的评价指标，如表 4-29 所示。

表 4-29　评价指标

净现值/元	182 335
内含报酬率	17.01%

现在假定在以上基础方案中影响新项目净现值变化的因素上下波动±5%和±10%，重新计算净现值，结果如表 4-30 所示。

表 4-30　各变量变化对净现值的影响

影响净现值变化的因素	各因素在不同变动情况下的现值				
	−10%	−5%	0	5%	10%
销量/个	86 722	134 507	182 293	230 079	277 865
单价/元	86 722	134 507	182 293	230 079	277 865
变动成本率	246 007%	214 150%	182 293%	150 436%	118 579%
未计提折旧固定成本/元	188 665	185 479	182 293	179 107	175 922
第 5 年的恢复费用/元	185 398	183 845	182 293	180 741	179 189
固定资产处理收入/元	173 141	177 717	182 293	186 869	191 445
资本成本/元	212 209	197 114	182 293	167 741	153 450

根据表 4-30，分别绘制各因素变动对净现值的影响图（图 4-6）。横轴表示各因素的变动幅度，纵轴表示各因素变动后的净现值。如果将不同因素对净现值的影响绘制于同一图中，可以让财务管理人员了解净现值或内含报酬率对不同因素的敏感程度，并进行比较，从而对预测敏感程度较强的因素时，投入更多的精力，保证预测的准确性。并且在项目投入运行后对敏感性强的因素加以控制，以保证项目的正常进行。

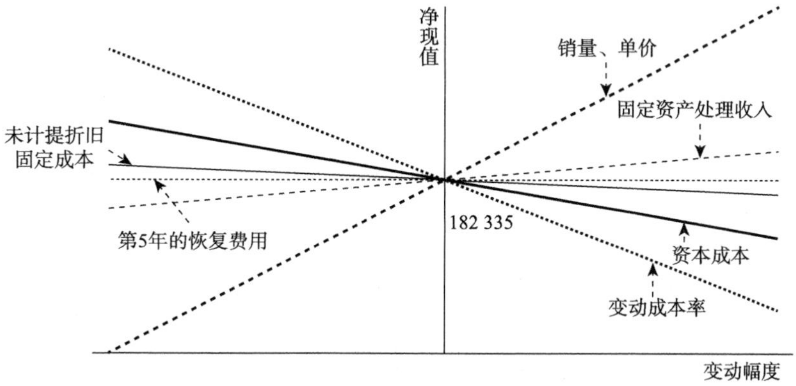

图 4-6　各因素变动对净现值的影响图

从图 4-6 中可以看出，净现值随着销量、单价和固定资产处理收入同向变化，表现为向上的曲线，各曲线的坡度由大到小依次排列是，销量与单价、固定资产处理收入；净现值随着变动成本率、未计提折旧固定成本、第 5 年的恢复费用和资本成本反向变化，表现为向下的曲线。各曲线的坡度由大到小依次排列是，变动成本率、资本成本、未计提折旧固定成本和第 5 年的恢复费用。坡度越大，曲线越陡，意味着净现值对该因素的变动越敏感，所以该公司应对销量、单价、变动成本率和资本成本认真预测，否则稍有估计偏差，对项目评价的结果就会有所不同。

但是，敏感性分析也存在缺陷，即忽略了各因素概率分布的影响。即使项目决策标准对某个因素的敏感性再强，如果该因素并不会发生改变，敏感性分析就失去了意义。例如，上述公司的新项目是为某个订单实施的，订单中已经确定了订购量和单价，即便净现值对销量和单价变动的敏感性很强，从销量和单价方面分析，公司的新项目没有风险。因此，进行敏感性分析，确定项目评价标准对某个因素变动的敏感程度，先要明确该因素实际会按多大的概率依什么方向和幅度变动，也就是它的概率分布。

（二）场景分析

场景分析，是将未来企业经营活动预计要出现的各种情况称为场景，并对在各种场景下的决定净现值的各种变量的可能变化及其对项目净现值的影响进行风险分析，借以判断资本投资项目的风险程度。

通常，财务管理人员将未来可能发生的情景分为坏场景（低销售额、低销售价格、高单位变动成本、高建造成本等）、一般场景（即最有可能发生的情景）与好场景等几种场景，并计算各种情形下的项目净现值，通过比较研究，判断项目的风险程度。

例如，影响某项目净现值的有关因素可能出现的场景如表 4-31 所示，并据此进行相应的计算。

表 4-31　可能场景

可能场景	销售量/单位	销售价格/元	净现值×概率=结果/万元
坏场景	15 000	1 700	−10 079×0.25=−2 520
一般场景	25 000	2 200	12 075×0.5=6 038

续表

可能场景	销售量/单位	销售价格/元	净现值×概率=结果/万元
好场景	35 000	2 700	41 752×0.25=10 438
期望净现值=13 956 万元 净现值标准差=18 421 万元			

从表4-31中可以看出该项目未来的风险情况。通常情况下，项目的销售量为25 000单位，销售价格为2 200元，净现值为12 075万元；如果经济形势不好，销售量会下降至15 000单位，销售价格降为1 700元，净现值出现负值，为−10 079万元；如果经济形势很好，则销售量将上升至 35 000 单位，价格也将上涨为 2 700 元，此时，净现值为41 752 万元，为最理想的状态。根据大量的数据分析和经验判断，出现一般场景的概率为 0.5，出现坏场景或者是好场景的概率各为 0.25。因此，该资本投资项目的期望净现值为

$$0.25\times(-10\,079)+0.50\times12\,075+0.25\times41\,752=13\,956\text{（万元）}$$

期望的净现值大于通常情况下可能出现的净现值，即12 075万元，这是因为风险的存在，将来可能出现的有利于净现值增加的因素超过了不利于净现值增加的因素。从数量上看，当经济形势不好时，净现值的减少幅度为 10 079+12 075=22 154（万元）；当经济形势很好时，净现值增加的幅度为 41 752−12 075=29 677（万元），高于经济形势不好时的净现值减少值。

$$\text{净现值标准差}=\begin{bmatrix}0.25\times(-10\,079-13\,956)^2+0.50\times\\(12\,075-13\,956)^2+0.25\times(41\,752-13\,956)^2\end{bmatrix}^{1/2}=18\,421\text{（万元）}$$

因此，该项目的变异系数为

$$\text{变异系数}=\frac{\delta_{\text{NPV}}}{E(\text{NPV})}=\frac{18\,421}{13\,956}=1.3$$

财务管理人员根据投资项目的标准差和差异系数，比较企业或行业中其他项目的风险水平，判断该项目的相对风险程度。对投资项目进行场景分析，是风险分析中较为简单、易于运用的一种方法。

值得注意的是，尽管场景分析比敏感性分析更详尽，考虑了各因素变化的概率分布，但是变化的场景数量过少，而实际上存在着无数的场景。另外，好场景中的各因素估计值都是乐观的，坏场景中各因素的估计值都是悲观的，这不符合实际情况，因为各因素之间的相关程度不可能都为正相关。例如，单价的下降会引起销量的增加。因此，好场景下的项目净现值可能是过高的估计，而坏场景下的净现值可能是过低的估计。

案例分析：京东的物流投资

互联网企业大多选择轻资产运营模式，但京东却反其道而行之。2007 年，京东开始自建物流，2017 年 4 月正式成立京东物流集团。京东物流是中国领先的技术驱动的

供应链解决方案及物流服务商，以“技术驱动，引领全球高效流通和可持续发展”为使命，致力于成为全球最值得信赖的供应链基础设施服务商。京东物流建立了包含仓储网络、综合运输网络、配送网络、大件网络、冷链网络及跨境网络在内的高度协同的六大网络，具备数字化、广泛和灵活的特点，服务范围几乎覆盖了中国所有地区和人口。京东物流不仅建立了中国电商与消费者之间的信赖关系，还通过“211 限时达”等时效产品和上门服务，重新定义了物流服务标准。截至 2020 年 12 月 31 日，京东物流在全国运营超过 900 个仓库，包含云仓面积在内，京东物流运营管理的仓储总面积约 2 100 万平方米。

2020 年，京东物流为超过 19 万企业客户提供服务，针对快消、服装、家电、家居、3C、汽车、生鲜等多个行业的差异化需求，形成了一体化供应链解决方案。京东物流始终重视技术创新在企业发展中的重要作用。基于 5G、人工智能、大数据、云计算及物联网等底层技术，京东物流正在持续提升自身在自动化、数字化及智能决策方面的能力，不仅通过自动搬运机器人、分拣机器人、智能快递车等，在仓储、运输、分拣及配送等环节大大提升效率，还自主研发了仓储、运输及订单管理系统，它支持客户供应链的全面数字化，通过专有算法，在销售预测、商品配送规划及供应链网络优化等领域实现决策。凭借这些专有技术，京东物流已经构建了一套全面的智能物流系统，实现服务自动化、运营数字化及决策智能化。京东物流坚持“体验为本、技术驱动、效率制胜”的核心发展战略，携手社会各界共建全球智能供应链基础网络（global smart supply chain network，GSSC），为客户提供一体化供应链解决方案，为消费者提供“有速度更有温度”的高品质物流服务。

2021 年 2 月 16 日，京东物流向香港交易所主板递交招股书，美银证券、高盛、海通国际为联席保荐人，瑞银集团为财务顾问。此前有报道称，京东物流估值可能达到 400 亿美元左右。5 月 28 日上午，京东物流在香港交易所挂牌上市。

2021 年 8 月 23 日，京东物流发布上市后首份业绩报告，2021 年上半年收入 485 亿元，同比增长 53.7%。其中，外部客户收入占比超过 50%。截至 2021 年 6 月 30 日，京东物流运营约 1 200 个仓库，2020 年新增仓库 450 个。京东物流上半年研发投入 14 亿元，占总收入的 2.8%，同比增长 55.2%；为一线员工薪酬福利开支 172 亿元。因长期加大网络基础设施、供应链技术研发等投入，以及进一步加大供应链解决方案及服务广度深度、扩大就业规模等，京东物流上半年经调整后的 Non-IFRS（non international financial reporting standerds，非国际财务报告准则）净亏损 15 亿元。

问题

从当初的不被看好到上市以及上市之后的表现来看，如何评价京东的物流投资？

第五章

证券投资决策

✧ **案例导入**

根据国债发行的有关规定，财政部决定第一次续发行2019年记账式附息（十一期）国债，已完成招标工作。现将有关事项公告如下。

一、本期国债计划发行500亿元，实际发行面值金额505.3亿元。

二、本次续发行国债的起息时间、票面利率等要素均与2019年记账式附息（十一期）国债相同，即起息日为2019年8月8日，票面利率为2.75%；按年付息，每年8月8日（节假日顺延，下同）支付利息，2022年8月8日偿还本金并支付最后一次利息。经招标确定的续发行价格为100.13元，折合年收益率为2.78%。本次续发行的国债从招标结束后至2019年9月5日进行分销，从2019年9月9日起与之前发行的同期国债462.1亿元合并上市交易。

其他事宜按《中华人民共和国财政部公告》（2018年第174号）规定执行。

特此公告。

根据上述的《国债业务公告2019年第61号》，投资者购买了该债券之后，未来可以产生的现金流有哪些？这些现金流与发行价格之间是什么关系？为什么老年人更加偏爱国债投资？

第一节　证券投资概述

证券是指票面载有一定金额，代表财产所有权或债权的一种信用凭证或金融工具。企业在进行证券投资时，需要熟悉证券的种类，明确证券投资的目的，充分认识证券投资的风险，并遵循证券投资的基本原则。

一、证券投资的特点

无论是实物资产投资，还是证券投资，都是以营利为目的的，即都以投资的营利性与风险性相比较为基础进行投资。但由于其投资对象的不同，决定了两者具有完全不同的特点。证券投资与实物资产投资比较而言，具有以下特点。

（一）可分割性

实物资产投资具有整体性要求，即投资者不可能建造1/2的厂房，购买2/3的设备，或准备生产经营活动所需的1/2的存货，否则，企业正常的生产经营活动就会受到影响。证券投资则具有可分割性的特点，具体表现在以下方面：任何一个证券发行公司都将其总股本按等额的形式划分为若干份股份，由此决定了任何一个投资者都可以根据自己的意愿购买其中某一百分比的股份，而不必一定要百分之百地持股。由此，在对证券投资的效益进行分析时，不必考虑规模经济问题。

（二）流动性

投资者若将资金投资于实物资产，则这些资金将在较长的时期内受到束缚而不能流动。无论是固定资产上的投资还是存货、应收账款等流动资产上的投资，都有一个回收期或周转期。固定资产上的投资只有经过一定时期投资收回后才能周转使用。但在现代市场经济中，金融市场高度发达，金融资产投资可以不受时间的约束。绝大部分金融证券，不论其到期期限如何，投资者随时都可以根据自身的意愿通过证券市场将其购入或出售，具有较高的流动性。因此，进行证券上的投资可以不必考虑时间因素。

（三）相容性

实物资产的不可分割性，决定了在一定的资金条件下，各投资项目之间往往因资金量的约束而具有相互排斥的性质。投资者不可能同时投资于各投资项目，而必须借助于净现值、内部收益率等经济评价指标对各投资项目进行优化选择。然而，证券资产的可分割性，决定了证券具有相容性，即投资者可以同时购买多种金融证券，而不必依据个别证券的净现值和内部收益率进行择优决策，故证券投资可以不必考虑投资额的大小问题。

由此可见，证券投资中现金流量的时间因素和数量因素并不重要，重要的是各证券之间的相关性、风险和报酬及其相互关系问题。企业可以依据风险报酬的比较，实现证券投资的优化选择。

二、证券投资的目的

企业进行证券投资的目的主要有以下几个方面。

（一）作为现金的替代物

企业为保证正常经营，必须适当持有现金。企业每天对现金的需求很难事先准确无误地预测出来，难免出现意外，对此，企业可以通过增加现金（包括银行活期存款）持有量来应付这种意外需求。但是由于现金是一种无收益或收益率较低的资产，所以过多增加现金的持有量不是一个好的策略，企业可以适当购买可上市流通的有价证券。当企业急需现金时，可将所购入的有价证券转让出去，获取现金。

（二）提高资金的利用率

企业在经营过程中，经常会出现资金的暂时闲置。造成现金暂时闲置的原因主要有以下几种情况：①经营具有季节性。不少企业产品的市场需求具有季节性，在产品销售淡季，产成品库存量大增，由此占用大量资金，当产品销售旺季到来时，产品销售量大大增加，库存产品逐渐售出，企业收回大量现金。②长期筹资。企业通过发行股票或债券等方式一次性筹集大量长期资金，而企业无法立即将这些资金全部用完，在这种情况下，必然会产生资金的暂时闲置。③积累长期资金。企业因有一笔到期的债务或者准备进行一项固定资产投资而在未来需要一笔数额较大的资金，有时企业需要提前一段时间开始进行逐步积累，在积累的过程中就会出现资金的短期闲置。这部分资金在不远的未来有特定的用途，所以不能将其用于长期投资。如果企业仅以现金形式持有，其收益率极低。当出现资金暂时闲置时，企业可以将其用于购买有价证券，一方面不会影响未来企业对资金的需求，另一方面也会提高资金的利用率。

（三）满足未来的财务需求

假如企业在不久的将来有一笔现金需求，如建一座厂房或归还到期债务，则将现在现金投资于证券，以便到时售出，满足现金需求。

（四）出于投机的需要

有时企业进行短期证券投资完全是出于投机的目的，以求获得较高的收益。“投机”一词在西方的经济学中用于表述通过预期市场行情的变化而赚取利润的经济行为。可以说投机与证券市场是不可分割的，有的企业为了获取投机利润，也会进行证券投机。因此这种短期证券投资，从表面上看是一种投资活动，但实质是一种投机行为。企业出于投机的目的进行证券投资时，一般风险较大，应当用企业较长时期闲置不用的资金进行投资，但也必须要控制风险，不能因此而损伤企业整体利益。

（五）获得对相关企业的控制权

有些企业往往从战略上考虑要控制其他企业，这可以通过股票投资实现。例如，一家汽车制造企业欲控制一家钢铁公司以便获得稳定的材料供应，这时便可动用一定资金来购买钢铁企业的股票，直到其所拥有的股权能控制这家钢铁企业为止。

三、证券投资的基本原则

证券投资是一项复杂的理财活动，需要投资者掌握许多投资技巧。要获得理想的投资效果，投资者应当遵循如下几项基本原则。

（一）风险与收益权衡原则

企业进行证券投资的主要目的是提高资金的收益率。投资收益率的提高会伴随着风险的增加。企业不能过分追求高收益率而忽略较高的投资风险，必须在收益率与风险之间进行权衡。

（二）分散风险原则

为降低证券投资风险，企业在进行证券投资时，应注意不要将资金过分集中于购买一种或少数几种有价证券，同时还应尽量避免过多购买收益成正相关的证券。

（三）流动性原则

在进行短期证券投资时，企业应有意识地选择那些流动性风险较小的证券，这是因为短期证券投资的主要目的在于准备应付企业所出现的意外情况对现金的需求。当企业购买了流动性较差的证券时，一旦遇到突发性的现金需求则会措手不及。

第二节　债券投资决策

企业在金融市场上投资购买债券，需要对其进行估值，只有购买价格等于或小于其估值时，才可以进行投资。

一、债券的含义、构成要素及特征

（一）债券的含义及构成要素

债券是企业和政府发行的信用票据，是发行者为筹集资金，向债权人发行的，在约定时间支付一定比例的利息，并在到期时偿还本金的一种有价证券。政府发行的债券通常称为国库券或国债，公司发行的债券通常称为公司债。

债券的基本要素是指发行的债券上必须载明的基本内容，这是明确债权人和债务人权利义务的主要约定。

1. 债券面值

债券面值是指设定的票面金额，它代表发行人借入并且承诺于未来某一特定日期偿付给债券持有人的金额。它包含两个方面的内容，一是币种，二是票面金额。

2. 债券票面利率

债券票面利率是指债券发行者预计一年内向投资者支付的利息占票面金额的比率。债券票面利率不同于实际利率，实际利率通常是指按复利计算的一年期的利率。债券的计息和付息方式有多种，可能使用单利或复利计息，利息支付可能半年一次、一年一次或到期日一次总付，这就使得债券票面利率可能不等于实际利率。

3. 债券的到期日

债券的到期日是指偿还本金的日期。债券一般都规定到期日，以便到期时归还本金。

4. 债券本金和利息的偿还方式

债券本金有多种偿还方式，一般有到期日一次还本或分期按比例还本等。除此之外，债权债务的解除还可采取以新债券替换旧债券的方式，以偿债基金赎回债券或转换为普通股股票的方式。利息的偿还方式也有半年支付一次、一年支付一次或到期日一次总付。

（二）债券投资的特征

投资者以购买债券的方式进行的投资，即债券投资。债券投资具有以下特征。

1. 期限性

债券必须到期偿还，具有一定的期限性。

2. 流动性

债券具有可及时转换为货币资金的能力。这种流动性往往受债券期限长短、发行单位的信誉、利率的形式及债券市场发行程度等因素的影响。一般期限短、发行单位信誉高、利率形式好的债券，其流动性较强。

3. 风险性

债券投资具有一定的风险。例如，因债务人破产不能全部收回债券本身所遭受的损失；因市场利率上升导致债券价格下跌所遭受的损失；等等。

4. 收益性

债券投资者可以按规定的利息率定期获得利息收益，并有可能因市场利率下降等因素导致债券价格上升而获得债券升值收益。债券的这种收益是债券的时间价值与风险价值的反映，是对债权人暂时让渡资金使用权和承担投资风险的补偿。

二、债券估价

债券的价值是发行者按照合同规定从现在至债券到期日所支付的款项的现值。计算现值时使用的折现率取决于当前的利率和现金流量的风险水平。

（一）债券估价的基本模型

典型的债券特点是固定利率、每年计算并支付利息、到期归还本金。按照这种模式，债券价值计算的基本模型是

$$V=\frac{I_1}{(1+i)^1}+\frac{I_2}{(1+i)^2}+\cdots+\frac{I_n}{(1+i)^n}+\frac{M}{(1+i)^n} \tag{5-1}$$

其中，V 为债券价值；I 为每年的利息；M 为到期的本金；i 为贴现率，一般采用当时的市场利率或投资人要求的必要报酬率；n 为债券到期前的年数。

例 5-1 某公司于 20×3 年 2 月 1 日发行面额为 1 000 元的债券，其票面利率为 8%，

每年2月1日计算并支付一次利息，并于5年后的20×8年1月31日到期。同等风险投资的必要报酬率为10%，该债券的价值是多少？

$$V=\frac{80}{(1+10\%)^1}+\frac{80}{(1+10\%)^2}+\cdots+\frac{80}{(1+10\%)^5}+\frac{1\,000}{(1+10\%)^5}$$

$=80\times(P/A, 10\%, 5)+1\,000\times(P/F, 10\%, 5)$

$=80\times3.790+1\,000\times0.621$

$=303+621$

$=924$（元）

通过该模型可以看出，影响债券定价的因素有折现率、票面利率、计息期和到期时间。

（二）债券价值与折现率

债券价值与折现率有密切的关系。债券定价的基本原则是，折现率等于债券利率时，债券价值就是其面值。如果折现率高于债券利率，债券的价值就低于面值；如果折现率低于债券利率，债券的价值就高于面值。所有类型的债券估价都必须遵循这一原理。

在例5-1中，如果折现率是8%，则债券价值为

$V=80\times(P/A,8\%,5)+1\,000\times(P/F,8\%,5)$

$=80\times3.993+1\,000\times0.681$

$=1\,000$（元）

如果折现率是6%，则债券价值为

$V=80\times(P/A,6\%,5)+1\,000\times(P/F,6\%,5)$

$=80\times4.212+1\,000\times0.747$

$=1\,084$（元）

前文已经介绍过，当一年内复利的次数不同时，给出的年利率是名义利率，名义利率除以年内复利次数得出实际的周期利率。对于这一规则，票面利率和折现率都需要遵守，否则就破坏了估价规则的内在统一性，也就失去了估价的科学性。在计算债券价值时，除非特别指明，折现率与票面利率采用同样的计息规则，包括计息方式（单利还是复利）、计息期和利息率性质（名义利率还是实际利率）。

在发行债券时，票面利率是根据等风险投资的折现率确定的。假设当前的等风险债券的年折现率为10%，拟发行面值为1 000元、每年付息的债券，票面利率应确定为10%。此时，折现率和票面利率相等，债券的公平价值为1 000元，可以按1 000元的价格发行。如果债券印制或公告后折现率发生了变动，可以通过溢价或折价调节发行价，而不应修改票面利率。如果拟发行债券改为每半年付息，发行人不会以5%作为半年的票面利率，因为半年付息5%比一年付息10%的成本高。发行人会按4.880 9% $\left(\sqrt{1+10\%}-1\right)$作为半年的实际利率，这样报价的名义利率为$2\times4.880\,9\%=9.761\,8\%$，同时指明半年付息。这与每年付息、报价利率10%的实际年利率相同，在经济上是等效

的。既然报价利率是根据半年的实际利率乘以 2 得出的，则报价利率除以 2 得出的当然是半年的实际利率。影响利息高低的因素，不仅有利息率，还有复利期长短。利息率和复利期必须同时报价，不能分割。反过来说，对于平价发行的半年付息债券来说，若票面利率为 10%，则它的定价依据是年实际折现率为 10.25%，或者说名义折现率是 10%，或者说半年的实际折现率是 5%。为了便于不同债券的比较，在报价时需要把不同计息期的利率统一折算成年利率。折算时，报价利率根据实际的周期利率乘以一年的复利次数得出，这已经形成惯例。

（三）债券价值与到期时间

债券价值不仅受折现率的影响，而且受债券到期时间的影响。债券的到期时间，是指当前日至债券到期日之间的时间间隔。随着时间的延续，债券的到期时间逐渐缩短，至到期日时该间隔为零。

在折现率一直保持不变的情况下，不管它高于或低于票面利率，债券价值随到期时间的缩短逐渐向债券面值靠近，至到期日债券价值等于债券面值。这种变化情况如图 5-1 所示。当折现率高于票面利率时，随着时间向到期日靠近，债券价值逐渐提高，最终等于债券面值；当折现率等于票面利率时，债券价值一直等于票面价值；当折现率低于票面利率时，随着时间向到期日靠近，债券价值逐渐下降，最终等于债券面值。

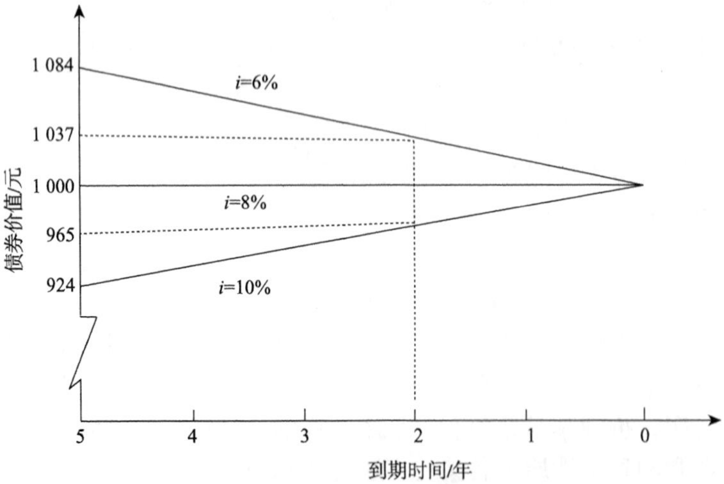

图 5-1　债券价值与到期时间

图 5-1 显示的是连续支付利息的情景，或者说是支付期无限小的情景。如果不是这样，而是每间隔一段时间支付一次利息，债券价值会呈现周期性波动。

在例 5-1 中，如果到期时间缩短至 2 年，在折现率等于 10%的情况下，债券价值为

$$
\begin{aligned}
V &= 80\times(P/A,10\%,2)+1\,000\times(P/F,10\%,2)\\
&= 80\times1.736+1\,000\times0.826\\
&= 965（元）
\end{aligned}
$$

在折现率不变（10%）的情况下，到期时间为 5 年时债券价值为 924 元，3 年后到

期时间为 2 年时债券价值上升至 965.24 元，向面值 1 000 元靠近了。

在例 5-1 中，如果折现率为 6%，到期时间为 2 年时，债券价值为

$$V = 80\times(P/A,6\%,2)+1\,000\times(P/F,6\%,2)$$
$$=80\times1.833+1\,000\times0.890$$
$$=1\,037（元）$$

在折现率为 6%并维持不变的情况下，到期时间为 5 年时债券价值为 1 084 元，3 年后下降至 1 037 元，向面值 1 000 元靠近了。

在折现率为 8%并维持不变的情况下，到期时间为 2 年时，债券价值为

$$V = 80\times(P/A,8\%,2)+1\,000\times(P/F,8\%,2)$$
$$=80\times1.783+1\,000\times0.857$$
$$=1\,000（元）$$

在折现率等于票面利率时，到期时间的缩短对债券价值没有影响。

综上所述，当折现率一直保持至到期日不变时，随着到期时间的缩短，债券价值逐渐接近其票面价值。如果付息期无限小，则债券价值表现为一条直线。

如果折现率在债券发行后发生变动，债券价值也会因此而变动。随着到期时间的缩短，折现率变动对债券价值的影响越来越小。这就是说，债券价值对折现率特定变化的反应越来越不灵敏。

从上述计算中，可以看出，如果折现率从 8%上升到 10%，债券价值从 1 000 元降至 924 元，下降了 7.6%。在到期时间为 2 年时，折现率从 8%上升至 10%，债券价值从 1 000 元降至 965 元，仅下降 3.5%。

（四）债券价值与利息支付频率

前面的讨论均假设债券每年支付一次利息，实际上利息支付的方式有许多种。不同的利息支付频率也会对债券价值产生影响。典型的利息支付方式有如下三种。

1. 纯贴现债券

纯贴现债券是指承诺在未来某一确定日期作某一单笔支付的债券。这种债券在到期日前购买人不能得到任何现金支付，因此也称为零息债券。零息债券没有标明利息计算规则的，通常采用按年计息的复利计算规则。纯贴现债券的价值为

$$V=\frac{M}{(1+i)^n} \tag{5-2}$$

例 5-2 有一个纯贴现债券，面值 1 000 元，20 年期。假设折现率为 10%，其价值为

$$V=\frac{1\,000}{(1+10\%)^{20}}=148.6（元）$$

例 5-3 有一个 5 年期国库券，面值 1 000 元，票面利率 12%，单利计息，到期时一次还本付息。假设折现率为 10%（复利、按年计息），其价值为

$$V=\frac{1000+1000\times12\%\times5}{(1+10\%)^5}=\frac{1600}{1.6105}=993.48(\text{元})$$

在到期日一次还本付息债券，实际上也是一种纯贴现债券，只不过到期日不是按票面额支付而是按本利和作单笔支付。

2. 平息债券

平息债券是指利息在到期时间内平均支付的债券。支付的频率可能是一年一次、半年一次或每季度一次等。平息债券价值的计算公式如下：

$$V=\sum_{t=1}^{mn}\frac{I/m}{\left(1+\frac{i}{m}\right)^t}+\frac{M}{\left(1+\frac{i}{m}\right)^{mn}} \tag{5-3}$$

其中，m 为年付利息次数；n 为到期的年数；i 为每年的折现率；I 为年付利息；M 为面值或到期日支付额。

例 5-4 有一债券面值为 1 000 元，票面利率为 8%，每半年支付一次利息，5 年到期。假设折现率为 10%。

按惯例，报价利率为按年计算的名义利率；每半年计息时按年利率的 1/2 计算，即按 4%计算，每次支付 40 元。折现率按同样方法处理，每半年期限的折现率按 5%确定。该债券的价值为

$$\begin{aligned}V&=80/2\times(P/A,10\%\div2,5\times2)+1000\times(P/S,10\%\div2,5\times2)\\&=40\times7.722+1000\times0.614\\&=923(\text{元})\end{aligned}$$

该债券的价值比每年付息一次时的价值（924 元）降低了。债券付息期越短价值越低的现象表现在折价出售的状态。如果债券溢价出售，情况正好相反。

例 5-5 有一面值为 1 000 元，5 年期，票面利率为 8%，每半年付息一次的债券。假设折现率为 6%，则债券价值为

$$\begin{aligned}V&=40\times(P/A,3\%,10)+1000\times(P/F,3\%,10)\\&=40\times8.530+1000\times0.744\\&=1085(\text{元})\end{aligned}$$

该债券每年付息一次时的价值为 1 084 元，每半年付息一次时其价值增加到 1 085 元。

3. 永久债券

永久债券是指没有到期日，永不停止定期支付利息的债券。英国和美国都发行过这种公债。对于永久公债，通常政府都保留了回购债券的权力。优先股实际上也是一种永久债券，如果公司的股利支付没有问题，将会持续地支付固定的优先股息。永久债券的价值计算公式如下：

$$V=\frac{\text{利息额}}{\text{折现率}} \tag{5-4}$$

例 5-6 有一优先股，承诺每年支付优先股息 40 元。假设折现率为 10%，则其价

值为

$$V=\frac{40}{10\%}=400（元）$$

三、债券的收益率

债券的收益水平通常用到期收益率来衡量。到期收益率是指以特定价格购买债券并持有至到期日所能获得的收益率。它是使未来现金流量现值等于债券购入价格的折现率。计算到期收益率的方法是求解含有折现率的方程，即

购进价格=每年利息×年金现值系数+面值×复利现值系数

$$V = I\times(P/A,i,n)+M\times(P/F,i,n) \tag{5-5}$$

其中，V 为债券的价格；I 为每年的利息；M 为面值；n 为到期的年数；i 为折现率。

例 5-7　某公司 2013 年 2 月 1 日用平价购买一张面额为 1 000 元的债券，其票面利率为 8%，每年 2 月 1 日计算并支付一次利息，并于 5 年后的 2018 年 1 月 31 日到期。该公司持有该债券至到期日，计算其到期收益率。

$$1\,000 = 80\times(P/A,i,5)+1\,000\times(P/F,i,5)$$

解该方程要用“试误法”。

用 i=8%试算：

$$80\times(P/A,8\%,5)+1\,000\times(P/F,8\%,5)=80\times3.993+1\,000\times0.681=1\,000（元）$$

可见，平价发行的每年付一次息的债券，其到期收益率等于票面利率。如果债券的价格高于面值，情况将发生变化。例如，买价是 1 105 元，则：

$$1105 = 80\times(P/A,i,5)+1\,000\times(P/F,i,5)$$

通过前面试算已知，$i=8\%$时等式右方为 1 000 元，小于 1 105 元，可判断收益率低于 8%，降低贴现率进一步试算：

用 i=6%试算：

$$80\times(P/A,6\%,5)+1\,000\times(P/F,6\%,5)=80\times4.212+1\,000\times0.747=1\,084（元）$$

由于贴现结果仍小于 1 105，还应进一步降低贴现率。用 $i=4\%$试算：

$$80\times(P/A,4\%,5)+1\,000\times(P/F,4\%,5)=80\times4.452+1\,000\times0.822=1178（元）$$

贴现结果高于 1 105，可以判断，收益率高于 4%。用插补法计算近似值：

$$R=4\%+\frac{1178-1105}{1178-1\,084}\times（6\%-4\%）=5.55\%$$

试误法比较麻烦，可用下面的简便算法求得近似结果：

$$R=\frac{I+(M-P)\div N}{(M+P)\div 2} \tag{5-6}$$

其中，I 为每年的利息；M 为到期归还的本金；P 为买价；N 为年数。

式中的分母是平均的资金占用，分子是每年平均收益。将数据代入式（5-6）得

$$R=\frac{80+(1\,000-1105)\div5}{(1\,000+1105)\div2}=5.6\%$$

从此例可以看出，如果买价和面值不等，则收益率和票面利率不同。如果该债券不是定期付息，而是到期时一次还本付息或用其他方式付息，那么即使平价发行，到期收益率也可能与票面利率不同。

例 5-8 某公司 2012 年 2 月 1 日平价购买一张面额为 1 000 元的债券，其票面利率为8%，按单利计息，5年后的2017年1月31日到期，一次还本付息。计算其到期收益率。

$1\,000 = 1\,000 \times (1 + 5 \times 8\%) \times (P/F, i, 5)$

$(P/F, i, 5) = 1\,000 / 1\,400 = 0.714$

查复利现值系数表，5 年期的现值系数等于 0.714 时，i=7%。

到期收益率是指导选购债券的标准，它可以反映债券投资的按复利计算的真实收益率，如果高于投资人要求的报酬率，则应买进该债券，否则就放弃。其结论和计算债券的真实价值相同。

四、债券投资的风险

尽管债券的利率一般是固定的，债券投资仍然和其他投资一样是有风险的。债券投资的风险包括违约风险、利率风险、购买力风险、变现风险和再投资风险。

（一）违约风险

违约风险是指借款人无法按期支付利息和偿还本金的风险。一般而言，政府债券违约风险小，金融机构发行的证券次之，工商企业发行的证券风险较大。造成企业证券违约的原因有以下几个方面：①政治、经济形势发生重大变动；②发生自然灾害，如台风、水灾、火灾等；③企业经营管理不善、成本高、浪费大；④企业在市场竞争中失败，主要顾客流失；⑤企业财务管理失误，不能及时清偿到期债务。避免违约风险的方法是不买质量差的债券。

（二）利率风险

债券的利率风险是指由于利率变动而使投资者遭受风险。一般而言，银行利率下降，债券价格上升；银行利率上升，债券价格下跌。不同期限的债券，利率风险也不一样，期限越长，风险越大。规避利率风险的方法是分散债券的到期日。

（三）购买力风险

购买力风险是指由于通货膨胀而使债券到期或出售时所获得的货币资金的购买力降低的风险。在通货膨胀时期，购买力风险对投资者有重要影响。一般而言，随着通货膨胀的发生，变动收益证券比固定收益证券要好。因此，普通股票被认为比公司债券和其他有固定收益的证券能更好地避免购买力风险。

（四）变现风险

变现风险是指无法在短期内以合理价格来卖掉资产的风险。也就是说，如果投资人遇到另一个更好的投资机会，他想出售现有资产以便再投资，但短期内找不到愿意出合理价格的买方，要把价格降得很低才能找到买主，或者要花很长时间才能找到买主，他不是丧失新的机会就是蒙受降价损失。例如，某人购买一冷门债券，当他想在短期内出售时，就只好折价。如果他买的是国库券，国库券有一个活跃的市场，可以在极短的时间里以合理的价格将其售出。

（五）再投资风险

再投资风险是指由于货币市场利率的下降而导致投资者今后进行再投资时遭受损失的可能性。根据流动性偏好理论，长期投资的收益率应当高于短期利率。为了避免市场利率变动的利息率风险，投资者可能会投资于短期证券，但短期证券又会面临着市场利率下降的再投资风险，即无法按预定收益率进行再投资而实现所要求的预期收益。例如，长期债券的利率为 10%，短期债券的利率为 8%，某投资者为减少利息率风险买了短期债券。在短期债券到期收回现金时，如果利率降到 7%，这种情况下，购买短期债券就不如购买长期债券获取的收益高。为了弥补再投资风险，该投资者将不得不寻找报酬率高于 7%的投资机会。

第三节 股票投资评价

一、股票的概念与特征

（一）股票的相关概念

1. 股票

股票是一种有价证券，是股份有限公司发行的，用以证明投资者的股东身份和权益，并据以获取股息和红利的凭证。

股票可以按不同的方法和标准分类：按股东所享有的权利，可分为普通股和优先股；按票面是否标明持有者姓名，分为记名股票和无记名股票；按股票票面是否标明入股金额，分为有面值股票和无面值股票；按能否向股份公司赎回自己的财产，分为可赎回股票和不可赎回股票。目前我国各公司发行的都是不可赎回的、记名的、有面值的普通股票，只有少量公司过去按当时的规定发行过优先股票，故这里只讨论普通股票的投资问题。

2. 股票价格

股票本身是没有价值的，仅是一种凭证。它之所以有价格，可以买卖，是因为它能给持有人定期带来收益。一般说来，公司第一次发行股票时，要规定发行总额和每股金额，一旦股票发行后上市买卖，股票价格就与原来的面值分离。这时的价格主要由预期股利和当时的市场利率决定，即股利的资本化价值决定了股票价格。此外，股票价格还受整个经济环境变化和投资者心理等复杂因素的影响。

股市上的价格分为开盘价、收盘价、最高价和最低价等，投资人在进行股票估价时主要使用收盘价。股票的价格会随着经济形势和公司的经营状况而升降。

3. 股利

股利是公司对股东投资的回报，它是股东所有权在分配上的体现。股利是公司税后利润的一部分。

（二）股票投资的特征

1. 收益性

收益性是股票投资最基本的特征，它是指股票可以为持有人带来收益的特性。股票的收益包括股息、红利和资本利得等，可分为两类：第一类收益来自于股份公司。认购股票后，持有者对发行该股票的公司就享有经济权益，这种经济权益的实现形式是从公司领取股息和分享公司的红利。第二类收益来自于股票流通。股票持有者可在股票市场上通过买卖股票，获得差价收益，这种差价收益称为资本利得。

2. 风险性

股票尽管可能给股票持有者带来收益，但这种收益是不确定的，持有股票必然承担一定的风险。例如，股东是否能够获得预期的股息和红利收益，取决于公司的盈利情况。此外，股票的市场价格是不断波动的，它可能小幅升降，也可能大起大落。如果股价下跌，股票持有者会因股票贬值而蒙受损失。

3. 流动性

流动性是指股票可以自由地进行交易。《中华人民共和国公司法》和《中华人民共和国证券法》规定，股票具有流通性，即可以买卖、转让、抵押和赠与。

4. 永久性

永久性即股票的不可偿还性，是指股票是无偿还期限的有价证券，偿还期限等于股份公司的存续期，购买股票属于永久性投资。对于股份公司来说，由于股东不能要求公司退股，所以通过发行股票筹集到的资金，在公司存续期间是一笔稳定的自有资本。

5. 参与性

参与性是指股票持有人有权参与公司的重大决策。这种参与不一定是亲自做出决议或者指挥经营，而是有其一定的途径，基本方式是有权出席股东大会，通过选举公司董事会来实现其参与权。

二、股票的价值

股票评价的主要方法是计算其价值，然后和股票市价比较，视其低于、高于或等于市价，决定买入、卖出或继续持有。股票的价值是指股票期望提供的所有未来收益的现值。

（一）股票估价的基本模型

股票带给持有者的现金流入包括两部分，即股利收入和售价。股票的内在价值由一系列的股利和将来出售股票时的现值构成。

如果股东永远持有股票，他只获得股利，是一个永续的现金流入。这个现金流入的现值就是股票的价值，用公式表示如下：

$$V=\frac{D_1}{(1+R_s)^1}+\frac{D_2}{(1+R_s)^2}+\cdots+\frac{D_t}{(1+R_s)^t}=\sum_{t=1}^{\infty}\frac{D_t}{(1+R_s)^t} \tag{5-7}$$

其中，D_t为 t 年的股利；R_s为折现率，一般采用资本成本率或投资的必要报酬率；t 为折现期数。

如果投资者不打算永久地持有该股票，而在一段时间后出售，他的未来现金流入是几次股利和出售时的股价。因此，买入时的价格 P_0（一年的股利现值加上一年后股价的现值）和一年后的价格 P_1（第 2 年股利在第 2 年年初的价值加上第 2 年年末股价在第 2 年年初的价值）为

$$P_0=\frac{D_1}{1+R_s}+\frac{P_1}{1+R_s} \tag{5-8}$$

$$P_1=\frac{D_2}{1+R_s}+\frac{P_2}{1+R_s} \tag{5-9}$$

将式（5-9）代入式（5-8）：

$$P_0=\frac{D_1}{1+R_s}+\left(\frac{D_2}{1+R_s}+\frac{P_2}{1+R_s}\right)\div(1+R_s)=\frac{D_1}{1+R_s}+\frac{D_2}{(1+R_s)^2}+\frac{P_2}{(1+R_s)^2}$$

如果不断继续上述代入过程，则可得出：

$$P_0=\sum_{t=1}^{\infty}\frac{D_t}{(1+R_s)^t} \tag{5-10}$$

式（5-10）是股票估价的基本模型。它在实际应用时，面临的主要问题是如何预计未来每年的股利，以及如何确定折现率。

股利的多少，取决于每股盈利和股利支付率两个因素。对其估计的方法是历史资料的统计分析，如回归分析、时间序列的趋势分析等。股票评价的基本模型要求无限期地预计历年的股利（D_t），实际上不可能做到。因此应用的模型都是各种简化办法，如每年股利相同或固定比率增长等。

（二）零成长股票的价值

假设未来股利稳定不变，投资人准备长期持有，其支付过程是一个永续年金，则股

票的价值为

$$P_0 = \frac{D}{R_s} \tag{5-11}$$

例 5-9 每年分配股利 2 元，最低报酬率为 16%，则：

$P_0 = 2 \div 16\% = 12.5$（元）

这就是说，该股票每年带来 2 元的收益，在市场利率为 16%的条件下，它相当于 12.5 元资本的收益，所以其价值是 12.5 元。

当然，市场上的股价不一定就是 12.5 元，还要看投资人对风险的态度，可能高于或低于 12.5 元。

如果当时的市价不等于股票价值，如市价为 12 元，每年固定股利 2 元，则其预期报酬率为

$R = 2 \div 12 \times 100\% = 16.67\%$

可见，市价低于股票价值时，预期报酬率高于最低报酬率。

（三）固定成长股票的价值

企业的股利不应当是固定不变的，而应当不断增长。如果一个公司的股利不断增长，投资人的投资期限又非常长，则股票的估价就更困难了，只能计算近似数。各公司的增长率不同，但就整个平均来说应等于国民生产总值的增长率，或者说是真实的国民生产总值增长率加通货膨胀率。

假设甲公司今年的股利为 D_0，公司的增长率为 g，则 t 年的股利应为

$$D_t = D_0 \times (1+g)^t$$

固定成长股票的价值计算公式为

$$P = \sum_{t=1}^{\infty} \frac{D_0 \times (1+g)^t}{(1+R_s)^t}$$

若 g 为常数，并且 $R_s > g$ 时，上式可简化为

$$P = \frac{D_0 \times (1+g)}{R_s - g} = \frac{D_1}{R_s - g} \tag{5-12}$$

例 5-10 某公司准备投资购买一信托投资股份有限公司的股票，该股票上年每股股利为 2 元，预计以后每年以 4%的增长率增长，该公司经分析后，认为必须得到 10%的报酬率，才能购买此信托投资股份有限公司的股票，则该种股票的内在价值为

$P = 2\times（1+4\%）\div（10\% - 4\%）= 34.67$（元）

即此信托公司的股票价格在 34.67 元以下时，该公司才能购买。

（四）非固定成长股票的价值

在现实生活中，有的公司股利是不固定的。例如，在一段时间里调整成长，在另一段时间里固定成长或固定不变。在这种情况下，就要分段计算，才能确定股票的价值。

例 5-11 一个投资人持有某公司的股票，他的投资最低报酬率为 15%。预计该公司

未来 3 年股利将调整增长，成长率为 20%。在此以后转为正常增长，增长率为 12%。公司最近支付的股利是 2 元。现计算该公司股票的内在价值。

首先，计算非正常增长期的股利现值：

第 1 年股利现值：2×1.2×（P/F, 15%, 1）=2.4×0.870=2.088（元）

第 2 年股利现值：2.4×1.2×（P/F, 15%, 2）=2.88×0.756=2.177（元）

第 3 年股利现值：2.88×1.2×（P/F, 15%, 3）=3.456×0.658=2.274（元）

其次，计算第 3 年年底的普通股内在价值：

$$P_3=\frac{D_4}{R_s-g}=\frac{D_3\times(1+g)}{R_s-g}=\frac{3.456\times1.12}{0.15-0.12}=129.02（元）$$

计算其现值：

年金现值（P_3）=129.02×（P/F, 15%, 3）=129.02×0.657 5=84.831（元）

最后，计算股票目前的内在价值：

P_0=2.088+2.177+2.274+84.831=91.37（元）

三、股票的收益率

前面我们主要讨论如何估计股票的价值，以判断某种股票被市场高估或低估。现在，我们假设股票价格是公平的市场价格，证券市场处于均衡状态；在任一时点证券价格都能完全反映有关该公司的任何可获得的公开信息，而且证券价格能对新信息迅速做出反应。在这种假设条件下，股票的期望收益率等于其必要的收益率。

根据固定增长股利模型，我们知道：

$$P_0=\frac{D_1}{R-g}$$

如果把公式移项整理，求 R，可以得到：

$$R=\frac{D_1}{P_0}+g \tag{5-13}$$

这个公式表明，股票的总收益率可以分为两个部分：第一部分是 D_1/P_0，称为股利收益率，它是根据预期现金股利除以当前股价计算出来的；第二部分是增长率 g，称为股利增长率。由于股利的增长速度也就是股价的增长速度，因此，g 可以解释为股价增长率或资本利得收益率。g 的数值可以根据公司的可持续增长率估计。P_0 是股票市场形成的价格，只要能预计出下一期的股利，就可以估计出股东预期报酬率，在有效市场中它就是与该股票风险相适应的必要报酬率。

例 5-12　某股票的价格为 20 元，预计下一期的股利是 1 元，该股利将以大约 10% 的速度持续增长。该股票的期望报酬率为

R=1/20+10%=15%

如果用 15%作为必要报酬率，则一年后的股价为

$$P_1=\frac{D_1\times(1+g)}{R-g}$$
$$=\frac{1\times(1+10\%)}{(15\%-10\%)}$$
$$=22（元）$$

如果现在用 20 元购买该股票，年末将收到 1 元股利，并且得到 2 元（22−20）的资本利得，则投资总报酬率为

总报酬率=股利收益率+资本利得收益率

=1/20+2/20

=5%+10%

=15%

通过这个例子，我们验证了股票期望报酬率模型的正确性。该模型可以用来计算特定公司风险情况下股东要求的必要报酬率，也就是公司的权益资本成本。这就是说，股东期望或者说要求公司赚取 15%的收益。如果股东的要求大于 15%，他就不会进行这种投资；如果股东的要求小于 15%，就会争购该股票，使得价格升上去。既然股东接受了 20 元的价格，就表明他要求的是 15%的报酬率。

第四节　投资组合的风险与收益

金融决策的核心问题是收益和风险（包括流动性问题）的权衡。个体的决策通过竞争统一到市场的无套利均衡之中。如果两项决策会带来相同的预期收益而要承受不同的风险，那么风险大的决策是无效的；如果要承受相同的风险而有不同的预期收益，那么预期收益小的那项决策也将是无效的。人们在高风险高收益和低风险低收益之间，按照自己对收益/风险的偏好进行权衡和优化。但市场的均衡却会导致与个体的收益/风险偏好（或者说个体的效用函数）无关的结果，这是市场对市场参与者个体行为整合的结果。

一、投资组合的选择

1952 年马柯维茨提出的投资组合理论通常被认为是现代金融学的发端。这一理论的问世，使金融学开始摆脱纯粹描述性的研究和单凭经验操作的状态，数量化方法进入了金融领域。

投资组合的选择，狭义的含义，是如何构筑各种有价证券的头寸（包括多头和空头）来最好地达到投资者的收益和风险的权衡；广义的含义，包括对所有资产和负债的构成做出决策，甚至包括对人力资本（如教育和培训）的投资在内。本书的讨论则限于狭义的含义。

尽管存在一些对理性的投资者（指具有不同程度的风险厌恶倾向的投资者）来说应遵循的一般性规律，但在金融市场里，并不存在一种对所有投资者来说都是最佳的投资组合或投资组合的选择策略，主要有以下原因。

（1）投资者的具体情况。不同的投资者（包括个人投资者和机构投资者）有不同的利益结构，对于市场的变动也有不同的敏感性。一个受雇于证券公司按盈利分成的证券分析师和一位中学教师不同，前者对收入和股票市场的波动非常敏感，后者则不然。

（2）投资周期的影响。不同的投资者调整自己的投资组合的周期不一。有的投资者频繁地变化自己的投资组合（如积极炒股的股民），有的则会很长时间才调整一次（如在银行开设长期定期的存款账户的储蓄者）。对于这些不同的投资者来说，他们对同一个投资组合肯定会有不同的看法。

（3）对风险的厌恶程度。不同的个人投资者因为其年龄、地位、财产状况等，不同的机构投资者则因为各自的经营方针和实力，会对风险采取不同的态度。

（4）投资组合的种类。虽然从理论上讲，由银行和非银行金融机构所提供的金融商品可以构筑起多种投资组合，但实际上真正可供投资者选择的只是有限的几种。

二、预期收益和风险的权衡

下面我们讨论在构筑投资组合时如何进行预期收益与风险的权衡的数量化分析方法。收益与风险权衡的优化目标是按照投资者愿意接受的风险程度使预期收益达到最大。

除了无风险证券外，我们把所有有风险的股票、债券及其他衍生证券统称为有风险资产。

投资组合理论的基本思想是通过分散化的投资来冲掉一部分风险。我们先来分析把两项资产（有风险和/或无风险）放在一起时，其组合的收益和风险的情况。

假定资产1在组合里（按市场价值计）的比重是ω，则资产2的比重就是$1-\omega$。它们的预期收益率和收益率的方差分别计为$E(r_1)$，$E(r_2)$；σ_1^2和σ_2^2，组合预期收益率和收益率的方差则计为$E(r)$和σ^2。由简单的概率论知识知：

$$E(r)=\omega E(r_1)+(1-\omega)E(r_2)$$

$$\sigma^2=\omega^2\sigma_1^2+(1-\omega)^2\sigma_2^2+2\omega(1-\omega)\rho\sigma_1\sigma_2$$

其中，ρ是相关系数，一定有$-1\leqslant\rho\leqslant+1$的关系。

如果其中有一项资产，如资产2，是无风险资产，则有$E(r_2)=r_f$，$\sigma_2=0$（无风险资产的收益率是确定的，因此其标准差为零）。上面的式子简化为

$$E(r)=r_f+\omega\left[E(r_1)-r_f\right]$$

$$\sigma=\omega\sigma_1$$

我们先来讨论这种情况。

情况1：1项有风险资产和1项无风险资产的组合。

由预期收益率的表示式可以看到，组合的预期收益率是以无风险收益率为基础再加上风险补偿。风险补偿的大小取决于有风险资产本身的收益中含有的风险补偿$E(r_1)-r_f$和有风险资产在组合里的比重ω。从上面两个方程可以解出：

$$\omega=\frac{E(r)-r_f}{E(r_1)-r_f}$$

$$E(r)=r_f+\frac{E(r_1)-r_f}{\sigma_1}\sigma$$

如果现在市场的无风险利率是 6%，资产 1 的预期收益率是 14%，标准差是 20%，现在我们希望组合的预期收益率是 11%，组合的构成和风险将是如何？

$$\omega=\frac{E(r)-r_f}{E(r_1)-r_f}=\frac{11\%-6\%}{14\%-6\%}=62.5\%$$

$$\sigma=\omega\sigma_1=62.5\%\times 20=12.5$$

在一指定的风险水平，如果一投资组合可能获得最大的预期收益，则这一投资组合被称为有效组合。上面这个组合是不是有效组合呢？答案是否定的。因为我们还可以在这个投资组合里加进有风险资产，进行风险的分散化。

三、风险的分散化

风险的分散化原理被认为是现代金融学中唯一“白吃的午餐”。将多项有风险资产组合到一起，可以对冲掉部分风险而不降低平均的预期收益率，这是马柯维茨的主要贡献。

情况 2：两项有风险资产的组合。

组合的预期收益率及其方差的表达式已在上文给出。因为 $-1\leqslant\rho\leqslant+1$，所以有

$$\left[\omega\sigma_1-(1-\omega)\sigma_2\right]^2\leqslant\sigma^2\leqslant\left[\omega\sigma_1+(1-\omega)\sigma_2\right]^2$$

因为对于一般的金融工具来说，有后文中要提到的系统风险（市场风险）的存在，所以我们不讨论 ρ=–1 的情况。而如果 ρ=1，意味着这两项资产的风险完全正相关。因为容许卖空，当然可以适当地选择比例 ω，使得 $\sigma^2=0$，但此时有一权重取负值（空头），由无套利原理知，其预期收益率应该等于无风险利率。此时，这两种证券的多头和空头头寸正好互相对冲，我们也可以暂时不考虑这种情况。

由上面右方的不等式可以看出，组合的标准差不会大于标准差的组合。事实上，只要 $\rho>1$，就有 $\sigma<\left|\omega\sigma_1+(1-\omega)\sigma_2\right|$，这说明组合确实能起到降低风险的作用，这就是投资分散化的原理。

现在我们给出一个数字例子。有风险资产 1 和 2 的预期收益率和标准差见表 5-1。

表 5-1　有风险资产 1 和 2 的预期收益率和标准差

变量	资产 1	资产 2
预期收益率	0.14	0.08
标准差	0.20	0.15
相关系数	0.6	

我们考虑以下几种组合的情况，见表 5-2。

表 5-2　几种组合的情况

组合标记	投资于资产 1 的比例	投资于资产 2 的比例	组合的预期收益率	组合的标准差
R	0	100%	8%	0.150 0
C	10%	90%	8.6%	0.147 9
最小方差组合	17%	83%	9.02%	0.147 4
D	50%	50%	11%	0.156 9
S	100%	0	14%	0.200 0

基于微积分的相关知识可知，最小方差组合中投资于资产 1 的比例可以这样求出：

$$\omega_{\min}=\frac{\sigma_2^2-\rho\sigma_1\sigma_2}{\sigma_1^2+\sigma_2^2-2\rho\sigma_1\sigma_2}$$

图 5-2 描绘了不同组合的预期收益率与标准差之间的关系。

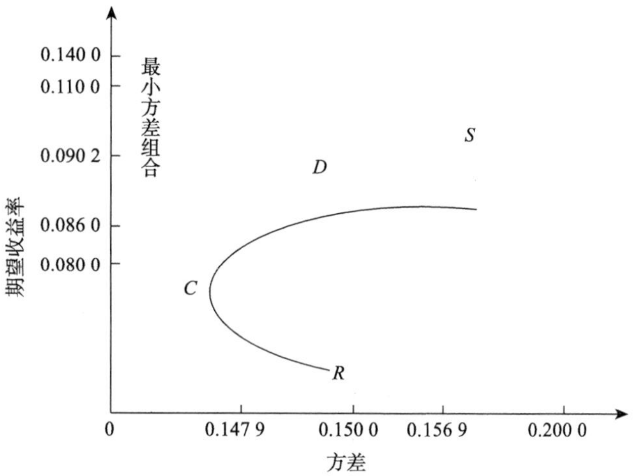

图 5-2　不同组合的预期收益率与标准差之间的关系

情况 3：多项有风险资产的组合。

假定现在有 n 项有风险资产，它们的预期收益率记为 $E(r_i), i=1,2,\cdots,n$，彼此之间协方差记为 $\sigma_{ij}, i,j=1,2,\cdots,n$（当 $i=j$ 时，σ_{ij} 表示方程）。$\omega_1,\cdots,\omega_n$ 表示相应的资产在组合中的比重。于是投资组合的预期收益率和方差就应当是

$$E(r)=\sum_{i=1}^{n}\omega_i E(r_i)$$

$$\sigma^2=\sum_{i=1}^{n}\sum_{j=1}^{n}\omega_i\omega_j\sigma_{ij}$$

下面我们只讨论 $\sigma^2>0$ 的情况。以后将可看到，这样限定是有道理的，并得到经验事实的支持。优化投资组合就是在要求组合有一定的预期收益率的前提条件下，使组合的方差越小越好，即求解以下的二次规划：

$$\min_{\omega} \sigma^2 = \sum_{i=1}^{n}\sum_{j=1}^{n} \omega_i \omega_j \sigma_{ij}$$

$$\text{s.t.} \sum_{i=1}^{n} \omega_i E(r_i) = E(r)$$

$$\sum_{i=1}^{n} \omega_i = 1$$

第一个式子表示选择组合的比例系数使组合的方差这一目标函数最小化，同时必须满足下面两个式子的约束条件。

对于每一给定的$E(r)$，可以解出相应的标准差σ，每一对$\left[E(r),\sigma\right]$构成标准差—预期收益率图（图5-3）的一个坐标点，这些点就连成图5-3中的曲线。同样可以从数学上证明，这条曲线是双曲线，这就是最小方差曲线。

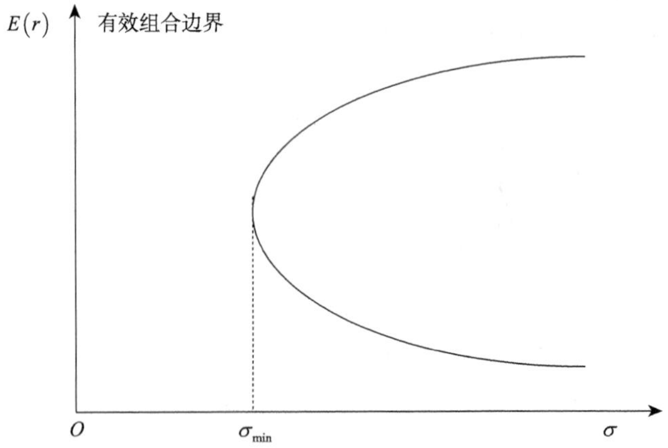

图 5-3　标准差—预期收益率图

最小方差曲线内部（即右边）的每一个点都表示这 n 种资产的一个组合，其中任两个点所表示的两个组合再组合起来得到新的点（代表一个新的组合），该点一定落在原来两个点的连线的左侧，这是因为新的组合能进一步起到分散风险的作用。这也就是曲线向左凸的原因。

实际上，最小方差曲线只有左上方的那一段是有意义的，与其对称的左下方的那一段是没有意义的。因为在承受同样的风险（同样的标准差）的情况下，上面的点所代表的投资组合的预期收益率比下面的点所代表的投资组合的预期收益率高。因此，我们称最小方差曲线左上方的那一段为有效组合边界。显然，只有在有效组合边界上的点所代表的投资组合才是符合正确的投资策略的优化组合。不过请注意，这里的组合只包括有风险资产。和情况 1 不同的是，我们现在还没有引进无风险证券。

尽管我们在这里论证时用了一点优化的手段（求解二次规划），但实际上有效组合边界的存在和确定是与个别投资者的效用（收益/风险偏好）没有关系的。

为了看得更清楚，我们来看任一位投资者的收益/风险效用函数。在标准差—预期收益率图上，我们画出等效用曲线（图 5-4）。因为承受高的风险要求高的风险补偿，所以等效用曲线是递增的。在已经承受较高风险的情况下，要进一步增加风险，就会要求更高的风险补偿；在预期收益已经比较低时，要进一步降低收益，也会要求降低更多的风险。这就是经济学中边际效用递减的原理，所以等效用曲线是向右下方凸的（数学上称为凸函数）。越向左上方移动，等效用曲线所表示的效用函数值就越大。显而易见，如果这位投资者要从这里的 n 种有风险资产来选择投资的话，一定是等效用曲线和有效组合边界相切的那一点 P 所代表的组合是最佳选择，见图 5-4。

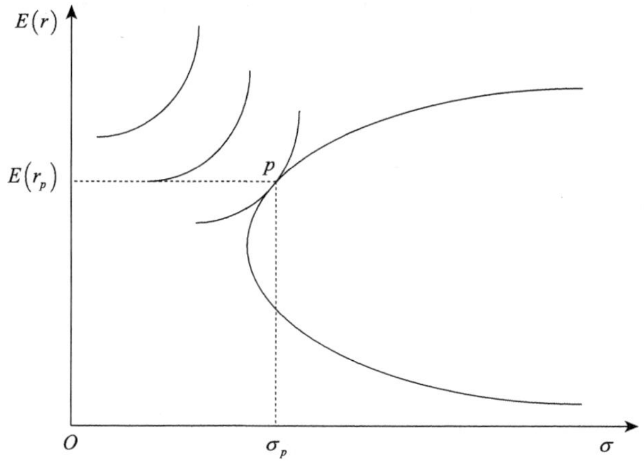

图 5-4　等效用曲线

为了简单起见，我们假定这 n 种有风险资产在投资组合里的比重是一样的，即有 $\omega_i = \frac{1}{n}, i = 1,2,\cdots,n$。于是组合的方差可以写成：

$$\sigma^2 = \sum_{i=1}^{n}\sum_{j=1}^{n}\frac{1}{n}\frac{1}{n}\sigma_{ij} = \frac{1}{n^2}\sum_{i=1}^{n}\sigma_{ij} + \frac{1}{n^2}\sum_{i=1}^{n}\sum_{\substack{j=1 \\ j\neq i}}^{n}\sigma_{ij}$$

因为 $\sigma_{ij} = \sigma_i^2$，所以上式右端的第一项是 n 项有风险资产的方差的和。又因为每一项有风险资产的方差是有限的数，分母是 n^2，所以当 n 变得很大时，这一项会趋于零。但第二项不会趋于零，而是趋于协方差的平均值。记 $\bar{\sigma}_{ij} = \frac{1}{n^2 - n}\sum_{i=1}^{n}\sum_{\substack{j=1 \\ j\neq 1}}^{n}\sigma_{ij}$，即协方差的平均值，就有

$$\frac{1}{n^2}\sum_{i=1}^{n}\sum_{\substack{j=1 \\ j\neq 1}}^{n}\sigma_{ij} = \frac{n^2 - n}{n^2}\bar{\sigma}_{ij}$$

当 n 变得很大时，就趋于协方差的平均值 $\bar{\sigma}_{ij}$。

由此可以得到重要结论：当投资组合含有许多种有风险资产时，个别资产的方差将不起作用。各项资产之间的协方差有正有负，它们会起互相对冲抵消的作用，但不会完全对冲抵消，因而组合的方差近似等于平均的协方差（即未被抵消的部分）。为什么不会完全对冲抵消而使平均的协方差等于零呢？因为各项资产的收益变动存在某种“同向性”。这种同向性的风险是所有的不同资产都同时承受的，被称为系统风险或市场风

险，而可以对冲抵消的风险就被称为非系统风险或企业风险。于是通过扩大投资组合（即增加所包含的资产的种类）进行风险分散化，可以消除非系统风险（企业风险），但不能消除系统风险。

表 5-3 和图 5-5 记录了从纽约股票交易所随机挑选股票构成等权重的股票组合，随着股票种类的增多，组合的年收益率的波动性（用收益率的标准差来度量）的变化情况。从图表中可以看出，在股票的种类数超过 30 种以后，风险再降低的程度就不明显了。事实上，平均波动性不会低于 19.2%，这就是无法通过分散化消除的系统风险（市场风险）。

表 5-3　股票组合的年收益率的波动性

组合中的股票数	组合年收益率波动性的平均数	组合波动性与单个股票波动性的比例
1	49.24%	1.00
2	37.36%	0.76
4	29.69%	0.60
6	26.64%	0.54
8	24.98%	0.51
10	23.93%	0.49
20	21.68%	0.44
30	20.87%	0.42
40	20.46%	0.42
50	20.20%	0.41
100	19.69%	0.40
200	19.42%	0.39
300	19.34%	0.39
400	19.29%	0.39
500	19.27%	0.39
1 000	19.21%	0.39

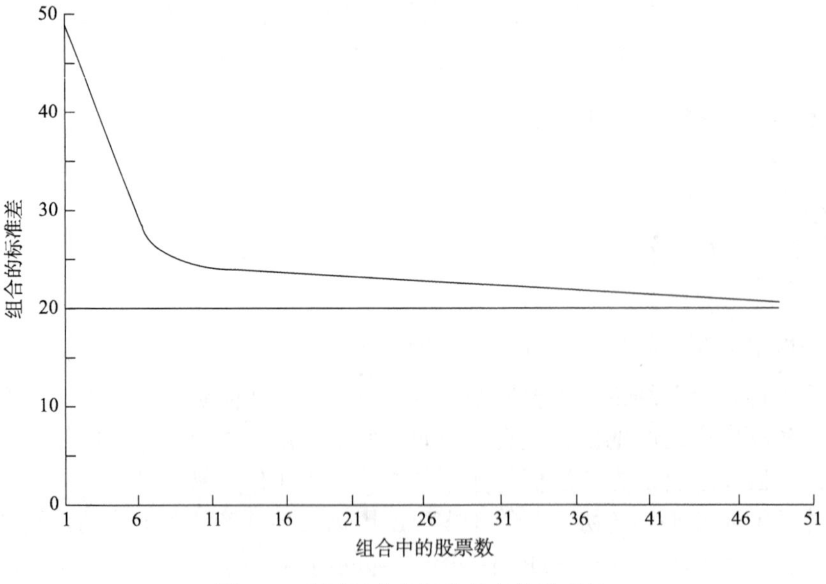

图 5-5　股票组合的年收益率的波动性

非系统风险是企业特有的风险，如企业陷入法律纠纷、罢工、新产品开发失败等。系统风险则是指整个市场所承受到的风险，如经济的景气情况、市场总体利率水平的变化等，是因为整个市场环境发生变化而产生的风险。

因为投资者可以通过分散化投资降低以至于消除非系统风险，所以，持有风险分散化投资组合的投资者比起不进行风险分散化的投资者，可以要求相对比较低的投资回报率（预期收益率）。这样，在市场交易中就处于比较有利的竞争地位。市场的均衡定价将根据竞争优势者的行为来确定。因此，市场定价的结果，将只对系统风险提供风险补偿，只有系统风险才是市场所承认的风险，所以，只有市场所承认的风险（即系统风险）才能获得风险补偿。

对于有风险资产而言，通过市场交易定出的均衡价格，其收益率只包含系统风险的风险补偿而不对非系统风险提供风险补偿。

因此，如果我们讨论市场上所有有风险资产的可能组合的话，包含全部有风险资产的可能组合的双曲线的有效边界上的点所代表的投资组合，一定是通过充分的风险分散化而消除了非系统风险的投资组合。

四、两基金分离定理

两基金分离定理：在所有风险资产组合的有效组合边界上，任意两个分离的点都代表两个分离的有效投资组合，而有效组合边界上任意其他的点所代表的有效投资组合，都可以由这两个分离的点所代表的有效投资组合的线性组合生成。

由前面情况 2 介绍知，过任意两个分离的各自代表有风险资产的点可以生成一条双曲线。有效组合边界上的两个分离的点可以看作两项有风险资产，它们也就可以生成一条双曲线。有效组合边界本身是一条双曲线。任意两条不同的双曲线不可能在同一侧有两个分离的切点。如果这两条双曲线在这两个点是相交的话，则由两个点生成的双曲线一定会有一部分落在有效组合边界所围区域的外面。由有效组合边界的定义知这是不可能的，所以这两条双曲线一定重合，即两基金分离定理成立。

五、资本市场线

现在我们在投资组合中引入无风险资产。

在所有可能有风险资产组合所构成的双曲线所围区域的有效组合边界左下端，就是最小方差组合。因为有系统风险存在，最小方差组合不是无风险的，其预期收益率也一定高于无风险利率 r_f。于是，在标准差—预期收益率图中，有效组合边界和表示预期收益率大小的纵坐标轴是不相接触的，而代表无风险证券的收益/风险的坐标点是落在轴上的。因而，在加入无风险证券后，代表新的组合的点一定落在连接点和包含所有可能的有风险资产组合的双曲线所围区域及其边界的某一点的半直线上。这样的半直线当然有无数多条。我们很容易从图中发现，当半直线围绕 r_f 点逆时针旋转时，不管投资的收益/风险偏好如何（即不管效用函数的曲线形状如何），越在上面的半直线上的点，其效用值越大。于是，效用值最大的半直线一定是与有效组合边界相切的那一条，即连接

r_f点和M点的半直线，见图 5-6。

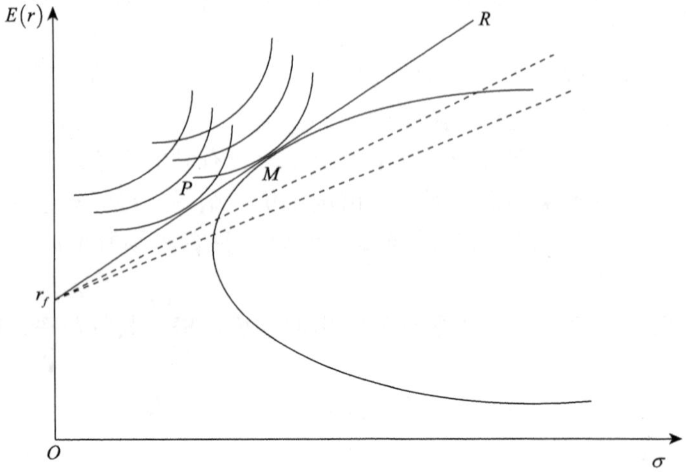

图 5-6　资本市场线

这条半直线实际构成了无风险证券和有风险资产组合的有效组合边界。这条半直线被称为资本市场线（capital market line，CAL）。

现在我们再看一下前面情况 1 里所介绍的。那里的一项有风险资产不会落在所有有风险资产的有效组合边界上，更不会是切点 M 所代表的投资组合，所以那里所讲的组合不会是有效组合。在包含无风险证券时，代表有效组合的点必须落在资本市场线上。

在这个包括无风险证券和有风险资产组合的有效组合边界（即资本市场线）上，两基金分离定理实际上依然成立。不过在这里，其中一项基金是无风险证券，而另一项则是切点M所代表的有风险资产的组合。资本市场线上任意一点（如P点）所代表的投资组合，都可以由一定比例的无风险证券和由 M 点所代表的有风险资产组合生成。因此得出一个在金融上有很大意义的结果。对于从事投资服务的金融机构来说，不管投资者的收益/风险偏好如何，只需要找到切点 M 所代表的有风险资产组合，再加上无风险证券，就能为所有的投资者提供最佳的投资方案。投资者的收益/风险偏好，只需反映在组合中无风险证券所占的比重。

这一最佳投资方案的设计与投资者的收益/风险偏好无关的结果，看来更能说明两基金分离定理中“分离”一词的含义。如前所述，代表最小方差组合的点位于r_f点的右上方，从而保证了切点（M点）的存在性（如果最小方差组合的预期收益率与无风险收益率相等，双曲线上的切点会不存在，资本市场线会变成双曲线的渐近线）。资本市场线在M点右上方的部分所包含的投资组合（如R点），是卖空了无风险证券（即以无风险利率贷款）后，将所得的资金投资于M点所代表的有风险资产组合。

如果M点所代表的有风险资产组合的预期收益率和标准差分别是$E(r_M)$和σ_M，投资于这一有风险资产组合的资金比例是ω_M，投资于无风险证券的资金比例是$1-\omega_M$，则加上无风险证券后的组合的预期收益率$E(r_p)$和标准差σ_p就应是

$$E(r_p)=r_f+\frac{\left[E(r_m)-r_f\right]}{\sigma_m}\sigma_p$$

$$\sigma_p=\omega_M\sigma_M$$

剩下的任务就是搞明白 M 点所代表的有风险资产组合是什么样的组合。

六、市场组合

市场组合是这样的投资组合，它包含所有市场上存在的资产种类，各种资产所占的比例和每种资产的总市值占市场所有资产的总市值的比例相同。

举例来说，一个很小的市场只有 3 种资产，股票 A、股票 B 和无风险证券。股票 A 的总市值是 660 亿元，股票 B 的总市值是 220 亿元，无风险证券的总市值是 120 亿元。市场所有资产的总市值是 1 000 亿元。于是，一个市场组合包括所有这 3 种证券，股票 A 的价值在其中占 66%，股票 B 的价值占 22%，无风险证券占 12%。因此，市场组合是一个缩小了的市场盘子。

有风险资产的市场组合就是指从市场组合中拿掉无风险证券后的组合。这样，在上面的例子里，有风险资产的市场组合里，股票A和股票B的比例就是3 : 1（660/220），即股票A占75%，股票B占25%。现在我们断言：资本市场线与有风险资产的有效组合边界的切点 M 所代表的资产组合就是有风险资产的市场组合。

首先，任何市场上存在的资产必须被包含在 M 所代表的资产组合里。不然的话，因为理性的投资者都会选择资本市场线上的点作为自己的投资组合，不被 M 所包含的资产就会变得无人问津，其价格就会下跌，从而收益率会上升，直到进入 M 所代表的资产组合。其次，当市场均衡时，对任何一种资产都不会有过度的需求和过度的供给。因为所有的理性的投资者所选择的有风险资产的比例都应同 M 所代表的资产组合里的投资比例相同，所以，在市场处于均衡时，各种有风险资产的市场价值在全部有风险资产的市场总价值里的比重应当和在 M 所代表的资产组合里的比重相同。由此说明 M 所代表的资产组合就是有风险资产的市场组合。

这样就引出了被动的，但很有效的指数化的投资策略。这种策略分两步：第一步是按照市场的组成比例来构筑有风险资产的组合，这样也一定实现了风险的分散化；第二步是将资金按照投资者的收益/风险偏好分投到无风险证券和所构筑的有风险市场组合中。这种策略调节起来非常方便。如果觉得风险偏大，则可适当增大投资于无风险证券的比例，否则反之。在各个金融市场中，已经有好些反映市场总体价格水平变化的指数，如著名的标准普尔 500 指数、日经 225 指数、《金融时报》100 指数、恒生指数，以及上证指数、深证指数等。它们的构成成分都反映了对应的市场所交易的各种资产的构成比例。以此类指数为基础而开发的指数产品，往往可以用来作为有风险市场组合的替代品，所以这种投资策略被称为指数化的投资策略。这种被动式的指数化的投资策略在西方被养老基金、共同基金等金融机构广泛地采用，并被用作评估其他主动式的投资策略绩效的依据。

我们可以清楚地看到，这种最优投资策略的制定确实与个别投资者的效用函数无关。这种投资策略的产生，是市场整合的结果。虽然它经常有悖于人们的常识和感觉，却是金融学的本质特性。学习和研究金融学的读者必须牢记这一点。

由市场组合（可以看作一个基金）和无风险证券（可以看作另一个基金）构成了新的两基金分离定理：所有的合乎理性的投资组合都是市场组合和无风险证券的一个线性组合，而所有这样的线性组合构成了资本市场线，参见图 5-6。这一新的两基金分离定理成为资本资产定价模型的基础。

七、资本资产定价模型

前述资本市场线理论就是资本资产定价模型核心内容。资本资产定价模型的提出，标志着分析金融学走向成熟。这一模型在 1965 年前后由威廉·夏普、约翰·林特纳和简·莫辛分别独立地提出。自马科维茨的开创性工作到提出资本资产定价模型，其间相隔 12 年，足见现代金融学发展道路的艰难与曲折。

资本资产定价模型有许多前提性的假设条件，主要包括市场的完善性和环境的无摩擦性（本节前面的分析实际上已经蕴含着这些假设）。现在我们对主要的假设条件做一些简单的介绍。

（1）市场上存在许多的投资者，与整个市场相比，每位投资者的财富份额都很小，所以投资者都是价格的接受者，不具备“做市”的力量，市场处于完善的竞争状态。

（2）所有的投资者都只计划持有投资资产一个相同的周期。所有的投资者都是“近视”的，只关心投资计划期内的情况，不考虑计划期以后的事情。

（3）投资者只能交易公开交易的金融工具如股票、债券等，即不把人力资本（教育）、私人企业（指负债和权益不进行公开交易的企业）、政府融资项目等考虑在内。并假设投资者可以不受限制地以固定的无风险利率借贷（容许卖空无风险证券）。

（4）无税和无交易成本，即市场环境是无摩擦的。

（5）所有投资者的行为都是理性的，都遵循马科维茨的投资组合选择模型优化自己的投资行为。

（6）所有的投资者都以相同的观点和分析方法来对待各种投资工具，他们对所有交易的金融工具未来的收益现金流的概率分布、预期值和方差都有相同的估计，这就是一致预期假设。

资本资产定价模型只有在这些条件成立的前提下才成立。

资本资产定价模型进一步要讨论的是单项有风险资产在资本市场上的定价问题。描述任何有风险资产组合的风险的标准差 σ_p 可表示为

$$\sigma_p = \left[\sum_{i=1}^{n} \sum_{j=1}^{n} w_i w_j \sigma_{ij} \right]^{1/2}$$

其中，w_i，$i = 1, 2, \cdots, n$ 为各项资产在组合中的权重。如果市场上一共就有 n 项有风险的资产，而组合 p 就是有风险资产的市场组合 M 的话，有

$$\sigma_{iM}=\sum_{j=1}^{n}w_{jM}\sigma_{ij}$$

从而：

$$\sigma_M=\left[\sum_{j=1}^{n}w_{iM}\sigma_{iM}\right]^{1/2}$$

其中，w_{iM} 是第 i 种资产在有风险资产的市场组合中的比重。

由此我们发现，有风险资产的市场组合的总风险只与各项资产与市场组合的风险相关性（各项资产的收益率与市场组合的收益率之间的协方差）有关，而与各项资产本身的风险（各项资产的收益率的方差）无关。这样，在投资者的心目中，如果 σ_{iM} 越大，则第 i 项资产对市场组合的风险的影响就越大，在市场均衡时，该项资产应该得到的风险补偿也就越大，于是得出以下的证券市场线（security market line，SML）：

$$E(r_i)=r_f+\frac{\left[E(r_M)-r_f\right]}{\sigma_M^2}\sigma_{i,M}$$

$$E(r_i)=r_f+\beta_i\left(E(r_M)-r_f\right)$$

其中，$\beta_i=\dfrac{\sigma_{iM}}{\sigma_M^2}$ 为第 i 项资产的 β 系数。图 5-7 画出了 β 系数和预期收益率之间的关系，这就是证券市场线。

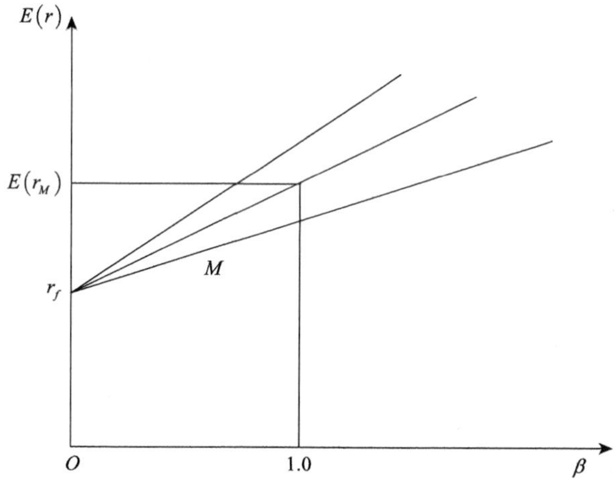

图 5-7　证券市场线

β 系数的一个重要性质是具有线性可加性。若在一包含 n 项资产的投资组合里，各项资产的比重是 w_i，则组合的 β 系数为

$$\beta_P=\sum_{i=1}^{n}w_i\beta_i$$

组合的收益率就是

$$E(r_f)=r_f+\beta_p\left(E(r_M)-r_f\right)$$

证券市场线（图 5-7）说明，一项有价证券的风险补偿应当是它的β系数乘以有风险资产的市场组合的风险补偿。如果一项资产的β系数大于 1，那么该项资产的风险补偿就大于市场组合的风险补偿，意味着这项资产在市场上的价格波动会大于市场的平均价格波动；如果一项资产的β系数小于 1，那么它的价格波动会小于市场的平均价格波动。从道理上讲，也可以有β系数为负的情况。这意味着该项证券的收益与整个市场存在负相关的关系。从我们已经介绍过的利率的期限结构理论知，无风险利率会随着时间而变化，因此r_f点会在轴的上下移动。当r_f点的位置变动时，如果证券市场线的斜率不变，则证券市场线发生上下平移，此时说明整个市场对待风险的态度没有发生变化。如果证券市场线的斜率变大，即绕着r_f点逆时针方向旋转，说明整个市场对风险的厌恶加大，对同样的风险要求有更多的风险补偿，市场趋于保守；如果证券市场线的斜率变小，即绕着r_f点顺时针方向旋转，整个市场对风险的厌恶减小，对同样的风险要求比较少的风险补偿，市场更富于进取精神。

证券市场线的斜率为零的情况在实际中是不会发生的，但这种情况在理论上很有用处。这时投资者对风险采取完全无所谓的态度，不对有风险资产要求任何风险补偿，这就是风险中性的情况。风险中性假设与无套利均衡之间存在非常深刻的联系，我们将逐步展开这方面的讨论。

资本资产定价模型有很多用途，最主要的有两个方面。第一，在投资基金的实际运作时，经理人员往往只经营他们所熟悉的若干种有价证券，而不是去经营一个市场组合，所以，证券市场线可以用来评估他们的经营业绩。第二，证券市场线常常用来作为确定资本成本的依据，尤其是对于一些非竞争性项目来说，是非常有用的。

案例分析：某客户公司股票价值评估

李某是某投资咨询公司的一名财务分析师，应邀评估某客户公司建设新项目对公司股票的影响。李某根据该客户公司及市场情况对公司未来的收益、β系数等进行了分析与估计。

（1）该公司本年度净利润为 300 万元，每股支付现金股利 1 元。新建项目运营后，第 1 年和第 2 年的净利润将高速增长，年均 10%；第 3 年转为正常，增长 6%；第 4 年及以后将保持该水平。

（2）该公司一直采用固定股利支付率的股利分配政策，并打算继续实行这一政策。

（3）公司的β系数为 0.8，如果将新项目考虑进去，β系数将提高到 1.4。

（4）无风险收益率（国库券）为 3.5%，市场要求的收益率为 9%。

（5）公司股票目前的市价为 19.6 元。李某准备用股利贴现模型，并考虑风险因素，对股票价值进行评估。

该公司的一位董事提出，如果采用股利贴现模型，股利越高，股价会越高，所以公司应改变原有的股利政策提高股利支付率。

问题

1. 参考固定股利增长贴现模型（说明模型原理），分析这位董事的观点是否正确。
2. 如果股利增加，对可持续增长率和公司股票的账面价值有何影响？
3. 假如你是一个投资者，你是否愿意购买该公司的股票？

第六章

融资决策

✧ 案例导入

优刻得科技股份有限公司（以下简称优刻得）是国内最大的中立第三方云计算服务商，于2012年3月16日成立，总部位于上海市杨浦区。截至2020年1月14日，优刻得共有6家全资子公司、3家控股子公司、3家参股公司及1家位于广州的分公司。依托在莫斯科、圣保罗、拉各斯、雅加达等全球部署的31个高效节能绿色数据中心，以及国内北、上、广、深、杭等11地线下服务站，优刻得已为全球上万家企业级客户提供云服务支持，间接服务终端用户数量达到数亿人。优刻得深耕用户需求，秉持产品快速定制、贴身应需服务的理念，推出适合行业特性的产品与服务，业务已覆盖包含互联网、金融、新零售、制造、教育、政府等在内的许多行业。2018年，优刻得荣膺“中国互联网企业百强榜”第100位。2019年10月，优刻得以70亿元的估值位列《2019胡润全球独角兽榜》第264位，在同行业中处于领先地位。2012年3月16日，公司的前身优刻得信息科技有限公司由3位股东共同发起设立，注册资本为100万元。2016年，经股东会决议，优刻得信息科技有限公司收购优刻得云计算100%股权。截至2018年5月，经过第二次股权转让及第八次增资，优刻得注册资本达到100 007 760元。2018年9月，经股东会决议，优刻得整体变更设立为股份有限公司，变更后注册资本为 300 006 000 元。2018年11月，公司又进行两次增资，增资扩股403万股，注册资本变更为300 006 400元。

2019年12月20日，经中国证券监督管理委员会《关于同意优刻得科技股份有限公司首次公开发行股票注册的批复》（证监许可〔2019〕2917 号）同意，优刻得向社会首次公开发行人民币股（A股）5 850万股，并于2020年1月20日正式在上海证券交易所科创板挂牌上市，成为中国云计算第一股，中国A股市场第一家同股不同权的上市公司。发行后优刻得总股本为42 253.216 4万股，本次发行的股份占其发行后总股本的13.8%。公司采用特别表决权结构，共同实际控制人季昕华、莫显峰及华琨持有的A类股份，每股拥有的表决权数量为其他股东（包括本次公开发行对象）持有的B类股份每股拥有的表决权数量的5倍。此次科创板IPO（initial public offering，首次公开募股）对优刻得会产生哪些影响？

第一节 融资概述

一、企业融资的动机

企业需要筹集资金，就像人需要食物、空气和水一样。企业在持续的生存与发展中，其具体的融资活动通常受特定的融资动机所驱使。企业融资的具体动机是多种多样的，如为购置设备、引进新技术、对外投资、现金周转、偿付债务和调整资本结构等。在企业实际的融资过程中，这些具体的动机有时是单一的，有时是结合的，总体来讲有 4 种基本类型，即创业融资动机、维持经营融资动机、扩张融资动机和偿债融资动机。

（一）创业融资动机

新建企业只有筹集到足够的注册资本，才能申请工商登记注册，企业才能成立。筹建过程中，种类繁多的开办费也需要资金解决。

（二）维持经营融资动机

在企业持续的生产经营活动中，设备购置与更新、材料采购、成本费用的开支会不断产生资金的需求，需要筹措和集中资金。

（三）扩张融资动机

企业成立以后，其经营规模基本上是由筹资规模决定的，企业在原有经营规模的基础上扩大生产和流通时，扩建厂房、增加营业面积、对外投资、兼并收购等都需要筹集追加的资金。

（四）偿债融资动机

在不少情况下，企业为了偿还债务而产生融资动机。因此，筹集资金是进行生产经营活动的客观需要，是企业再生产活动的第一推动力。迅速、经济、有效地筹集到企业所需的资金，是财务管理的首要任务。探索融资管理的基本要领、依据、规范、程序与技巧是财务管理学的重要内容。

二、企业融资的原则

企业融资是一项重要而复杂的工作，为了有效地筹集企业所需资金，必须遵循以下基本原则。

（一）规模适当原则

企业融资必须合理确定所需资金的数量，企业不论通过哪些融资渠道、什么融资方式融资，都要预先确定融资的规模。不同时期企业的资金需求量并不是一个常数，财务人员要认真分析生产、经营状况，采用科学的方法，预测资金的需要数量，合理确定融资规模。这样，既能避免因资金筹集不足，影响生产经营的正常进行，又可防止资金筹集过多，造成资金闲置。

（二）筹措及时原则

企业融资必须根据企业资金的投放时间来合理筹划，及时取得资金，使融资与投资在时间上相协调。企业财务人员在筹集资金时必须熟知资金时间价值的原理和计算方法，以便根据资金需求的具体情况合理安排筹集时间，适时获取所需资金。这样，既能避免过早筹集资金形成资金投放前的闲置，又能防止取得资金的时间滞后，错过资金投放的最佳时间。

（三）来源合理原则

资金的来源渠道和资本市场为企业提供了资金的源泉与融资场所，它反映资金的分布状况和供求关系，决定着融资的难易程度。不同来源的资金对企业的收益和成本有不同的影响，因此，企业应认真研究资金来源渠道和资本市场，合理选择资金来源。

（四）方式经济原则

在确定融资数量、融资时间、资金来源的基础上，企业在融资时还必须认真研究各种融资方式。企业筹集资金必然要付出一定的代价，不同融资方式的资金成本有高有低，为此，就需要对各种融资方式进行分析、对比，选择经济、可行的方式。与融资方式相联系的问题是资本结构问题，企业应确定合理的资本结构，以便降低成本，减少风险。

三、融资类型

（一）内部融资与外部融资

按照储蓄与投资的关系可将企业的资本来源分为内部融资与外部融资。简单来说，内部融资是指投资者利用自己的储蓄作为投资资本，外部融资是指投资者利用他人的储蓄作为投资资本。从企业的角度分析，内部融资包括企业的留存收益及经营活动提取的折旧，但是由于折旧主要用于重置损耗的固定资产的价值，故企业增量资本主要来源于留存收益。外部融资主要包括股票、债券、银行信贷资本等。

（二）直接融资与间接融资

在现代资本融通关系中，资本的转移与金融工具或有价证券密切相关，如果证券的发行者和持有者就是融资关系中的资本亏绌部门和资本盈余部门，便称为直接融资，即由资本亏绌部门直接向资本盈余部门发售“本源证券”来筹集资本。“本源证券”是指股票、认股权证、企业债券和商业票据等。如果金融中介机构另以自己的名义发行“辅助证券”，如存单、银行汇票、支票等，用以换取资本盈余部门的资本并以此换取资本亏绌部门的“本源证券”，便称为“间接融资”。

直接融资与间接融资相比，两者有明显的差别，主要表现为以下几个方面。

（1）融资机制不同。直接融资依赖于资本市场机制，如证券交易所，以各种证券，如股票和债券为中介；间接融资既可运用市场机制，也可运用计划或行政手段。

（2）融资范围不同。直接融资具有广阔的领域，可利用的融资渠道和融资方式比较多；间接融资的范围相对较窄。

（3）融资效率和融资费用不同。直接融资因程序较为繁杂，准备时间较长，故融资效率较低，费用较高；间接融资过程简单，手续简便，故融资效率较高，费用较低。

（4）融资效应不同。直接融资可使企业最大限度地筹集社会资本，并有利于提高企业的知名度和资信度，改善企业的资本结构；间接融资主要是为了适应企业资本周转的需要。

（三）债务融资、股权融资与混合性融资

债务融资是指企业根据需要取得且需按期还本付息的一种融资方式，债务融资往往通过银行、非银行金融机构、民间等渠道，采用申请贷款、发行债券、利用商业信用、租赁等方式筹措资本。股权融资是指可供企业长期拥有、自主调配使用，不需归还的一种融资方式，股权融资通常以国家资本、其他企业资本、职工资本与民间资本、境外资本等为融资渠道，采用吸收直接投资、发行股票、留存收益等方式筹措资本。混合性融资是指兼具股权融资与债务融资双重属性的长期融资类型，主要包括发行优先股融资和发行可转换债券融资。

（四）短期融资与长期融资

从理论上讲，企业每一项资产应该与一种跟它的到期日基本相同的融资工具相对应，即短期流动资产一般与短期资本来源相匹配，长期资产一般与长期资本相匹配。前者主要用来解决企业生产经营中季节性、临时性的资本短缺，可通过申请银行短期贷款、利用商业信用、经营租赁、票据贴现、应收账款让售等方式筹措资本。后者主要用来满足企业购建固定资产、取得无形资产、长期投资、垫支长期性流动资产等需要，可通过吸收直接投资、发行股票、发行债券、长期借款和租赁融资等方式筹措资本。相对来说，长期融资的风险小，但成本高，短期融资的风险大，但成本低。

（五）国内融资与海外融资

国内融资是指从国内各经济主体、金融机构、个人投资者等处取得资本的融资活动；海外融资指从国外政府、金融组织、企业及个人投资者等处取得资本的融资活动。前者必须遵守我国的法律法规，按照平等互利的原则处理融资者与投资者的关系。海外融资活动必须遵守国际经济惯例、了解国际资本市场和外汇管制、讲究信誉、遵守有关的法律、接受投资者的监督，并给予投资者相应的回报。

第二节 融资渠道与融资方式

一、企业融资渠道

企业融资渠道是指企业取得资金的来源方向与通道，体现着资本的源泉和流量。认识和了解各种融资渠道及其特点，有助于企业充分拓宽和正确利用融资渠道。我国企业目前融资渠道主要包括以下几个方面。

1. 国家财政资金

国家对企业的直接投资是国有企业特别是国有独资企业最主要的资金来源渠道。现有国有企业的资金来源中，其资本部分大多是由国家财政以直接拨款的方式形成的，除此以外，还有些是国家对企业“税前还贷”或减免各种税款所形成的。不管是何种形式形成的，从产权关系上看，它们都属于国家投入的资金，产权归国家所有。

2. 银行信贷资金

银行对企业的各种贷款，是我国目前各类企业最为重要的资金来源。我国银行分为商业银行和政策性银行两种。商业银行是以营利为目的、从事信贷资金投放的金融机构，它主要为企业提供各种商业贷款。政策性银行是为特定企业提供政策性贷款。

3. 非银行金融机构资金

非银行金融机构主要指信托投资公司、保险公司、租赁公司、证券公司、企业集团所属的财务公司等。它们所提供的各种金融服务，既包括信贷资金投放，也包括物资的融通，还包括为企业承销证券等金融服务。

4. 其他企业资金

企业在生产经营过程中，往往形成部分暂时闲置的资金，并为一定的目的而进行相互投资；企业间的购销业务可以通过商业信用方式来完成，从而形成企业间的债权债务关系，形成债务人对债权人的短期信用资金占用。企业间的相互投资和商业信用的存在，使其他企业资金也成为企业资金的重要来源。

5. 居民个人资金

企业职工和居民个人的结余资金，作为“游离”于银行及非银行金融机构等之外的个人资金，可用于对企业进行投资，形成民间资金来源渠道，从而为企业所用。

6. 企业自留资金

企业自留资金也称企业内部留存资金，是指企业内部形成的资金，主要包括提取公积金和未分配利润等，这些资金的重要特征之一是，它们无须企业通过一定的方式去筹集，而直接由企业内部自动生成或转移。

各种筹资渠道在体现资金供应量的多少时存在较大的差别。有些渠道的资金供应量多，如银行信贷资金和非银行金融机构资金等，而有些相对较少，如企业自留资金等。这种资金供应量的多少，在一定程度上取决于财务管理环境的变化，特别是宏观经济体制、银行体制和金融市场发展速度等因素。

二、企业融资方式

融资方式是指企业在筹集资金时选用的具体形式。我国企业目前融资方式主要有以下几种。

1. 吸收直接投资

吸收直接投资即企业按照“共同投资、共同经营、共担风险、共享利润”的原则直接吸收国家、个人、法人等投入资金的一种融资方式。

2. 发行股票

发行股票即股份公司通过发行股票筹措权益性资本的一种融资方式。

3. 利用留存收益

留存收益是指企业按规定从税后利润中提取的盈余公积金、根据投资人意愿和企业具体情况留存的应分配给投资者的未分配利润。利用留存收益融资是指企业将留存收益转化为投资的过程，它是企业筹集权益性资本的一种重要形式。

4. 借款

借款，即企业根据借款合同从有关银行或非银行金融机构借入的需要还本付息的款项。

5. 发行公司债券

发行公司债券，即企业通过发行债券筹措债务性资本的一种融资方式。

6. 利用商业信用

商业信用是指商品交易中的延期付款或延期交货所形成的借贷关系，它是企业筹集短期资金的重要形式。

7. 融资租赁

融资租赁，也称资本租赁或财务租赁，是区别于经营租赁的一种长期租赁形式，是指出租人根据承租人对租赁物和供货人的选择或认可，将其从供货人处取得的租赁物按融资租赁合同的约定出租给承租人占有、使用，并向承租人收取租金的一种交易活动，它是企业筹集长期债务性资本的一种方式。

8. 混合性融资

混合性融资方式通常包括发行优先股融资和发行可转换债券融资。优先股是相对普通股而言的，是较普通股具有某些优先权利，同时也受到一定限制的股票。可转换债券简称可转债，是指由公司发行并规定债券持有人在一定期限内按约定的条件可将其转换为发行公司普通股的债券。

三、融资渠道与融资方式的对应关系

融资渠道解决的是资金来源问题，融资方式则解决通过何种方式取得资金的问题，它们之间存在一定的对应关系。一定的融资方式可能只适用于某一特定的融资渠道，但是同一渠道的资金往往可采用不同的方式取得。它们之间的对应关系可用表 6-1 来表示。

表 6-1　融资渠道与融资方式的对应关系

融资渠道	融资方式						
	吸收直接投资	发行股票	利用留存收益	借款	发行公司债券	利用商业信用	融资租赁
国家财政资金	√	√					
银行信贷资金				√			
非银行金融机构资金	√	√		√	√		√
其他企业资金	√	√			√	√	√
居民个人资金	√	√			√		
企业自留资金	√		√				

第三节　资本成本

资本成本是企业融资决策的主要依据，也是投资决策的重要标准。本节着重从企业长期资本的角度，阐述资本成本的概念、性质、分类和测算方法。

一、资本成本概述

在财务管理学中，资本成本通常与要求报酬率、折现率等替代使用，它可能是我国理财学中出现的理解最为混乱的一个概念。在我国大多数的理财学教材中，资本成本最常见的定义如下：资本成本是指企业为筹集和使用资金而付出的代价，包括资金筹集费用和资金占用费用两部分。西方理财学界对资本成本的定义通常为“the rate of return a firm must earn on its project investment in order to maintain its market value and attract needed funds”（企业为了维持其市场价值和吸引所需资金而在进行项目投资时所必须达到的报酬率），或者“the cost of capital is the rate of return a firm must earn on investments in order to leave share price unchanged”（资本成本是企业为了使其股票价格保持不变而必须获得的投资报酬率）。人们对于这一财务概念的解释往往是基于表面的观察。例如，许多人觉得借款利率是资本成本的典型代表。

（一）资本成本的定义

《新帕尔格雷夫货币金融大辞典》为资本成本做的定义是，资本成本是商业资产的

投资者要求获得的预期收益率。以价值最大化为目标的企业的经理把资本成本作为评价投资项目的贴现率或最低回报率。也就是说，资本成本是投资者投资于某一项目或企业的机会成本，可以用投资者要求的必要报酬率来度量。

1958 年，莫迪格莱尼和米勒在《资本成本、公司财务和投资理论》一文中，提出了作为理财学奠基石的MM理论，由此揭开了资本成本和资本结构研究的序幕，围绕资本成本问题，莫迪格莱尼和米勒指出，在确定的条件下，利润最大化和市场价值最大化作为企业的目标来说是等价的，此时的资本成本可以简单地等价于债券利率。但是，现实却是不确定的，所以资本成本中必须加入风险折现的概念，进而指出投资决策应该建立在经过风险调整的折现率的基础之上。在企业现有的投资者看来，资本成本是一项实物资产投资可以被接受时应具有的最低预期收益率。

（二）资本成本的性质

1. 资本成本的实质是机会成本

这在财务决策中是极为关键的思想。例如，某企业有 A、B 两个项目，A 项目的报酬率是 10%，B 项目的报酬率是 12%。该企业为如期进行项目投资，与银行达成了借款协议，金额 200 万元，利率为 8%。在这种情况下，如果企业选择了 B 项目进行投资，那么，对B项目进行投资收益评价时的适用资本成本是多少呢？应当是被放弃的A项目的报酬率，即 10%，这是选择B项目的机会成本。具体言之，如果被选择的投资项目不能提供10%的报酬率，就必须放弃这一项目。在对 B 项目投资收益进行评价时，贷款利率 8%是不相关因素，尽管它决定了企业利息费用的多少。

2. 企业资本成本的高低由资本使用而非资本筹集所决定

资本成本取决于投资者对企业要求报酬率的高低，而这又取决于企业投资项目的预期风险水平，具体言之，资本成本归根结底是由投资风险所决定的。

站在企业理财的角度，资本成本就是要求报酬率，它与投资项目的风险程度呈正比例关系。因此，在财务理论分析中，资本成本、要求报酬率甚至预期报酬率均可以视为同义词。在确定股权资本成本时，所要考虑的核心因素就是股票投资者的要求报酬率。换言之，股票投资者的要求报酬率就是股权资本的资本成本。由此，可以很明显地看出关于资本成本实质的极为关键的一点，即企业投资项目的风险程度决定投资者的要求报酬率，而投资者的要求报酬率就是该项目投资的资本成本。

3. 资本成本是由资本市场评价得出的

资本成本是由资本市场评价得出的，因此，必须到资本市场去发现，而不是由企业自行设定。例如，股权资本成本即股票投资者的要求报酬率，这一报酬率是由股票投资者在资本市场上通过自己的行为影响股价而表现出来的。如果没有资本市场，投资者就无法确定要求报酬率，企业也就无法明确其资本成本。

4. 资本成本受到企业杠杆的影响

最早的、最系统的资本成本理论始自MM的资本结构理论。按照MM无公司税模型的看法，股权资本的资本成本高低取决于财务风险的大小。同时，在严格的假设条件下，增加负债只是提高了股权资本的成本，但由于股权资本在全部资金中所占比重的下降，企业的加权平均资本成本保持不变。

（三）资本成本的影响因素

在市场经济环境中，多方面因素的综合作用决定着企业资本成本的高低，其中主要有以下几种。

1. 总体经济环境

总体经济环境决定了整个经济中资本的供给和需求，以及预期通货膨胀的水平。总体经济环境变化的影响反映在无风险报酬率上。显然，如果整个社会经济中的资金需求和供给发生变动，或者通货膨胀水平发生变化，投资者也会相应改变其所要求的收益率。具体来说，如果货币需求增加，而供给没有相应增加，投资人便会提高其投资收益率，企业的资本成本就会上升；反之，则会降低其要求的投资收益率，使资本成本下降。如果预期通货膨胀水平上升，货币购买力下降，投资者也会提出更高的收益率来补偿预期的投资损失，导致企业资本成本上升。

2. 证券市场条件

证券市场条件影响证券投资的风险。证券市场条件包括证券的市场流动难易程度和价格波动程度。如果某种证券的市场流动性不好，投资者想买进或卖出证券相对困难，变现风险加大，要求的收益率就会提高，或者虽然存在对某证券的需求，但其价格波动较大，投资的风险大，要求的收益率也会提高。

3. 企业内部的经营和融资状况

企业内部的经营和融资状况指经营风险与财务风险的大小。经营风险是企业投资决策的结果，表现在资产收益率的变动上；财务风险是企业融资决策的结果，表现在普通股收益率的变动上。如果企业的经营风险和财务风险大，投资者便会有较高的收益率要求。

4. 项目融资规模

融资规模是影响企业资本成本的另一个因素。企业的融资规模大，资本成本较高。例如，企业发行的证券金额很大，资金筹集费和资金占用费都会上升，而且证券发行规模的增大还会降低其发行价格，由此也会增加企业的资本成本。

（四）资本成本的作用

资本成本是企业融资管理的一个重要概念，国际上将其视为一项财务标准，资本成本对于企业融资管理、投资管理，乃至整个财务管理和经营管理都有重要的作用。

1. 资本成本是选择融资方式、进行资本结构决策和选择追加融资方案的依据

个别资本成本是企业选择融资方式的依据。一个企业长期资本的筹集往往有多种融资方式可供选择，这些长期融资方式的个别资本成本高低不同，可作为比较选择各种融资方式的一个依据。

综合资本成本是企业进行资本结构决策的依据。企业的全部长期资本通常是由多种长期资本融资类型的组合构成的，企业长期资本的融资有多个组合方案可供选择，不同融资组合的综合资本成本的高低可以作为比较各个融资组合方案，进行资本结构决策的依据。

边际资本成本是比较、选择追加融资方案的依据。企业为了扩大生产经营规模，往往需要追加融资，不同追加融资方案的边际资本成本的高低可以作为比较、选择追加融资方案的依据。

2. 资本成本是评价投资项目、比较投资方案和进行投资决策的经济标准

一般而言，一个投资项目只有当其投资报酬率高于其资本成本时，在经济上才是合理的，否则该项目将无利可图，甚至发生亏损。因此，国际上通常将资本成本视为一个投资项目必须赚得的最低报酬率或必要报酬率，作为比较、选择投资方案的经济标准。在投资评价分析中可以将资本成本作为折现率，用于测算各个投资方案的净现值和现值指数，以比较、选择投资方案，进行投资决策。

3. 资本成本可以作为评价企业整体经营业绩的基准

企业的整体经营业绩可以用企业全部投资的利润率来衡量，并可与企业全部资本成本相比较，如果利润率高于成本率，可以认为企业经营有利；反之，则可以认为企业经营不利。

二、个别资本成本估算

准确估算企业的资本成本，对于企业的融资决策、投资决策、营运资本管理和企业业绩的评估等都有重大意义。最早的、最系统的资本成本估算理论始自MM的资本结构理论。此后，西方的财务学者和从业者对企业资本成本的估算进行了十分详细与全面的研究，而且在实践中也总结了一些切实可行的估算方法。

个别资本成本又可分为长期借款成本、债券成本、普通股成本、优先股成本和留存收益成本。前两种为债务资本成本，后三种为权益资本成本。

（一）长期借款成本

长期借款成本包括借款利息和融资费用。借款利息计入税前成本费用，可以起到抵税的作用。如果对资本成本计算结果的精确度要求较高，则可先采用现金流量折现的办法确定长期借款的税前成本，然后再计算其税后成本，公式为

$$L(1-F_l)=\sum_{t=1}^{n}\frac{I_t}{(1+K)^t}+\frac{P}{(1+K)^n} \tag{6-1}$$

$$K_l=K(1-T) \tag{6-2}$$

其中，L 为当前实际借入的资金额；P 为第 n 年末应偿还的本金；K 为所得税前的长期借款资本成本；K_l 为所得税后的长期借款资本成本；F_l 为长期借款融资费用率；T 为所得税税率。

式（6-1）中的等号左边是借款的实际现金流入，等号右边为借款引起的未来现金流出的现值总额，由各年利息支出的年金现值加上到期本金的复利现值计算得到。

按照这种办法，实际上是将长期借款的资本成本看作使这一借款的现金流入等于其现金流出现值的贴现率。运用时，先通过式（6-1），采用内插法求解借款的税前资本成本，再通过式（6-2）将借款的税前资本成本调整为税后的资本成本。

例 6-1 某企业取得 5 年期长期借款 1 000 万元，年利率为 12%，每年付息一次，到期一次还本，融资费用率为 0.5%，企业所得税率为 25%。该项借款的资本成本计算如下。

第一步，计算税前借款资本成本，根据式（6-1），代入数据有

$$1\,000\times(1-0.5\%)=\sum_{t=1}^{5}\frac{1\,000\times12\%}{(1+K)^t}+\frac{1\,000}{(1+K)^5}$$

查表，利率为 12%，5 年期的年金现值系数为 3.605；利率为 12%，5 年期的复利现值系数为 0.567。代入上式，计算等号右边有

$$1\,000\times12\%\times3.605+1\,000\times0.567-1\,000\times(1-0.5\%)=4.6\text{（万元）}$$

4.6 万元大于零，应提高贴现率再试。

查表，利率为 13%，5 年期的年金现值系数为 3.517；利率为 13%，5 年期的复利现值系数为 0.543。代入，有

$$1\,000\times12\%\times3.517+1\,000\times0.543-995=-29.96\text{（万元）}$$

–29.96 万元小于零，运用内插法求税前的借款资本成本：

$$12\%+\frac{4.6}{4.6+29.96}\times(13\%-12\%)=12.13\%$$

第二步，计算税后的借款资本成本：

$$K_l=K(1-T)=12.13\%\times(1-25\%)=9.10\%$$

（二）债券成本

公司在金融市场上发行债券，不但要支付一定的融资费用，而且还必须在债券期限内定期按债券面值和名义利率计算利息，支付给债券持有者。由于债券支付的利息可以减少税前收益而少交一部分所得税，故公司实际因支付债券利息而增加的开支是债券利息×（1–所得税税率）。

债券的融资费用一般比较高，不可在计算资本成本时省略，因此，债券资本成本就是指发行债券时收到的现金净流量的现值与预期未来现金流出量的现值相等时的折现

率。其测算公式如下：

$$B\left(1-F_b\right)=\sum_{t=1}^{n}\frac{I_b}{\left(1+K\right)^t}+\frac{P}{\left(1+K\right)^n} \tag{6-3}$$

$$K_b=K\left(1-T\right) \tag{6-4}$$

其中，K 为所得税前的债券资本成本；K_b 为所得税后的债券资本成本。

如果债券溢价或折价发行，则应当以实际发行价格作为现金流入，计算债券的资本成本。

例 6-2 某公司平价发行总面值为 500 万元的 10 年期债券，票面利率为 12%，发行费用率为 5%，企业所得税率为 25%。计算该债券的成本如下。

第一步，计算税前债券成本，根据式（6-3），得

$$500\times\left(1-5\%\right)=\sum_{t=1}^{10}\frac{500\times12\%}{\left(1+K\right)^t}+\frac{500}{\left(1+K\right)^{10}}$$

查表，利率为 2%，10 年期的年金现值系数为 5.650；利率为 12%，10 年期的复利现值系数为 0.322。代入上式右边，有

$500\times12\%\times5.650+500\times0.322-475=25$（万元）

25 万元大于零，应提高贴现率再试。

查表，利率为 14%，10 年期的年金现值系数为 5.216；利率为 14%，10 年期的复利现值系数为 0.270。代入上式右边，有

$500\times12\%\times5.216+500\times0.270-475=-27.04$（万元）

−27.04 万元小于零，运用内插法求税前的债券资本成本：

$$12\%+\frac{25}{25+27.04}\times\left(14\%-12\%\right)=12.96\%$$

第二步，计算税后的借款资本成本：

$K_b=K\left(1-T\right)=12.96\%\times\left(1-25\%\right)=9.72\%$

例 6-3 假定例 6-2 中的企业发行面值为 500 万元的 10 年期债券，票面利率为 12%，发行费用率为 5%，发行价格为 600 万元，企业所得税率为 25%。债券为溢价发行，计算该债券的成本如下。

第一步，计算税前债券成本：

$$600\times\left(1-5\%\right)=\sum_{t=1}^{10}\frac{500\times12\%}{\left(1+K\right)^t}+\frac{500}{\left(1+K\right)^{10}}$$

查表，利率为 12%，10 年期的年金现值系数为 5.650；利率为 12%，10 年期的复利现值系数为 0.322。代入上式右边，有

$500\times12\%\times5.650+500\times0.322-570=-70$（万元）

−70 万元小于零，应降低贴现率再试。

以贴现率为 10%试算，查表，10%，10 年期的年金现值系数为 6.145；10%，10 年期的复利现值系数为 0.386。代入上式右边，有

$500\times12\%\times6.145+500\times0.386-570=-8.3$（万元）

−8.3 万元仍小于零，降低贴现率再试。

以贴现率为9%试算，查表，9%，10 年期的年金现值系数为 6.418；9%，10 年期的复利现值系数为 0.422。代入，有

$$500\times12\%\times6.418+500\times0.422-570=26.08\ （万元）$$

26.08 万元大于零，运用内插法求税前的债券成本为

$$9\%+\frac{26.08}{26.08+8.3}\times(10\%-9\%)=9.76\%$$

第二步，计算税后的债券成本：

$$K_b=K(1-T)=9.76\%\times(1-25\%)=7.32\%$$

例 6-4 假定例 6-2 中的企业发行面值为 500 万元的 10 年期债券，票面利率为 12%，发行费用率为 5%，发行价格为 400 万元，企业所得税率为 25%。债券为折价发行，计算该债券的成本如下。

第一步，计算税前的债券成本：

$$400\times(1-5\%)=\sum_{t=1}^{10}\frac{500\times12\%}{(1+K)^t}+\frac{500}{(1+K)^{10}}$$

查表，利率为 12%，10 年期的年金现值系数为 5.650；12%，10 年期的复利现值系数为 0.322。代入上式右边，有

$$500\times12\%\times5.650+500\times0.322-380=120\ （万元）$$

120 万元大于零，应提高贴现率再试。

以贴现率为 16%试算，查表，16%，10 年期的年金现值系数为 4.833；16%，10 年期的复利现值系数为 0.227。代入上式右边，有

$$500\times12\%\times4.833+500\times0.227-380=23.48\ （万元）$$

23.48 万元仍大于零，提高贴现率再试。

以贴现率为 18%试算，查表，18%，10 年期的年金现值系数为 4.494；18%，10 年期的复利现值系数为 0.191。代入上式右边，有

$$500\times12\%\times4.494+500\times0.191-380=-14.86\ （万元）$$

−14.86 万元小于零，运用内插法求税前的债券成本为

$$16\%+\frac{23.48}{23.48+14.86}\times(18\%-16\%)=17.22\%$$

第二步，计算税后的债券成本：

$$K_b=K(1-T)=17.22\%\times(1-25\%)=12.92\%$$

（三）普通股成本

在资本成本估算中，普通股资本成本是最难估算的。从理论上说，普通股资本成本可以被看作在保持公司普通股市价不变的条件下，企业必须为股权投资者创造的最低收益率。其测算方法一般有三种，即股利折现模型、资本资产定价模型和风险溢价法。

1. 股利折现模型

股利折现模型的基本公式是

$$P_c(1-F_c)=\sum_{t=1}^{\infty}\frac{D_t}{(1+K_c)^t} \tag{6-5}$$

其中，P_c为普通股发行价格；F_c为普通股融资费用率；D_t为普通股第t年的股利；K_c为普通股投资必要报酬率，即普通股资本成本。

运用上述模型测算普通股资本成本，因具体的股利政策而有所不同。

（1）如果企业采用固定股利政策，每年分派现金股利 D，则可视为永续年金，资本成本可按下式测算：

$$K_c=\frac{D}{P_c(1-F_c)} \tag{6-6}$$

例 6-5 A 企业拟发行一批普通股，发行价格 12 元，每股发行费用 2 元，预定每年分派现金股利每股 1.2 元。其资本成本为

$$K_c=\frac{1.2}{12-2}=12\%$$

（2）如果企业采用固定增长的股利政策，则资本成本可按下式测算：

$$K_c=\frac{D_1}{P_c(1-F_c)}+g \tag{6-7}$$

其中，D_1为预期的第一年股利；g为普通股股利年增长率。

例 6-6 N 企业普通股每股发行价格为 100 元，融资费用率为 5%，预计下一次发放股利为 12 元/股，以后每年增长 4%。该普通股成本为

$$K_c=\frac{12}{100\times(1-5\%)}+4\%=16.63\%$$

2. 资本资产定价模型

按照资本资产定价模型，普通股投资的必要报酬率等于无风险报酬率加上风险报酬率，普通股成本的计算公式为

$$K_c=R_F+\beta(R_M-R_F)$$

其中，R_F为无风险报酬率；R_M为市场平均风险股票的必要报酬率；β为股票的贝塔系数。

例 6-7 某股票的β值为 1.5，市场平均风险股票的必要报酬率为 14%，无风险报酬率为 10%。该股票的资本成本为

$$K_c=10\%+1.5\times(14\%-10\%)=16\%$$

3. 风险溢价法

根据投资风险越大，要求的报酬率越高的原理，普通股股东对企业的投资风险大于债券投资者，因而会在债券投资者要求的报酬率之上再要求一定的风险报酬。据此，普通股成本的计算公式为

$$K_c = K_b + RP_c \tag{6-8}$$

其中，K_b 为债券成本；RP_c 为股东比债权人承担更大风险所要求的风险溢价。

债券成本比较容易计算，难点在于确定 RP_c 即风险溢价。风险溢价可以凭借经验估计。一般认为，某企业普通股风险溢价对其自己发行的债券来讲，在 3%~5%。当市场利率达到历史性高点时，风险溢价通常较低，在 3%左右；当市场利率处于历史性低点时，风险溢价通常较高，在 5%左右，而通常情况下，常常采用 4%的平均风险溢价。

例 6-8 M 企业已发行债券的投资报酬率为 8%，现准备发行一批股票，经分析该股票高于债券的投资风险报酬率为 4%，则该股票的资本成本为

$$K_c = 8\% + 4\% = 12\%$$

（四）优先股成本

优先股是介于债券和普通股之间的一种混合证券，与债权相同之处是要定期支付股息，不同之处是它没有到期日。与普通股相同之处是同为股权资本，其股息用税后收益支付，不能获得税收优惠。因此，从某种意义上说，优先股恰似一种无期债券，如果优先股股息每年相等，则可视为永续年金，其资本成本的测算公式如下：

$$K_p = \frac{D}{P_p\left(1 - F_p\right)} \tag{6-9}$$

其中，K_p 为优先股资本成本；D 为优先股年股利；P_p 为优先股发行价格；F_p 为优先股发行费用率。

例 6-9 B 企业准备发行一批优先股，每股发行价格 5 元，发行费用 0.2 元，预计年股利 0.5 元。其资本成本为

$$K_p = \frac{0.5}{5 - 0.2} = 10.42\%$$

（五）留存收益成本

企业的留存收益是由企业税后利润形成的，属于股权资本。从表面上看，企业留用利润并不花费什么成本，但实际上若从机会成本的角度来看，股东愿意将其留用于企业而不作为股利取出投资于别处，总是要求获得与普通股等价的报酬。因此，留用利润也有资本成本，不过是一种机会资本成本。留用利润资本成本的测算方法与普通股基本相同，只是不考虑融资费用。按照前述固定增长股利模型，留存收益资本成本的计算公式为

$$K_r = \frac{D_1}{P_c} + g \tag{6-10}$$

例 6-10 沿用例 6-6 的资料，不考虑融资费用，则留存收益的资本成本为

$$K_r = \frac{12}{100} + 4\% = 16\%$$

三、综合资本成本

由于受多种因素的制约，企业不可能只使用某种单一的融资方式，往往需要通过多种方式筹集所需资金。为进行融资决策，就要计算确定综合资本成本，即企业全部长期资本的总成本，它通常是以各种长期资本占全部资本的比重为权数，对个别资本成本进行加权平均计算确定的，因此亦称加权平均资本成本。综合资本成本的计算公式为

$$K_w = \sum_{j=1}^{n} K_j W_j \tag{6-11}$$

其中，K_w 为加权平均资本成本；K_j 为第 j 种个别资本成本；W_j 为第 j 种个别资本占全部资本的比重（权数）。

例 6-11 C 企业账面反映的长期资金共 5 000 万元，其中长期借款 1 000 万元，应付长期债券 500 万元，普通股 2 500 万元，保留盈余 1 000 万元；其成本分别为 6.7%、9.17%、11.26%、11%。该企业的综合资本成本为

$$6.7\% \times \frac{1\,000}{5\,000} + 9.17\% \times \frac{500}{5\,000} + 11.26\% \times \frac{2\,500}{5\,000} + 11\% \times \frac{1\,000}{5\,000} = 10.09\%$$

上述计算中的个别资本占全部资本的比重，是按账面价值确定的，其资料容易取得，但当资本的账面价值与市场价值差别较大时，如股票、债券的市场价格发生较大变动，计算结果会与实际有较大的差距，从而误导融资决策。为了克服这一缺陷，个别资本占全部资本比重的确定还可以按市场价值或目标价值确定，分别称为市场价值权数、目标价值权数。

市场价值权数指债券、股票以市场价格确定权数。这样计算的加权平均资本成本能反映企业目前的实际情况。同时，为弥补证券市场价格频繁变动的不便，也可选用平均价格。

目标价值权数是指债券、股票以未来预计的目标市场价值确定权数。这种权数能体现期望的资本结构，而不是像账面价值权数和市场价值权数那样只反映过去和现在的资本结构，所以按目标价值权数计算的加权平均资本成本更适用于企业筹措新资金。然而，企业很难客观合理地确定证券的目标价值，又使这种计算方法不易推广。

四、边际资本成本

（一）边际资本成本的概念

企业无法以某一固定的资本成本来筹措无限的资金，当其筹集的资金超过一定限度时，原来的资本成本就会增加。在企业追加融资时，需要知道融资额在什么数额上便会引起资本成本怎样的变化。这就要用到边际资本成本的概念。

边际资本成本是指资金每增加一个单位而增加的成本。边际资本成本也是按加权平均法计算的，是追加融资时所使用的加权平均资本成本。在现实中，边际资本成本通常在某一融资区间内保持稳定，当企业以某种融资方式融资超过一定限度时，边际资本成本会提高，此时，即使保持原有的资本结构，也可能导致加权平均资本成本上升。

（二）边际资本成本的计算和应用

以下举例说明边际资本成本的计算和应用。

例 6-12 D企业拥有长期资金400万元，其中长期借款60万元，资本成本3%；长期债券100万元，资本成本10%；普通股240万元，资本成本13%。目前的加权平均资本成本为 10.75%。由于扩大经营规模的需要，拟筹集新资金。经分析，认为筹集新资金后仍应保持目前的资本结构，即长期借款占15%，长期债券占25%，普通股占60%，并测算出了随融资额的增加各种个别资本成本的变化，见表6-2。

表 6-2 D企业追加筹资资本成本变化表

资金种类	目标资本结构	新融资额	资本成本
长期借款	15%	4.5 万元以内	3%
		4.5 万~9 万元	5%
		9 万元以上	7%
长期债券	25%	20 万元以内	10%
		20 万~40 万元	11%
		40 万元以上	12%
普通股	60%	30 万元以内	13%
		30 万~60 万元	14%
		60 万元以上	15%

1. 计算筹资突破点

因为花费一定的资本成本只能筹集到一定限度的资金，超过这一限度多筹集资金就要多花费资本成本，引起原资本成本的变化，于是就把在保持某资本成本的条件下可以筹集到的资金总额限度称为现有资本结构下的筹资突破点。在筹资突破点范围内融资，原来的资本成本不会改变；一旦融资额超过筹资突破点，即使维持现有的资本结构，其资本成本也会增加。筹资突破点的计算公式为

$$\text{筹资突破点}=\frac{\text{可用某一特定成本筹集到的某种资金额}}{\text{该种资金在资本结构中所占的比重}}$$

例如，在花费3%资本成本时，取得的长期借款融资限额为4.5万元，则其筹资突破点为

$$\frac{4.5}{15\%}=30\text{（万元）}$$

而在花费5%资本成本时，取得的长期借款融资限额为9万元，其筹资突破点则为

$$\frac{9}{15\%}=60\text{（万元）}$$

依此类推，资料中各种情况下的筹资突破点的计算结果见表6-3。

表 6-3 D 企业筹资突破点计算表

资金种类	资本结构	资本成本	新融资额	筹资突破点/万元	筹资总额范围
长期借款	15%	3%	4.5 万元以内	4.5/15%=30	0~30 万元
		5%	4.5 万~9 万元	9/15%=60	30 万~60 万元
		7%	9 万元以上		60 万元以上
长期债券	25%	10%	20 万元以内	20/25%=80	0~80 万元
		11%	20 万~40 万元	40/25%=160	80 万~160 万元
		12%	40 万元以上		160 万元以上
普通股	60%	13%	30 万元以内	30/60%=50	0~50 万元
		14%	30 万~60 万元	60/60%=100	50 万~100 万元
		15%	60 万元以上		100 万元以上

2. 计算边际资本成本

根据表 6-3 计算出的筹资突破点，可以得到 7 组筹资总额范围：①30 万元以内；②30 万~50 万元；③50 万~60 万元；④60 万~80 万元；⑤80 万~100 万元；⑥100 万~160 万元；⑦160 万元以上。对上述 7 组筹资总额范围分别计算加权平均资本成本，即可得到各种筹资总额范围的边际资本成本，计算结果见表 6-4。

表 6-4 D 企业边际资本成本表

筹资总额范围	资金种类	资本结构	资本成本	加权平均资本成本
30 万元以内	长期借款	15%	3%	3% × 15%=0.45%
	长期债券	25%	10%	10%×25%=2.5%
	普通股	60%	13%	13%×60%=7.8%
	第一个筹资总额范围的边际资本成本=10.75%			
30 万~50 万元	长期借款	15%	5%	5% × 15%=0.75%
	长期债券	25%	10%	10%×25%=2.5%
	普通股	60%	13%	13%×60%=7.8%
	第二个筹资总额范围的边际资本成本=11.05%			
50 万~60 万元	长期借款	15%	5%	5% × 15%=0.75%
	长期债券	25%	10%	10%×25%=2.5%
	普通股	60%	14%	14%×60%=8.4%
	第三个筹资总额范围的边际资本成本=11.65%			
60 万~80 万元	长期借款	15%	7%	7% × 15%=1.05%
	长期债券	25%	10%	10%×25%=2.5%
	普通股	60%	14%	14%×60%=8.4%
	第四个筹资总额范围的边际资本成本=11.95%			
80 万~100 万元	长期借款	15%	7%	7% × 15%=1.05%
	长期债券	25%	11%	11%×25%=2.75%
	普通股	60%	14%	14%×60%=8.4%
	第五个筹资总额范围的边际资本成本=12.2%			

续表

筹资总额范围	资金种类	资本结构	资本成本	加权平均资本成本
100 万~160 万元	长期借款	15%	7%	7% × 15%=1.05%
	长期债券	25%	11%	11%×25%=2.75%
	普通股	60%	15%	15%×60%=9%
	第六个筹资总额范围的边际资本成本=12.8%			
160 万元及以上	长期借款	15%	7%	7% × 15%=1.05%
	长期债券	25%	12%	12%×25%=3%
	普通股	60%	15%	15%×60%=9%
	第七个筹资总额范围的边际资本成本=13.05%			

以上计算结果用图形表达，可以更形象地看出融资总额增加时边际资本成本的变化（图 6-1），企业可依此做出追加融资的规划。图中同时显示了企业目前的投资机会，A 至 F 共 6 个项目。企业筹集资本首先用于内含报酬率最大的 A 项目，其次有可能选择 B 项目，依此类推。资本成本与投资机会的交点 90 万元是适宜的融资预算。此时可选择 A、B 和 C 3 个项目，它们的内含报酬率高于相应的边际资本成本。D 项目的内含报酬率虽然高于目前的资本成本，但低于为其融资所需的边际资本成本，是不可取的。

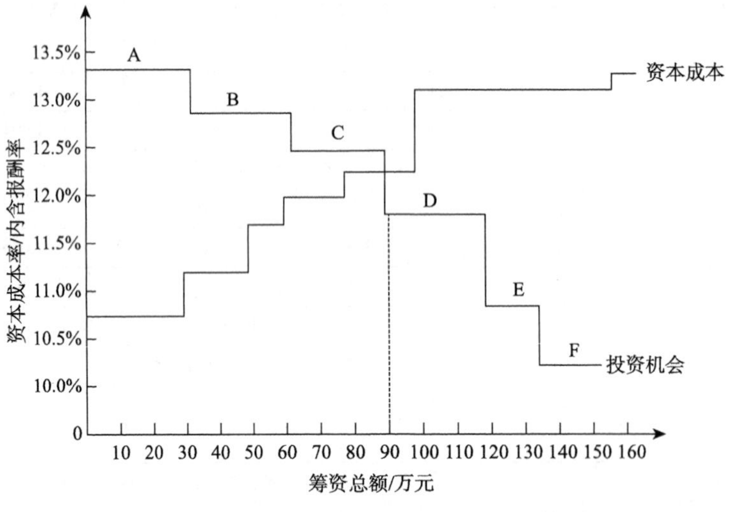

图 6-1　边际资本成本与投资机会规划示意图

第四节　财务杠杆

如果不存在固定成本，一般情况下企业从销售第一件产品开始就会产生利润，由于存在固定成本，当企业销售产品达到一定量时（盈亏平衡点）才会产生利润，不同水平的固定成本对应不同的产品数量（盈亏平衡点），企业由亏到盈临界点对应的产品数量，隐含着固定成本水平的高低，这个临界点对应的产品数量越大意味着固定成本越高。这就是经营杠杆要表达的意思。

如果企业不存在有息债务和所得税，企业赚得的盈余都属于股东，企业息税前利润和每股盈余之间相差的就是所得税和利息，息税前利润的变动和每股盈余变动的比较，就是利息的作用。这就是财务杠杆要表达的意思。

一、经营风险和经营杠杆

（一）经营风险

经营风险是指经营状况和经营环境的变化而导致企业利润变化的风险。影响企业经营风险的因素很多，主要有以下因素：一是产品需求的变化。市场对企业产品的需求越稳定，经营风险越小。二是销售价格。产品销售价格变动越小，经营风险越小。三是产品成本。产品成本不稳定会导致利润不稳定，因此，产品成本变化越大，经营风险也就越大。四是固定成本的比重。固定成本比重越大，单位产品所负担的固定成本额就越多，如果产量变化，单位产品所负担的固定成本也跟着变化，从而导致利润有较大幅度的变化，企业的经营风险也就越大；反之，经营风险就越小。

（二）经营杠杆

经营杠杆，也称营业杠杆或营运杠杆，是指企业在经营活动中由于营业成本中固定成本的存在而导致营业利润的变动率大于产销业务量变动率的杠杆效应。企业营业成本按其与产销业务量的依存关系可分为变动成本和固定成本两大类。其中，变动成本是指随着业务量的变动而成同比例增减变动的成本；固定成本是指在一定时期和一定业务量范围内，不受业务量增减变动的影响而保持相对固定不变的成本。

在其他条件不变的情况下，产销业务量的增加虽然不会改变固定成本总额，但会降低单位固定成本，从而提高单位利润，使营业利润（一般用息税前盈余表示）的增长率大于产销业务量的增长率；产销业务量的减少会提高单位固定成本，降低单位利润，使营业利润（息税前盈余）的下降率也大于产销业务量的下降率。

经营杠杆的大小一般用经营杠杆系数表示，它是指企业的息税前盈余变动率相当于销售量（销售额）变动率的倍数。其基本计算公式为

$$\mathrm{DOL}=\frac{\Delta \mathrm{EBIT}/\mathrm{EBIT}}{\Delta Q/Q}$$

$$\text{或}\quad =\frac{\Delta \mathrm{EBIT}/\mathrm{EBIT}}{\Delta S/S} \qquad (6\text{-}12)$$

其中，DOL 为经营杠杆系数；ΔEBIT 为息税前盈余变动额；EBIT 为变动前的息税前盈余；ΔQ 为销售量的变动额；Q 为变动前的销售量；ΔS 为销售额的变动额；S 为变动前的销售额。

式（6-12）是计算经营杠杆系数的基本公式，它对于定义和理解 DOL 很关键，但利用该公式，必须根据变动前和变动后的有关资料才能进行计算，而不能仅仅根据基期资料来进行计算，从而使得求解某一特定销售水平的 DOL 通常很困难。为此，我们可以从基本公式推导出直接利用基期资料计算经营杠杆系数的变形公式。经营杠杆系数的

基本计算公式可作如下变换：

$$\text{EBIT}=Q(P-V)-F$$

$$\Delta\text{EBIT}=\Delta Q(P-V)$$

$$\text{DOL}_Q=\frac{Q(P-V)}{Q(P-V)-F}$$

$$\text{或 DOL}_S=\frac{S-\text{VC}}{S-\text{VC}-F} \tag{6-13}$$

其中，DOL_Q 为当销售量为 Q 时的经营杠杆系数；Q 为销售量；P 为产品单位销售价格；V 为产品单位变动成本；F 为固定成本总额；DOL_S 为当销售额为 S 时的经营杠杆系数；S 为销售额；VC 为变动成本总额。

例 6-13 XYZ 公司的产品销量为 40 000 件，单位产品售价为 1 000 元，销售总额为 4 000 万元，固定成本总额为 800 万元，单位产品变动成本为 600 元，变动成本率为 60%，变动成本总额为 2 400 万元。其经营杠杆系数测算如下：

$$\text{DOL}_Q=\frac{40\,000\times(1\,000-600)}{40\,000\times(1\,000-600)-8\,000\,000}=2$$

$$\text{DOL}_S=\frac{40\,000\,000-24\,000\,000}{40\,000\,000-24\,000\,000-8\,000\,000}=2$$

在此例中，经营杠杆系数为 2 的意义在于：当企业销售增长 1 倍时，息税前盈余将增长 2 倍；反之，当企业销售下降 1 倍时，息税前盈余将减少一半。前种情形表现为经营杠杆利益，后一种情形则表现为经营风险。一般而言，企业的经营杠杆系数越大，经营杠杆利益和经营风险就越高；企业的经营杠杆系数越小，经营杠杆利益和经营风险就越低。

例 6-14 某企业产品销售单价为 50 元，单位产品的变动成本为 25 元，每年的固定成本总额为 10 万元，表 6-5 列出了该企业在各种产销业务量下的营业利润和经营杠杆系数。

表 6-5 某企业不同产销业务量下的营业利润与经营杠杆情况表

产销业务量/件（Q）	营业利润/元（EBIT）	经营杠杆系数（DOL）
0	−100 000	0.00
1 000	−75 000	−0.33
2 000	−50 000	−1.00
3 000	−25 000	−3.00
盈亏平衡点= 4 000	0	无穷大
5 000	25 000	5.00
6 000	50 000	3.00
7 000	75 000	2.33
8 000	100 000	2.00

通过图 6-2 可以更形象地反映表 6-5 中数据的关系，在坐标图中，横坐标代表产销业务量，纵坐标代表经营杠杆系数，其关系示意图如下。

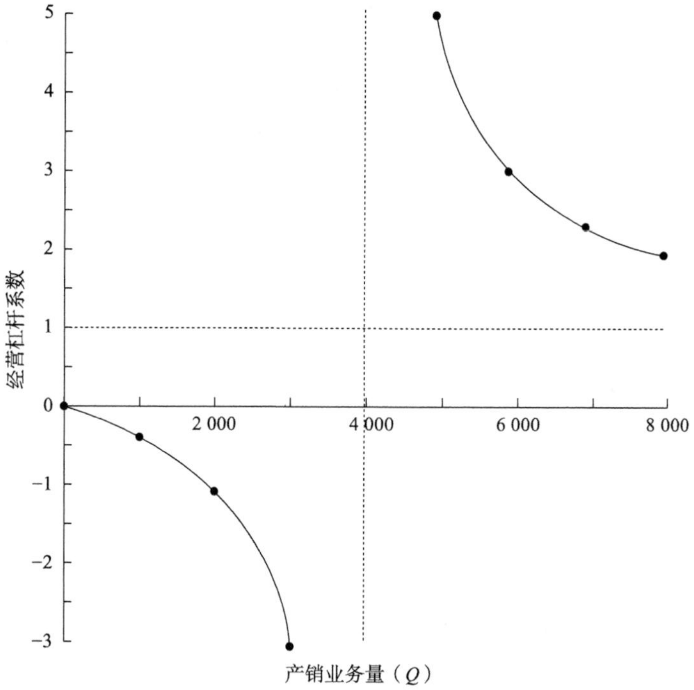

图 6-2 产销业务量与经营杠杆系数关系示意图

表 6-5 和图 6-2 反映出产销业务量与经营杠杆系数的如下关系。

第一，在固定成本不变的情况下，经营杠杆系数说明了销售量增长（减少）所引起利润增长（减少）的幅度。例如，DOL=3 说明在销售量为 6 000 万件时，销售量的增长（减少）会引起利润 3 倍的增长（减少）；DOL=2 说明在销售量为 8 000 万件时，销售量的增长（减少）将引起利润 2 倍的增长（减少）。

第二，销售量接近盈亏平衡点时，DOL 趋向于正（或负）的无穷大。例如，Q_{BE}=4 000 万时的情况，此时企业经营只能保本，若销售额稍有增加便可出现盈利，若销售额稍有减少便会发生亏损，营业利润对销售量变动的敏感性最强。

第三，销售量水平偏离盈亏平衡点越远，企业的营业利润或亏损的绝对值越大，经营杠杆系数越小，营业利润对销售量变动的敏感性越低。

第四，当销售量超过盈亏平衡点继续增长时，经营杠杆系数随销售额的增加而递减，且销售量趋于无穷大时，DOL 趋向于 1，这意味着固定成本的存在对营业利润造成的放大效应逐渐减小。

由此可见，在固定成本一定的前提下，经营杠杆系数主要取决于产销业务量水平。如果企业有很大的固定成本，但其经营水平远远超过了盈亏平衡点，则其 DOL 水平也较低；相反，固定成本水平很低的企业如果靠近盈亏平衡点进行经营，也将有巨大的DOL。

二、财务风险和财务杠杆

（一）财务风险

财务风险是指全部资本中债务资本比率的变化带来的风险。当债务资本比率较高时，投资者将负担较多的债务成本，并经受较多的负债作用所引起的收益变动冲击，从而加大财务风险；反之，当债务资本比率较低时，财务风险就小。

（二）财务杠杆

财务杠杆，也称筹资杠杆，是指企业在融资活动中由于固定财务费用的存在，使普通股每股盈余的变动幅度大于息税前盈余的变动幅度的杠杆效应。不论企业营业利润多少，债务的利息和优先股的股利通常都是固定不变的。当息税前盈余增大时，每 1 元盈余所负担的固定财务费用就会相对减少，这能给普通股股东带来更多的盈余；反之，当息税前盈余减少时，每 1 元盈余所负担的固定财务费用就会相对增加，这就会大幅度减少普通股的盈余。因此，企业利用财务杠杆，有时可能会给普通股股东带来额外的收益即财务杠杆利益，有时也可能造成一定的损失即财务风险。

对于不同的企业，财务杠杆的作用程度是不完全一致的，为此，需要对财务杠杆进行计量。对财务杠杆进行计量的最常用指标是财务杠杆系数。财务杠杆系数是普通股每股盈余的变动率相当于息税前盈余变动率的倍数。其基本计算公式为

$$\mathrm{DFL}=\frac{\Delta\mathrm{EPS}/\mathrm{EPS}}{\Delta\mathrm{EBIT}/\mathrm{EBIT}} \qquad (6\text{-}14)$$

其中，DFL 为财务杠杆系数；ΔEPS 为普通股每股盈余变动额；EPS 为变动前的普通股每股盈余；ΔEBIT 为息税前盈余变动额；EBIT 为变动前的息税前盈余。

式（6-14）是计算财务杠杆系数的理论公式，运用时必须已知变动前后的相关资料，比较麻烦。上述公式还可以进一步简化。

由于普通股每股盈余可以表示为

$$\mathrm{EPS}=\frac{(\mathrm{EBIT}-I)(1-T)-D_P}{N}$$

而利息费用 I、优先股股利 D_P 是固定不变的，因此，

$$\Delta\mathrm{EPS}=\frac{\Delta\mathrm{EBIT}(1-T)}{N}$$

代入财务杠杆系数的基本公式，得

$$\mathrm{DFL}=\frac{\Delta\mathrm{EBIT}(1-T)/N}{\left[(\mathrm{EBIT}-I)(1-T)-D_P\right]/N}\times\frac{\mathrm{EBIT}}{\Delta\mathrm{EBIT}}=\frac{\mathrm{EBIT}}{\mathrm{EBIT}-I-D_P/(1-T)}$$

即

$$\mathrm{DFL}=\frac{\mathrm{EBIT}}{\mathrm{EBIT}-I-D_P/(1-T)} \qquad (6\text{-}15)$$

其中，I 为债务利息；D_P 为优先股股息；T 为所得税税率；N 为发行在外的普通股股数。

例 6-15 甲、乙两企业的资金结构与普通股盈余如表 6-6 所示。

表 6-6 甲、乙两企业的资金结构与普通股盈余情况表

年份	项目	甲企业	乙企业
20×0	普通股发行在外股数（股）	20 000	10 000
	普通股股本（每股面值 100）	2 000 000	1 000 000
	债务（利息率 8%）	0	1 000 000
	资金总额	2 000 000	2 000 000
	息税前盈余	200 000	200 000
	债务利息	0	80 000
	税前利润	200 000	120 000
	所得税（税率 50%）	100 000	60 000
	净利润	100 000	60 000
	每股利润	5	6
20×1	息税前盈余增长率	20%	20%
	增长后的息税前盈余	240 000	240 000
	债务利息（利息率 8%）	0	80 000
	税前利润	240 000	160 000
	所得税（税率 50%）	120 000	80 000
	净利润	120 000	80 000
	每股利润	6	8
	每股利润增加额	1	2
	普通股利润增长率	20%	33.33%

在表 6-6 中，甲、乙两个企业的资金总额相等，息税前盈余相等，息税前盈余增长率也相等，不同的只是资本结构。甲企业全部资本都是普通股，乙企业的资金中普通股和债券各占一半。在息税前盈余增长 20%的情况下，甲企业每股盈余增长 20%，而乙企业却增长了 33.33%，这就是财务杠杆的作用。当然，如果息税前盈余下降，乙企业每股盈余的下降幅度要大于甲企业每股盈余的下降幅度。

根据表 6-6 的有关资料，甲、乙企业的财务杠杆系数分别为

$$DFL_{甲}=\frac{1/5}{40\,000/200\,000}=\frac{20\%}{20\%}=1$$

$$DFL_{乙}=\frac{2/6}{40\,000/200\,000}=\frac{33.33\%}{20\%}=1.67$$

或

$$DFL_{甲}=\frac{200\,000}{200\,000-0}=1$$

$$DFL_{乙}=\frac{200\,000}{200\,000-80\,000}=1.67$$

同理，按表 6-6 中 20×0 年的资料，可求出两企业 20×1 年的财务杠杆系数分别为 1 和 1.5。

这说明，在营业利润增加时，乙企业每股盈余的增长幅度大于甲企业的增长幅度；当然，当营业利润减少时，乙企业每股盈余减少得也更快。因此，当企业息税前盈余较多，增长幅度较大时，适当地利用债务性资本，发挥财务杠杆的作用，可增加每股盈余，使股票价格上涨，增加企业价值。

三、联合杠杆

（一）联合杠杆的概念

联合杠杆，也称总杠杆，是指经营杠杆和财务杠杆的综合运用，即固定生产经营成本和固定财务费用的共同存在而导致的每股盈余变动幅度大于产销业务量变动幅度的杠杆效应。如前所述，由于存在固定的生产经营成本，产生经营杠杆作用，使息税前盈余的变动率大于产销业务量的变动率；又由于存在固定的财务费用（如固定利息和优先股股利），产生财务杠杆作用，使企业每股盈余的变动率大于息税前盈余的变动率。如果企业既存在固定的生产经营成本，又存在固定的财务费用，这样，两种杠杆共同作用，使得销售额稍有变动就会引起每股盈余产生很大的变动。

（二）联合杠杆的计量

对联合杠杆进行计量的最常用指标是联合杠杆系数。联合杠杆系数是指每股盈余变动率相当于产销业务量变动率的倍数。其计算公式为

$$DCL=\frac{\Delta EPS/EPS}{\Delta S/S}=\frac{\Delta EPS/EPS}{\Delta Q/Q} \qquad (6\text{-}16)$$

其中，DCL 为联合杠杆系数；EPS 为变动前的每股盈余；ΔEPS 为每股盈余变动额；S 为变动前的销售额；ΔS 为销售额的变动额；Q 为变动前的产销量；ΔQ 为产销量的变动量。

例 6-16 某企业有关资料如表 6-7 所示，要求分析联合杠杆作用。

表 6-7 某企业的经营情况表

项目	20×0 年	20×1 年	20×1 年比 20×0 年增减变动率
销售收入①	1 000	1 200	+20%

续表

项目	20×0 年	20×1 年	20×1 年比 20×0 年增减变动率
变动成本②	400	480	+20%
固定成本	400	400	0
息税前盈余（EBIT）	200	320	+60%
利息	80	80	0
税前盈余	120	240	+100%
所得税（税率为 50%）	60	120	+100%
税后盈余	60	120	+100%
普通股发行在外的股数（万股）	100	100	0
每股盈余	0.6	1.2	+100%

注：①单位产品售价 10 元；②单位变动成本 4 元

该企业的联合杠杆系数为

$$\mathrm{DCL}=\frac{0.60/0.60}{200/1\,000}=\frac{100\%}{20\%}=5$$

为简化计算，可根据上述公式推导出计算联合杠杆系数的简单公式

$$\mathrm{DCL}=\frac{\Delta \mathrm{EPS}/\mathrm{EPS}}{\Delta S/S}$$

$$=\frac{\Delta \mathrm{EPS}/\mathrm{EPS}}{\Delta \mathrm{EBIT}/\mathrm{EBIT}}\times\frac{\Delta \mathrm{EBIT}/\mathrm{EBIT}}{\Delta S/S}$$

$$=\mathrm{DOL}\times\mathrm{DFL}$$

即联合杠杆系数等于经营杠杆系数与财务杠杆系数之积。因此，联合杠杆系数的计算公式可进一步变换为

$$\mathrm{DCL}=\frac{\mathrm{EBIT}+F}{\mathrm{EBIT}}\times\frac{\mathrm{EBIT}}{\mathrm{EBIT}-I-D_P/(1-T)}$$

$$=\frac{\mathrm{EBIT}+F}{\mathrm{EBIT}-I-D_P/(1-T)}$$

或 $$=\frac{Q(P-V)}{Q(P-V)-F-I-D_P/(1-T)}$$

根据表 6-7 中 20×0 年的资料，可求得该企业 20×1 年的联合杠杆系数为

$$\mathrm{DCL}=\frac{200+400}{200-80}=5$$

这就是说，在本例中，企业的产销业务量每增减 1%，每股盈余就会相应增减 5%。因此，产销业务量有一个比较小的增长，每股盈余就会大幅度增长；产销业务有比较小的下降，每股盈余也会大幅度下降。

第五节 资本结构理论与方法

一、资本结构理论

资本结构是指企业各种资金的构成及其比例关系。资本结构是企业融资决策的核心问题。企业应综合考虑有关影响因素，运用适当的方法确定最佳资本结构，并在以后追加融资中继续保持。企业现有资本结构不合理，应通过融资活动进行调整，使其趋于合理化。

在实务中，资本结构有广义和狭义之分。狭义的资本结构是指长期资本结构；广义的资本结构是指全部资金（包括长期资金和短期资金）的结构。由于短期资金的需要量和筹集是经常变化的，且在整个资金总量中所占比重不稳定，一般不列入资本结构管理范围，而作为营运资金管理。财务管理中的资本结构通常是指狭义的资本结构，即企业各种长期资金筹集来源的构成和比例关系。

由于资本结构是由各种融资方式筹集资本而形成的，而融资方式总的来看分为债务资本和权益资本两类，因此，资本结构问题总的来说就是指长期债务资本和权益资本各占多大比例的问题，也就是债务资本在企业全部资本中所占比重的问题。

资本结构理论是关于企业资本结构（或转化为债务资本比例问题）、企业综合资本成本率与企业价值三者之间关系的理论。它是企业财务理论的重要内容，也是资本结构决策的重要理论基础。

（一）净收益理论

净收益理论认为，在企业的资本结构中，债务资本的比例越大，企业的净收益或税后利润就越多，企业的价值就越高。这是因为债务利息和权益资本成本均不受财务杠杆的影响，无论负债程度多高，企业的债务资本成本和权益资本成本都不会变化。因此，只要债务资本成本低于权益资本成本，那么负债越多，企业的加权平均资本成本就越低，企业的净收益或税后利润就越多，企业的价值就越大，如图 6-3 所示。

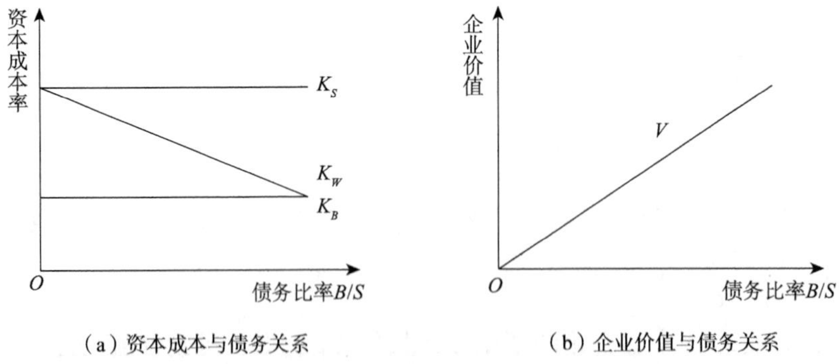

图 6-3 净收益理论下的资本结构与资本成本和企业价值的关系示意图

净收益理论是一种极端的资本结构理论观点。这种观点虽然考虑到财务杠杆利益，但忽略了财务风险。很明显，如果企业的债务资本过多，债务资本比例过高，财务风险就会很高，企业的综合资本成本率就会上升，企业的价值反而下降。

（二）净营业收益理论

净营业收益理论认为，在企业的资本结构中，债务资本的多少，比例的高低，与企业的价值没有关系。按照这种观点，企业的债务资本成本率是固定的，但股权资本成本率是变动的，企业的债务资本越多，财务风险就越大，股权资本成本率就越高；反之，企业的债务资本越少，财务风险就越小，股权资本成本率就越低。经加权平均计算后，企业的综合资本成本率不变，是一个常数。因此，资本结构与企业价值无关。从而可知，决定企业价值的真正因素应该是企业的净营业收益，如图 6-4 所示。

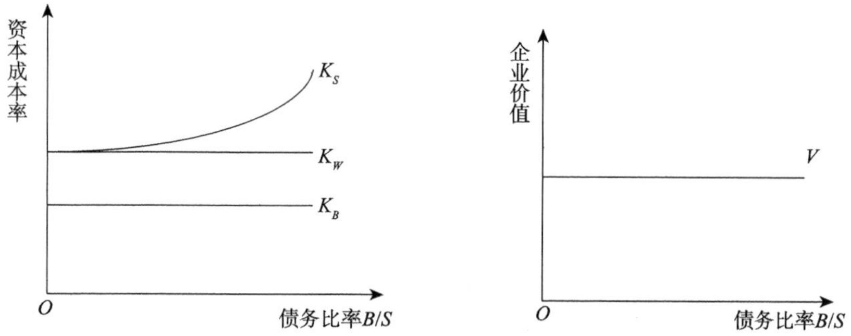

（a）资本成本与债务关系　　（b）企业价值与债务关系

图 6-4　净营业收益理论下的资本结构与资本成本和企业价值的关系示意图

净营业收益理论是另一种极端的资本结构理论观点。这种观点虽然认识到债务资本比例的变动会产生企业的财务风险，也可能影响企业的股权资本成本率，但实际上企业的综合资本成本率不可能是一个常数。企业净营业收益的确会影响企业价值，但企业价值也不仅仅取决于企业净营业收益的多少。

（三）传统理论

传统理论是一种介于净收益理论和净营业收益理论之间的理论。传统理论认为，企业利用财务杠杆尽管会导致权益成本的上升，但在一定程度内却不会完全抵消利用成本率低的债务所获得的好处，因此会使加权平均资本成本下降，企业总价值上升。但是，超过一定程度地利用财务杠杆，权益成本的上升就不再能为债务的低成本所抵消，加权平均资本成本便会上升。以后，债务成本也会上升，和权益成本的上升共同作用，使加权平均资本成本上升加快。加权平均资本成本从下降变为上升的转折点，是加权平均资本成本的最低点，这时的负债比率就是企业的最佳资本结构。

（四）权衡理论

现代资本结构研究的起点是 MM 理论。最初的 MM 理论认为，在某些严格的假设下，资本结构与企业价值无关，但是在现实生活中，有的假设是不能成立的，因此早期

MM 理论推导出的结论并不完全符合现实情况，只能作为资本结构研究的起点。此后，在早期 MM 理论的基础上不断放宽假设，继续研究，几经发展提出了税负利益–破产成本的权衡理论，如图 6-5 所示。

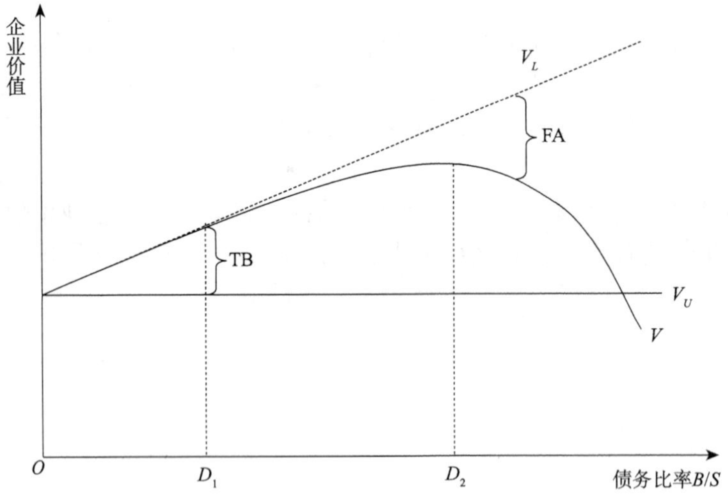

图 6-5 破产成本的权衡理论

其中，V_L 为只有负债税额庇护而没有破产成本的企业价值；V_U 为无负债时的企业价值；V 为同时存在负债税额庇护、破产成本的企业价值；TB 为负债税额庇护利益的现值；FA 为破产成本；D_1 为破产成本变得重要时的负债水平；D_2 为最佳资本结构。

图 6-5 说明：①负债可以为企业带来税额庇护利益。②最初的 MM 理论假设在现实中不存在，事实是各种负债成本随负债比率的增大而上升，当负债比率达到一定程度时，息税前盈余会下降，同时企业负担破产成本的概率会增加。③当负债比率未超过 D_1 点时，破产成本不明显；当负债比率达到 D_1 点时，破产成本开始变得重要，负债税额庇护利益开始被破产成本所抵消；当负债比率达到 D_2 点时，边际负债税额庇护利益恰好与边际破产成本相等，企业价值最大，达到最佳资本结构；负债比率超过 D_2 点后，破产成本大于负债税额庇护利益，导致企业价值下降。

二、资本结构管理方法

（一）息税前盈余–每股盈余分析法

债务的偿还能力是建立在未来盈利能力基础之上的。研究资本结构，不能脱离企业的盈利能力。企业的盈利能力，一般用息税前盈余表示。

债务融资是通过它的杠杆作用来增加股东财富的。确定资本结构不能不考虑它对股东财富的影响。股东财富通常可以用每股盈余来表示。

将债务的偿还能力和债务融资联系起来，分析资本结构与每股盈余之间的关系，进而来确定合理的资本结构的方法，就是息税前盈余–每股盈余分析法，简写为 EBIT-EPS 分析法。

EBIT-EPS 分析法因为要确定每股盈余的无差异点，所以又称每股盈余无差异点法。现举例说明如下。

例 6-17 ABC 公司目前拥有长期资本 850 万元，其资本结构为，长期债务 100 万元，普通股 750 万元。该公司现准备追加融资 150 万元，有三种融资方式可供选择，分别为增发普通股、增加长期债务、发行优先股，有关资料详见表 6-8。

表 6-8 ABC 公司目前和追加融资后的资本结构资料表

资本种类		目前的资本结构		追加融资后的资本结构					
				增发普通股		增加长期债务		发行优先股	
		金额/万元	比例	金额/万元	比例	金额/万元	比例	金额/万元	比例
长期债务		100	0.12	100	0.10	250	0.25	100	0.10
优先股		0	0	0	0	0	0	150	0.15
普通股		750	0.88	900	0.90	750	0.75	750	0.75
资本总额		850	1.00	1 000	1.00	1 000	1.00	1 000	1.00
其他资料	年债务利息额	9		9		27		9	
	年优先股股利额	0		0		0		15	
	普通股股数（万股）	10		13		10		10	

当息税前盈余为 160 万元时，为便于计算假定企业所得税率为 40%，可测算上述三种融资方式追加融资后的普通股每股盈余，如表 6-9 所示。

表 6-9 ABC 公司预计追加融资后的每股盈余测算表 单位：万元

项目	增发普通股	增加长期债务	发行优先股
息税前盈余	160	160	160
减：长期债务利息	9	27	9
所得税前利润	151	133	151
减：企业所得税（40%）	60.4	53.2	60.4
税后利润	90.6	79.8	90.6
减：优先股股利	0	0	15
普通股可分配利润	90.6	79.8	75.6
普通股股数（万股）	13	10	10
每股盈余（元）	6.97	7.98	7.56

由表 6-9 可知，在不同增资方式下，普通股每股盈余是不相等的。在息税前盈余为 160 万元的条件下，普通股每股盈余当增发普通股时最低，为每股 6.97 元；当增加长期债务时最高，为每股 7.98 元；当发行优先股时居中，为每股 7.56 元。这反映了在息税前盈余一定的条件下，不同的资本结构对普通股每股盈余的影响。

表 6-9 所测算的结果是在息税前盈余预计为 160 万元时的情况。那么，息税前盈余究竟为多少时，增发普通股或发行优先股更为有利呢？这需要通过测算息税前盈余平衡点来判断。其测算公式为

$$\frac{\left(\overline{\text{EBIT}}-I_1\right)(1-T)-D_{P_1}}{N_1}=\frac{\left(\overline{\text{EBIT}}-I_2\right)(1-T)-D_{P_2}}{N_2} \tag{6-17}$$

其中，$\overline{\text{EBIT}}$ 为息税前盈余平衡点，即每股盈余无差异点；I_1，I_2 为两种增资方式下的长期债务利息；D_{P_1}，D_{P_2} 为两种增资方式下的优先股股利；N_1，N_2 为两种增资方式下的普通股股数。

现将表 6-9 的有关资料代入式（6-17），进行测算。

（1）增发普通股与增加长期债务两种增资方式下的每股盈余无差异点为

$$\frac{\left(\overline{\text{EBIT}}-9\right)(1-40\%)}{13}=\frac{\left(\overline{\text{EBIT}}-27\right)(1-40\%)}{10}$$

$\overline{\text{EBIT}}=87$（万元）

（2）增发普通股与发行优先股两种增资方式下的每股盈余无差异点为

$$\frac{\left(\overline{\text{EBIT}}-9\right)(1-40\%)}{13}=\frac{\left(\overline{\text{EBIT}}-9\right)(1-40\%)-15}{10}$$

$\overline{\text{EBIT}}=117.3$（万元）

测算结果是，当息税前盈余为 87 万元时，增发普通股和增加长期债务的每股盈余相等；当息税前盈余为 117.3 万元时，增发普通股和发行优先股的每股盈余相等。为验证，还可列表测算，如表 6-10 所示。

表 6-10　ABC 公司每股盈余无差异点测算表　　单位：万元

项目	增发普通股	增加长期债务	增发普通股	发行优先股
息税前盈余	87	87	117.3	117.3
减：长期债务利息	9	27	9	9
所得税前利润	78	60	108.3	108.3
减：企业所得税（40%）	31.2	24	43.32	43.32
税后利润	46.8	36	64.98	64.98
减：优先股股利	0	0	0	15
普通股可分配利润	46.8	36	64.98	49.98
普通股股数/万股	13	10	13	10
每股盈余/元	3.6	3.6	5	5

上述每股盈余无差异点分析的结果可用图 6-6 表示。

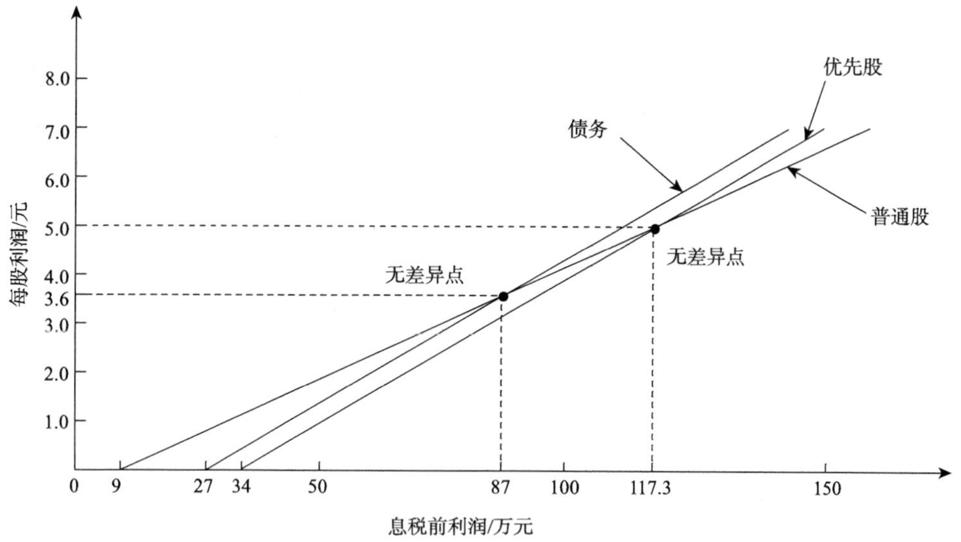

图 6-6　每股盈余无差异点分析示意图

由图 6-6 可见，每股盈余无差异点的息税前盈余为 87 万元的意义如下：当息税前盈余大于 87 万元时，增加长期债务的每股盈余要比增发普通股的每股盈余大，债务融资有利；当息税前盈余小于 87 万元时，增发普通股的每股盈余大于增加长期债务的每股盈余，普通股融资更有利；当息税前盈余等于 87 万元时，增发普通股与增加长期债务这两种融资方式的每股盈余相等。同理，每股盈余无差异点的息税前盈余为 117.3 万元的意义如下：当息税前盈余大于 117.3 万元时，发行优先股要比增发普通股有利；当息税前盈余小于 117.3 万元时，增发普通股比发行优先股更有利；当息税前盈余等于 117.3 万元时，增发普通股与发行优先股这两种融资方式的每股盈余相等。

（二）比较资本成本法

企业在做出融资决策之前，先拟定若干个备选方案，分别计算各方案的加权平均资本成本，并根据加权平均资本成本的高低来确定资本结构的方法，就是比较资本成本法。现举例说明如下。

例 6-18　长江公司现有资本结构如表 6-11 所示。普通股每股面值 1 元，发行价 10 元，目前市场价格也是 10 元，今年预期股利为 1 元/股，预计以后每年增加股利 5%。该企业所得税税率为 30%，假定发行的各种证券均无筹资费。

表 6-11　现有资本结构　　单位：万元

筹资方式	金额
债券（年利率 10%）	800
普通股（每股面值 1 元，发行价 10 元，共 80 万股）	800
合计	1 600

该企业现拟增资400万元，以扩大生产经营规模，现有如下三个方案可供选择。

甲方案：增加发行400万元的债券，因债务增加，投资人风险加大，债券利率增至12%才能发行，预计普通股股利不变，但由于风险加大，普通股市价降至8元/股。

乙方案：发行债券200万元，年利率为10%，发行股票20万股，每股发行价10元，预计普通股股利不变。

丙方案：发行股票36.36万股，普通股市价增至11元/股。

为了确定上述三个方案哪个最好，下面分别计算其加权平均资本成本。

（1）计算计划年初加权平均资本成本。各种资本的比重和资本成本分别为

$$W_B=\frac{800}{1\,600}=50\%$$

$$W_S=\frac{800}{1\,600}=50\%$$

$$K_B=10\%\times(1-30\%)=7\%$$

$$K_S=\frac{1}{10}+5\%=15\%$$

计划年初的加权平均资本成本为

$$K_{W0}=50\%\times7\%+50\%\times15\%=11\%$$

（2）计算甲方案的加权平均资本成本。各种资本的比重和资本成本分别为

$$W_{B_1}=\frac{800}{2\,000}=40\%$$

$$W_{B_2}=\frac{400}{2\,000}=20\%$$

$$W_S=\frac{800}{2\,000}=40\%$$

$$K_{B_1}=10\%\times(1-30\%)=7\%$$

$$K_{B_2}=12\%\times(1-30\%)=8.4\%$$

$$K_S=1/8+5\%=17.5\%$$

甲方案的加权平均资本成本为

$$K_{W_1}=40\%\times7\%+20\%\times8.4\%+40\%\times17.5\%=11.48\%$$

（3）计算乙方案的加权平均资本成本。各种资本的比重和资本成本分别为

$$W_B=\frac{200+800}{2\,000}=50\%$$

$$W_S=\frac{200+800}{2\,000}=50\%$$

$$K_B=10\%\times(1-30\%)=7\%$$

$$K_S=\frac{1}{10}+5\%=15\%$$

乙方案的加权平均资本成本为

$$K_{W_2}=50\%\times7\%+50\%\times15\%=11\%$$

（4）计算丙方案的加权平均资本成本。各种资本的比重和资本成本分别为

$$W_B=\frac{800}{2\,000}=40\%$$

$$W_S=\frac{400+800}{2\,000}=60\%$$

$$K_B=10\%\times(1-30\%)=7\%$$

$$K_S=1/11+5\%=14.1\%$$

丙方案的加权平均资本成本为

$$K_{W_3}=40\%\times7\%+60\%\times14.1\%=11.26\%$$

从以上计算结果可以看出，乙方案的加权平均资本成本最低，所以应选用乙方案，即该企业应保持原来的资本结构，50%为债务资本，50%为股权资本。

这种方法通俗易懂，计算过程也不是十分复杂，是确定资本结构的一种常用方法，但因所拟定的方案数量有限，故存在把最优方案漏掉的可能性。

（三）比较公司价值法

比较公司价值法是在充分反映公司财务风险的前提下，以公司价值的大小为标准，经过测算确定公司最佳资本结构的方法。与比较资本成本法和息税前盈余–每股盈余分析法相比，比较公司价值法充分考虑了公司的财务风险和资金成本等因素的影响，进行资本结构的决策以公司价值最大化为标准，更符合公司价值最大化的财务目标，但其测算原理及测算过程较为复杂，通常用于资本规模比较大的上市公司。

关于公司价值的内容和测算基础与方法，目前主要有两种认识。

（1）公司价值等于其未来净收益按照一定的折现率折现的价值，即公司未来净收益的折现值。这种测算方法的原理有其合理性，但因其中所含的不易确定的因素很多，难以在实践中加以应用。

（2）公司价值是其股票的现行市场价值。公司股票的现行市场价值可按其现行市场价格来计算，有其客观合理性，但是，一方面股票的价格经常处于波动之中，很难确定按哪个交易日的市场价格计算；另一方面只考虑股票的价值而忽略长期债务的价值不符合实际情况。

（四）因素分析法

在实际工作中，准确地确定最佳资本结构几乎是不可能的，所以，财务管理人员在进行上述定量分析的同时还要进行定性分析。定性分析主要是考虑影响资本结构的各种因素，并根据这些因素来确定企业合理的资本结构。定性分析法的关键是要科学地分析影响资本结构的各种因素，因此，定性分析法通常也被称为因素分析法。影响资本结构的基本因素主要包括以下几个方面。

1. 企业销售的增长情况

预计未来销售的增长率，决定财务杠杆在多大程度上扩大每股盈余，如果销售以8%~10%或更高的速度增长，使用具有固定财务费用的债务融资，就会扩大普通股的每股盈余，这一点已在实践中得到证明。

除了销售的增长率外，销售是否稳定对资本结构也有重要影响。如果企业的销售比较稳定，则可较多地负担固定的财务费用；如果销售和盈余有周期性，则负担固定的财务费用将冒较大的财务风险。

2. 企业所有者和管理人员的态度

企业所有者和管理人员的态度对资本结构也有重要影响，因为企业资本结构的决策最终是由他们做出的。

一个企业的股票如果被众多投资者所持有，谁也没有绝对的控制权，这个企业可能会更多地采用发行股票的方式来筹集资金，因为企业所有者并不担心控制权的分散；有的企业被少数股东所控制，股东们很重视控制权问题，企业为了保证少数股东的绝对控制权，一般尽量避免普通股融资，而是采用优先股或负债方式筹集资金。

管理人员对待风险的态度，也是影响资本结构的重要因素。喜欢冒险的财务管理人员可能会安排比较高的负债比例，一些持稳健态度的财务人员则会只使用较少的债务。

3. 贷款人和信用评级机构的影响

每一位企业的财务经理对如何运用财务杠杆都有自己的分析，但贷款人和信用评级机构的态度实际上往往成为决定财务结构的关键因素。

一般而言，企业财务管理人员都会与贷款人和信用评级机构商讨其财务结构，并充分尊重他们的意见。大部分贷款人都不希望企业的负债比例太大，如果企业坚持使用过多债务，则贷款人可能拒绝贷款。同样，如果企业债务太多，信用评级机构可能会降低企业的信用等级，这样会影响企业的再融资能力，增加企业的资本成本。

4. 行业因素

不同行业的资本结构有很大差别。财务经理必须考虑本企业所处的行业，以便考虑最佳的资本结构。

5. 企业规模

一般而言，企业规模越大，筹集资金的方式越多，如通过证券市场发行股票、吸收国家和法人单位投资等，因此，负债比率一般较低。一些中小型企业融资方式比较单一，主要靠银行借款来解决资金需求，因此，负债一般较高。

6. 企业的财务状况

获利能力越强、财务状况越好、变现能力越强的企业，就越有能力负担财务上的风险。因而，随着企业变现能力、财务状况和营利能力的增长，举债融资就越有吸引力。当然，有些企业，因为财务状况不好，无法顺利发行股票，只好以高利率发行债券来筹集资金。衡量企业财务状况的指标主要有流动比率、利息周转倍数、固定费用周转倍数、投资报酬率等。

7. 资产结构

资产结构会以多种方式影响企业的资本结构，具体如下：①拥有大量固定资产的企业主要通过长期负债和发行股票筹集资金；②拥有较多流动资产的企业，则更多依赖流动负债来筹集资金；③资产适用于抵押贷款的企业举债额较多，如房地产企业的抵押贷款就相当多；④以技术研究开发为主的企业则负债很少。

8. 所得税税率的高低

企业利用负债可以获得减税利益，因此，所得税税率越高，负债的好处越多，如果税率很低，则采用举债方式的减税利益就不十分明显。

9. 利率水平的变动趋势

利率水平的变动趋势也会影响到企业的资本结构。如果企业财务管理人员认为利息率暂时较低，但不久的将来有可能上升的话，便会大量发行长期债券从而在若干年内把利率固定在较低水平上。

以上因素都可能会影响到企业的资本结构，财务管理人员应在认真分析上述因素的基础上，根据经验来确定企业的资本结构。

最后需要说明的是，上面介绍的确定资本结构的定量分析法和定性分析法各有优缺点，在实际工作中应结合起来加以运用，以便合理确定本企业的资本结构。

第六节 融资管理与企业价值最大化

一、融资决策与企业价值

在财务理论研究中，融资决策对企业价值的影响是不容回避的一个问题，这一问题的解决与否以及如何解决对于整个理财学的发展都会产生重大的影响。MM 资本结构理论为这一问题的解决提供了一个科学的范式。根据MM资本结构理论，融资决策与资本预算决策对企业价值影响的机制是完全不一样的；投资决策是根本意义上的财务决策，只有资本预算决策才对企业价值产生根本的影响，而融资决策是派生的、处于从属地位的财务决策；现金流量与资本成本是财务决策影响企业价值的联结体。

按照严格的理论分析定义，资本结构是指长期负债（尤其是指公司债）与股权资本（尤其是指普通股）之间的比例关系。在众多的理论分析中，为了简化问题的难度，一般会假设企业只以公司债与普通股两种融资方式来筹措企业经营所需要的资金。那么资本结构理论，实际上是要探讨这样一个问题：在企业资本预算决策既定的情况下，以公司债融资与以普通股融资对企业价值会产生怎样的影响？

按照人们的一般想法，资本结构对企业价值应当产生重大的影响。这是因为债务的资本成本要比股权资本成本低得多。因此，较多地使用债务，企业的加权平均资本成本将趋于下降，就可以提高企业的价值。如果假设当债务比重提高时，债务成本与股票资本成本保持不变的话，最理想的资本结构应当是 100%的债务比率。但是，负债率的提高会增加企业的财务风险，进而会提高投资者对企业的报酬率要求，造成资本成本的提高。很明显，在这种情况下，企业的资本成本并不独立于其资本结构，而每一家企业均有其最佳的资本结构。

二、MM 资本结构理论

（一）MM 资本结构理论的基本观点

MM 资本结构理论是莫迪格莱尼和米勒两位财务学者所开创的资本结构理论的简称。1958 年，美国的莫迪格莱尼和米勒两位教授合作发表了《资本成本、公司财务与投资理论》一文。该文深入探讨了企业资本结构与企业价值的关系，创立了MM资本结构理论，并开创了现代资本结构理论的研究，这两位作者也因此荣获诺贝尔经济学奖。自 MM 资本结构理论创立以来，几乎所有的资本结构理论研究都是围绕它来进行的。

MM 资本结构理论的基本结论可以简要地归纳为，在符合该理论的假设之下，企业的价值与其资本结构无关。企业的价值取决于其实际资产，而不是其各类债务和股权的市场价值。

MM 资本结构理论的假设主要有如下九项：企业在无税收的环境中经营；企业营业风险的高低由息税前盈余的标准差来衡量，企业营业风险决定其风险等级；投资者对所有企业未来盈利及风险的预期相同；投资者不支付证券交易成本，所有债务利率相同；企业为零增长企业，即年平均盈利额不变；个人和企业均可发行无风险债券，并有无风险利率；企业无破产成本；企业的股利政策与企业价值无关，企业发行新债时不会影响已有债务的市场价值；存在高度完善和均衡的资本市场。这意味着资本可以自由流通，充分竞争，预期报酬率相同的证券价格相同，有充分信息，利率一致。

MM 资本结构理论在上述假设之下得出两个重要命题。

命题Ⅰ：无论企业有无债务资本，其价值（普通股资本与长期债务资本的市场价值之和）等于企业所有资产的预期收益额按适合该企业风险等级的必要报酬率予以折现。其中，企业资产的预期收益额相当于企业扣除利息、税收之前的预期盈利，即息税前盈余；与企业风险等级相适应的必要报酬率相当于企业的综合资本成本率。因此，命题Ⅰ的基本含义如下：第一，企业的价值不会受资本结构的影响；第二，有债务企业的综合资本成本率等同于与它风险等级相同但无债务企业的股权资本成本率；第三，企业的股权资本成本率或综合资本成本率视企业的营业风险而定。

命题Ⅱ：命题Ⅱ的基本含义是，利用财务杠杆的企业，其股权资本成本率随融资额的增加而提高。因此，企业的市场价值不会随债务资本比例的上升而增加，因为便宜的债务给企业带来的财务杠杆利益会被股权资本成本率的上升而抵消，最后使有债务企业的综合资本成本率等于无债务企业的综合资本成本率，所以企业的价值与其资本结构无关。

上述MM资本结构的基本理论是在一系列假设的前提下得出的。在企业的融资实务中，几乎没有哪一家企业不关注资本结构。因此，MM 资本结构的基本理论还需要发展。

（二）MM 资本结构理论的修正观点

莫迪格莱尼和米勒于 1963 年合作发表了另一篇论文——《公司所得税与资本成本：一项修正》。该文取消了企业无所得税的假设，认为若考虑企业所得税的因素，企业的价值会随财务杠杆系数的提高而增加，从而得出企业资本结构与企业价值相关的结论。修正的 MM 资本结构理论同样提出两个命题。

命题Ⅰ：MM 资本结构理论的企业所得税观点。有债务企业的价值等于有相同风险但无债务企业的价值加上债务的节税利益。

根据该命题，当企业举债后，债务利息可以计入财务费用，形成节税利益，由此可以增加企业的净收益，从而提高企业的价值。随着企业债务比例的提高，企业的价值也会提高。

有债务企业的股权资本成本率等于无债务企业的股权资本成本率加上风险报酬率，风险报酬率的高低则视企业债务的比例和所得税率而定。随着企业债务比例的提高，企业的综合资本成本率会越低，企业的价值也会越高。

按照修正的MM资本结构理论，企业的资本结构与企业的价值不是无关，而是大大相关，并且企业债务比例与企业价值呈正相关关系。这个结论与早期资本结构理论的净收益观点是一致的。

命题Ⅱ：MM 资本结构理论的权衡理论观点。随着企业债务比例的提高，企业的风险也会上升，因而企业陷入财务危机甚至破产的可能性也就越大，由此会增加企业的额外成本，降低企业的价值。因此，企业最佳的资本结构应当是节税利益和债务资本比例上升而带来的财务危机成本与破产成本之间的平衡点。

财务危机是指企业对债务人的承诺不能兑现，或者难于兑现。财务危机在某些情况下会导致企业破产，因此企业的价值应当扣除财务危机成本的现值。财务危机成本取决于企业危机发生的概率和危机的严重程度。根据企业破产发生的可能性，财务危机成本可分为有破产成本的财务危机成本和无破产成本的财务危机成本。

当企业债务的面值总额大于其市场价值时，企业面临破产，这时，企业的财务危机成本是有破产成本的财务危机成本。企业的破产成本又有直接破产成本和间接破产成本两种。直接破产成本包括支付律师、注册会计师和资产评估师等的费用。这些费用实际上是由债务人所承担的，即从债务人的利息收入中扣除。因此，债务人必然要求与企业破产风险相应的较高的报酬率，企业的债务价值和企业的总价值也因而降低。企业的间接破产成本包括企业破产清算损失及企业破产后重组而增加的管理成本。企业的破产成本增加了企业的额外成本，从而会降低企业的价值。

当企业发生财务危机但还不至于破产时，同样存在着财务危机成本并影响企业的价值。这时的财务危机成本是无破产成本的财务危机成本。这种财务危机成本对企业价值的影响是通过股东为保护其利益，在投资决策时以股票价值最大化目标代替企业价值最大化目标而形成的。当企业的经营者按此做出决策并予以执行时，会使企业的节税利益下降并降低企业价值。因此，债务带来的企业财务危机成本抑制了企业通过无限举债而增加企业价值的冲动，使企业的债务比例保持在适度的区间内。

三、MM 资本结构与企业价值

企业价值理论是现代财务理论的核心内容。MM 理论的重大贡献之一就是对企业价值进行了科学的界定与度量，为以后企业价值理论的发展奠定了基础。

按照 MM 的定义，企业价值是企业未来经营活动所创造现金流量的现值：

$$V_L = V_U = \frac{\text{EBIT}}{K_{\text{WACC}}} \tag{6-18}$$

在以上模型中，V_L 为有负债公司的价值；V_U 为无负债公司的价值；EBIT 就是息税前盈余，是经营活动所创造的现金流量，现金流量越多，企业价值就越大；K_{WACC} 是将未来现金流量进行资本化以得出企业价值数量的资本化率，其高低反映着企业风险的大小。这样，理解企业价值概念有以下两点极为重要：一是企业价值是未来现金流量的资本化；二是现金流量是企业经营活动的结果。

既然如此，那么在MM资本结构理论的发展过程中，有些问题就有必要进行更深一步的探讨。在有公司税的情况下，企业价值可以定义为

$$V_L = V_U + T_D \tag{6-19}$$

其中，T_D 为负债的节税利益。换言之，企业价值由以下两部分构成：

企业价值=源自经营活动现金流量的价值+源自利息抵税收益的现金流量的价值

在这里，现金流量并没有按照它们产生的渠道进行严格的划分。源自利息抵税收益的现金流量与源自经营活动现金流量一样，被视为是产生企业价值的重要因素。若从财务决策的视角，现金流量的源头是一个极为关键的问题，不容忽视。作为投资者财富增加的保障，同时，也是企业之所以存在的缘由，经营活动创造的现金流量才是企业价值增加的唯一途径。无疑，MM 无企业税资本结构理论关于企业价值的模型极好地体现了这一点。

从企业与投资者的角度而言，利息抵税收益确实带来了现金流量的增加，但必须明确的是，利息抵税收益源自企业的融资决策与所得税法，与经营活动创造的现金流量之间有着本质的不同。进一步讲，即使是利息抵税收益对企业价值的正向影响也是通过经营活动所创造的现金流量来达到的。没有理想的经营活动，没有理想的经营活动现金流量，利息抵税效应便很难发挥作用。总之，严格而论，企业经营活动所带来的现金流量才是创造企业价值的唯一途径，其他任何形式的现金流量（包括利息抵税产生的现金流入，财务危机、代理冲突产生的现金流出等）不过是对企业价值所做的调整而已，无关企业价值的实质。作为企业财务管理活动的目标追求，企业价值的性质正在于此。

既然经营活动创造现金流量是企业价值的唯一源头，那么，决定企业价值的根本因素只有一个，就是资本预算决策。科学的资本预算决策总是能够在企业发展的任何一个阶段产生大量的、预测中的现金流量，从而保证企业价值的持续增长。至于其他的财务决策均应当保障资本预算决策的顺利实施和投资目标的实现。

自理财行为开始，直至企业价值最大化，投资者财富最大化，其程序大致如图 6-7 所示。

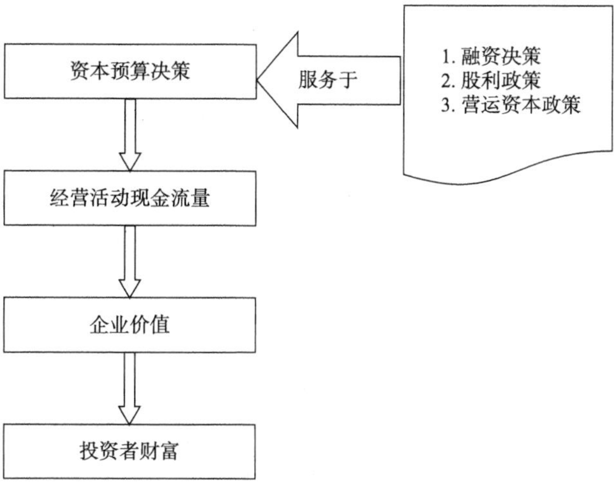

图 6-7 价值创造流程图

图 6-7 表明，决定企业价值的财务决策是资本预算决策。通过科学的资本预算决策，企业可以创造理想的经营活动现金流量，结合合理的风险控制，促进企业的价值创造，进而实现投资者财富的最大化。与资本预算决策相比较，融资决策是派生的、从属的、次要的财务决策。融资决策等其他从属的财务决策的主要目的是保证资本预算决策的顺利实施，保证规划中经营活动现金流量的实现。例如，在融资决策中，采用有力的融资方式，选择合理的融资时机，确定科学的融资组合等，在很大程度上都取决于企业资本预算决策的性质和特点。从根本上讲，融资资本成本的高低同样取决于这些融集的资金的最终用途。离开资本预算决策，从属的财务决策的优劣将无从判断。

案例分析：短借长投致逾期债务恶化

吉恩镍业（以下简称公司）2003 年上市，主营业务主要为硫酸镍、电解镍。经过上市后的几年发展，公司规模迅速扩大。截至 2008 年，公司营业收入和总资产规模分别为 18.22 亿元、47.75 亿元，相对于 2004 年的 9.12 亿元、13.54 亿元，呈现大幅增长。进入 2009 年，在次贷危机过后，中国企业特别是国有企业在海外开启了“买买买”模式，收购矿产成为国内企业海外投资的一个重要方向。在此大潮中，公司也开启了海外并购序幕。

2009 年 8 月，公司拟出资 1.485 亿加元通过全资子公司加拿大吉恩国际投资有限公司（以下简称吉恩国际）与加拿大 GBK 公司共同成立合资企业——吉恩加拿大矿业公司，要约加拿大皇家矿业 100%股权以及全部 2015 年 3 月 31 日到期的 7%可转换高级无担保债。双方在项目公司中的权益比例为吉恩国际占 75%，GBK 公司占 25%。本次收购的资金主要来源于公司自有资金及银行贷款。当时，皇家矿业因经济危机自 2008 年 8 月起暂停建设，处于维护状态。上述收购后，公司开启了先用借款投入矿产，后用定增资金偿还借款的发展模式。2010 年，公司定增募集资金净额 7.55 亿元，其中仅 1.2 亿元用于补充流动资金，2.94 元用于与 GBK 公司合作勘探镍资源项目。

为了解决吉恩加拿大矿业公司的股权比例纠纷及合资探矿权益纠纷，公司与 GBK 公司分别对对方发起仲裁及/或诉讼。2012 年 1 月，公司以 1 亿加元（折合人民币约 6.29 亿元）要约收购 GBK 公司 100%股权，资金来源为本公司自筹及银行贷款。公司曾在 2012 年发布定增方案，拟募资不超过 60 亿元，扣除发行费用后拟投资“吉恩镍业印尼红土矿冶炼（低镍锍）项目”，但该方案在 2013 年 6 月未获得中国证券监督管理委员会批准。2014 年 2 月，由于加拿大魁北克省政府罢工，矿山所处地理位置偏僻等因素导致建设期延长，公司增加投资皇家矿业 Nunavik 镍矿项目 1.95 亿加元，调整后，该项目总投资为 11.64 亿加元（折合人民币约 73.86 亿元），该项目是公司海外投资最大的项目。项目投资资金来源为本公司、吉恩国际及皇家矿业自筹和借款。值得注意的是，公司 2014 年完成非公开发行股票工作，募集资金净额 58.79 亿元，用于偿还银行及其他机构借款。虽然上述定增在一定程度上缓解了公司偿债压力，但在 2015 年，公司资产负债率仍高达 72.61%。在业绩低迷的情况下，公司在 2016 年仍耗资 1 亿加元（折合人民币约 5.13 亿元）收购因资金短缺停产近两年的 QuebecLithium Inc.的锂矿资产。当年公司在建工程金额 15.09 亿元，同比增加 244.87%，原因是当年公司收购的加拿大锂矿项目改造转入在建和吉恩国际采矿附属工程项目投资增加。截至 2017 年末，公司 2016 年收购的锂矿资产在建工程 15.68 亿元，未达到正常运营状态，后续还要进行一定规模的工艺改造和基础设施建设。该工程项目已抵押，同期剩余未付长期借款额为 3.67 亿元。2016 年和 2017 年，公司的资产负债率更是分别高达 86.22%、100.70%。值得注意的是，公司曾在 2016 年计划通过定增募资不超过 41 亿元，扣除发行费用后，12.66 亿元用于年产 2 万吨锂电池正极材料研发生产基地建设项目，12 亿元用于偿还公司和吉恩国际银行及其他机构借款。公司本欲借此机会进军新材料、新项目，进行主业转型升级，并降低公司财务费用和偿债风险，但由于再融资政策调整、资本市场环境变化，2017 年 1 月公司终止了上述定增方案。高额的银行贷款让公司利息支出大幅增加，2013 年公司利息支出仅为 3.8 亿元，2014~2017 年公司利息支出分别高达 8.59 亿元、9.69 亿元、10.96 亿元、12.73 亿元。虽然历时多年投资，但皇家矿业并未能给公司带来效益。90%以上资产投资于皇家矿业的吉恩国际，2015 年实现营业收入 13.29 亿元，净利润亏损 9.75 亿元。2016 年，公司将吉恩国际 100%股权转由广源投资持有。2016 和 2017 年，广源投资营业收入分别为 13.05 亿元、15.79 亿元，净利润亏损分别为 1.31 亿元、2.93 亿元。

由于公司主要产品市场价格持续下跌，部分固定资产、在建工程及无形资产出现减值，为此公司大幅计提减值准备，但让公司亏损额进一步扩大。2015~2017 年，公司资产减值计提金额分别为 15.5 亿元、5.96 亿元、5.61 亿元，增加同期公司合并报表中归属母公司净亏损额分别为 12.28 亿元、4.67 亿元、5.23 亿元。

在金融严监管背景下，*ST（退市风险警示）吉恩国际终于在 2018 年 5 月被宣布退市。

问题

1. 短借长投会给企业带来什么好处？什么原因会导致企业选择短借长投？
2. 短借长投会给企业带来什么不利？
3. 如何评价该公司的短借长投行为？

第七章

股利决策

✧ 案例导入

万科企业股份有限公司（以下简称万科）于1988年进入房地产行业，经过三十多年的发展，已成为国内领先的城乡建设与生活服务商。2020年，万科继续荣登《财富》“世界500强”，位列榜单第208位。根据财政部《关于编制合并会计报告中利润分配问题的请示的复函》（财会函〔2000〕7号）的要求，公司利润分配及分红派息基于母公司的可分配利润。2020年度按照中国会计标准和国际财务报告准则，母公司可分配利润为人民币420.86亿元。

根据有关法规及公司章程的规定，综合考虑股东利益及公司长远发展需求，万科董事会向股东大会提交2020年度利润分配方案如下：①母公司公积金已超过公司股本的50%，本年不计提法定公积金；②按照母公司净利润的65%计提任意公积金，共计26 640 070 412.83元；③按照母公司净利润的35%和2019年度未分配利润共同作为分红基金的来源，共计15 446 353 590.93元。

根据股东大会审议通过的利润分配方案，万科2020年度分红派息方案如下：以实施分红派息时股权登记日的总股本为基数，2020年拟合计派发现金股息人民币14 522 165 251.25（含税）元，同比增长23%，占公司2020年合并报表中归属于上市公司股东净利润的比例为34.98%，不送红股，不以公积金转增股本。以2020年末公司总股份数11 617 732 201股计算，每10股派送人民币12.5元（含税）现金股息。剩余未分配利润924 188 339.68元留存到下一年。

自1991年上市至今，万科已经连续29年不间断地进行现金分红，是A股上市公司中持续盈利和持续现金分红年限最长企业，上市以来累计分红金额高达836.9亿元，分红金额是历年股权融资金额的2.52倍，平均股息分红率31.8%。那么，上市公司高股利分配可以增加股东财富吗？

第一节 股利及其分配

一、利润分配的程序

利润分配是企业对实现的经营成果进行分割与派发的活动。企业利润分配的基础是净利润，即企业缴纳所得税后的利润。利润分配既是对股东投资回报的一种形式，也是企业内部筹资的一种方式，对企业的财务状况会产生重要影响。利润分配必须依据法定程序进行，按照《中华人民共和国公司法》《企业财务通则》等的规定，股份有限公司实现的税前利润，应首先依法缴纳企业所得税，税后利润应当按照下列基本程序进行分配。

1. 弥补以前年度亏损

根据现行法律法规的规定，公司发生年度亏损，可以用下一年度的税前利润弥补，下一年度税前利润不足弥补时，可以在 5 年内延续弥补，5 年内仍然未弥补完的亏损，可用税后利润弥补。

2. 提取法定公积金

公司在分配当年税后利润时，应当按税后利润的10%提取法定公积金，但当法定公积金累计额达到公司注册资本的50%时，可以不再提取。

3. 提取任意公积金

公司从税后利润中提取法定公积金后，经股东大会决议，还可以从税后利润中提取任意公积金。法定公积金和任意公积金都是公司从税后利润中提取的积累资本，是公司用于防范和抵御风险、提高经营能力的重要资本来源。盈余公积金和未分配利润都属于公司的留用利润，从性质上看属于股东权益。公积金可以用于弥补亏损、扩大生产经营或转增公司股本，但转增股本后，所留存的法定公积金不得低于转增前公司注册资本的25%。

4. 向股东分配利润

公司在按照上述程序弥补亏损、提取公积金之后，当年所余利润与以前年度的未分配利润构成可供分配的利润，公司可根据股利政策向股东分配股利。

按照现行制度规定，股份有限公司依法回购后暂未转让或注销的股份，不得参与利润分配；公司弥补以前年度亏损和提取公积金后，当年没有可供分配的利润时，一般不得向股东分配股利。

二、股利的种类

股份有限公司分派股利的形式一般有现金股利、股票股利、财产股利和负债股利等。后两种形式应用较少，我国有关法律规定，股份有限公司只能采用现金股利和股票股利两种形式。下面主要介绍这两种股利形式。

1. 现金股利

现金股利是股份有限公司以现金的形式从公司净利润中分配给股东的投资报酬，也称“红利”或“股息”。现金股利是股份有限公司最常用的股利分配形式。优先股通常有固定的股息率，在公司经营正常并有足够利润的情况下，优先股的年股利额是固定的。例如，某公司发行的优先股面值为 1 元，固定股息率为 10%，那么在正常情况下，每股优先股可分得 0.1 元的现金股利。普通股没有固定的股息率，发放现金股利的次数和金额主要取决于公司的股利政策和经营业绩等因素。西方国家的许多公司按季度发放现金股利，一年发放 4 次。我国公司一般半年或一年发放 1 次现金股利。现金股利是从公司实现的净利润中支付给股东的，支付现金股利会减少公司的留用利润，因此，发放现金股利并不会增加股东的财富总额。但是，不同的股东对现金股利的偏好是不同的，有的股东希望公司发放较多的现金股利，有的股东不愿意公司发放过多的现金股利。现金股利的发放会对股票价格产生直接的影响，一般来说，除息日后股票价格会下跌。

2. 股票股利

股票股利是股份有限公司以股票的形式从公司净利润中分配给股东的股利。股份有限公司发放股票股利必须经股东大会表决通过，根据股权登记日的股东持股比例将可供分配利润转为股本，并按持股比例无偿地向各个股东分派股票，增加股东的持股数量。发放股票股利不会改变公司的股东权益总额，也不影响股东的持股比例，只是公司的股东权益结构发生了变化，未分配利润转为股本。因此，会增加公司的股本总额。例如，海信公司发放股票股利之前的股份总数为 20 000 万股，公司按每 10 股送 4 股的比例发放股票股利，发放股票股利后公司的股份总数增加到 28 000 万股。在公司发放股票股利时，除权后股票价格会相应下降。一般来说，如果不考虑股票市场的波动，发放股票股利后的股票价格，应当按发放的股票股利的比例而成比例下降。分配股票股利，一方面扩张了股本，另一方面起到股票分割的作用。处于高速增长阶段的公司可以利用分配股票股利的方式来进行股本扩张，以使股价保持在一个合理的水平，避免因股价过高而影响股票的流动性。

对于股份有限公司来说，分配股票股利不会增加其现金流出量，如果公司现金紧张或需要大量的资本进行投资，可以考虑采用股票股利的形式。应当注意的是，一直实行稳定的股利政策的公司，因发放股票股利而扩张了股本，如果以后继续维持原有的现金股利水平，势必会增加未来年度的现金股利支付。在公司净利润的增长速度低于股本扩张速度时，公司的每股利润就会降低，可能导致股价下跌。对于股东来说，虽然分得股票股利没有得到现金，但是，如果发放股票股利后公司依然维持原有的现金股利水平，股东在以后可以得到更多的股利收入；股票数量增加之后，股价走出了填权行情，股东财富也会随之增长。

三、股利的发放程序

股份有限公司分配股利必须遵循法定的程序，一般是先由董事会提出股利分配预案，然后提交股东大会决议通过，才能进行分配。股东大会决议通过股利分配预案之后，要向股东宣布发放股利的方案，并确定宣告日、股权登记日、除息日和股利发放日，这几个日期对分配股利是非常重要的。

1. 宣告日

宣告日是股东大会决议通过并由董事会宣布发放股利的日期。公司董事会应先提出利润分配预案，并提交股东大会表决，利润分配方案经股东大会表决通过后，董事会才能对外公布。在宣布股利分配方案时，应明确股利分配的年度、分配的范围、股利分配的形式、分配的现金股利或股票股利的数量，并公布股权登记日、除息日和股利发放日。

2. 股权登记日

股权登记日是有权领取本期股利的股东资格登记截止日期。公司规定股权登记日是为了确定股东能否领取本期股利。因为股票是经常流动的，所以确定这个日期很有必要。只有在股权登记日这一天登记在册的股东才有资格领取本期股利；在这一天没有登记在册，即使是在股利发放日之前买入股票的股东，也无权领取本次分配的股利。在信息技术环境下，股权登记极其方便、快捷，一般在股权登记日交易结束的当天即可打印股东名册。

3. 除息日

除息日也称除权日，是指从股价中除去股利的日期，即领取股利的权利与股票分开的日期。在除息日之前的股票价格中包含了本次股利，在除息日之后的股票价格中不再包含本次股利，因此，投资者只有在除息日之前购买股票，才能领取本次股利，在除息日当天或以后购买股票，不能领取本次股利。除息日对股票价格有重要的影响，除息日股票价格因除权而相应下降，除息日股票的开盘参考价为前一交易日的收盘价减去每股股利。在西方国家，按照证券业的传统惯例，除息日一般确定在股权登记日的前 2 个工作日，之所以如此规定，是因为股票交易之后，办理股票过户登记手续需要几天的时间，为了保证在股权登记日办理完过户登记手续，投资者必须在除息日之前买入股票。在除息日之后，股权登记日之前购买的股票，公司不能保证及时得到股票所有权已经转让的通知，可能无法在股权登记日办理过户登记。但是，目前先进的计算机结算登记系统为股票的交割过户提供了快捷的手段，股票买卖交易的当天即可办理完交割过户手续，在这种交易结算条件下，除息日可确定为股权登记日的下一个工作日。

4. 股利发放日

股利发放日，也称股利支付日，是公司将股利正式支付给股东的日期。在这一天，公司应通过邮寄等方式将股利支付给股东。目前公司可以通过中央结算登记系统将股利直接打入股东在证券公司开立的保证金账户。

例 7-1 TF股份有限公司（以下简称公司）于20×9年4月24日召开了第四届董事会第十二次会议，会议审议通过了《关于公司20×8年度利润分配方案的议案》。利润分配及资本公积转增股本方案如下。

20×8 年度公司实现净利润 318 624 074.91 元（母公司数），加上年初未分配利润139 373 042.98元，扣除20×8年度提取盈余公积31 862 407.49元和分配股利1亿元后，20×8 年度可供股东分配的利润为 326 134 710.40 元。根据有关法律法规及公司章程的规定，兼顾公司长远发展和股东利益，以公司目前总股本100 000万股为基数，每10股送红股2股并派现金红利1元（含税），并用资本公积金每10股转增8股。股权登记日为20×9年5月30日，除息日为20×9年6月2日，新增可流通股上市日为20×9年6月3日，现金红利发放日为20×9年6月9日。

图7-1显示了TF公司20×9年度股利分配的关键日期。

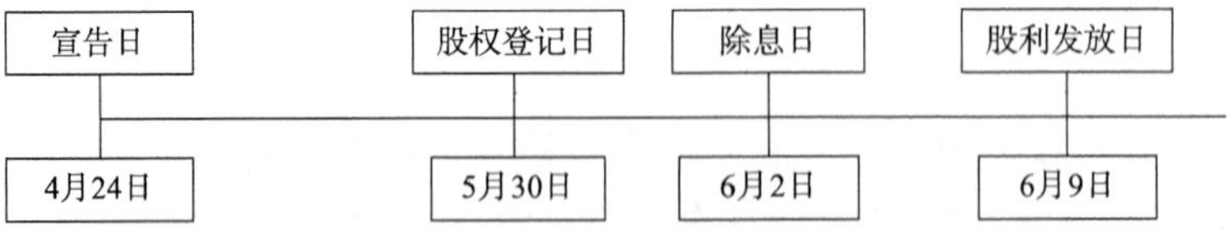

图 7-1 TF公司20×9年度股利分配的关键日期

第二节 股利理论

股利理论是研究股利政策与企业价值之间是否具有相关关系，并在此结论基础上合理确定企业的股利政策。如果股利政策与企业价值不相关，则在企业的财务决策中，理财人员不需要再考虑股利政策因素，或仅仅把股利政策视为一个被动的、次生的、对企业发展没有深远影响的财务政策；如果股利政策与企业价值相关，则我们就需要确定两者之间存在怎样的相关性，并在此基础上确定如何利用股利政策对企业价值的影响，构造有利于达到企业理财目标的股利政策。关于股利决策的理论，不同的学者持不同的观点，概括来讲主要包括以下4种：股利无关论、股利相关论、税差理论和信号理论。

一、股利无关论

股利无关论是由美国财务学家米勒和莫迪格莱尼在他们的论文《股利政策，增长和股票价值》中提出的，是MM理论的组成部分。MM理论认为在完善的资本市场的条件下，股利分配对公司的市场价值（或股票价格）不会产生影响。公司的总值只由公司本身的投资决策和获利能力决定，不取决于公司的利润分配与留存的比例情况。当然这一理论的提出是在一系列严格的假设条件下进行的，这些条件包括以下几个方面：①不存在公司或个人所得税；②不存在股票的发行和交易费用（即股票无发行成本和交易成本）；③投资者和管理者拥有公司未来投资机会的相同信息；④企业的投资决策既定，为投资者所了解，并与股利决策彼此独立；⑤没有与股权有关的订约成本或代理成本；⑥投资者对股利和资本利得无偏好。

上述假定描述的是一种完美无缺的市场，故股利无关论又被称为完全市场理论，股利无关论认为有以下情况。

（一）投资者并不关心公司股利分配

若公司留存较多的利润用于再投资，会导致公司股票价格上升。此时尽管股利较低，但需用现金的投资者可以出售股票换取现金。若公司发放较多的股利，投资者又可以用现金再买入一些股票以扩大投资，也就是说，投资者对股利和资本利得并无偏好。

（二）股利支付比率不影响公司的价值

既然投资者不关心股利分配，公司的价值就完全由其投资的获利能力决定。公司的盈余在股利和保留盈余之间的分配并不影响公司的价值（即使公司有理想的投资机会而又支付了高额股利，也可以募集新股，新投资者会认可公司的投资机会）。

在现实条件下，MM 理论的多种假设不够严谨，使该理论不一定有效。因为公司和投资者都必须缴纳所得税，公司也不可避免地会发生股票发行费用和交易成本，公司管理人员得到的信息总要强于外部投资者，因而MM理论发表后不久，便有了其他理论的提出。

二、股利相关论

MM股利无关论在理论界引起了极大的争论。针对MM股利政策不影响资本成本的假设，戈登和林特纳提出了股利相关论。股利相关论认为，公司的股利分配对公司的市场价值（或股票价格）是相关的，传统的股利相关论就是通常所说的“一鸟在手”理论，它是建立在股票投资者偏好高的股利支付率的假设之上的。因为支持股利相关论的理财学者通过对投资者心理状态的分析，认为由于投资者对风险有天生的反感，并且认为风险将随时间延长而增大，因而，在他们心目中，认为通过保留盈余再投资得来的资本利得的不确定性要高于现金股利支付的不确定性，从而认为股利的获得是现实的、风险较小的。实际能拿到手的现金股利与增加留存盈余后再投资得到的未来收益相比，后者的风险要大得多。因此，投资者喜欢股利，投资者会高度评价高支付率的公司，也就是高支付率将导致较高的股票市场价格。戈登和林特纳认为，由于股利风险低于资本利得的风险，运用“风险报酬权衡”原则，可以得出股利支付率降低，投资者预期报酬率提高的结论。股票预期报酬率的公式为

$$K_S=D_1/P_0+g$$

由于预期股利收益率（D_1/P_0）的风险小于其成长率（g）的风险，所以，在投资者心目中，一元现金股利的价值超过了一元资本利得的价值，即“双鸟在林不如一鸟在手”。

现代理财学界普遍认为该传统的股利相关理论属于“一鸟在手”理论，因为多数投资者用所得的现金股利又投资于发放股利的公司或类似的公司。长期看来，公司发给投资者的现金流量的风险取决于经营性资产产生现金流的风险，而不是股利支付政策。既然股东喜欢现金股利，他们的这种投资行为也就无法解释。

三、税差理论

与股利相关论假设相反，股利政策的税差理论是建立在股东偏好较低的股利支付率的假设之上的，它认为由于资本利得的实际税率低于现金股利，股东倾向获得资本利得而非现金股利。股利无关论与股利相关论两种股利理论，无论认为股利政策与企业价值相关与否，均未考虑投资者纳税环境这一实际问题。支持税差理论的理财学者在考虑资本利得和股利所需缴纳的个人所得税税率差异的基础上，得出股东倾向选择较低的股利支付率的结论，原因在于资本利得的实际税率低于股利，对这两种所得均需纳税的股东来讲，必然会偏好资本利得而不是股利。

按照税差理论，当现金股利与资本利得之间存在显著的税负差异时，税负差异效应会成为影响股利政策的相当重要的因素。如果资本利得税率低于现金股利税率，则这一效应对股利政策的影响就会使公司倾向于较低的股利支付率。投资者也会喜欢公司少支付股利而使较多的盈余保留下来以作为再投资使用。如果资本利得税率高于现金股利税率，则这一效应对股利政策的影响就会使公司和投资者均倾向较高的股利支付率。

基于税收效应，利兹伯格和拉马斯瓦米提出了税差理论，认为在存在资本利得实际税率低于股利税率的差别赋税前提下，公司及投资者均会认为支付较多的现金股利不是最优的股利分配政策，公司会选择合适的股利支付方式，使公司的税收成本最小，股东财富实现最大化，从而企业价值达到最大。即使在税率相同的情况下，资本利得只是在实现之时才缴纳资本增值税，因此，相对于现金股利保税而言，其仍然具有延迟纳税的好处。

四、信号理论

上述三种股利理论均是建立在信息完全的假设之上的。在现实经济生活中，完全信息假设并不成立，信息不但是不完全的，而且还是不对称的，即在经济活动中信息的不对称具有普遍性和客观存在性。根据现代信息经济学的基本理论，我们可知企业的管理当局作为代理人相对于委托人股东具有信息优势，作为内部人的管理当局掌握更多的关于公司当前和未来的各种信息，因此，居于信息劣势的投资者为了获取更多信息，会把管理当局的许多行为作为他们掌握内部信息的信号。对此，米勒和洛克基于信息不对称条件提出了股利的信号理论，以考察和分析股利政策的重要性——信号解释功能。

如果股利出现了未预见的增加，股票价格会提高；如果股利出现了未预见的减少，股票价格会降低。这是否意味着投资者都喜欢高股利支付率呢？答案是否定的，即股票价格的改变并不是由于投资者都喜欢高股利支付率，而是因为股利的改变透露出管理当局对企业未来发展的看法，这就是信号理论。股利的信号理论中隐含着这样的“信号”假说，即管理者不愿意削减股利，因此，在通常情况下，公司只有在预期未来能获得较高收益时才可能改变股利支付率，即除非股利的增加可以维持，否则管理当局不会增加股利，所以投资者视孤立的增加为管理层对未来收益看法的信号。于是，股利增加时股票价格的上升反映的是对未来每股收益的较高预期，而不是对于股利的预期。

虽然大量实证分析验证了股利政策的信号理论，但是，信号理论中信号传递过程是一个很复杂的过程，一般来说，为使信号有用，必须满足三个条件：①无论绩效信息好坏，管理部门总是发出真实信号；②高绩效企业的信号不容易被低绩效企业效仿；③不存在发布同样信息的更加经济的方法和途径，但实际上，许多情况并不是这样的，企业通过股利政策发送信号也是有成本的。例如，公司以支付现金股利的方式向市场传递信息，通常也要付出较为高昂的代价，包括以下几个方面：①较高的所得税负担；②一旦公司因分派现金股利造成现金流量短缺，就有可能被迫重返资本市场发行新股，而这一方面会随之产生必不可少的交易成本，另一方面又会扩大股本，摊薄每股的税后盈利，对公司的市场价值产生不利影响；③如果公司因分派现金股利造成投资不足，丧失了有利的投资机会，这就产生了一定的机会成本。这些都需要企业在信号的成本与收益之间做出权衡。

第三节 股利政策

支付给股东的盈余与留在企业的保留盈余存在此消彼长的关系，所以，股利分配既决定着股东分配多少红利，也决定着留在企业有多少净利。减少股利分配会增加保留盈余，从而减少外部融资需求，可以看出股利决策也是公司内部融资决策。

一、影响股利政策的因素

在现实生活中，公司的股利政策选择是在种种制约因素下进行的，公司不可能摆脱这些因素的影响。影响股利政策的因素如下。

（一）法律因素

在我国，为了保护公司债权人和股东的利益，《中华人民共和国公司法》《中华人民共和国证券法》等有关法规对公司的股利分配进行了一定的限制，主要包括以下几个方面。

（1）资本保全。规定公司不能用筹集的经营资本（包括股本和资本公积）发放股利。

（2）企业积累。规定公司在分配股利之前，必须先按净利润的 10%提取法定盈余公积金，按净利润的 5%~10%提取公益金。

（3）净利润。规定公司年度累计净利润必须为正数时才可发放股利，以前年度亏损必须足额弥补。

（4）超额累积利润。在国外，由于股东接受股利交纳的所得税高于其进行股票交易的资本利得税，于是许多国家规定公司不得超额累积利润，一旦公司的保留盈余超过法律认可的水平，将被加征额外税额，但我国法律对公司累积利润尚未做出限制性规定。

（二）股东因素

股东从自身需要出发，对公司的股利分配往往产生这样一些影响。

1. 稳定的收入和避税

公司股东的收益一般包括两部分，即股利收入和资本利得。对于一些依靠股利维持生活的股东来说，往往要求公司支付较为稳定的股利，而且股东认为股票交易价格产生的资本利得具有很大的不稳定性，因此，与其获得不稳定的未来收益，不如得到现实的确定的股利。若公司留存较多的利润，肯定会受到这部分股东的反对。还有一些高股利收入的股东出于避税的考虑（股利收入的所得税高于股票交易的资本利得税），往往又反对公司发放较多的股利。

2. 控制权的稀释

公司支付较高的股利，就会导致留存盈余减少，这又意味着将来发行新股的可能性加大，而发行新股必然稀释股东的控制权，这是公司原有的持有控制权的股东们不愿看到的局面。因此，若他们拿不出更多的资金购买新股以满足公司的需要，宁肯不分配股利而反对募集新股。

（三）公司的因素

就公司的经营需要来讲，也存在一些影响股利分配的因素。

1. 盈余的稳定性

公司是否能获得长期稳定的盈余，是其股利决策的重要基础。盈余相对稳定的公司能够较好地把握自己，有可能支付比盈余不稳定的公司较高的股利；盈余不稳定的公司一般采取低股利政策，对于盈余不稳定的公司来讲，低股利政策可以减少因盈余下降而造成的股利无法支付、股份急剧下降的风险，还可将更多的盈余再投资，以提高公司权益资本比重，减少财务风险。

2. 资产的流动性

较多地支付现金股利，会减少公司的现金持有量，使资产的流动性降低。保持一定的资产流动性是公司所必需的。

3. 举债能力

不同的公司在资本市场上举借债务的能力是有一定差别的，具有较强举债能力（与公司资产的流动性相关）的公司因为可以及时地筹措到所需的现金，有可能采取较宽松的股利政策；举债能力弱的公司则不得不滞留盈余，因而，往往采取较紧的股利政策。

4. 投资机会

有着良好投资机会的公司需要有强大的资金支持，因而，往往少发放股利，将大部分盈余用于投资；缺乏良好投资机会的公司保留大量现金会造成资金的闲置，于是倾向支付较高的股利，正因为如此，处于成长中的公司投资机会多，资金需求量大，多采取低股利政策；处于成熟期或陷于经营收缩的，投资机会减少，资金需求量降低，多采取高股利政策。

5. 资本成本

与发行新股和举债融资相比，采用留存收益作为内部融资的方式，不需花费融资费用，其资本成本较低，是一种比较经济的融资渠道，所以，从资本成本考虑，如果公司有扩大资金的需要，也应当采取低股利政策。

6. 债务需要

具有较高债务偿还需要的公司，可以通过举借新债、发新股筹集资金偿还债务，也可直接用经营积累偿还债务。如果公司认为后者适当的话（如前者资本成本高或受其他限制难以进入资本市场），将会减少股利的支付。

（四）其他因素

1. 债务合同约束

公司的债务合同，特别是长期债务合同，往往有限制公司现金支付程度的条款，如对每股现金股利最高数额的限制，对发放现金股利时公司的流动比率、速动比率等重要财务指标的限制等，这使公司只得采取低股利政策。

2. 通货膨胀

在通货膨胀的情况下，企业折旧基金的购买力水平下降，会导致没有足够的资金来源重置固定资产。这时盈余会被当作弥补折旧基金购买力水平下降的资金来源，因此，在通货膨胀时期公司股利政策往往偏紧。

在进行股利分配的实务中，企业要综合考虑各种因素来确定自己的股利政策，通常采用的股利政策有剩余股利政策、固定或持续增长股利政策、固定股利支付率政策、低正常股利加额外股利政策。

二、股利政策类型

（一）剩余股利政策

1. 股利分配方案的确定

股利分配与公司的资本结构相关，而资本结构又是由投资所需资金构成的，因此，实际上股利政策要受到投资机会及其资金成本的双重影响。剩余股利政策是在公司有着良好的投资机会时，根据一定的目标资本结构（最佳资本结构），测算出投资所需的权益资本，先从盈余当中留用，然后将剩余的盈余作为股利予以分配。

采用剩余股利政策时，应遵循 4 个步骤：①设定目标资本结构，即确定权益资本与债务资本的比率，在此资本结构下，加权平均资本成本将达到最低水平；②确定目标资本结构下投资所需的股东权益数额；③最大限度地使用保留盈余来满足投资方案所需的权益资本数额；④投资方案所需权益资本已经满足后若有剩余盈余，再将其作为股利发放给股东。

例 7-2 假定某公司某年提取了公积金、公益金后的税后净利润为 600 万元，第二年的投资计划所需资金 800 万元，公司的目标资本结构为权益资本占 60%、债务资本占 40%，那么，按照目标资本结构的要求，公司投资方案所需的权益资本数额为

800×60% = 480（万元）

公司当年全部可用于分配股利的盈余为 600 万元，可以满足上述投资方案所需的权益资本数额并有剩余，剩余部分再作为股利发放。当年发放的股利额为

600 − 480 = 120（万元）

假定该公司当年流通在外的只有普通股 100 万股，那么每股股利为

120÷100=1.2（元）

2. 采用本政策的理由

奉行剩余股利政策，意味着公司只将剩余的盈余用于发放股利。这样做的根本理由，是为了保持理想的资本结构，使加权平均资本成本最低。例 7-2 中，如果公司不按剩余股利政策发放股利，将可向股东分配的 600 万元全部留用于投资（这样当年将不发放股利），或全部作为股利发放给股东（这样当年每股股利将达到 6 元），然后再去筹借债务，这两种做法都会破坏目标资本结构，导致加权平均资本成本的提高，不利于提高公司的价值（股票价格）。

（二）固定或持续增长的股利政策

1. 分配方案的确定

固定或持续增长的股利政策是将每年发放的股利固定在某一固定的水平上并在较长的时期内不变，只有当公司认为未来盈余会显著地、不可逆转地增长时，才提高年度的股利发放额。不过，在通货膨胀的情况下，大多数公司的盈余会随之提高，且大多数投资者也希望公司能提供足以抵消通货膨胀不利影响的股利，因此，在长期通货膨胀的年代里也应提高股利发放额。

2. 采用本政策的理由

固定或持续增长股利政策的主要目的，是避免出现由于经营不善而削减股利的情况。采用这种股利政策的理由有以下几点。

（1）稳定的股利向市场传递着公司正常发展的信息，有利于树立公司良好形象，增强投资者对公司的信心，稳定股票的价格。

（2）稳定的股利额有利于投资者安排股利收入和支出，特别是对那些对股利有着很高依赖性的股东。股利忽高忽低的股票，则不会受这些股东的欢迎，股票价格会因此而下降。

（3）稳定的股利政策可能会不符合剩余股利理论，但考虑到股票市场会受到多种因素的影响，其中包括股东的心理状态和其他要求，因此，为了使股利维持在稳定的水平上，即使推迟某些投资方案或暂时偏离目标资本结构，也可能要比降低股利或降低股利增长率更为有利。

固定或持续增长的股利政策的缺点在于股利的支付与盈余相脱节。当盈余较低时仍要支付固定的股利，这可能导致资金短缺，财务状况恶化。同时不能像剩余股利政策那样保持较低的资本成本。

（三）固定股利支付率政策

1. 分配方案的确定

固定股利支付率政策，是公司确定一个股利占盈余的比率，长期按此比率支付股利的政策。在这一股利政策下，各年股利额随公司经营的好坏而上下波动，获得较多盈余的年份股利额高，获得盈余少的年份股利额低。

2. 采用本政策的理由

主张实行固定股利支付率的人认为，这样做能使股利与公司盈余紧密地配合，以体现多盈多分、少盈少分、无盈不分的原则，才算真正公平地对待了每一位股东。但是，在这种政策下各年的股利变动较大，极易造成公司不稳定的感觉，对稳定股票价格不利。

（四）低正常股利加额外股利政策

1. 分配方案的确定

低正常股利加额外股利政策，是指公司一般情况下每年只支付固定的、数额较低的股利。在盈余多的年份，再根据实际情况向股东发放额外股利，但额外股利并不固定化，不意味着公司永久地提高了规定的股利率。

2. 采用本政策的理由

（1）这种股利政策使公司具有较大的灵活性。当公司盈余较少或投资需用较多资金时，可维持设定得较低但正常的股利，股东不会有股利跌落感；当盈余有较大幅度增加时，可适度增发股利，把经济繁荣的部分利益分配给股东，使他们增强对公司的信心，这有利于稳定股票的价格。

（2）这种股利政策可吸引依靠股利度日的股东。每年至少可以得到虽然较低，但比较稳定的股利收入。

以上各种股利政策各有所长，公司在分配股利时应借鉴其基本决策思想，制定适合自己具体实际情况的股利政策。

第四节 股票股利、股票分割与股票回购

企业股利政策的确定是一个十分重要的财务问题，对于保障股东权益，协调股东之间的利益关系，促进企业长期稳定的发展，稳定股票价格都具有十分重要的现实意义。关于股利发放的形式，除了现金股利外，还包括股票股利、股票分割、股票回购等股利

政策手段，它们与企业价值和股东财富的关系如何？将在本节详加讨论。

一、股票股利

（一）股票股利的概念

股票股利是公司以股票作为股利发放给股东的支付方式，也就是将公司用于分配的利润转换成股票。对股东来说，股票股利不直接增加股东的财富，股东必须通过市场将股票出售才会得到现金。对公司来说，也不会导致公司资产的流出或负债的增加，但会引起所有者权益各项目的结构发生变化。

现举例说明如下。

例 7-3 某公司在发放股票股利前，股东权益情况见表 7-1。

表 7-1 某公司发放股票股利前股东权益表 单位：元

普通股（面额 1 元，已发行 200 000 股）	200 000
资本公积	400 000
未分配利润	2 000 000
股东权益合计	2 600 000

假定该公司宣布发放 10%的股票股利，即发放 20 000 股普通股股票，并规定现有股东每持 10 股可得 1 股新发放股票。若该股票当时市价 20 元，随着股票股利的发放，需从“未分配利润”项目划转出的资金为

$20\times200\ 000\times10\%=400\ 000$（元）

由于股票面额（1 元）不变，发放 20 000 股，普通股只应增加“普通股”项目 20 000 元，其余的 380 000 元（400 000−20 000）应作为股票溢价转至“资本公积”项目，而公司股东权益总额保持不变。发放股票股利后，公司股东权益各项目见表 7-2。

表 7-2 某公司发放股票股利后股东权益表 单位：元

普通股（面额 1 元，已发行 220 000 股）	220 000
资本公积	780 000
未分配利润	1 600 000
股东权益合计	2 600 000

可见，发放股票股利，不会对公司股东权益总额产生影响，但会发生资金在各股东权益项目间的再分配。需要指出的是，例 7-3 中以市价计算股票股利价格的做法，是很多西方国家所通行的，也有的按股票面值计算股票股利价格，如我国目前即采用这种做法。

发放股票股利后，如果盈利总额不变，会由于普通股股数增加而引起每股收益、每股市价的下降，但又由于股东所持股份的比例不变，每位股东所持股票的市场价值总额仍保持不变。这可从下例中得到说明。

例 7-4 假定上述公司本年盈余为 440 000 元，某股东持有 20 000 股普通股，发放

股票股利对该股东的影响见表 7-3。

表 7-3　某公司发放股票股利对股东影响情况表　　单位：元

项目	发放前	发放后
每股收益	440 000 ÷ 200 000=2.2	440 000 ÷ 200 000=2
每股市价	20	20 ÷（1+10%）=18.18
持股比例	20 000 ÷ 200 000=10%	22 000 ÷ 220 000=10%
所持股总价值	20 × 20 000=400 000	18.18 × 22 000=400 000

发放股票股利对每股收益和每股市价的影响，可以通过对每股收益、每股市价的调整直接算出：

$$发放股票股利后的每股收益=\frac{E_0}{1+D_s}$$

其中，E_0 为发放股票股利前的每股收益；D_s 为股票股利发放率。

$$发放股票股利后的每股市价=\frac{M}{1+D_s}$$

其中，M 为股利分配权转移日的每股市价；D_s 为股票股利发放率。

依例 7-4 资料可得

$$发放股票股利后的每股收益=\frac{2.2}{1+10\%}=2（元）$$

$$发放股票股利后的每股市价=\frac{20}{1+10\%}=18.18（元）$$

尽管股票股利不直接增加股东的财富，也不增加公司的价值，但对股东和公司都有特殊意义。

（二）股票股利对股东的意义

（1）事实上，有时公司发放股票股利后其股价并不成比例下降，一般在发放少量股票股利（如 2%~3%）后，大体不会引起股价的立即变化。这可使股东得到股票价值相对上升的好处。

（2）发放股票股利通常由成长中的公司所为，因此，投资者往往认为发放股票股利预示着公司有较大的发展，利润将大幅度增长，足以抵消增发股票带来的消极影响，这种心理会稳定住股价甚至会略有上升。

（3）在股东需要现金时，还可以将分得的股票股利出售，有些国家税法规定出售股票所需交纳的资本利得（价值增值部分）税率比收到现金股利所需交纳的所得税率低，这使得股东可以从中获得纳税上的好处。

（三）股票股利对公司的意义

（1）发放股票股利可使股东分享公司的盈余而无须分配现金，这使公司留存了大量现金，便于进行再投资，有利于公司长期发展。

（2）在盈余和现金股利不变的情况下，发放股票股利可以降低每股价值，从而吸引更多的投资者。

（3）发放股票股利往往会向社会传递公司将会继续发展的信息，从而提高投资者对公司的信心，在一定程度上稳定股票价格，但在某些情况下，发放股票股利也会被认为是公司周转不灵的征兆，从而降低投资者的信心，加剧股票的下跌。

（4）发放股票股利的费用比发放现金股利的费用大，会增加公司的负担。

二、股票分割

股票分割又称拆股，是将面额较高的股票交换成面额较低的股票的行为。例如，将原来的一股股票交换成两股股票。股票分割不属于某种股利方式，但从会计的角度看，股票分割对公司的资本结构、资产的账面价值、股东权益的各账户等都不产生影响，只是使公司发行在外的股票总数增加，每股股票的账面价值降低，其所产生的效果与发放股票股利近似。

当股票分割时，发行在外的股数增加，使得每股面额降低，每股盈余下降，这与发放股票股利时的情况是相同的，不同的是，股票分割导致的股票数量的增加量可以远大于发放股票股利，而且在会计处理上也有所不同。

例 7-5 某公司原发行面额 2 元的普通股 200 000 股，若按 1 股换成 2 股的比例进行股票分割，分割前、后的股东权益计算见表 7-4 和表 7-5。

表 7-4 股票分割前的股东权益 单位：元

普通股（面额 2 元，已发行 200 000 股）	400 000
资本公积	800 000
未分配利润	4 000 000
股东权益合计	5 200 000
每股盈余	2.6

表 7-5 股票分割后的股东权益 单位：元

普通股（面额 1 元，已发行 400 000 股）	400 000
资本公积	800 000
未分配利润	4 000 000
股东权益合计	5 200 000
每股盈余	1.3

从表中看出，在会计上，股票分割仅仅是对股票的数量和面值进行了调整，其他均未发生变化。当发放股票股利时，除了股票面值和股东权益未发生变化外，其他均发生了变化。

从实践效果看，由于股票分割和股票股利非常接近，所以一般要根据证券管理部门的具体规定对二者加以区分。例如，有的国家证券交易机构规定，发放 25%以上的股票股利即属于股票分割。

对于公司来讲，实行股票分割的主要目的在于通过增加股票股数降低每股市价，提高公司股票的流通性，从而吸引更多的投资者。此外，股票分割往往是成长中公司的行为，所以宣布股票分割后容易给人一种“公司正处于发展之中”的印象，这种有利信息会对公司有所帮助。

对于股东来讲，股票分割后各股东持有的股数增加，但持股比例不变，持有股票的总价值不变。不过，只要股票分割后每股现金股利的下降幅度小于股票分割幅度，股东仍能多获得现金股利。例如，假定某公司股票分割前每股现金股利 2 元，某股东持有 100 股，可分得现金股利 200 元；公司按 1 换 2 的比例进行股票分割后，该股东持股数增为 200 股，若现金股利降为每股 1.1 元，该股东可得现金股利 220 元，仍然大于其股票分割前所得的现金股利。另外，股票分割向社会传播的有利信息和降低了的股价，可能导致购买该股票的人增加，反使其价格上升，进而增加股东财富。

尽管股票分割和发放股票股利都能达到降低公司股价的目的，但一般来讲，只有在公司股价剧涨且预期难以下降时，才采用股票分割的办法降低股价，而在公司股价上涨幅度不大时，往往通过发放股票股利将股价维持在理想的范围内。

相反，若公司认为自己股票的价格过低，为了提高股价，会采取反分割（也称股票合并）的措施。反分割是股票分割的相反行为，即将面额较低的股票合并为一股面额较高的股票。例如，若例 7-5 中原面额 2 元、发行 200 000 股、市价 20 元的股票，换 2 股成 1 股的比例反分割，该公司的股票面额将成为 4 元，股数将成为 100 000 股，市价也将上升。

三、股票回购

（一）股票回购及其法律规定

股票回购是指上市公司出资将其发行的流通在外的股票以一定价格购买回来予以注销或作为库存股的一种资本运作方式。

《中华人民共和国公司法》规定，公司不得收购本公司股份，有下列情形之一的除外。

（1）减少公司注册资本；

（2）与持有本公司股份的其他公司合并；

（3）将股份奖励给本公司职工；

（4）股东因对股东大会做出的公司合并、分立决议持异议，要求公司收购其股份的。

（二）股票回购的动机

在证券市场上，股票回购的动机主要有以下几点。

1. 现金股利的替代

对公司来讲，派发现金股利会对公司产生未来的派现压力，而股票回购属于非正常股利政策，不会对公司产生未来的派现压力。对股东来讲，需要现金的股东可以选择出售股票，不需要现金的股东可以选择继续持有股票。因此，当公司有富余资金，但又不希望通过派现方式进行分配的时候，股票回购可以作为现金股利的一种替代。

2. 提高每股收益

由于财务上的每股收益指标是以流通在外的股份数作为计算基础，有些公司为了自身形象、上市需求和投资人渴望高回报等原因，采取股票回购的方式来减少实际支付股利的股份数，从而提高每股收益指标。

3. 改变公司的资本结构

股票回购可以改变公司的资本结构，提高财务杠杆水平。无论是用现金回购或是举债回购股份，都会提高财务杠杆水平，改变公司资本结构。在现金回购方式下，假定公司的负债规模不变，那么股票回购之后的权益资本在公司资本结构中的比重下降，公司的财务杠杆水平提高；在举债回购股份的情况下，一方面是公司负债规模增加，另一方面是权益资本比重下降，公司财务杠杆水平更会明显提高。因此，公司在认为权益资本在资本结构中所占比例较大时，会为了调整资本结构而进行股票回购，从而在一定程度上降低整体资金成本。

4. 传递公司的信息以稳定或提高公司的股价

由于信息不对称和预期差异，证券市场上的公司股票价格可能被低估，而过低的股价将会对公司产生负面影响。因此，如果公司认为公司的股价被低估时，可以进行股票回购，以向市场和投资者传递公司真实的投资价值，稳定或提高公司的股价。这时，股票回购就是公司管理层向市场和投资者传递公司内部信息的一种手段。一般情况下，投资者会认为股票回购意味着公司认为其股价被低估而采取的应对策略。

5. 巩固既定控制权或转移公司控制权

许多股份公司的大股东为了保证其所代表股份公司的控制权不被改变，往往采取直接或间接的方式回购股票，从而巩固既有的控制权。另外，有些公司的法定代表人并不是公司大股东的代表，为了保证不改变在公司中的地位，也为了能在公司中实现自己的意志，往往也采取股票回购的方式分散或削弱原控股股东的控制权，以实现控制权的转移。

6. 防止敌意收购

股票回购有助于公司管理者避开竞争对手企图收购的威胁，因为它可以使公司流通在外的股份数变少，股价上升，从而使收购方要获得控制公司的法定股份比例变得更为困难。而且，股票回购可能会使公司的流动资金大大减少，财务状况恶化，这样的结果也会减少收购公司的兴趣。

7. 满足认股权的行使

在企业发行可转换债券、认股权证或施行经理人员股票期权计划及员工持股计划的情况下，采取股票回购的方式既不会稀释每股收益，又能满足认股权的行使。

8. 满足企业兼并与收购的需要

在进行企业兼并与收购时，产权交换的实现方式包括现金购买及换股两种。如果公司有库藏股，则可以用公司的库藏股来交换被并购公司的股权，这样可以减少公司的现金支出。

（三）股票回购的影响

1. 股票回购对上市公司的影响

股票回购需要大量资金支付回购的成本，容易造成资金紧张，资产流动性降低，影响公司的后续发展。公司进行股票回购必须以拥有资金实力为前提，如果公司负债率较高，再进行股票回购将使公司的资产流动性恶化，偿债能力降低，将会使公司面临巨大的偿债压力，公司正常的生产经营活动及后续发展将会受到影响。

公司进行股票回购，无异于股东退股和公司资本的减少，在一定程度上削弱了对债权人利益的保障。

股票回购可能使公司的发起人股东更注重创业利润的兑现，而忽视公司长远的发展，损害公司的根本利益。

股票回购容易导致公司操纵股价。公司回购自己的股票，容易导致其利用内幕消息进行炒作，或操纵财务信息，加剧公司行为的非规范化，使投资者蒙受损失。

2. 股票回购对股东的影响

对于投资者来说，与现金股利相比，股票回购不但可以节约个人税收，而且具有更大的灵活性。因为股东对公司派发的现金股利没有是否接受的可选择性，而对股票回购则具有可选择性，需要现金的股东可选择卖出股票，而不需要现金的股东则可继续持有股票。如果公司急于回购相当数量的股票，而对股票回购的出价太高，以至于偏离均衡价格，那么结果会不利于选择继续持有股票的股东，因为回购行动过后，股票价格会出现回归性下跌。

（四）股票回购的方式

1. 公开市场回购

公开市场回购是指公司在股票的公开交易市场上以等同于任何潜在投资者的地位，按照公司股票当前市场价格回购股票。这种方式的缺点是在公开市场回购时很容易推高股价，从而增加回购成本，另外交易税和交易佣金也是不可忽视的成本。

2. 要约回购

要约回购是指公司在特定期间向市场发出的以高出股票当前市场价格的某一价格，回购既定数量股票的要约。这种方式赋予所有股东向公司出售其所持股票的均等机会。与公开市场回购相比，要约回购通常被市场认为是更积极的信号，原因在于要约价格存在高出股票当前价格的溢价的情况。但是，溢价的存在也使得回购要约的执行成本较高。

3. 协议回购

协议回购是指公司以协议价格直接向一个或几个主要股东回购股票。协议价格一般低于当前的股票市场价格，尤其是在卖方首先提出的情况下，但是有时公司也会以超常溢价向其认为有潜在威胁的非控股股东回购股票，显然，这种过高的回购价格将损害继续持有股票的股东的利益，公司有可能为此而涉及法律诉讼。

案例分析：福耀玻璃现金股利分配案例

福耀玻璃（股票代码：600660）（以下简称公司）于1993年在上海证券交易所上市，是同行业第一家上市公司。2000年，中国加入WTO（World Trade Organization，世界贸易组织），同年8月，公司迎来第四次重大节点，开始奉行“走出去”战略，在各大整车厂旁边直接建厂，加深和客户的绑定程度，节约运输成本。2000年起，公司几乎每年都要新建一家工厂，目前，已经在北京、上海、广州、重庆等地建立了十多个生产基地。2001~2005年，公司花费重金，相继打赢加拿大、美国两个反倾销大案，震惊世界。2015年，公司在香港资本市场IPO募集十亿美元，用于投建俄罗斯、美国的工厂。如今，公司已经发展成为全球领先、专注于汽车安全玻璃解决方案的大型跨国公司。扎根国内、拓展海外的战略让公司一举成为全球汽车玻璃绝对巨头，其中全球市场占有率高达25%，中国市场占有率高达65%，中国平均每两辆车中，就有一辆用的是福耀产的玻璃。一直以来，公司致力于提升汽车玻璃在环保、节能、智能、集成方面的科技附加值，不断提升公司综合竞争力，为股东创造价值，公司在A股总市值高达1 241.72亿元，港股总市值达到1 122.19亿港元。

公司自1993年上市以来，在打造综合竞争力、不断发展壮大的同时，一直坚持高比例现金分红，给予投资者丰厚的投资回报，堪称维护股东权益的典范。数据显示，公司累计向投资者派发现金红利193.72亿元（含2021年H股增发后，已宣告未发放的现金红利19.57亿元），股票股利14.06亿元，合计207.78亿元，占累计至2020年实现的归属于母公司所有者净利润322.13亿元的64.50%。其中，累计发放的A股股息高达182.24亿元，是公司在A股募集资金6.96亿元的26.2倍，累计发放的H股股息为25.53亿元，是自登陆香港交易所以来，H股募集资金103.25亿元（折合人民币）的0.25倍，A+H股累计派息207.78亿元，是A+H股总募集资金110.21亿元的1.89倍，是当之无愧的A股“分红王”（表7-6）。

表7-6 2010~2020年公司分红情况表

年份	派息率	每股收益/元	每股分红/元
2010	64.04%	0.89	0.57

续表

年份	派息率	每股收益/元	每股分红/元
2011	52.63%	0.76	0.4
2012	65.79%	0.76	0.5
2013	52.08%	0.96	0.5
2014	67.57%	1.11	0.75
2015	68.18%	1.1	0.75
2016	60.00%	1.25	0.75
2017	59.52%	1.26	0.75
2018	70.12%	1.64	1.15
2019	64.66%	1.16	0.75
2020	72.12%	1.04	0.75

2013 年，证监会发布了《上市公司监管指引第 3 号——上市公司现金分红》，其中第四条明确提出，上市公司应当在章程中明确现金分红相对于股票股利在利润分配方式中的优先顺序。具备现金分红条件的，应当采用现金分红进行利润分配。采用股票股利进行利润分配的，应当具有公司成长性、每股净资产的摊薄等真实合理因素。第五条提出了差异化的现金分红政策：①公司发展阶段属成熟期且无重大资金支出安排的，进行利润分配时，现金分红在本次利润分配中所占比例最低应达到百分之八十；②公司发展阶段属成熟期且有重大资金支出安排的，进行利润分配时，现金分红在本次利润分配中所占比例最低应达到百分之四十；③公司发展阶段属成长期且有重大资金支出安排的，进行利润分配时，现金分红在本次利润分配中所占比例最低应达到百分之二十。公司发展阶段不易区分但有重大资金支出安排的，可以按照前项规定处理。2020 年国务院发布的《国务院关于进一步提高上市公司质量的意见》提出，鼓励上市公司通过现金分红、股份回购等方式回报投资者，切实履行社会责任。

从公司股利分配方案来看，现金分红占比很高，并写到了公司章程中：公司具备现金分红条件的，应当采用现金分红进行利润分配。如果公司采用股票股利进行利润分配的，应当具有公司成长性、每股净资产的摊薄等真实合理因素。根据差异化的现金分红政策，公司规定每年以现金方式分配的利润应不少于当年实现的可供分配利润的 20%，视公司发展阶段及是否有重大资金支出安排，公司现金分红在本次利润分配中所占比例应达到 20%~80%不等。可见，公司一直坚持中国证券监督委员会积极倡导的现金分红方式，这也是国际上成熟市场主导的分红方式。在股利分配方案具体实施过程中，公司充分尊重中小股东的意见，在公司董事局对有关利润分配方案的决策和认证过程中，以及在公司股东大会对现金分红具体方案进行审议前，公司通过电话、传真、信函、电子邮件、公司网站上的投资者关系互动平台等多种方式，与独立董事、中小股东进行沟通和交流，收集他们的意见和诉求，并作为制订利润分配方案的参考。

针对公司高比例分红，投资者也有不同的声音，有投资者称是否应该降低分红力度，将更多的钱留在公司内部用于未来的发展。对此，公司表示，之所以能长期坚持高比例分红，是源于其强大的核心竞争力和公司良好的经营业绩，也是来自自身强烈的使命感和高度的社会责任感。今后，公司将继续在综合分析经营发展实际、股东要求和意愿、社会资金成本、外部融资环境等因素的基础上，充分考虑公司未来发展的需要，实行积极、持续、稳定的利润分配政策，兼顾对投资者的合理投资回报和公司的可持续发展，建立起一套稳定、科学的发展与回报机制，努力为股东创造更大的价值。

问题

1. 结合公司分红能力的影响因素，上市公司进行现金股利分配既要满足会计盈利条件，又要满足财务流动性条件。从公司发展阶段、所处行业特点、商业模式等角度，思考公司分红能力还可能受到哪些因素的影响?

2. 高比例现金分红是否会影响公司未来发展战略?

第八章

营运资金管理决策

✧ **案例导入**

苏宁易购集团股份有限公司（以下简称公司）于 1990 年在江苏南京创立，2004 年在深圳证券交易所上市（股票代码：002024），是中国 3C（家电、电脑、通信）连锁零售企业的领先者。

公司从 2004 年开始进入快速扩张阶段，实施快速扩张战略需要大量的资金支持。公司的净营运资金在 2004~2007 年呈现出缓慢增长的趋势，而在 2008~2010 年有了大幅提升，从 15 亿元左右上升到约 99.4 亿元。公司对营运资金的把握和管理有效地支持了其完成扩张和发展的战略目标。2004~2010 年的财务数据显示，在公司的流动负债中，应付账款、应付票据和预收账款占流动负债的比例达到 90%，通过占用供应商资金来满足自身短期资金需求的情况。公司逐渐形成了苏宁易购、苏宁金融、苏宁置业、苏宁文创、苏宁体育、苏宁投资六大产业板块，随后将原有的物流、IT（internet technology，互联网技术）体系升级为物流、科技集团，在六大产业板块的基础上新增了苏宁物流和苏宁科技，形成了八大产业板块集聚的生态圈。

苏宁拥有专业的自营商品供应链管理能力，以及全场景融合的消费生态和强大的商品组货能力，打造集中心仓、城市仓、门店仓、前置仓为一体的全国仓储网络布局，通过数字技术串联，为商品的快速流通提供支撑。2019 年 12 月新冠肺炎疫情暴发，苏宁在全国各地关停了数千家门店，线下销售颇受影响，但全渠道、全场景的布局优势及智慧供应链体系基础，让苏宁在此次疫情期间得以全力运转供应链。基于全场景零售，苏宁在商品、物流等环节完成了基于成本管控的采供智能模型和基于经营效益管控的大数据分析模式，从中获取的海量商品进销存等大数据是苏宁智慧供应链顺畅运作的有力土壤，庞大的消费端数据更是为提前洞察消费市场需求提供了便利。同时，苏宁通过大数据模型推导出产品的需求预测，实现柔性供应链，实现了仓储的自动预测补货和智能调拨，助力实现高效供给。特别是为此次疫情重灾区的市场需求预测提供了便利，在数据的大力支撑下，苏宁第一时间便可联合供应方，开拓原产地，高效迅速地响应市场需求，确保关键区域市场供应充足。此外，公司强化了商品供应链管理，加大对供应商的支持，优化账期及支付方式，积极推动供应链金融业务，不论是苏宁易购的在线业务、家乐福的“到家”业务，还是苏宁小店的“到店”业务，都取得了逆势增长的成绩，运营资金效率也大幅提升。

苏宁为什么从利用供应商资金转变为支持供应商？在营运资金管理中，零售业连锁企业有哪些方法可以提高自身营运资金的使用效率？

第一节　营运资金管理概述

一、营运资金的概念

（一）营运资金的定义

营运资金又称营运资本，有广义和狭义之分。广义的营运资金又称毛营运资金，是指一个企业生产经营活动中占用在流动资产上的资金，等于企业流动资产总额；狭义的营运资金又称净营运资金，是指企业流动资产减流动负债后的余额。对会计人员来说，他们主要关心的是净营运资本，用它来衡量企业避免发生流动性问题的程度。对财务经理和财务分析人员来说，他们关注的一般是毛营运资金，如现金、有价证券、应收账款、存货等。营运资金的管理既包括流动资产的管理，也包括流动负债的管理。

1. 净营运资本

一般来说，净营运资本在财务管理中主要起到两个作用。

1）作为偿债能力的指标

企业的偿债能力一般根据其履行到期债务责任的能力来衡量，流动比率、速动比率和净营运资本是衡量企业整体偿债能力的三个基本指标。其中，前两个指标比较适用于不同企业之间偿债能力的比较分析。如果企业的资产和财务结构在各期间内保持不变，则净营运资本更适用于同一企业不同时期的偿债能力的比较，而不适用于不同企业的比较。

2）作为计量财务风险的指标

企业的净营运资本状况，不但对于企业内部管理非常重要，而且也是一个较广泛用于计量企业财务风险的指标。一般说来，在其他条件相同时，企业净营运资金越多，它越能履行当期债务责任。正因为这一作用，企业净营运资金的状况还可以影响企业负债融资的能力。

2. 毛营运资本

对财务分析人员和财务经理而言，他们关注的是毛营运资金，即企业流动资产的总额。流动资产是指可以在一年内或者一个营业周期内变现或运用的资产。流动资产具有占用时间短、周转快、易变现等特点。企业拥有较多的流动资产，可在一定程度上降低财务风险。流动资产可按组成要素分为货币资金、有价证券、预付账款和存货。

（二）营运资本的营利性与风险性

1. 营运资本的营利性

通常来说，流动资产的营利能力要低于固定资产，如果能降低流动资产投资水平而又不影响企业的销售，将提高企业的总资产回报率，也就是说，流动资产在总资产中的比例越低，企业的获利能力越高。

另外，短期融资方式与中长期融资方式相比，融资成本较低，因此短期债务在总负债中的比例越大，企业的获利能力就越高，因为短期负债的利率要低于长期负债，并且，由于短期负债相对于较长期的负债来说，借款可以在不需要的时候立即偿还，这也可实现更高的利润水平。

因此，从流动资产和流动负债两方面来看，与净营运资本相对应的流动资产是以长期资金为其资金来源。净营运资本较多，意味着企业将较大份额的融资成本和较高的长期资金运用到营利能力较低的流动资产上，使企业整体的盈利水平相应地降低，反之亦反。因此，从营利性来看，建议保持一个较低的流动资产水平和较高的流动负债比例。

2. 营运资本的风险性

营运资本的风险性主要是指企业陷入无力偿付到期债务而导致技术性无力清偿的可能性，这一风险可以用营运资本的大小来衡量。企业的净营运资本越多，意味着流动资产与流动负债之间的差额越大，陷入技术性无力清偿的可能性也就越小，反之亦反。

可以看出，从营利性来看，保持一个较低的流动资产水平和较高的流动负债比率，势必导致一个较低的甚至为负的净营运资本水平。换句话说，获利能力的提高是以企业风险的增加为代价的。因此，企业必须对流动资产、流动负债及两者之间的变动所引起的盈利与风险之间的消长关系进行全面的估量，正确地进行营运资金的结构性管理。

二、营运资金持有政策

营运资金概念包括流动资产和流动负债两部分，是流动资产减去流动负债后的差额，是企业日常财务管理的重要内容。值得注意的是，在财务管理中，营运资金没有对应的实物，仅是流动资产和流动负债的差额。

流动资产随企业业务量的变化而变化，业务量越大，其所需的流动资产越多，但它们之间并非线性的关系。由于规模经济、使用效率等原因，流动资产以递减的比率随业务量增长，这就产生了如何把握流动资产投资量的问题。

营运资金持有量的高低，影响着企业的收益和风险。较高的营运资金持有量，意味着在固定资产、流动负债和业务量一定的情况下，流动资产额较高，即企业拥有着较多的现金、有价证券和保险储备量较高的存货。这会使企业有较大把握按时支付到期债务，及时供应生产用材料和准时向客户提供产品，从而保证经营活动平稳地进行，风险性较小。由于流动资产的收益性一般低于固定资产，所以，较高的总资产拥有量和较高的流动资产比重会降低企业的收益性，而较低的营运资金持有量带来的后果正好相反。此时，因为较低的总资产拥有量和较低的流动资产比重，会使企业的效益提高，但较少的现金、有价证券和较低的存货保险储备量却会降低偿债能力和采购的支付能力，造成信用损失、材料中断和生产停滞，还将由于不能准时向购买方供货而失去客户。这些都会加大企业的风险。

通过以上分析可以看到，营运资金持有量的确定，就是在收益和风险之间进行权衡。我们将持有较高的营运资金称为宽松的营运资金政策；将持有较低的营运资金称为紧缩的营运资金政策。前者的收益、风险均较低；后者的收益、风险均较高。介于两者之间的，是适中的营运资金政策。在适中的营运资金政策下，营运资金的持有量不过高也不过低，恰好现金足够支付所需，存货足够满足生产和销售所用，除非利息高于资本成本，否则企业不保留有价证券。也就是说，适中的营运资金政策对于投资者财富最大化来讲理论上是最佳的。然而，我们却难以量化地描述适中政策的营运资金持有量。这是因为这一营运资金水平是多种因素共同作用的结果，包括销售水平、存货和应收账款的周转速度等，所以，各企业应当根据自身的具体情况和环境条件，按适中营运资金政策的原则，确定适当的营运资金持有量。

三、营运资金筹集政策

营运资金筹集政策，是营运资金政策的研究重点。研究营运资金的融资政策，首先，对构成营运资金的两要素——流动资产和流动负债作进一步的分析；其次，考虑两者间的匹配。

（一）流动资产和流动负债分析

一般来说，我们经常按照周转时间的长短对企业的资金进行分类，即周转时间在一年以下的为流动资产，包括货币资金、短期投资、应收账款、应收票据、存货等；周转时间在一年以上的为长期资产，包括长期投资、固定资产、无形资产等。对于流动资产，如果按照用途再作区分，可以分为临时性流动资产和永久性流动资产。临时性流动资产指那些受季节性、周期性影响的流动资产，如季节性存货、销售和经营旺季（如零售业的销售旺季在春节期间等）的应收账款；永久性流动资产指那些即使企业处于经营低谷也仍然需要保留的、用于满足企业长期稳定需要的流动资产。

企业的负债则按照债务时间的长短，以一年为限，分为短期负债和长期负债。短期负债包括短期借款、应付账款、应付票据等；长期负债包括长期借款、长期债券等。短期负债的特点主要是成本低、风险大。与流动资产按照用途划分的方法相对应，流动负债也可以分为临时性负债和自发性负债。临时性负债指为了满足临时性流动资金需要所发生的负债，如商品零售企业春节前为满足节日销售需要，超量购入货物而举借的债务；食品制造企业为赶制季节性食品，大量购入某种原料而发生的借款；等等。自发性负债指直接产生于企业持续经营中的负债，如商业信用融资和日常运营中产生的应付款项和其他应付款，以及应付职工薪酬、应付利息、应交税费等。

（二）流动资产和流动负债的配合

营运资金筹集政策，主要是就如何安排临时性流动资产和永久性流动资产的资金来源而言的，一般可以区分为三种，即配合型融资政策、激进型融资政策和保守型融资政策。

1. 配合型融资政策

配合型融资政策的特点是，对于临时性流动资产，运用临时性负债筹集资金满足其资金需要；对于永久性流动资产和固定资产（统称为永久性资产，余同），运用长期负债、自发性负债和权益资本筹集资金满足其资金需要。配合型融资政策见图 8-1。

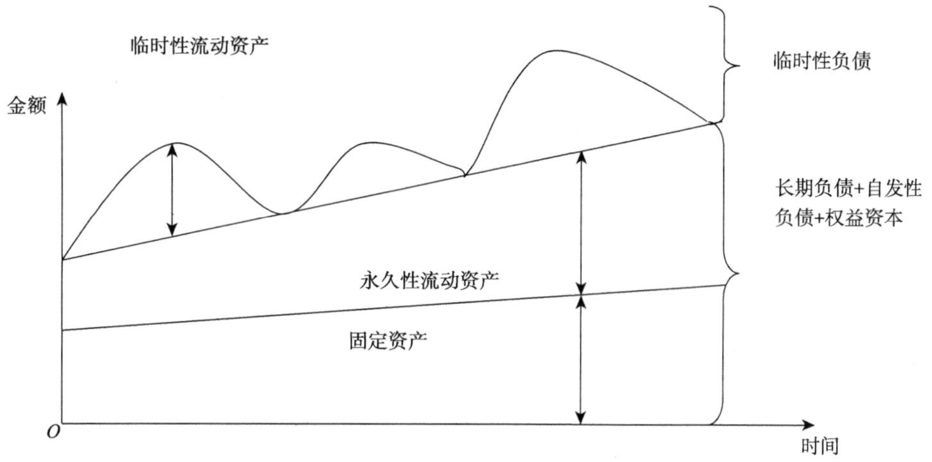

图 8-1 配合型融资政策

配合型融资政策要求企业临时负债融资计划严密，实现现金流动与预期安排相一致。在季节性低谷时，企业应当除了自发性负债外没有其他流动负债。只有在临时性流动资产的需求高峰期，企业才会举借各种临时性债务。

例 8-1 某企业在生产经营的淡季，需占用 300 万元的流动资产和 500 万元的固定资产；在生产经营的高峰期，会额外增加 200 万元的季节性存货需求。配合型融资政策的做法如下：企业只在生产经营的高峰期才借入 200 万元的短期借款。不论何时，800 万元永久性资产（即 300 万元永久性流动资产和 500 万元固定资产之和）均由长期负债、自发性负债和权益资本解决其资金需要。

配合型融资政策的基本思想是将资产与负债的期限相配合，以降低企业不能偿还到期债务的风险和尽可能降低债务的融资成本。但是，事实上由于资产使用寿命的不确定性，往往达不到资产与负债的期限完全匹配。如例 8-1，一旦企业生产经营高峰期内的销售不理想，未能取得销售现金收入，便会发生偿还临时性负债的困难。因此，配合型融资政策是一种理想的、对企业有着较高资金使用要求的营运资金筹集政策。然而，这是一种过于理性化的模式，在实际中往往难以运用，因为融资期限一般是比较固定的，如 1 个月、3 个月、半年等，而投资期限却是随机的，难以精确预计，一旦出现较大的误差，势必导致偿还临时性债务的困难。

2. 激进型融资政策

激进型融资政策往往为那种风险偏好型的财务经理所采用，其特点如下：临时性负债不但融通临时性流动资产的资金需要，还解决部分永久性资产的资金需要。激进型融资政策见图 8-2。

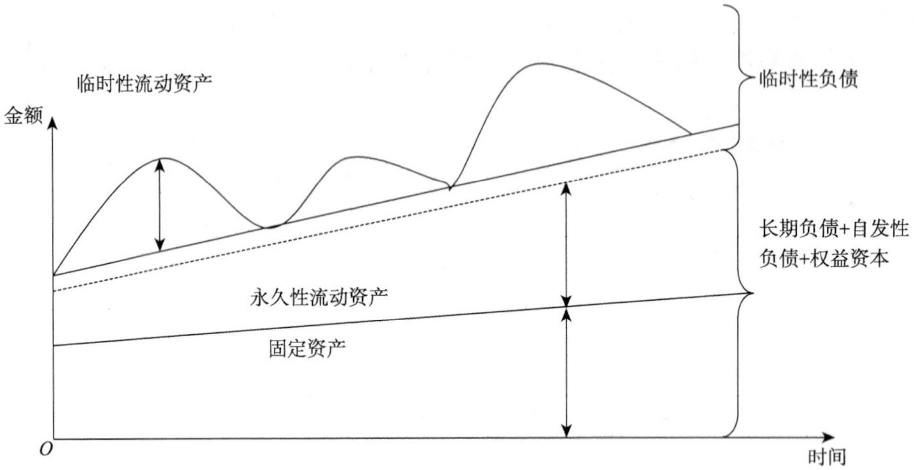

图 8-2 激进型融资政策

从图 8-2 可以看到，激进型融资政策下临时性负债在企业全部资金来源中所占比重大于配合型融资政策。沿用例 8-1，企业生产经营淡季占用 300 万元的永久性流动资产和 500 万元的固定资产，在生产经营的高峰期，额外增加 200 万元的季节性存货需求。如果企业的权益资本、长期负债和自发性负债的融资额低于 800 万元（即低于正常经营期的流动性资产占用与固定资产占用之和），如只有 700 万元甚至更少，那么就会有 100 万元或者更多的永久性资产和 200 万元的临时性流动资产（在经营高峰期内）由临时性负债融资解决。这种情况表明企业实行的是激进型融资政策。由于临时性负债（如短期银行借款）的资本成本一般低于长期负债和权益资本成本，而激进型融资政策下临时性负债所占比重较大，所以，该政策下企业的资本成本较低。另外，为了满足永久性资产的长期资金需要，企业要在临时性负债到期后重新举债或申请债务展期，这样企业便会更为经常地举债和还债，从而加大融资的困难和风险，还可能面临由于短期负债利率的变动而增加企业资本成本的风险，所以激进型融资政策是一种收益性和风险性均较高的营运资金融资政策。

3. 保守型融资政策

保守型融资政策通常为那种风险规避型的财务经理所采用，其特点是临时性负债只满足部分临时性流动资产投资的需要，而自发性负债及长期资金则满足固定资产、永久性流动资产乃至一部分临时性流动资产投资的需要，如图 8-3 所示。

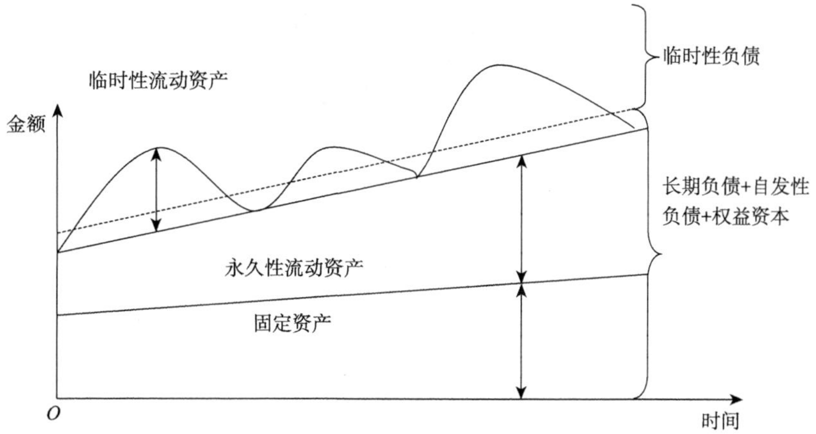

图 8-3 保守型融资政策

显然，保守型融资政策大大降低了激进型模式的风险程度，企业往往可保持较强的偿债能力，也减轻了由于利率变动而蒙受损失的风险，但也不必要地加重了企业财务费用负担，从而导致企业收益水平下降。因此，保守型融资政策是一种收益性与风险性均较低的融资政策，适宜在金融环境恶劣、银根较紧的情况下采用。

四、营运资金管理与企业价值最大化

（一）营运资金目标

营运资金是企业总资金的组成部分，营运资金管理是企业财务管理的重要内容，因此，其管理目标应是企业总体目标特别是企业财务管理目标在营运资金管理上的具体体现。制定营运资金政策的目标应该等同于营运资金管理的目标，具体来讲，主要实现以下两个目标。

1. 保持适度的流动性

流动性是蕴含于企业经营过程中的动态意义上的偿付能力，也是企业资产运用的固有特征。保持较强的流动性，对于抵消企业风险、适应环境变化具有极为重要的作用。保持营运资本具有适度的流动性以便应付日常经营的需要。企业营运资本流动性的高低，在很大程度上取决于对流动资产和流动负债的控制能力。流动性控制的目的应当顺从企业经营的目的，这是流动性管理活动首先应该明确的问题，否则很难做到保持适度的流动性而不是最高的或最低的流动性，从而真正发挥流动性对企业价值最大化所做出的独特贡献。

2. 实现企业价值最大化

企业营运资金管理的基本目标，是最大限度地服务于企业的长远财务规划，围绕经营活动现金流量的创造，实现企业价值最大化，但对于营运资本在企业价值创造过程中起到的作用应该有正确的认识。流动资产自身没有创造现金流量的能力，对企业价值的形成没有直接的影响，但在资本投资性质及其效率既定的情况下，无能的、低效的营运资本管理却会在很大程度上抵减企业经营活动现金流量的创造力。因此，企业应合理确定现金持有量，保持良好的库存结构，加快应收账款的回收等，使企业营运资本按照营运资本政策预定的目标进行运营，促使企业实现价值最大化。

（二）制定营运资金政策时应当注意的一些关键问题

1. 尽量降低流动资金的规模，合理安排其内部结构

流动资产自身并不具备创造现金流量的能力，但现金、应收账款、存货等流动资产为企业再生产活动的正常进行提供了必要的条件，尽管它们本身并不具有直接的营利性，而且还会带来资金占用成本。在资本投资性质及其效率既定的情况下，过多的营运资本在很大程度上抵减了企业经营活动创造现金流的能力。因此，企业在保持适度的流动性及不影响销售额的情况下，应当尽量减少营运资本的占用。减少在流动资产上的投资，使营运资本占企业总营业额的比重趋于减少，便于企业将更多的资金投入固定资产或长期投资上。我国企业流动资产平均余额之所以这么大，流动资产周转之所以这么慢，是与我国企业管理水平低、管理基础差分不开的。

企业在确定了一定时期内流动资产占总资产的比例之后，如果要保证流动资产的有效运作，还要求流动资产各项目之间保持数量上的合理并存、时间上的依次继起并实现消耗的足额补偿。企业在正常经营的情况下，除应收账款与企业销售规模相关之外，其他流动资产项目与流动资产总额的比例是保持相对稳定的。企业可以利用这一特点，根据以往的财务资料，确定流动资产项目与流动资产总额的比例，安排企业的流动资产投资。当实际流动资产的占有和确定的比例发生较大偏差时，应及时调查并采取对策。对于应收账款，则要充分考虑到销售规模因素。如果管理人员发现在一定的销售规模下，企业应收账款占有比例明显增长，就说明企业的收款能力下降，资金的周转速度放慢，企业的收账风险上升，此时应及时采取相应的改善措施。

2. 重视营运资金周转效率的提高

营运资金的各个项目在不断变现和再投入的变化中会直接影响企业的现金周转，营运资本周转效率越高，周转期越短，现金周转的速度越快，企业能更容易地偿还债务、购买更多的材料和生产销售更多的商品，并提高企业的经营绩效，同时，企业对外部财务供应的依赖性也越弱，需要对外融资的额度就越低。反之，营运资本周转效率越低，周转期越长，就越需要筹集更多的资金来满足运营需要。

由于现金周转才使得营运资金不断循环运转，现金周转指的是持续的现金流动，通过包括现金、应收账款、存货、应付账款等在内的营运资本各项目循环实现。如图 8-4 所示，现金的周转过程主要包括存货周转、应收账款周转和应付账款周转等环节。由于现金流入和流出的时间可能不同步，现金流入和流出的数量也可能存在不确定性，就会出现现金流动的不平衡，主要表现为现金不足导致的现金周转困难，或是现金过剩导致的资产获利能力下降。因此，通过对流动资产和流动负债的管理，实现现金流入和流出的平衡运动，是企业日常资金管理的重要内容。

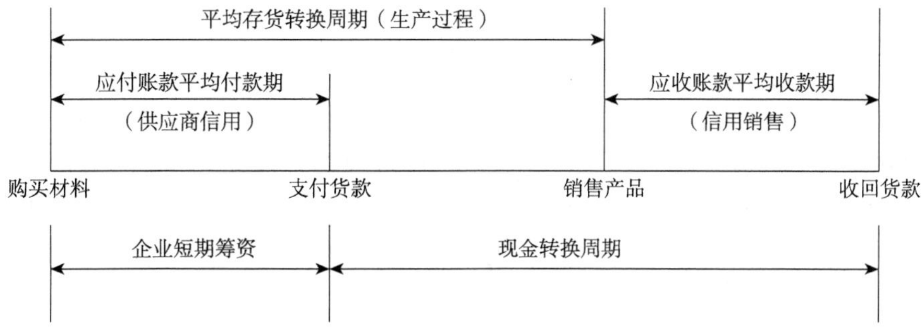

图 8-4　公司现金周转图

改善现金周转期，使之变得更短，将会降低风险水平并增加营利性。现金周转期的减少可以通过以下途径实现：①加速应收账款的收回；②缩短存货周转期；③延缓应付账款的支付。

应收账款占用的营运资本越少，变现速度越快，坏账损失越少，短期偿债能力越强，而应收账款过多往往造成企业流动性不足，资金周转不灵，形成企业风险。企业支付应付账款延迟的期限越长，现金周转得越快。能够使应收账款周转期短于应付账款延迟期，可能会被看作营运资本管理有效的一种标志。

从企业资本运营的角度考虑，存货转换周期和应收账款转换周期越短越好，应付账款延迟周期则是越长越好，但实际上有一个度的问题，这三种方法没有一个可以减少现金周转期而不增加风险。如果存货转换周期非常短，最大的风险是发生缺货以及随之而来的多种成本，包括对信誉的影响，企业就会有损失销售市场的风险。一方面使企业减弱了抵御市场不确定性对企业的冲击力，有碍企业营销能力的扩大和盈利的增加；另一方面则减少了企业资金占用量，提高了资金利用率，使营利能力上升以及变现风险降低。可见存货量的增加和减少对企业有利有弊，是一把双刃剑，需要我们客观对待，还必须对增加存货的机会成本与缺货的风险和导致的综合成本这两者进行权衡。同样，如果应收账款转换周期也非常短，企业就会面临损失那些需要信贷业务的客户。应付账款延付周期越长越好，但并不是无限期的长，若太长则可能导致损失早期支付的贴现或未来债务的灵活性。

3. 优化负债结构

负债结构是指企业负债中各种负债数量的比例关系，尤其是流动负债资金的比例。按照融资的黄金法则——期限匹配原则，企业在制定营运资本政策时，应尽量做到流动资产与流动负债的匹配，实现现金流动与预期安排相一致。在经营淡季和低谷阶段，企业除了自发性负债外不存在其他流动负债，只有在对临时性流动资产的需求达到高峰时，企业才举借各种临时性债务。从理论上讲，营运资本的最佳数量是在企业生产和销售计划确定的情况下，即销货量、成本、采购期、付款期等条件为已知时，企业通过现金预算计划，尽可能地将流动资产和流动负债在期限上衔接起来，以保持最低的净营运资本水平。配合型的营运资本融资政策将资产与负债的期间相互配合，以降低企业不能偿还到期债务的风险并尽可能地降低企业的资本成本。同时这也是对企业有着较高的资金合作要求的一种营运资本融资政策。

值得注意的是，商业信贷在企业流动负债中通常占据主要部分，企业所持有的这部分信贷额必须在下一个会计年度内偿清。它常常不仅是无息的，而且能够较为容易地获得。应付账款作为一项流动负债，对于任何企业来说都相当于一种短期融资。因为商业信贷象征着从供应商处得到的直至票据被支付时的一种借款，所以，它是企业对流动资产投资的一种重要融资渠道。这项短期融资来源的特殊吸引力在于成本较低，即通常不用支付利息。从这个角度上讲，企业应当利用任何一项可以得到的免费信贷，因为，由此而节余的现金可以用于其他方面的营利性投资。然而，需要注意的是，这个工具不可以被滥用，当信贷到期时，任何一家未能按时支付的企业都将有可能引起供应方的担心。

4. 强化零营运资本政策的意识

1）零营运资本政策的内涵

20 世纪 70 年代以后，美国企业界的营运资本投资政策趋向于紧缩，即完成同样多的销售额，所占用的流动资产越来越少，甚至在一些管理非常优秀的一流公司中，通过对存货、应收账款等主要流动资产占用严格而科学的管理（如实施存货控制的准时生产系统等），使得流动资产的占用降低至一个极低的水平，以此来达到企业的流动资产不占用自己的资金，从而实现企业价值最大化的目的。在这种情况下，企业经营对流动性的需求及理财人员对财务风险的控制，将完全依靠企业现金流量超常的周转速度来实现。毋庸置疑，这是企业营运资本管理的至高境界。

在营运资本管理中，流动资产管理与流动负债管理是紧密联系在一起的。流动资产的占用状况会影响到流动负债的结构；流动负债的融资政策又会制约着对流动资产的投资行为，而零营运资本理念同时涉及流动资产政策的制定和流动负债政策的制定。零营运资本，事实上是极端意义上的激进型的流动资产政策，即通过严格而科学的生产、营销管理，将企业的营运资本——现金、有价证券、存货等降至最低点，从而实现营运资本管理的最高水平。它并不是要求营运资本真的为零，而是在满足一定条件的前提下，尽可能地使营运资本趋于最小。按照这一理念，零营运资本政策，即为实现如下结果的流动资产管理政策。

存货周转天数+应收账款周转天数−应付账款周转天数≤0

其中，存货和应收账款是创造销售额的主要因素，这部分本应由企业占用的流动资金由供应商通过应付账款来提供。具体表现为存货基本上是零，应收账款和短期投资低于应付账款和短期借款的一种财务运行状况。存货与应收账款是协助长期资产创造经营活动现金流量的重要流动资产，为了最大限度地提高企业的获利能力，这部分资产占用所需要的资金应当由企业的客户通过商业信用的方式来提供。如果应付账款的数额足够多的话，净营运资本甚至可以小于零。因此，实施零营运资本政策的关键是要按照科学严密的管理理念和手段来进行营运资本的控制，尤其是加强对存货和应收账款的控制，使其资金占用额维持在一个极低的水平。

2）零营运资本政策的基本原理

传统的财务理论认为，由于企业的应收账款与应付账款、短期借款等负债的到期日及金额很难做到完全匹配，而且存货的变现需要较长时间，企业必须持有大于流动负债的流动资产才能保证按期偿还短期债务。因此，为了加强流动性，企业必须保持适量的营运资本，以应对财务风险。零营运资本政策的理论依据是以较少的资金做同样的业务，使营运资本发挥更大的作用，从而创造更多的收益。零营运资本政策的基本原理就是在满足企业对流动资产基本需求的前提下，尽量降低对流动资产的投资，强调企业资产的高速运转，并大量运用流动负债进行流动资产的融资。具体表现在以下几个方面。

第一，通过降低营运资本，将占用在应收账款和存货上的资金解放出来，用于技术投资或投入生产经营。

第二，追求零营运资本政策，降低存货，可以节约储存空间，削减因存货而发生的一些费用，如运输、挑选整理、保管、财产和意外保险、存货废弃、变质、短少等费用，消除这一环节上的不增值作业，提高企业的生产能力。

第三，追求零营运资本政策，会促使企业加强应收账款的管理，减少应收账款，从而减少坏账损失的风险。

第四，加速营运资本的周转循环，降低营运资本在总营业额中所占的比重。

第五，对流动负债来说，要有畅通的筹措短期资金的渠道，以便满足企业的日常运作需求，同时也要考虑短期资金成本的问题。

3）实施零营运资本政策的有效途径

零营运资本政策源于“零存货”的基本思想，互联网的产生和迅速普及，使人类社会进入信息时代，网络技术和电子商务都得到了迅速发展，企业完全有条件和能力减少甚至不储备库存以减小由于库存带给企业的资金周转压力，提高资金的利用效率。

实施零营运资本政策，从营运资本周转周期的角度来看，主要应从存货管理、应收账款管理和应付账款管理三个方面着手。对于存货管理，一方面要加强销售，通过销售的增长来缩短存货周转期；另一方面要通过确定订货成本、采购成本及储存成本来计算经济批量，控制存货所占用的资金，使之最小化。对于应收账款管理，在信用风险分析的基础上，企业要制定合理的信用标准、信用条件和收账政策，通过这些措施来鼓励客户尽早交付货款，从而加速应收账款的周转。对于应付账款管理，一般来说，企业越是拖延付款时间，就越有利于企业，但由于延期付款可能会引起企业的信用等级恶化，所以，企业必须通过仔细地衡量、比较多种方案之后再做出决定。在尽可能多地使用流动负债的基础上，注意企业的清偿能力，并保证企业的信誉，这样才能为企业带来最大的收益。

针对我国企业目前的实际状况，要想达到零营运资本政策的目标还应创造以下条件。

第一，企业要有一个周密的生产计划。从原料投入到产品产出都处于一种有序状态，因此，就要有一个周密的生产计划。通过预测，对原材料供应、各工序生产做出预定计划安排，使企业生产保持连续，不至于因计划不周而产生时间和空间上的滞留。

第二，运用先进的科学技术和设备进行科学合理的布局。首先，运用计算机和运筹学等手段，对企业生产布局做出科学合理的安排，使之在一定的约束条件下达到最短流通距离、最少流通环节的最优状态；其次，选用最先进的工艺设备，力求缩短操作时间和提高产品质量；最后，利用流水线把整个工厂各道工序和各操作环节联系起来，并把物件送到指定地点，企业各部门必须密切配合，相互协调。

第三，要有一个比较顺畅的原料供应和产品销售流通体系。零营运资本要求企业外部的原料供应和产品销售渠道十分顺畅，否则，企业就有可能为防止供应中断而增加原材料库存或者因销售系统故障而形成产品滞存。实际上这种外来影响最容易造成零营运资本方案的流产。因此，应保证外来原料的稳定供应，这可以通过对各种所需原料选定一定的供应商，并与其签订长期供货合同得以实现。同时，企业还应改善企业的生产设备条件，缩短产品的生产时间；选择灵活的资金结算方式，保持资金畅通；提高市场占有率，建立稳定可靠的销售网络。

此外，还应注意到企业营运资本管理所面临的外部环境，当企业普遍缺乏商业信用，在法制不健全的情况下，容易造成企业之间相互拖欠，影响资金的运转。

第二节　短期融资管理

一、短期融资的特点

短期融资是指为满足企业临时性流动资产需要而进行的融资活动。短期资本一般是通过流动负债方式取得，因此，短期融资亦可称为流动负债融资或短期负债融资。

与长期负债融资相比，短期负债融资具有如下特点。

（1）速度快。申请短期借款比申请长期借款更容易，更便捷，通常在较短时间内便可获得。长期借款的时间长，贷款风险大，贷款人需要对企业的财务状况评估后方能做出决定。因此，当企业急需资本时，往往首先寻求短期借款。

（2）弹性大。与长期债务相比，短期贷款给债务人更大的灵活性。长期债务债权人为了保护自己的利益，往往要在债务契约中对债务人的行为加以种种限制，使债务人丧失某些经营决策权，而短期借款契约中的限制条款比较少，使企业有更大的行动自由。

（3）成本低。在正常情况下，短期负债融资所发生的利息支出低于长期负债融资，而某些自然性融资（如应付税金、应计费用等）则没有利息负担。

（4）风险大。尽管短期债务的成本低于长期债务，但其风险却大于长期债务。这主要表现在两个方面：一是长期债务的利率相对比较稳定，即在相当长一段时间内保持不变，而短期债务的借款利率则随市场利率的变化而变化，时高时低，使企业难以适应。二是如果企业过分筹措短期债务，当债务到期时，企业不得不在短期内筹措大量资本还债，这极易导致企业财务状况恶化，甚至因无法及时还债而破产。

二、商业信用

商业信用是指在商品交易中由于延期付款或预收货款形成的企业间的借贷关系。商业信用产生于商品交换之中，是自发性融资。它运用广泛，在短期融资中占有相当大的比重。商业信用的具体形式有应付账款、应付票据、预收账款等。

（一）应付账款

应付账款是企业赊购货物而形成的债务，它可以满足短期的资金需要。在这种销售方式下，买方无须签署任何正式契约作为债务的依据，而采用这种方式的前提是卖方对买方的充分信任。

应付账款有付款期、现金折扣等信用条件。应付账款可分为免费信用，即买方在规定的付款期付款或在规定的现金折扣期内享受折扣而获得的信用；有代价信用，即买方以放弃现金折扣为代价而获得的信用；展期信用，即买方超过规定的信用期而强行获得的信用。

1. 应付账款的成本

在有现金折扣的赊销方式下，若买方在现金折扣期内付款，则不发生商业信用成本，即买方享受了免费信用。

例 8-2　某企业按“2/10，*N*/30”的条件购入货物 20 万元，如果该企业在 10 天内付款，便享受了 10 天的免费信用期，并获得折扣 0.4 万元，免费信用额为 19.6 万元（20−0.4）。

倘若买方企业放弃折扣，在第 20 天付款，该企业要承担由此而发生的商业信用融资机会成本，可按下列公式计算：

$$\text{放弃现金折扣成本}=\frac{\text{现金折扣率}\times 360}{(1-\text{现金折扣率})\times(\text{享受信用期}-\text{现金折扣率})}\times 100\%$$

将数据代入，则该企业放弃现金折扣成本为

$$\text{放弃现金折扣成本}=\frac{2\%\times 360}{(1-2\%)\times(20-10)}\times 100\%=73.47\%$$

公式表明，放弃现金折扣的成本与折扣百分比的大小、折扣期的长短同方向变化，与享受信用期的长短反方向变化。可见，如果买方企业放弃折扣而获得信用，其代价是较高的。然而，企业在放弃折扣的情况下，推迟付款的时间越长，其成本便会越小。例如，如果企业延至 30 天付款，其成本则为 36.7%。

2. 利用现金折扣的决策

在附有信用条件的情况下，因为获得不同信用要负担不同的代价，买方企业便要在利用哪种信用之间做出决策。一般说来，如果能以低于放弃折扣的隐含利息成本（实质是一种机会成本）的利率借入资金，便应在现金折扣期内用借入的资金支付货款，享受现金折扣。例如，与例 8-2 同期的银行短期借款年利率为 12%，则买方企业应利用更便宜的银行借款在折扣期内偿还应付账款；反之，企业应放弃折扣。

如果在折扣期内将应付账款用于短期投资，所得的投资收益率高于放弃折扣的隐含利息成本，则应放弃折扣而去追求更高的收益。当然，假使企业放弃折扣优惠，也应将付款日推迟至信用期内的最后一天（如例 8-2 中的第 30 天），以降低放弃折扣的成本。

如果企业因缺乏资金而欲展延付款期（如例 8-2 中将付款日推迟到第 50 天），则需在降低了的放弃折扣成本与展延付款带来的损失之间做出选择。展延付款带来的损失，主要是指因企业信誉恶化而丧失供应商乃至其他贷款人的信用，或日后招致苛刻的信用条件。

如果面对两家以上提供不同信用条件的卖方，若企业有把握享受现金折扣，应选择商业信用融资成本最大者。

（二）应付票据

应付票据是企业进行延期付款商品交易时开具的反映债权债务关系的票据。根据承兑人的不同，应付票据分为商业承兑汇票和银行承兑汇票两种，支付期最长不超过 6 个月。应付票据可以带息，也可以不带息。应付票据的利率一般比银行借款的利率低，且不用保持相应的补偿性余额和支付协议费，所以，应付票据的融资成本低于银行借款成本，但是应付票据到期必须归还，如若延期便要交付罚金，因而风险较大。

（三）预收账款

预收账款是卖方企业在交付货物之前向买方预先收取部分或全部货款的信用形式。对于卖方来讲，预收账款相当于向买方借用资金后用货物抵偿。预收账款一般用于生产周期长、资金需要量大的货物销售。

企业往往还存在一些在非商品交易中产生，但也为自发性融资的应付费用，如应付工资、应交税费、其他应付款等。应付费用使企业受益在前、费用支付在后，相当于享用了收款方的借款，一定程度上缓解了企业的资金需要。应付费用的期限具有强制性，不能由企业自由斟酌使用，但通常不需花费代价。

（四）商业信用融资的特点

商业信用融资最大的优越性在于容易取得。首先，对于多数企业来说，商业信用是一种持续性的信贷形式，且无须正式办理融资手续。其次，如果没有现金折扣或使用不带息票据，商业信用融资不负担成本，其缺陷在于期限较短，在放弃现金折扣时所付出的成本较高。

三、短期借款

短期借款指企业向银行和其他非银行金融机构借入的期限在一年以内的借款。

（一）短期借款的种类

我国目前的短期借款按照目的和用途分为若干种，主要有生产周转借款、临时借款、结算借款等。按照国际通行做法，短期借款还可依偿还方式的不同，分为一次性偿还借款和分期偿还借款；依利息支付方法的不同，分为收款法借款、贴现法借款和加息法借款；依有无担保，分为抵押借款和信用借款等。

企业在申请借款时，应根据各种借款的条件和需要加以选择。

（二）借款的取得

企业举借短期借款，首先，必须提出申请，经审查同意后借贷双方签订借款合同，注明借款的用途、金额、利率、期限、还款方式、违约责任等；其次，企业根据借款合同办理借款手续；最后，借款手续完毕，企业便可取得借款。

（三）借款的信用条件

按照国际通行做法，银行发放短期借款往往带有一些信用条件，主要有以下 6 条。

1. 信贷限额

信贷限额是银行对借款人规定的无担保贷款的最高额。信贷限额的有效期限通常为一年，但根据情况也可延期一年。一般来讲，企业在批准的信贷限额内，可随时使用银行借款。但是，银行并不承担必须提供全部信贷限额的义务。如果企业信誉恶化，即使银行曾同意过按信贷限额提供贷款，企业也可能得不到贷款。这时，银行不会承担法律责任。

2. 周转信贷协定

周转信贷协定是银行具有法律义务地承诺提供不超过某一最高限额的贷款协定。在协定的有效期内，只要企业的借款总额未超过最高限额，银行必须满足企业任何时候提出的借款要求。企业享用周转信贷协定，通常要就贷款限额的未使用部分付给银行一笔承诺费。

例 8-3　某周转信贷额为 1 000 万元，承诺费率为 0.5%，借款企业年度内使用了 600 万元，余额 400 万元，借款企业该年度就要向银行支付承诺费 2 万元（400× 0.5%）。这是银行向企业提供此项贷款的一种附加条件。

周转信贷协定的有效期通常超过一年，但实际上贷款每几个月发放一次，所以这种信贷具有短期和长期借款的双重特点。

3. 补偿性余额

补偿性余额是银行要求借款企业在银行中保持按贷款限额或实际借用额一定百分比（一般为 10%~20%）的最低存款余额。从银行的角度讲，补偿性余额可降低贷款风险，补偿遭受的贷款损失。对于借款企业来讲，补偿性余额提高了借款的实际利率。

例 8-4　某企业按年利率 8%向银行借款 10 万元，银行要求维持贷款限额 15%的补偿性余额，那么企业实际可用的借款只有 8.5 万元，该项借款的实际利率为

$$\frac{10\times 8\%}{8.5}\times 100\% = 9.4\%$$

4. 借款抵押

银行向财务风险较大的企业或对其信誉不甚有把握的企业发放贷款，有时需要有抵押品担保，以减少自己蒙受损失的风险。短期借款的抵押品经常是借款企业的应收账款、存货、股票、债券等。银行接受抵押品后，将根据抵押品的面值决定贷款金额，一般为抵押品面值的 30%~90%。这一比例的高低，取决于抵押品的变现能力和银行的风险偏好。抵押借款的成本通常高于非抵押借款，这是因为银行主要向信誉好的客户提供非抵押贷款，而将抵押贷款看成是一种风险投资，故而收取较高的利率；同时，银行管理抵押贷款要比管理非抵押贷款困难，为此往往另外收取手续费。

企业向贷款人提供抵押品，会限制其财产的使用和将来的借款能力。

5. 偿还条件

贷款的偿还有到期一次偿还和在贷款期内定期（每月、季）等额偿还两种方式。一般来讲，企业不希望采用后种偿还方式，因为这会提高借款的实际利率，而银行不希望采用前种偿还方式，因为这会加重企业的财务负担，增加企业的拒付风险，同时会降低实际贷款利率。

6. 其他承诺

银行有时还要求企业为取得贷款而做出其他承诺，如及时提供财务报表、保持适当的财务水平（特定的流动比率）等。若企业违背所做出的承诺，银行可以要求企业立即偿还全部贷款。

（四）短期借款利率及其支付方法

短期借款的利率多种多样，利息支付方法也不一样，银行将根据借款企业的情况选用。

1. 借款利率

（1）优惠利率。优惠利率是银行向财力雄厚、经营状况好的企业贷款时收取的名义利率，为贷款利率的最低限。

（2）浮动优惠利率。这是一种随其他短期利率的变动而浮动的优惠利率，即随市场条件的变化而随时调整变化的优惠利率。

（3）非优惠利率。银行贷款给一般企业时收取的高于优惠利率的利率。这种利率经常在优惠利率的基础上加一定的百分比。例如，银行按高于优惠利率 1%的利率向某企业贷款，若当时的优惠利率为 8%，向该企业贷款收取的利率为 9%；若当时的优惠利率为 7.5%，向该企业贷款收取的利率为 8.5%。非优惠利率与优惠利率之间差距的大小，由借款企业的信誉、与银行的往来关系及当时的信贷状况所决定。

2. 借款利息的支付方法

一般来讲，借款企业可以用以下三种方法支付银行贷款利息。

（1）收款法。收款法是在借款到期时向银行支付利息的方法。银行向工商企业发放的贷款大都采用这种方法收息。此时贷款的名义利率等于实际利率。

（2）贴现法。贴现法是当银行向企业发放贷款时，先从本金中扣除利息部分、而到期时借款企业则要偿还贷款全部本金的一种计息方法。采用这种方法，企业可利用的贷款额只有本金减去利息部分后的差额，因此贷款的实际利率高于名义利率。

例 8-5　某企业从银行取得借款 10 000 元，期限 1 年，年利率（即名义利率）4%，利息额 400 元（10 000×4%），按照贴现法付息，企业实际可利用的贷款为 9 600 元（10 000−400），该项贷款的实际利率为

$$\frac{400}{9\,600}\times 100\% = 4.17\%$$

（3）加息法。加息法是银行发放分期等额偿还贷款时采用的利息收取方法。在分期等额偿还贷款的情况下，银行要将根据名义利率计算的利息加到贷款本金上，计算出贷款的本息和，要求企业在贷款期内分期偿还本息之和的金额。由于贷款分期均衡偿还，借款企业实际上只平均使用了贷款本金的半数，却支付全额利息。这样，企业所负担的实际利率便高于名义利率大约 1 倍。

例 8-6　某企业借入（名义）年利率为 12%的贷款 10 000 元，分 12 个月等额偿还本息。该项借款的实际利率为

$$\frac{10\,000\times 12\%}{10\,000\div 2}\times 100\% = 24\%$$

（五）企业对银行的选择

随着金融信贷业的发展，可向企业提供贷款的银行和非银行金融机构增多，企业有可能在各贷款机构之间做出选择，以图对己最为有利。选择银行时，重要的是要选用适宜的借款种类、借款成本和借款条件，此外还应考虑下列有关因素。

1. 银行对贷款风险的政策

通常银行对其贷款风险有着不同的政策，有的倾向保守，只愿承担较小的贷款风险；有的富于开拓，敢于承担较大的贷款风险。

2. 银行对企业的态度

不同银行对企业的态度各不一样。有的银行肯于积极地为企业提供建议，帮助企业分析潜在的财务问题，有着良好的服务，乐于为具有发展潜力的企业发放大量贷款，在企业遇到困难时帮助其渡过难关，也有的银行很少提供咨询服务，在企业遇到困难时一味地为清偿贷款而施加压力。

3. 贷款的专业化程度

一些大银行设有不同的专业部门，分别处理不同类型、行业的贷款。企业与这些拥有丰富专业化贷款经验的银行合作，会受益更多。

4. 银行的稳定性

稳定的银行可以保证企业的借款不致中途发生变故。银行的稳定性取决于它的资本规模、存款水平波动程度和存款结构。一般来讲，资本雄厚、存款水平波动小、定期存款比重大的银行稳定性好；反之，则稳定性差。

（六）短期借款融资的特点

在短期负债融资中，短期借款的重要性仅次于商业信用。短期借款可以随企业的需要安排，便于灵活使用，且取得亦较简便，但其突出的缺点是短期内要归还，特别是在带有诸多附加条件的情况下更使风险加剧。

四、短期融资券

短期融资券又称商业票据、短期债券，是由大型工商企业或金融企业发行的短期无担保本票。短期融资券起源于商业票据，20 世纪 80 年代中后期，我国有些企业为了解决流动资金不足，开始采用短期融资券筹集资金。1989 年中国人民银行下发了《关于发行企业短期融资券有关问题的通知》，以文件的形式肯定了各地发行短期融资券的做法。这一举措对于拓宽企业融资渠道、优化企业短期资金来源、加快社会资金周转速度、优化资金投向具有重要意义。

为了规范短期融资券市场、提升社会资金配置效率，2005 年 5 月，中国人民银行发布了《短期融资券管理办法》《短期融资券承销规程》《短期融资券信息披露规程》，对短期融资券的发行、登记、托管、交易、结算、兑付、信息披露、监督管理等做出了明确规定，极大地促进了短期融资券的发行。为了进一步完善银行间债券市场管理，促进非金融企业直接债务融资发展，2008 年 4 月，中国人民银行颁布实施了《银行间债券市场非金融企业债务融资工具管理办法》，同时废止了《短期融资券管理办法》及相关规定。

1. 短期融资券融资的优点

（1）短期融资券融资的成本低。在西方国家短期融资券的利率加上发行成本，通常要低于银行的同期贷款利率。这是因为在采用短期融资券融资时，融资者与投资者直接往来，绕开了银行中介，节省了一笔原应付给银行的融资费用。目前，我国短期融资券的利率一般要比银行贷款利率高，这主要是因为我国短期融资券市场刚刚建立，投资者对短期融资券还缺乏了解。随着短期融资券市场的不断完善，短期融资券的利率会逐渐接近银行贷款利率，直至低于银行贷款利率。

（2）短期融资券融资数额比较大。银行一般不会向企业发放巨额流动资金借款，如在西方国家商业银行贷款给个别公司的最大金额不能超过该公司资本的 10%。因而，对于需要巨额资金的企业，短期融资券这一方式尤为适用。

（3）短期融资券融资能提高企业的信誉。由于能在货币市场上发行短期融资券的公司都是著名的大公司，一家公司如果能在货币市场上发行自己的短期融资券，就说明该公司的信誉很好。

2. 短期融资券融资的缺点

（1）发行短期融资券的风险比较大。短期融资券到期必须归还，一般不会有延期的可能，若到期无法归还将产生严重的后果。

（2）发行短期融资券的弹性比较小。只有当企业的资金需求达到一定数量时才能使用短期融资券，如果数量小则不宜采用短期融资券方式。另外，短期融资券一般不能提前偿还，因此，即使公司资金比较宽裕，也要到期才能还款。

（3）发行短期融资券的条件比较严格。并不是任何公司都能发行短期融资券，必须是信誉好、实力强、效益高的企业才能使用，而一些小企业或信誉不太好的企业则不能利用短期融资券来筹集资金。

第三节 现金管理

现金是可以立即投入流动的交换媒介。它的首要特点是普遍的可接受性，即可以有效地立即用来购买商品、货物、劳务或偿还债务。因此，现金是企业中流动性最强的资产。属于现金内容的项目包括企业的库存现金、各种形式的银行存款和银行本票、银行汇票。

有价证券是企业现金的一种转换形式。有价证券变现能力强，可以随时兑换成现金。当企业有多余现金时，常将现金兑换成有价证券；当现金流出量大于流入量需要补充现金时，再出让有价证券换回现金。在这种情况下，有价证券就成了现金的替代品。获取收益是持有有价证券的原因。有价证券投资的问题已在第五章讨论过，这里讨论有价证券是将其视为现金的替代品，是现金的一部分。

一、现金的持有动机和成本

（一）现金的持有动机

尽管货币资金通常被称为非盈利资产，然而任何企业都必须持有一定数量的现金，具体来说，企业持有货币资金的动机可归纳如下。

1. 交易动机

企业为满足日常业务的现金支付，必须持有一定数额的货币资金。尽管企业也经常会收到现金，但现金的收支在时间数额上往往是不同的，若不维持适当的现金余额，就难以保证企业的业务活动正常进行下去。一般说来，企业为满足交易动机所持有的现金余额主要取决于销售水平。企业销售扩大，销售额增加，所需现金量也随之增加。

2. 预防动机

企业置存现金以防发生意外支付。这种需求的大小与现金预算的准确性、突发事件发生的可能性及企业取得短期借款的难易程度有关。现金预算越准确，突发事件发生的概率越小，企业取得短期借款越容易，则所需预防性余额越小；反之，所需预防性余额越大。

3. 投机动机

企业为了抓住各种转瞬即逝的市场机会，获取较大的利益而准备的现金余额。例如，遇有廉价原材料或其他资产供应的机会，便可用手头现金大量购入。又如，在适当时机购入价格有利的股票和其他有价证券。当然，除了金融和投资公司外，一般地讲，其他企业专为投机性需要而特殊置存现金的不多，遇到不寻常的购买机会，也常设法临时筹集资金，但拥有相当数额的现金，确实为突然的大批采购提供了方便。

企业除以上三种原因持有现金外，也会基于满足将来某一特定要求或者为在银行维持补偿性余额等其他原因而持有现金。企业在确定现金余额时，一般应综合考虑各方面的持有动机。要注意的是，由于各种动机所需的现金可以调节使用，企业持有的现金总额并不等于各种动机所需现金余额的简单相加，前者通常小于后者。另外，上述各种动机所需保持的现金，并不要求必须是货币形态，也可以是能够随时变现的有价证券及能够随时转换成现金的其他各种存在形态，如可随时借入的银行信贷资金等。

（二）现金的成本

现金的成本通常由以下四部分组成。

1. 机会成本

机会成本是企业不能同时用该现金进行有价证券投资所产生的再投资收益，这种成本在数额上等同于资金成本，它与现金持有量呈正比例关系。

2. 管理成本

企业保留现金，对现金进行管理，会发生一定的管理费用，如管理人员工资及必要的安全措施费用等。这部分费用具有固定成本的性质，它在一定范围内与现金持有量的多少关系不大，是决策无关成本。

3. 转换成本

转换成本是指企业用现金购买有价证券及转让有价证券换取现金时付出的交易费用，即现金同有价证券之间相互转换的成本，如委托买卖佣金、委托手续费、证券过户费等。其中，委托买卖佣金和委托手续费是按照委托成交金额计算的，在证券总额既定的条件下，无论变现次数怎样变动，所需支付的委托成本金额是固定的，因此，属于决策无关成本。与证券变现次数密切相关的转换成本便只包括其中的固定性交易费用。固定性转换成本与现金持有量呈反比例关系。

4. 短缺成本

短缺成本是指在现金持有量不足而又无法及时通过有价证券变现加以补充而给企业造成的损失，包括直接损失和间接损失。例如，丧失购买机会、造成信用损失和得不到折扣的好处，其中因不能按期支付有关款项而造成信用损失的后果是无法用货币来计量的。现金的短缺成本与现金持有量呈反方向变动关系。

二、最佳现金持有量决策

最佳现金持有量是指使现金持有总成本最低的现金余额。确定最佳现金持有量的目的在于既保证企业生产经营对现金的需要，又使持有现金所付的代价最低。

确定最佳现金持有量可采用以下方法。

（一）成本分析模式

成本分析模式是通过分析持有现金的成本，寻找持有成本最低的现金持有量。

运用成本分析模式确定现金最佳持有量，只考虑因持有一定量的现金产生的机会成本及短缺成本，而不予考虑管理费用和转换成本。机会成本即因持有现金而丧失的再投资收益，是与现金持有量呈正比例变动关系，用公式表示即

机会成本=现金持有量×有价证券利率（或报酬率）

短缺成本与现金持有量呈反方向变动关系。这些成本同现金持有量之间的关系如图 8-5 所示。

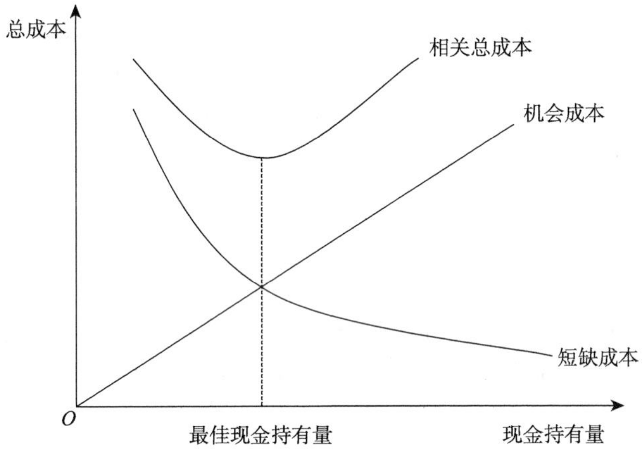

图 8-5 成本分析模式示意图

由图 8-5 可以看出，各项成本同现金持有量的变动关系不同，使得总成本曲线呈抛物线型，抛物线的最低点即成本最低点，该点所对应的现金持有量便是最佳现金持有量，此时总成本最低。

实际工作中运用该模式确定最佳现金持有量的具体步骤如下：①根据不同现金持有量测算并确定有关成本数值；②按照不同现金持有量及其有关成本资料编制最佳现金持有量测算表；③在测算表中找出相关总成本最低时的现金持有量，即最佳现金持有量。

例 8-7 某企业现有 A、B、C、D 四种现金持有方案，有关成本资料如表 8-1 所示。

表 8-1　现金持有量备选方案表　　单位：元

项目	A	B	C	D
现金持有量	10 000	20 000	30 000	40 000
机会成本率	12%	12%	12%	12%
短缺成本	5 600	2 500	1 000	0

根据表 8-1 编制企业最佳现金持有量测算表，见表 8-2。

表 8-2　最佳现金持有量测算表　　单位：元

项目	A	B	C	D
现金持有量	10 000	20 000	30 000	40 000
机会成本	1 200	2 400	3 600	4 800
短缺成本	5 600	2 500	1 000	0
相关总成本	6 800	4 900	4 600	4 800

通过分析比较表 8-2 中各方案的总成本可知，C 方案的相关总成本最低，因此当企业持有 30 000 元的现金时，各方面的总代价最低，30 000 元为最佳现金持有量。

这种方法是较为粗略的，其准确性依赖于对各项成本的预测，尤其是对现金短缺成本的预测。即使预测十分精确，所确定的也不一定是最佳现金持有量，因为最佳现金持有量极可能处于所设定的两个备选方案之间，如 25 900 元，故用这种方法测算时，各方案现金持有量间距不宜太大，且应包括总成本线的拐点。将所有方案的总成本描在坐标图上，并连成一条光滑的曲线，就可以找到最佳现金持有量。

（二）存货模式

存货模式又称鲍莫模式（Baumol model），此模式认为企业现金持有量在许多方面与存货相似，存货经济订货批量模式可用于确定目标现金持有量，并以此为出发点，建立了鲍莫模式。

运用存货模式确定最佳现金持有量时，是以下列假设为前提的。

（1）企业所需要的现金可通过证券变现取得，且证券变现的不确定性很小；

（2）企业预算期内现金需要量可以预测；

（3）现金支出过程比较稳定、波动较小，而且每当现金余额降至零时，均可通过部分证券变现得以补足；

（4）证券的利率或报酬率及每次固定性交易费用可以获悉。

由以上假设可知，在用存货模式确定最佳现金持有量时，不会出现现金短缺，没有短缺成本。另外，现金管理成本和变动性证券转换费用与现金转换次数无关，是决策无关成本，在此只考虑机会成本和固定性证券转换费用。

现金管理相关总成本与持有机会成本、固定性转换成本的关系如图 8-6 所示。

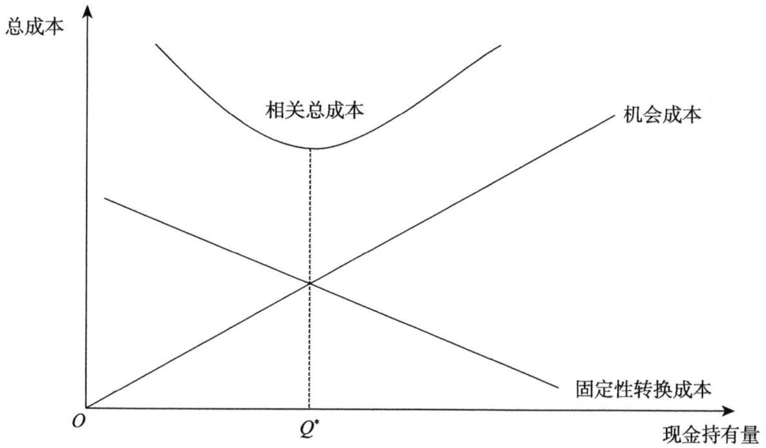

图 8-6　存货模式示意图

现金管理相关总成本=机会成本+固定性转换成本

$$TC=(Q/2)\times K+(T/Q)\times F$$

其中，TC 为总成本；T 为一定时期内现金的总需要量；Q 为最高现金余额；K 为现金投资机会成本；F 为每次固定性转换费用。

显然，现金持有量就是使 TC 最低的 Q^*。可将式（8-3）对 Q 求导，并令其为零，即可解出令 TC 最低的 Q，用 Q^*表示，即

$$Q^*=\sqrt{\frac{2TF}{K}}$$

最低现金管理相关总成本（TC）$=\sqrt{2TFK}$

例 8-8　某企业现金收支比较稳定，预计全年需要现金 200 000 元，现金和有价证券的转换成本为每次 400 元，有价证券的年利率为 10%，则：

最佳现金持有量 $Q^*=\sqrt{\frac{2\times 200\,000\times 400}{10\%}}=40\,000$（元）

最低现金管理相关总成本（TC）$=\sqrt{2\times 200\,000\times 400\times 10\%}=4\,000$（元）

其中，转换成本 =（200 000/40 000）× 400 = 2 000（元）

持有机会成本 =（40 000/2）× 10% = 2 000（元）

有价证券交易总次数 = 200 000/40 000 = 5（次）

有价证券交易间隔期 = 360/5 = 72（天）

运用存货模型可较精确地测算出一定时期内最佳现金持有量，但其假定条件使这种模型的实际运用受到限制，但仍可作为现金持有量合理性的判定标准之一。

（三）随机模式

随机模式也称为统计模型，这种模型是运用控制理论来确定企业最佳现金持有量。随机模式是在现金需求量难以预知的情况下进行现金持有量控制的方法。对企业来讲，现金需求量往往波动大且难以预知，但企业可以根据历史经验和现实需要，测算出一个

现金持有量的控制范围，即制定出现金持有量的上限和下限，将现金量控制在上下限之内。当现金量达到控制上限时，用现金购入有价证券，使现金持有量下降；当现金量降到控制下限时，则抛售有价证券换回现金，使现金持有量回升。若现金量在控制的上下限之内，便不必进行现金与有价证券的转换，保持它们各自的现有存量。这种对现金持有量的控制，见图 8-7。

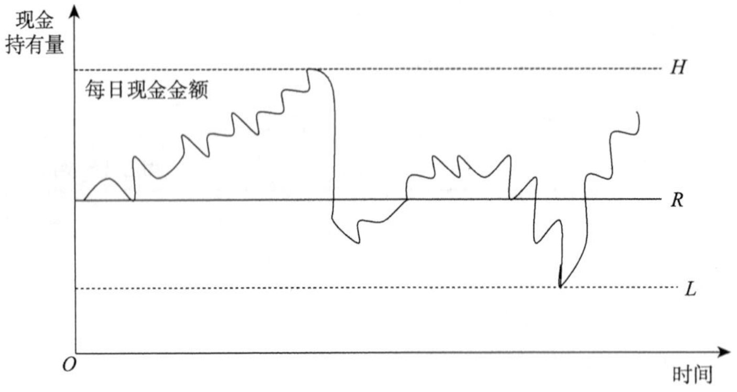

图 8-7 现金持有量随机模式控制图

在图 8-7 中，虚线 H 为现金存量的上限，虚线 L 为现金存量的下限，实线 R 为最优现金返回线。从图中可以看到，企业的现金存量（表现为现金每日余额）是随机波动的，当现金余额达到该区域控制上限 H 时，用现金购入短期有价证券，使现金余额下降至现金返回线（最佳现金持有量 R）的水平；当现金余额降至该区域控制下限 L 时，则售出短期有价证券，使现金回升至现金返回线的水平；当现金余额处于上下限之间时，则无须买卖证券。这样可以使现金余额始终保持在控制区域内，并集中在最佳余额 R 附近波动。

制定该控制区域的关键在于确定 R 值。现金流量是随机的，故 R 不仅受现金投资机会成本和证券交易成本的影响，而且与现金余额可能波动的幅度有关。根据历史数据（必要时应加以修订），R 值可按下列公式计算：

$$R=\sqrt[3]{\frac{3F\sigma^2}{4i}}+L$$

其中，R 为最佳现金余额；F 为有价证券每次固定交易费用；σ 为每日现金余额的标准差；i 为有价证券日利率；L 为控制下限。

控制上限 H 的计算公式为

$$H=3R-2L$$

控制下限 L 主要取决于每日现金需要量、有价证券变现所需的时间和管理人员的风险倾向，可根据经验数据确定。

例 8-9 某企业每日现金余额的标准差为 1 000 元，证券每次固定交易费用为 100.8 元，有价证券年利率 12.6%，企业认为任何时候其银行活期存款及现金余额均不能低于 1 000 元，则：

有价证券日利率（i）=12.6%/360 = 0.035%

最优现金返回线（R）$=\sqrt[3]{\dfrac{3\times 100.8\times 1\,000^2}{4\times 0.035\%}}+1\,000=7\,000$（元）

现金控制上限（H）=3 × 7 000−2 × 1 000=19 000（元）

根据上述计算结果作图如图 8-8 所示。

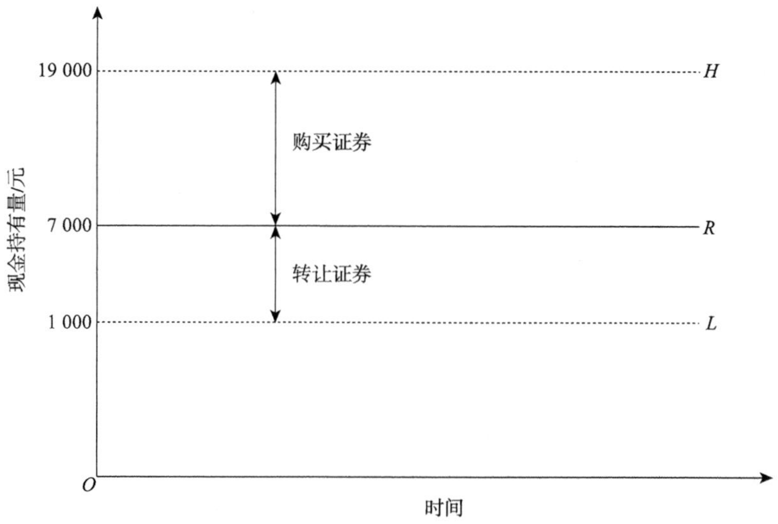

图 8-8 分析结果

当企业的现金余额达到 19 000 元时，购入 12 000 元有价证券，使现金余额回落到 7 000 元；当现金余额降至 1 000 元时，则将 6 000 元有价证券转换为现金，使现金余额回升至 7 000 元，而只要现金余额在 1 000 元至 19 000 元之间，则无须进行证券买卖。

随机模型是在现金需求量难以预知的情况下所采用的现金持有量控制方法，故计算出来的现金持有量往往大于运用存货模型计算的结果，计算出来的现金持有量比较保守。

三、现金收支管理

现金收支管理的目的在于提高现金使用效率，为达到这一目的，应当注意做好以下几方面工作。

（一）力争现金流量同步

如果企业能尽量使它的现金流入与现金流出发生的时间趋于一致，就可以使其所持有的交易性现金余额降到最低水平，这就是现金流量同步。

（二）加速收款

一方面，加速收款是指缩短应收账款的平均收现期，要权衡增加应收账款投资和延长收账期乃至发生坏账的利弊，制定合理的信用政策；另一方面，加速收款是加速收款与票据交换，避免由于票据传递而延误收取货款的时间，尽可能采取网上银行结算。

（三）现金集中

企业集团资金集中管理，是指将整个集团的资金归集到集团总部，在集团总部设立专职部门代表集团公司实施对整个集团资金的统一调度、管理、运用和监控。

1. 统收统支模式

统收统支指下属企业各子（分）公司不单独设立账号，一切现金收入和支出均由集团公司的财务部门统一管理，实行收支两条线，不允许收支合并使用。这种高度集权的资金管理体制，对于资金的有效利用，降低财务成本，防范财务风险有较大的好处。

统收统支模式下资金的使用权、决策权和融资权均高度集中在集团公司，便于集团公司及时掌握公司资金的收支平衡、提高资金的周转效率、减少资金沉淀、控制资金的流出量，但是不利于调动各子（分）公司开源节流的积极性，降低各子（分）公司应变能力，降低集团公司整体经营活动效率和财务的灵活性。

2. 结算中心模式

资金结算中心是在企业集团内部设立的、办理集团内各成员企业现金收付和往来结算业务的专门机构，它通常设立于集团总部财务部门内，是一个不具有法人资格的负责资金管理和运营的职能部门。企业集团通过结算中心这个管理系统调控资金流向，进行资金的统筹安排，合理调度；通过结算中心进行企业集团财力的集中，减少企业资金沉淀，降低银行贷款和贷款利息；减少并防范资金体外循环，加快资金周转。

3. 财务公司模式

财务公司是由中国人民银行批准的，具有独立法人资格的，其资金来源主要是吸收集团公司各下属子公司出资和部分金融机构参股的非银行金融机构。财务公司不能吸收社会公众的资金，不能对外开展存贷业务，财务公司的主要功能是本集团的资金管理和投融资服务。

财务公司作为集团公司的子公司，不但能实现资金整合控制，还能承担集团的理财职能，通过在集团内部转账结算等方式加快资金周转，发挥货币市场同业拆借优势，为集团开辟不同的融资渠道，降低资金成本，实现资金运用效率的最大化。

4. 内部银行模式

内部银行是将银行的管理模式引入企业财务管理的一种方式。集团公司的财务部相当于企业内部银行。主要职责有如下几个方面：①每个子公司都在内部银行开设账户，企业的一切经营活动中的资金往来通过内部银行来进行结算；②集团公司内部可以发行支票和货币，支票和货币仅供集团公司内部流通使用；③内部企业需要用款采取贷款方式，并收取一定的利息，同时子公司的资金存放在内部银行也可获得存款利息，资金的有偿占用可提高资金的使用效率；④子公司既不能对外借款，也不能相互拆借资金，一切资金由内部银行进行监督、调度和结算。

第四节　应收账款管理

应收账款是指因对外销售产品、材料、供应劳务及其他原因，应向购货单位或接受劳务的单位及其他单位收取的款项，包括应收销售款、其他应收款、应收票据等。

一、应收账款管理的目标

发生应收账款的原因，主要有以下两种。

第一，商业竞争。这是发生应收账款的主要原因。在社会主义市场经济的条件下，存在着激烈的商业竞争。竞争机制的作用迫使企业以各种手段扩大销售。除了依靠产品质量、价格、售后服务、广告等外，赊销也是扩大销售的手段之一。对于同等的产品价格、类似的质量水平、一样的售后服务，实行赊销的产品或商品的销售额将大于现金销售的产品或商品的销售额。这是因为顾客将从赊销中得到好处。出于扩大销售的竞争需要，企业不得不以赊销或其他优惠方式招揽顾客，于是就产生了应收账款。由竞争引起的应收账款，是一种商业信用。

第二，销售和收款的时间差距。商品成交的时间和收到货款的时间经常不一致，这也导致了应收账款。当然，现实生活中现金销售是很普遍的，特别是零售企业更常见。不过就一般批发和大量生产企业来讲，发货的时间和收到货款的时间往往不同。这是因为货款结算需要时间的缘故。结算手段越是落后，结算所需时间就越长，销售企业只能承认这种现实并承担由此引起的资金垫支。由销售和收款的时间差而造成的应收账款，不属于商业信用，也不是应收账款的主要内容，不再对它进行深入讨论，而只论述属于商业信用的应收账款的管理。

既然企业发生应收账款的主要原因是扩大销售，增强竞争力，那么其管理的目标就是求得利润。应收账款是企业的一项资金投放，是为了扩大销售和盈利而进行的投资，而投资肯定要发生成本，这就需要在应收账款信用政策所增加的盈利和这种政策的成本之间做出权衡。只有当应收账款所增加的盈利超过所增加的成本时，才应当实施应收账款赊销；如果应收账款赊销有着良好的盈利前景，就应当放宽信用条件增加赊销量。

二、应收账款的成本

企业在采取赊销方式促进销售的同时，会因持有应收账款而付出一定的代价，这种代价为应收账款的成本，其内容包括以下几个方面。

（一）机会成本

应收账款的机会成本，是指因资金投放在应收账款上而丧失的其他收入，如投资于有价证券便会有利息收入。这一成本的大小通常与企业维持赊销业务所需要的资金（即应收账款投资额）、资金成本率有关。其计算公式为

应收账款机会成本=维持赊销业务所需要的资金×资金成本率

其中，资金成本率一般可按有价证券利息率计算；维持赊销业务所需要的资金数量可按下列步骤计算。

（1）计算应收账款平均余额。

$$应收账款平均余额=\frac{年赊销额}{360}\times平均收账天数$$
$$=平均每日赊销额\times平均收账天数$$

（2）计算维持赊销业务所需要的资金。

$$维持赊销业务所需要的资金=应收账款平均余额\times\frac{变动成本}{销售收入}$$
$$=应收账款平均余额\times变动成本率$$

在上述分析中，假设企业的成本水平保持不变（即单位变动成本不变，固定成本总额不变），因此随着赊销业务的扩大，只有变动成本随之上升。

例 8-10 假设某企业预测的年赊销额为 3 000 000 元，应收账款平均收账天数为 60 天，变动成本率为 60%，资金成本率为 10%，则应收账款机会成本可计算如下：

$$应收账款平均余额=\frac{3\,000\,000}{360}\times60=500\,000（元）$$

维持赊销业务所需要的资金 = 500 000 × 60%= 300 000（元）

应收账款机会成本 = 300 000 × 10% = 30 000（元）

上述计算表明，企业投放 300 000 元的资金可维持 3 000 000 元的赊销业务，相当于垫支资金的 10 倍之多。这一较高的倍数在很大程度上取决于应收账款的收账速度。在正常情况下，应收账款收账天数越少，一定数量资金所维持的赊销额就越大；应收账款收账天数越多，维持相同赊销额所需要的资金数量就越大，而应收账款机会成本在很大程度上取决于企业维持赊销业务所需要资金的多少。

（二）管理成本

应收账款的管理成本，是指企业对应收账款进行管理而耗费的开支，主要包括对客户的资信调查费用、收账费用和其他费用。

（三）坏账成本

应收账款基于商业信用而产生，存在无法收回的可能性，由此而给应收账款持有企业带来的损失，即坏账成本。这一成本一般与应收账款数量同方向变动，即应收账款越多，坏账成本也越多。基于此，为规避发生坏账成本给企业生产经营活动的稳定性带来不利影响，企业应合理提取坏账准备。

三、信用政策

制定合理的信用政策，是加强应收账款管理，提高应收账款投资效益的重要前提。信用政策即应收账款的管理政策，是指企业对应收账款进行规划与控制而确立的基本原则与行为规范。信用政策包括信用标准、信用期限和现金折扣政策。

（一）信用标准

信用标准是指企业提供信用时要求客户达到的最低信用水平。它反映应收账款的质量水平，通常以坏账损失率表示。若企业只对信用最佳的客户赊销商品，那么根本不会发生坏账损失，也无须为设立信用调查部门而支付费用。由于销售量减少而减少的利润可能比避免的成本更多，同时还会增加存货，故市场占有率下降，削弱企业的竞争能力；若信用标准过于宽松，虽然可增加销量，提高市场占有率，但与此同时应收账款投资与坏账损失、收账费用均相应增加，而且还可能产生新的融资成本。因此，决定最合适的信用标准要考虑信用边际成本与销售增加的边际利润，只要边际成本小于边际利润，则应放松信用标准。

由于信用成本与信用品质紧密相关，故判定客户的信用品质尤为重要。对客户信用品质或者说对信用风险的评价可采取以下方法。

1. 信用的“5C”分析

信用的“5C”，是指品质（character）、能力（capacity）、资本（capital）、抵押品（collateral）和条件（condition）。

（1）品质。品质指顾客的信誉，即履行偿债义务的可能性。企业必须设法了解顾客过去的付款记录，看其是否有按期如数付款的一贯做法及与其他供货企业的关系是否良好。这一点经常被视为评价顾客信用的首要因素。

（2）能力。能力指顾客的偿债能力，即其流动资产的数量和质量以及与流动负债的比率，顾客的流动资产越多，其转换为现金支付款项的能力越强。同时，应注意顾客流动资产的质量，看是否有存货过多、过时或质量下降，影响其变现能力和支付能力的情况。

（3）资本。资本指顾客的财务实力和财务状况，表明顾客可能偿还债务的背景。

（4）抵押品。抵押品指顾客拒付款项或无力支付款项时能被用作抵押的资产。这对于不知底细或信用状况有争议的顾客尤为重要。一旦收不到这些顾客的款项，便以抵押品抵补。如果这些顾客有足够的抵押品，就可以考虑向他们提供相应的信用。

（5）条件。条件指可能影响顾客付款能力的经济环境。例如，万一出现经济不景气，会对顾客的付款产生什么影响，顾客会如何做等，这需要了解顾客在过去困难时期的付款历史。

客户信用的“5C”情报可由以下途径取得：①企业以往与客户交易的经验；②客户与其他债权人交往的情况；③企业间的证明，即由其他有声望的客户证明某客户的信用品质；④银行的证明；⑤诚信调查机构所提供的客户信用品质及其信用等级的资料；⑥客户的财务报表。

2. 信用评分法

信用评分法是根据有关指标和情况计算出客户的信用分数，然后与既定的标准比较，确定其信用等级的方法。

对客户信用进行评分的指标体系，主要包括流动比率、速动比率、销售利润率、负债比率、应收账款周转率等指标。此外还要考虑其赊购支付历史及企业未来预计等情况。在进行信用评定时，要先将上述各因素打分，然后再乘上一个权数（按重要性而定）确定其信用分数。计算公式为

某客户信用分数 = ∑（某项指标或情况分数 × 权数）

在采用信用评分法时，企业应先确定一个最低信用分数，若某客户信用分数低于该分数，则不给予信用。分数越高，则表明信用品质越好，信用等级越高。通常分数在80分以上者，表明其信用状况良好；分数在60~80分者，表明其信用状况一般；分数在60分以下者则信用情况较差。

例 8-11 某客户信用评分情况如表 8-3 所示。

表 8-3 某客户信用评分情况表

项目	财务比率或有关情况①	分数②	权数③	加权平均数④＝②×③
流动比率	1.8	85	0.1	8.5
速动比率	0.9	90	0.2	18
销售利润率	20%	80	0.1	8
负债比率	60%	70	0.15	10.5
应收账款周转率	12 次	85	0.15	12.75
赊购支付历史	尚好	75	0.25	18.75
未来发展预计	好	85	0.05	4.25
合计			1	80.75

由计算结果可知，该客户信用状况较好，可以考虑提供信用。

（二）信用条件

信用标准是企业评价客户等级，决定给予或拒绝客户信用的依据。一旦企业决定给予客户信用优惠时，就需要考虑具体的作用条件。因此，信用条件就是指企业接受客户信用订单时所提出的付款要求，主要包括信用期限、折扣期限及现金折扣率等。

信用条件的基本表现方式如“2/10，*N*/45”，意思是，若客户能够在发票开出后的10日内付款，可以享受2%的现金折扣；如果放弃折扣优惠，则全部款项必须在45日内付清。在此，45天为信用期限，10天为折扣期限，2%为现金折扣率。

1. 信用期限

信用期限是企业允许顾客从购货到付款之间的时间，或者说是企业给予顾客的付款期间。信用期过短，不足以吸引顾客，在竞争中会使销售额下降；信用期过长，对销售额增加固然有利，但只顾及销售增长而盲目放宽信用期，所得的收益有时会被增长的费用抵消，甚至造成利润减少。因此，企业必须慎重研究，确定出恰当的信用期。

信用期的确定，主要是分析改变现行信用期对收入和成本的影响。延长信用期，会使销售额增加，产生有利影响；与此同时，应收账款机会成本、收账费用和坏账损失增

加，会产生不利影响。当前者大于后者时，可以延长信用期，否则不宜延长。如果缩短信用期，情况与此相反。

2. 现金折扣政策

现金折扣是企业对顾客在商品价格上所做的扣减。向顾客提供这种价格上的优惠，主要目的在于吸引顾客为享受优惠而提前付款，缩短企业的平均收款期。另外，现金折扣也能招揽一些视折扣为减价出售的顾客前来购货，借此扩大销售量。

企业采用什么程度的现金折扣，要与信用期限结合起来考虑。例如，要求顾客最迟不超过 30 天付款，若希望顾客 10 天付款，能给予多大折扣？或者给予 5%的折扣，能吸引顾客在多少天内付款？不论是信用期限还是现金折扣，都可能给企业带来收益，但也会增加成本。现金折扣带给企业的好处前面已讲过，它使企业增加的成本，除了前面提到的应收账款机会成本、收账费用和坏账损失外，还包括价格折扣损失。当企业给予顾客某种现金折扣时，应当考虑折扣所能带来的收益与成本孰高孰低，权衡利弊，抉择决断。

例 8-12　某企业现在采用 30 天按发票金额付款的信用政策，拟将信用期放宽至 60 天，仍按发票金额付款即不给折扣，该企业投资的最低报酬率为 15%，其他有关的数据见表 8-4。

表 8-4　某企业信用政策情况表　　单位：元

项目		信用期	
		30 天	60 天
销售量/件		100 000	120 000
销售额（单价 5 元）		500 000	600 000
销售成本	变动成本（每件 4 元）	400 000	480 000
	固定成本	50 000	50 000
	毛利	50 000	70 000
	可能发生的收账费用	3 000	4 000
	可能发生的坏账损失	5 000	9 000

在分析时，先计算放宽信用期得到的收益，然后计算增加的成本，最后根据两者比较的结果作出判断。

（1）收益的增加。

收益的增加=销售量的增加×单位边际贡献

=（120 000−100 000）×（5−4）=20 000（元）

（2）应收账款机会成本的增加。

30 天信用期应收账款机会成本$=\dfrac{500\ 000}{360}\times 30\times\dfrac{400\ 000}{500\ 000}\times 15\%=5\ 000$（元）

60 天信用期应收账款机会成本$=\frac{600\ 000}{360}\times 60\times\frac{400\ 000}{500\ 000}\times 15\%=12\ 000$（元）

应收账款机会成本增加：12 000−5 000=7 000（元）

（3）收账费用和坏账损失增加。

收账费用增加=4 000−3 000=1 000（元）

坏账损失增加=9 000−5 000=4 000（元）

（4）改变信用期的税前损益。

收益增加−成本费用增加=20 000−（7 000+1 000+4 000）=8 000（元）

由于收益的增加大于成本增加，故应采用 60 天的信用期。

例 8-13 沿用例 8-12，假定该企业在放宽信用期的同时，为了吸引顾客尽早付款，提出了“0.8/30，*N*/60”的现金折扣条件，估计会有一半的顾客（按 60 天信用期所能实现的销售量计）将享受现金折扣优惠。

（1）收益的增加。

收益的增加=销售量的增加×单位边际贡献

=（120 000−100 000）×（5−4）=20 000（元）

（2）应收账款机会成本的增加。

30 天信用期机会成本$=\frac{500\ 000}{360}\times 30\times\frac{400\ 000}{500\ 000}\times 15\%=5\ 000$（元）

提供现金折扣时加权平均收账期限=60×50%+30×50%=45（天）

提供现金折扣时机会成本$=\frac{600\ 000}{360}\times 45\times\frac{400\ 000}{500\ 000}\times 15\%=9\ 000$（元）

机会成本增加=9 000−5 000=4 000（元）

（3）收账费用和坏账损失增加。

收账费用增加 = 4 000−3 000 = 1 000（元）

坏账损失增加 = 9 000−5 000 = 4 000（元）

（4）估计现金折扣成本的变化。

平均现金折扣率=0.8%×50%+0×50%=0.4%

平均现金折扣=600 000×0.4%=2 400（元）

（5）提供现金折扣后的税前损益。

收益增加−成本费用增加 = 20 000−（4 000+1 000+4 000+2 400）= 8 600（元）

由于可获得税前收益，故应当放宽信用期，提供现金折扣。

（三）收账政策

应收账款发生后，企业应采取各种措施，尽量争取按期收回款项，否则会因拖欠时间过长而发生坏账，使企业蒙受损失。这些措施包括对应收账款回收情况的监督、对坏账损失的事先准备和制定适当的收账政策。

企业对各种过期账款的催收方式，包括准备为此付出的代价，就是它的收账政策。例如，对过期较短的顾客，不过多地打扰，以免将来失去这一市场；对过期稍长的顾客，可措辞婉转地写信催款；对过期较长的顾客，频繁地进行信件催款并电话催询；对过期很长的顾客，可在催款时措辞严厉，必要时提请有关部门仲裁或提请诉讼等。

催收账款要发生费用，某些催款方式的费用还会很高（如诉讼费）。一般说来，收账的花费越大，收账措施越有力，收回的账款应越大，坏账损失也就越小。因此，制定收账政策，又要在收账费用和所减少坏账损失之间做出权衡。制定有效、得当的收账政策很大程度上依靠有关人员的经验；从财务管理的角度讲，也有一些数量化的方法可以参照。收账政策优劣的判断标准是应收账款总成本最小，这可以通过比较各收账方案成本的大小对其加以选择。

四、应收账款的日常管理

（一）应收账款追踪分析

应收账款一旦为客户所欠，赊销企业就必须考虑如何按期足额回收的问题。要达到这一目的，赊销企业就有必要在收账之前，对该项应收账款的运行过程进行追踪分析。既然应收账款是存货变现过程的中间环节，对应收账款实施追踪分析的重点应放在赊销商品的销售与变现方面。客户以赊购方式购入商品后，迫于获利和付款信誉的动力与压力，必然期望迅速地实现销售并收回账款。如果这一期望能够顺利地实现，而客户又具有良好的信用品质，则赊销企业如期足额地收回客户欠款一般不会有多大的问题。然而，市场供求关系所具有的瞬变性，使得客户所赊购的商品不能顺利地销售与变现，经常出现的情形有两种，即积压或赊销。无论属于其中的哪种情形，对客户而言，都意味着与应付账款相对的现金支付能力匮乏。在这种情况下，客户能否严格履行赊销企业的信用条件，取决于两个因素：第一，客户的信用品质；第二，客户现金的持有量与调剂程度（如现金用途的约束性、其他短期债务偿还对现金的要求等）。如果客户的信用品质良好，持有一定的现金余额，且现金支出的约束性较小，可调剂程度较大，客户大多是不愿以损失市场信誉为代价而拖欠赊销企业账款的。如果客户信用品质不佳，或者现金匮乏，或者现金的可调剂程度低下，那么，赊销企业的账款遭受拖欠也就在所难免。此时，应加紧应收账款的收账。

（二）应收账款的账龄分析

企业已发生的应收账款时间有长有短，有的尚未超过收款期，有的则超过了收款期。一般来讲，拖欠时间越长，款项收回的可能性越小，形成坏账的可能性越大。对此，企业应实施严密的监督，随时掌握回收情况。实施对应收账款回收情况的监督，可以通过编制账龄分析表进行。

账龄分析表是一张能显示应收账款在外天数（账龄）长短的报告，其格式见表8-5。

表 8-5 应收账款账龄分析表

应收账款账龄	账户数量/个	金额/万元	百分率
信用期内	200	120	60%
超过信用期 1~20 天	100	20	10%

续表

应收账款账龄	账户数量/个	金额/万元	百分率
超过信用期 21~40 天	40	12	6%
超过信用期 41~60 天	20	8	4%
超过信用期 61~80 天	30	14	7%
超过信用期 81~100 天	24	10	5%
超过信用期 101~120 天	16	4	2%
超过信用期 120 天的	32	12	6%
合计		200	100%

利用账龄分析表，企业可以了解到以下情况。

（1）有多少欠款尚在信用期内。在表 8-5 中，有价值 120 万元的应收账款处在信用期内，占全部应收账款的 60%，这些款项未到偿付期，欠款是正常的，但到期后能否收回，还要待时再定，故及时的监督仍是必要的。

（2）有多少欠款超过了信用期，超过时间长短的款项各占多少，有多少欠款会因拖欠时间太久而可能成为坏账。在表 8-5 中，有价值 80 万元的应收账款已超过了信用期，占全部应收账款的 40%。不过，其中拖欠时间较短的（20 天内）有 20 万元，占全部应收账款的 10%，这部分欠款收回的可能性很大；拖欠时间较长的（21~120 天）有 48 万元，占全部应收账款的 24%，这部分欠款的回收有一定难度；拖欠时间很长的（120 天以上）有 12 万元，占全部应收账款的 6%，这部分欠款有可能成为坏账。对不同拖欠时间的欠款，企业应采取不同的收账方法，制定出经济、可行的收账政策；对可能发生的坏账损失，则应提前做出准备，充分估计这一因素对损益的影响。

通过应收账款账龄分析，不仅能提示财务管理人员应把过期款项视为工作重点，而且有助于促进企业进一步研究和制定新的信用政策。

（三）应收账款收现保证率分析

由于企业当期现金支付需要量与当期应收账款收现额之间存在着非对称性矛盾，并呈现出预付性与滞后性的差异特征（如企业必须用现金支付与赊销收入有关的增值税和所得税，弥补应收账款资金占用等），这就决定了企业必须对应收账款收现水平制定必要的控制标准，即应收账款收现保证率。

应收账款收现保证率是为适应企业现金收支匹配关系的需要，所确定出的有效收现的账款应占全部应收账款的百分比，是二者应当保持的最低比例，公式为

$$\text{应收账款收现保证率}=\frac{(\text{当期必要现金支付总额}-\text{当期其他稳定可靠的现金流入总额})}{\text{当期应收账款总计金额}}$$

其中，当期其他稳定可靠的现金流入总额，是指从应收账款收现以外的途径可以取得的各种稳定可靠的现金流入数额，包括短期有价证券变现净额、可随时取得的银行贷款额等。

应收账款收现保证率指标反映了企业既定会计期间预期现金支付数量扣除各种可靠、稳定性来源后的差额，必须通过应收账款有效收现予以弥补的最低保证程度，其意义如下：应收款项未来是否可能发生坏账损失对企业并非最为重要，更为关键的是实际收现的账项能否满足同期必需的现金支付要求，特别是满足具有刚性约束的纳税债务及偿付不得展期或调换的到期债务的需要。

企业应定期计算应收账款实际收现率，看其是否达到了既定的控制标准，如果发现实际收现率低于应收账款收现保证率，应查明原因，采取相应措施，确保企业有足够的现金满足同期必需的现金支付要求。

（四）建立应收账款坏账准备制度

无论企业采取怎样严格的信用政策，只要存在着商业信用行为，坏账损失的发生总是不可避免的。一般说来，确定坏账损失的标准主要有两条。

（1）因债务人破产或死亡，以其破产财产或遗产清偿后，仍不能收回的应收款项；

（2）债务人逾期未履行偿债义务，且具有明显特征表明无法收回。

企业的应收账款只要符合上述任何一个条件，均可作为坏账处理。需要注意的是，当企业的应收账款按照第二个条件已经作为坏账损失处理后，并非意味着企业放弃了对该项应收账款的索取权。实际上，企业仍然拥有继续收款的法定权力，企业与欠款人之间的债权债务关系不会因为企业已作坏账处理而解除。

既然应收账款的坏账损失无法避免，因此，遵循谨慎性原则，对坏账损失的可能性预先进行估计，并建立弥补坏账损失的准备制度，即提取坏账准备金就显得极为必要。

第五节　存货管理

存货是指企业在日常活动中持有以备出售的产成品或商品、处在生产过程中的在产品、在生产过程或提供劳务中耗用的材料和物料等。

一、存货管理的原因

如果工业企业能在生产投料时随时购入所需的原材料，或者商业企业能在销售时随时购入该项商品，就不需要存货，但实际上，企业总有储存存货的需要，并占用或多或少的资金。这种存货的需要出自以下原因。

（一）保证生产或销售的需要

实际上，企业很少能做到随时购入生产或销售所需的各种物资，即使是市场供应量充足的物资也是如此。这不仅因为不时会出现某种材料的市场断档，还因为企业距供货点较远而需要必要的运输及可能出现运输故障。一旦生产或销售所需物资短缺，生产经营将被迫停顿，造成损失。为了避免或减少出现停工待料、停业待货等事故，企业需要储存存货。

（二）出自价格的考虑

零购物资的价格往往较高，而整批购买在价格上常有优惠。

（三）适应市场变化

存货储备能增加企业在生产和销售方面的机动性以及适应市场变化的能力。企业有了足够的库存产成品，能有效地供应市场，满足顾客的需要。若某种畅销产品库存不足，将会坐失目前的或未来的推销良机，并有可能因此而失去顾客。在通货膨胀时，适当地储存原材料存货，能使企业获得因市场物价上涨而带来的好处。

二、存货的成本

存货成本主要包括以下内容。

（一）取得成本

取得成本指为取得某种存货而支出的成本，通常用 TC_a 来表示，主要由存货的订货成本和购置成本构成。

1. 订货成本

订货成本是指企业为组织进货而开支的费用，如与材料采购有关的办公费、差旅费、邮资等支出。订货成本中有一部分与订货次数有关，如差旅费、邮资等支出，称为订货的变动成本；另一部分与订货次数无关，如常设采购机构的基本开支等，称为订货固定成本。

$$TC_a = F_1 + D/Q \times K$$

其中，TC_a 为订货费用，F_1 为订货固定成本，D 为全年存货需要量，K 为每次订货的变动成本，Q 为每次的进货量。

2. 购置成本

购置成本是指存货本身的价值，经常用数量与单价的乘积来确定。年需要量用 D 表示，单价用 U 表示，则购置成本为 $D \times U$。

订货成本加上购置成本等于存货的取得成本。其公式可表达为

取得成本 = 订货成本+购置成本

= 订货固定成本+订货变动成本+购货成本

$$= F_1 + D/Q \times K + D \times U$$

（二）储存成本

储存成本是指为保持存货而发生的成本，包括存货占用资金所应计的利息（若企业用现有现金购买存货，便失去了现金存放银行或投资于证券本应取得的利息，视为“放弃利息”；若企业借款购买存货，便要支付利息费用，视为“付出利息”）、仓库费

用、保险费用、存货破损和变质损失等，通常用 TC_c 来表示。

储存成本也分为固定成本和变动成本。固定成本与存货数量的多少无关，如仓库折旧、仓库职工的固定月工资等，常用 F_2 表示。变动成本与存货数量的多少有关，如存货资金的应计利息、存货的破损和变质损失、存货的保险费用等，单位成本用 K_c 来表示。用公式表达的储存成本为

储存成本 = 储存固定成本+储存变动成本

$$TC_c = F_2 + K_c \times Q/2$$

其中，TC_c 为储存成本；F_2 为储存固定成本；K_c 为单位存货年储存变动成本。

（三）缺货成本

缺货成本是指由于存货供应中断而造成的损失，包括材料供应中断造成的停工损失、产成品库存缺货造成的拖欠发货损失和丧失销售机会的损失（还应包括需要主观估计的商誉损失）；如果生产企业以紧急采购代用材料解决库存材料中断之急，那么缺货成本表现为紧急额外购入成本（紧急额外购入的开支会大于正常采购的开支）。缺货成本用 TC_s 表示。

如果以 TC 来表示储备存货的总成本，则它的计算公式为

$$TC = TC_a + TC_c + TC_s = F_1 + D/Q \times K + D \times U + F_2 + K_c \times Q/2 + TC_s$$

TC 值最小，即企业存货的最优化。

三、经济进货批量

存货的决策涉及四项内容：决定进货项目、选择供应单位、决定进货时间和决定进货批量。决定进货项目和选择供应单位是销售部门、采购部门和生产部门的职责。财务部门要做的是决定进货时间和决定进货批量（分别用 T 和 Q 表示）。按照存货管理的目的，需要合理的进货批量和进货时间，使存货的总成本最低，这个批量叫作经济订货量或经济批量。有了经济订货量，可以很容易地找出最适宜的进货时间。

（一）经济进货批量的含义

经济进货批量是指能够使一定时期存货的相关总成本达到最低点的进货数量。通过上述对存货成本分析可知，决定经济进货批量的成本因素包括变动性订货成本、变动性储存成本及允许缺货时的缺货成本；不同的成本项目与进货批量呈现着不同的变动关系。减少进货批量，增加进货次数，在储存成本降低的同时，也会导致购置成本与缺货成本的提高；增加进货批量，减少进货次数，尽管有利于降低购置成本与缺货成本，但会导致储存成本的增加。因此，如何协调各项成本间的关系，使其总和保持最低水平是企业组织进货过程需解决的主要问题。

（二）经济进货批量基本模型

与存货总成本有关的变量（即影响总成本的因素）很多，为了解决比较复杂的问题，有必要简化或舍弃一些变量，先研究解决简单的问题，然后再扩展到复杂的问题。

这需要设立一些假设，在此基础上建立经济订货量的基本模型。

1. 经济订货量基本模型假设条件

经济订货量基本模型需要设立的假设条件如下。

企业能够及时补充存货，即需要订货时便可立即取得存货；能集中到货，而不是陆续入库；不允许缺货，即无缺货成本，TC_s 为零，这是因为良好的存货管理本来就不应该出现缺货成本；需求量稳定，并且能预测，即 D 为已知常量；存货单价不变，不考虑现金折扣，即 U 为已知常量；企业现金充足，不会因现金短缺而影响进货；所需存货市场供应充足，不会因买不到需要的存货而影响其他。

2. 经济进货量的基本模型

企业不允许缺货，即当存货数量降至零时，下一批订货便会随即全部购入，故不存在缺货成本。此时与存货订购批量、批次直接相关的就只有购置成本和储存成本了。存货相关总成本的公式可以简化为

$$\mathrm{TC} = D/Q \times K + Q/2 \times K_c$$

经济订货量的基本模型可用图 8-9 表示。

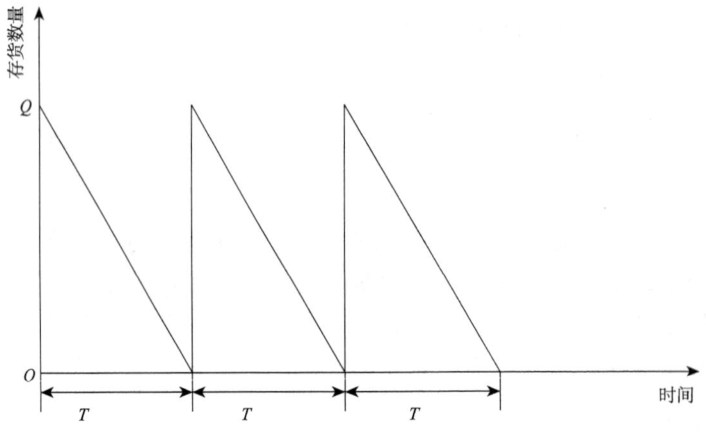

图 8-9 基本模型存货数量变动图

经济订货量 Q 计算的具体方法是将 TC 对 Q 求一阶导数，并令其为零，然后求出令 TC 有极小值的 Q^*。求解得

$$Q^* = \sqrt{\frac{2KD}{K_c}}$$

这一公式称为经济订货量基本模型，求出的每次订货批量，可使 TC 达到最小值。

这个基本模型还可以演变为其他形式：

每年最佳订货次数 $N^* = \sqrt{\dfrac{K_c D}{2K}}$

经济订货批量的相关总成本 $\mathrm{TC}^* = \sqrt{2KDK_c}$

经济订货量占用资金 $I^* = Q^*/2 \times U = \sqrt{\dfrac{KD}{2K_c}} \times U$

例 8-14 某企业每年需耗用 A 材料 7 200 千克，该材料的单位采购成本为 20 元，单位储存成本为 4 元，平均每次订货成本为 400 元，则：

$$Q^* = \sqrt{\frac{2 \times 400 \times 7\,200}{4}} = 1\,200 \text{（千克）}$$

$$\mathrm{TC}^* = \sqrt{2 \times 400 \times 7\,200 \times 4} = 4\,800 \text{（千克）}$$

$$I^* = \frac{1\,200}{2} \times 20 = 12\,000 \text{（元）}$$

$$N^* = \frac{7\,200}{1\,200} = 6 \text{（次）}$$

（三）存货陆续供应和使用的经济进货批量模型

在建立基本模型时，是假设存货一次全部入库，故存货增加时存量变化为一条垂直的直线。事实上，各批存货可能陆续入库，使存量陆续增加。尤其是产成品入库和在产品转移，几乎总是陆续供应和陆续耗用的。在这种情况下，需要对图 8-9 的基本模型做一些修改，具体如图 8-10 所示。

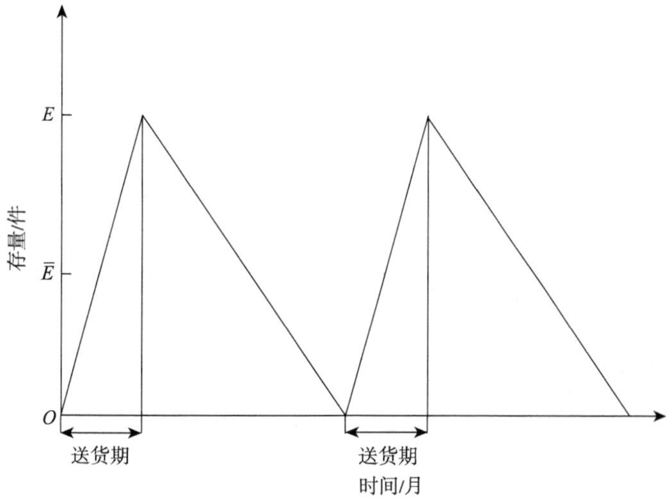

图 8-10 陆续供货时存货数量变动图

例 8-15 某零件年需用量（D）为 3 600 件，每日送货量（P）为 30 件，每日耗用量（d）为 10 件，单价（U）为 10 元，一次订货成本（生产准备成本）（K）为 25 元，单位储存变动成本（K_c）为 2 元。存货数量的变动见图 8-10。

设每批订货数为 Q，由于每日送货量为 P，故该批货全部送达所需日数则为 Q/P，称为送货期。

因零件每日耗用量为 d，故送货期内的全部耗用量为 $Q/P\times d$

由于零件边送边用，所以每批送完时，最高库存量为

$$E=Q-Q/P\times d$$

平均存量则为

$$\bar{E}=1/2\times(Q-Q/P\times d)$$

图 8-10 中的 E 表示最高库存量，$\bar{E}$ 表示平均库存量。

这样，与批量有关的总成本为

$$\begin{aligned}\mathrm{TC}(Q)&=D/Q\times K+1/2\times(Q-Q/P\times d)\times K_c\\&=D/Q\times K+Q/2\times(1-d/P)\times K_c\end{aligned}$$

TC 对 Q 求一阶导数，并令其为零，然后求出令 TC 有极小值的 Q^*。求解得

$$Q^*=\sqrt{\frac{2KD}{K_c}\times\frac{P}{P-d}}$$

将 Q^* 代入 TC(Q)，可得出存货陆续供应和使用的经济订货量总成本公式

$$\mathrm{TC}^*=\sqrt{2KDK_c\times(1-d/P)}$$

将上述例题数据代入，则：

$$Q^*=\sqrt{\frac{2\times25\times3\,600}{2}\times\frac{30}{30-10}}=367\text{（件）}$$

$$\mathrm{TC}^*=\sqrt{2\times25\times3\,600\times2\times\left(1-\frac{10}{30}\right)}=490\text{（元）}$$

这种边补充边消耗的经济批量模型也适合于成批生产情况下产成品存货的规划，即用该模型确定最佳生产批量。

产成品存量是否最佳的标准是在保证销售需要的前提下使库存商品总成本最低。库存商品总成本（与生产批量有关的部分）由每批投产准备费用（相当于每次订货成本）和产成品储存费用组成。最佳生产批量就是使库存商品总成本最低的生产批量。

例 8-16 某企业生产 A 半成品，全年需用量为 144 000 件，生产期间每天入库量 800 件，单位半成品储存费用为 1 000 元，每日需用量为 400 件，则：

$$Q^*=\sqrt{\frac{2\times1\,000\times144\,000}{4}\times\frac{800}{800-400}}=12\,000\text{（件）}$$

$$\mathrm{TC}^*=\sqrt{2\times1\,000\times144\,000\times4\times\left(1-\frac{400}{800}\right)}=24\,000\text{（元）}$$

这种模型还可用于自制或外购存货的决策。

例 8-17 承例 8-16，A 半成品也可外购。已知外购单价为 25 元，每批订货成本为 100 元，单位储存成本为 4 元，自制单位成本为 23 元。

$$\text{外购经济批量}=\sqrt{\frac{2\times100\times144\,000}{4}\times\frac{800}{800-400}}=3\,795\text{（件）}$$

$$\text{外购总成本}=\sqrt{2\times100\times144\,000\times4\times(1-400/800)}+25\times144\,000=3\,607\,589.5\text{（元）}$$

自制总成本 = 24 000+23×144 000 = 3 336 000（元）

可见 A 半成品应自制。

（四）数量折扣条件下的经济订货量

为了鼓励客户购买更多的商品，销售企业通常会给予不同程度的价格优惠，即实行商业折扣，也称价格折扣。购买越多，所获得的价格优惠越大。此时，进货企业对经济进货批量的确定，除了考虑进货费用与储存成本外，还应考虑存货的进价成本，因为此时的存货进价成本已经与进货数量的大小有了直接的联系，属于决策相关成本。

在经济进货批量基本模型其他各种假设条件均具备的前提下，存在数量折扣时的存货相关总成本可按下式计算：

存货相关总成本 = 购置成本+相关订货费用+相关存储成本

实行数量折扣的经济进货批量具体确定步骤如下。

第一步，按照基本经济进货批量模式确定经济进货批量；

第二步，计算按经济进货批量进货时的存货相关总成本；

第三步，计算按给予数量折扣的进货批量进货时的存货相关总成本；

第四步，比较不同进货批量的存货相关总成本，最低存货相关总成本对应的进货批量，就是实行数量折扣的最佳经济进货批量。

例 8-18 某企业甲材料的年需要量为 4 000 千克，每千克标准价为 20 元。销售企业规定：客户每批购买量不足 1 000 千克的，按照标准价格计算；每批购买量 1 000 千克以上，2 000 千克以下的，价格优惠 2%；每批购买量 2 000 千克以上的，价格优惠 3%。已知每批进货费用 60 元，单位材料的年储存成本 3 元。

则按经济进货批量基本模型确定的经济进货批量为

$$Q^* = \sqrt{\frac{2 \times 4\,000 \times 60}{3}} = 400\text{（千克）}$$

每次进货 400 千克时的存货相关总成本为

存货相关总成本=4 000 × 20+4 000/400 × 60+400/2 × 3 = 81 200（元）

每次进货 1 000 千克时的存货相关总成本为

存货相关总成本=4 000 × 20 ×（1−2%）+4 000/1 000 × 60+1 000/2 × 3

=80 140（元）

每次进货 2 000 千克时的存货相关总成本为

存货相关总成本=4 000 × 20 ×（1−3%）+4 000/2 000 × 60+2 000/2 × 3

=80 720（元）

通过比较发现，每次进货为 1 000 千克时的存货相关总成本最低，所以，此时最佳经济进货批量为 1 000 千克。

四、订货点（订货提前期）

一般情况下，企业的存货不能做到随用随时补充，因此，不能等存货用光再去订货，而需要在没有用完时提前订货。在提前订货的情况下，企业再次发出订货单时，尚有存货的库存量，称为再订货点，影响订货点的主要因素有正常消耗量、提前期和安全储备量。

正常消耗量是指产品生产过程中每一单位时间（日、周）的存货消耗量，一般按某项存货全年需用量除以全年天数或周数计算，用 d 表示。

提前期是指从提出订货到所订货物运抵企业验收入库的间隔期，也称为交货时间，用 L 表示。

安全储备量是指为了防止意外事件的发生而建立的保险性存货储备，用 B 表示。

（一）确定情况下的订货点

在正常消耗量和提前期确定的情况下，订货点（R）按下列公式确定：

$R = d \times L$

例 8-19 某企业全年需用材料 43 200 千克，每次订货成本 300 元，单位储存成本 2 元，每日正常消耗量为 100 千克，提前期为 9 天，则：

$R = 100 \times 9 = 900$（千克）

$Q^* = \sqrt{\dfrac{2 \times 43\,200 \times 300}{2}} = 3\,600$（千克）

$N^* = 43\,200/3\,600 = 12$（次）

$T^* = 360/12 = 30$（天）

当该材料库存下降为 900 千克时，就应提出订货，等到下批货到达时（再次发出订货单 9 天后），原有库存刚好用完。此时，有关存货的每次订货批量、订货次数、订货间隔时间等并无变化，与瞬时补充相同。订货提前期见图 8-11。也就是说，订货提前期对经济订货量并无影响，只不过在达到再订货点（库存 900 千克）时即发出订货单罢了。

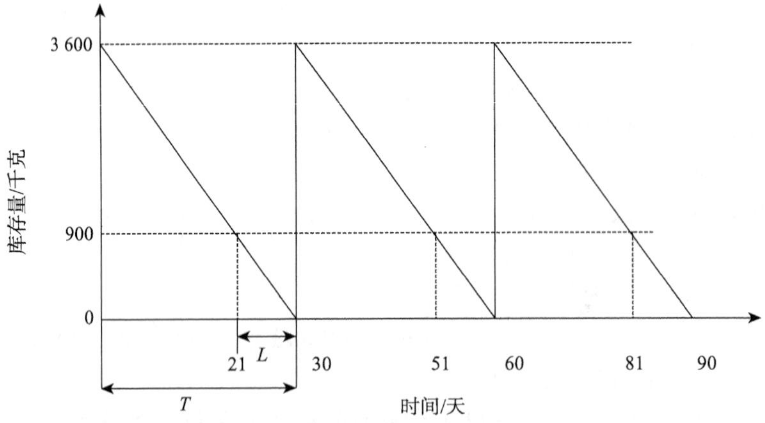

图 8-11 订货提前期

（二）提前期不完全确定情况下的订货点

由于种种不确定因素的存在，有时订货提前期不能完全确定。此时须考虑安全储备量，即订货点由正常提前期的消耗量和超过正常提前期的安全储备量两部分构成。其中安全储备量（B）的计算公式如下：

B=正常消耗量×保险储备天数

则：$R=d\times L+B$

承例 8-19，假设该材料保险储备天数为 3 天，则：

$R=100\times 9+100\times 3=100\times(9+3)=1\ 200$（千克）

（三）提前期和正常消耗量均不完全确定情况下的订货点

当提前期和正常消耗量均不完全确定情况下，确定安全储备量时除了要考虑提前期延长而增加的消耗量之外，还要考虑由于平均消耗量不确定而增加的消耗量。安全储备量的计算公式为

B=正常消耗量×保险储备天数+（预计最大消耗量−正常消耗量）×（提前期+保险储备天数）

承例 8-19，假定由于意外因素的干扰，该材料平均每日消耗量可能达到 130 千克，则：

$R=100\times 9+100\times 3+(130-100)\times(9+3)=900+300+360=1\ 560$（千克）

五、安全储备量

建立安全储备固然可以使企业避免由于供应中断而造成的缺货损失，但由此而引起的平均库存量的增高却会加大存货总成本。因此有必要确定一个最佳安全储备量，使缺货成本和保险储备成本之和最低。方法上可先计算出各不同保险储备量的总成本，然后再对总成本进行比较，选定其中最低的。

设与此有关的总成本为 TC（S，B），缺货成本为 C_s，保险储备成本为 C_B，则：

$\mathrm{TC}(S, B)=C_S+C_B$

其中，$C_s=K_u\times S\times N$，K_u 为单位缺货成本；S 为一次订货缺货量；N 为一年订货次数。$C_B=K_c\times B$，K_c 为单位存货储存成本；B 为保险储备量。

$\mathrm{TC}(S, B)=K_u\times S\times N+K_c\times B$

现实中，缺货量 S 具有概率性，其概率可根据历史经验估计得出；保险储备量 B 可选择而定。

例 8-20 假定某存货的年需要量 $D=3\ 600$ 件，单位储存变动成本 $K_c=2$ 元，单位缺货成本 $K_u=4$ 元，交货时间 $L=10$ 天，每日正常需要量为 10 件；已经计算出经济订货量 $Q=300$ 件，每年订货次数 $N=12$ 次。某存货交货期内的存货需要量及其概率分布见表 8-6。

表 8-6 某存货交货期内的存货需要量及其概率分布表

需要量（$10\times d$）	70	80	90	100	110	120	130
概率（P_1）	0.01	0.04	0.20	0.50	0.20	0.04	0.01

先计算不同保险储备的总成本。

1）不设置保险储备量

令 $B=0$，且以 100 件为再订货点。此种情况下，当需求量为 100 件或其以下时，不会发生缺货，其概率为 0.75（0.01+0.04+0.20+0.50）；当需求量为 110 件时，缺货 10 件（110−100），其概率为 0.20；当需求量为 120 件时，缺货 20 件（120−100），其概率为 0.04；当需求量为 130 件时，缺货 30 件（130−100），其概率为 0.01。因此，$B=0$ 时缺货的期望值 S_0、总成本 TC（S, B）可计算如下：

$S_0=(110-100)\times0.2+(120-100)\times0.04+(130-100)\times0.01=3.1$（件）

$TC(S,B)=4\times3.1\times12+0\times2=148.8$（元）

2）保险储备量为 10 件

即 B=10 件，以 110 件为再订货点。此种情况下，当需求量为 110 件或其以下时，不会发生缺货，其概率为 0.95（0.01+0.04+0.20+0.50+0.20）；当需求量为 120 件时，缺货 10 件（120−110），其概率为 0.04；当需求量为 130 件时，缺货 20 件（130−110），其概率为 0.01。因此，当 B=10 件时缺货的期望值 S_{10}、总成本 TC（S，B）可计算如下：

$S_{10}=(120-110)\times0.04+(130-110)\times0.01=0.6$（件）

$TC(S,B)=4\times0.6\times12+10\times2=48.8$（元）

3）保险储备量为 20 件

同样运用以上方法，可计算 S_2。TC（S，B）为

$S_{20}=(130-120)\times0.01=0.1$（件）

$TC(S,B)=4\times0.1\times12+20\times2=44.8$（元）

4）保险储备量为 30 件

即 $B=30$ 件，以 130 件为再订货点。此种情况下可满足最大需求，不会发生缺货，因此：

$S_{30}=0$

$TC(S,B)=4\times0\times12+30\times2=60$（元）

然后，比较上述不同保险储备量的总成本，以其低者为最佳。

当 $B=20$ 件时，总成本为 44.8 元，是各总成本中最低的，故应确定保险储备量为 20 件，或者说应确定以 120 件为再订货点。

以上举例解决了由于需求量变化引起的缺货问题。至于由于延迟交货引起的缺货，也可以通过建立保险储备量的方法来解决。当确定其保险储备量时，可将延迟的天数折算为增加的需求量，其余计算过程与前述方法相同。在例 8-20 中，若企业延迟到货 3 天的概率为 0.01，则可认为缺货 30 件（3×10）或者交货期内需求量为 130 件（10×10+30）的概率为 0.01。这样就把交货延迟问题转换成了需求过量问题。

六、存货日常管理方法

存货日常管理的目标是保证企业生产经营正常进行的前提下尽量减少库存，防止积压。

（一）ABC 分析法

存货管理的 ABC 分析法是意大利经济学家巴雷特于 19 世纪首创的，以后经过不断的发展与完善，现已广泛用于现代企业的存货管理与控制。ABC 分析法是对存货各项目（如原材料、在产品、产成品等）按种类、品种或规格分清主次，重点控制的方法。ABC 分析法的操作步骤如下。

（1）计算每一种存货在一定期间内（通常为 1 年）的资金占用额。

（2）计算每一种存货资金占用额占全部资金占用额的百分比，并按大小顺序排列，编成表格。

（3）将存货占用资金巨大、品种数量较少的确定为 A 类；将存货占用资金一般、品种数量相对较多的确定为 B 类；将存货品种数量繁多，但价值金额较小的确定为 C 类。

（4）对 A 类存货实行严格控制和规划，精确计算经济批量和订货点，经常检查库存情况，修正其经济批量；对 B 类存货进行次重要管理；对 C 类存货实行一般管理、总量控制。

（二）适时存货控制

适时控制管理思想认为，企业的经营活动不应该由前一生产工序将在产品生产出来，去主观地推动下一工序的活动，而应当是由后一工序出于自身的需要来拉动前一工序的生产。适时存货控制是指存货在需要时才取得并进入生产过程的一种存货管理和控制方法。

传统观点认为，持有一定的存货可以平衡生产准备成本和储存成本；可以随时满足客户的需要、按时交货；避免生产中断、设备闲置；获取数量折扣的利益；避免原材料价格上涨的损失等。适时存货控制却认为，存货大量占用企业的资源（如现金、人力、空间），并掩盖生产效率低下的问题，因而，不主张以存货解决生产储备成本与储存成本的平衡等问题，提出了在存货以外解决上述问题的方法。例如，企业可以与供应商签订长期供货合同，供货商根据合约及时供应企业所需材料，从而消除订货的成本；通过全面预防性维护杜绝设备故障；通过全面质量管理杜绝劣质材料或产品进入企业或下一环节；建立与供应商的稳固关系和推行看板管理，可确保材料或产品的及时供应，这样企业不一定需要存货来避免停工等问题。

适时存货控制的目的不仅是减少存货，还包括不断提高生产率、产品质量和生产弹性。它要求企业有一套十分准确的生产和存货信息系统，即高效率的采购、十分可靠的供应商和一个有效率的存货处理系统。尽管原材料存货和在途存货永远不可能减少为零，但“适时存货控制”仍不失为一种极其严格的存货控制方法。

案例分析：美的集团营运资金策略

一、美的集团概况

美的集团（股票代码 000333）是一家覆盖消费电器、暖通空调、机器人与自动化系统、资产化四大业务板块的全球科技集团，提供多元化的产品种类与服务，包括如下几个方面：①以洗衣机、冰箱、厨房家电及各类小家电为核心的消费电器业务；②以家用空调、中央空调、供暖及通风系统为核心的暖通空调业务；③以库卡集团、美的机器人产业发展有限公司等为核心的机器人与自动化系统业务；④以智能供应链、工业互联网和芯片等业务为核心的数字化业务。2013 年 9 月 18 日，美的集团在深圳证券交易所上市。经过不断调整、发展与壮大，美的集团已成为主要产品品类皆占据领导地位的全球家电行业龙头。

2014 年，美的集团提出以“智慧家居+智能制造”为核心的“双智”战略，发布 M-Smart 智慧家居战略，积极与互联网领域电商开展战略合作：美的集团分别与小米、京东签订战略合作协议，通过定向增发等方式拟在智能家居、移动互联网和电商渠道等方面深度合作。2015 年，美的集团与安川电机成立合资公司，开辟工业和服务业机器人新领域，以“智能制造+工业机器人”全面提升美的智能制造水平。为了实现国际化发展规划，美的集团进一步推进海外并购的国际化战略。2016~2017 年，美的集团分别完成对东芝家电股权和德国机器人巨头库卡集团的收购，持续推动其全球化业务布局与业务增长。美的集团自 2013 年整体上市以来，公司营利能力稳步提升。2019 年，美的集团实现营业收入 2 782 亿元，同比增长 7.14%，居中国家电行业第 1 位；实现归属于母公司股东净利润 242.11 亿元，同比增长 19.67%；整体实力和行业竞争力明显增强，小家电销量增速乐观，产品结构优化，毛利率、净利率稳步提升，营运能力提升。在整体竞争力不断加强的同时，美的集团品牌影响力也获得了全面提升。2020 年，美的集团居《财富》“世界 500 强”榜单第 307 位，品牌价值 1 315.20 亿元，居中国最有价值品牌第 5 位。

二、美的集团主要财务数据

1. 美的集团 2018~2020 年资产负债主要项目构成

美的集团 2018~2020 年资产负债构成见表 8-7。

表 8-7　美的集团 2018~2020 年资产负债主要项目构成

项目	2020 年		2019 年		2018 年	
	金额/亿元	占比	金额/亿元	占比	金额/亿元	占比
货币资金	812.1	22.53%	709.2	23.49%	278.9	10.58%
应收票据	53.05	1.47%	47.69	1.58%	125.6	4.76%
应收账款	229.8	6.38%	186.6	6.18%	193.9	7.35%
预付款项	27.64	0.77%	22.46	0.74%	22.16	0.84%
其他应收款	29.74	0.83%	27.13	0.90%	29.71	1.13%
存货	310.8	8.62%	324.4	10.74%	296.5	11.24%
其他流动资产	330.8	9.18%	650.1	21.53%	764.7	29.00%

续表

项目	2020 年		2019 年		2018 年	
	金额/亿元	占比	金额/亿元	占比	金额/亿元	占比
流动资产合计	2 417	67.06%	2 056	68.09%	1714	64.98%
长期股权投资	29.01	0.80%	27.91	0.92%	27.13	1.03%
固定资产净额	222.4	6.17%	216.7	7.17%	224.4	8.51%
在建工程	14.77	0.41%	11.95	0.40%	20.78	0.79%
非流动资产合计	1 187	32.94%	963.4	31.91%	923.4	35.02%
资产总计	3 604	100%	3 020	100%	2 637	100%
短期借款	99.44	2.76%	57.02	1.89%	8.7	0.33%
应付票据	282.5	7.84%	238.9	7.91%	233.3	8.85%
应付账款	539.3	14.96%	425.4	14.09%	369	13.99%
预收款项	0	0	162.3	5.38%	167.8	6.36%
应交税费	57.58	1.60%	50.96	1.69%	38.75	1.47%
其他流动负债	498.5	13.83%	390.8	12.94%	313.2	11.88%
流动负债合计	1 842	51.10%	1 443	47.79%	1 302	49.39%
负债合计	2 361	65.53%	1 945	64.40%	1712	64.94%
营运资金	575	15.96%	613	20.30%	411.3	15.60%

2. 美的集团 2018~2020 年收入及利润构成

美的集团 2018~2020 年收入及利润构成见表 8-8。

表 8-8　美的集团 2018~2020 年营业收入及利润构成　　单位：亿元

项目	2020 年	2019 年	2018 年
营业收入	2 842.21	2 782.16	2 596.65
营业成本	2 128.39	1 979.14	1 881.65
税金及附加	15.34	17.21	16.18
销售费用	275.22	346.11	310.86
管理费用	92.64	95.31	95.72
财务费用	−26.38	−22.32	−18.23
营业利润	314.93	296.83	255.64
净利润	275.07	252.77	216.5

3. 美的集团 2018~2020 年现金流量构成

美的集团 2018~2020 年现金流量构成见表 8-9。

表 8-9　美的集团 2018~2020 年现金流量构成　　单位：亿元

项目	2020 年	2019 年	2018 年
经营活动产生的现金流量净额	295.57	385.9	278.61
投资活动产生的现金流量净额	−353.11	−231.08	−186.42
筹资活动产生的现金流量净额	−7.56	−32.74	−133.87

问题

如何评价企业营运资金策略的有效性？试通过分析美的集团营运资金结构、净现金需求等情况，研究美的集团营运资金策略有效性。

第九章

财 务 分 析

✧ 案例导入

瑞幸咖啡是一家总部位于中国厦门的连锁餐饮企业，自2017年6月创立以来，便一直保持快速扩张的态势，其门店数量超过了已进入中国近二十年的星巴克所开设的门店数量，成为中国最大的连锁咖啡品牌。2019年5月17日，瑞幸咖啡登陆纳斯达克，共融资6.95亿美元，成为世界范围内从成立到IPO最快的公司。2020年1月31日，美国知名做空机构浑水公司转发了一份做空报告，直指瑞幸咖啡财务欺诈、商业模式缺陷与若干危险信号。瑞幸财务造假事件引起社会各界高度关注，也在一定程度上影响了中概股企业在海外的生存环境。

从瑞幸咖啡的财务报表中分析毛利率、单店收入、价格/销量关系及存货的情况，可以初步得出公司的财务报表有问题的结论，就算不是造假，很可能也是为了透支未来增长而使用了过于激进的会计处理方法。相比财务信息，非财务信息更加难以被人为操作，可以用来识别财务舞弊的可能性。因此，如果配合着分析公司人员设置、关联方、门店交易数据、商业模式等非财务因素，能够更好地识别和预测上市公司的财务舞弊行为。

财务分析是根据核算资料，运用特定方法，对企业财务活动过程及其结果进行分析和评价的一项工作。通过财务分析，可以掌握各项财务计划的完成情况，评价财务状况，改善财务预测、决策、预算和控制。本章第一节主要介绍财务分析的框架、财务分析的依据、财务分析的局限性及财务分析的方法，第二节主要介绍具体的财务指标，第三节主要介绍财务综合分析方法中的杜邦财务分析法。

第一节 财务分析概述

一、财务分析的框架

财务分析以企业财务报告及其他相关资料为主要依据，对企业的财务状况和经营成果进行评价和剖析，反映企业在运营过程中的利弊得失和发展趋势，从而为改进企业财务管理工作和优化经济决策提供重要的财务信息。财务分析既是已完成的财务活动的总结，又是财务预测的前提，在财务管理的循环中起着承上启下的作用。

一般认为，财务报表分析产生于 19 世纪末 20 世纪初。最早的财务报表分析主要是为银行服务的信用分析。当时，借贷资本在企业资本中的比重不断增加，银行家需要对贷款人进行信用调查和分析，借以判断客户的偿债能力。

资本市场形成后发展出盈利分析，财务报表分析由主要为贷款银行服务扩展到为投资人服务。随着社会筹资范围扩大，非银行的贷款人和股权投资人增加，公众进入资本市场和债务市场，投资人要求的信息更为广泛。财务报表分析开始对企业的营利能力、筹资结构、利润分配进行分析，发展出比较完善的外部分析体系。

公司组织发展起来以后，财务报表分析由外部分析扩大到内部分析，以改善内部管理服务。经理人员为提高营利能力和偿债能力，以取得投资人和债权人的支持，开发了内部分析。内部分析不仅可以使用公开报表的数据，而且可以利用内部的数据（预算、成本数据等）进行分析，找出管理行为和报表数据的关系，通过管理来改善未来的财务报表。

进入 20 世纪 90 年代，传统的财务分析逐渐发展成为企业价值评估框架体系中的一部分。现代财务估值理论认为一个完整有效的企业分析和估价的框架包括四部分主要内容，即经营战略分析、会计分析、财务分析和前景分析。这是因为，财务报表提供了有关公司经济活动的最广泛可用的数据，投资者和其他利益相关者可以依据财务报告评估公司及其管理者的计划和业绩。但是当管理者拥有关于公司战略的完整信息，而各种制度因素使得他们不可能完全披露这些信息的时候，财务报表分析就成为一项十分有价值的活动。在这种情况下，财务分析师试图通过了解公司所在行业及其竞争战略，分析公开的财务报表数据并从中提取管理者的内部信息，从而获得对公司当前业绩和未来前景的深刻认识。

（一）经营战略分析

战略分析是企业价值分析的重要起点，其主要目的是确定公司的主要利润动因和经营风险，从而评估公司当前业绩的可持续性并对未来业绩进行预测，通过对公司经营状况的定性分析可以更好地进行后续的会计分析和财务分析。

有学者认为，在进行战略分析之前，应进行经济环境分析。经济环境分析的目的在于考察所有公司共同面临的环境及其对公司竞争能力的影响。从价值评估的角度分析，除了政治、政策、文化、技术等环境因素外，更应关注经济因素，如经济发展的总体指标（国民生产总值或国内生产总值）、通货膨胀率、利率、汇率、失业率等。虽然公司不能控制宏观经济因素，但这些因素会影响公司的未来发展前景，因此，必须考虑这些因素对价值评估的影响。

公司的价值取决于公司运用其资本获取超出资本成本的收益的能力，而这种能力取决于自身的战略选择，即公司从事经营的行业选择、采取何种方式与同行竞争（竞争定位）以及公司如何在各经营部门间创造并利用协同效应等。

行业分析的目的在于考察特定行业的经济特性、竞争状况、关键成功因素等，以便明确公司的竞争优势，正确制定公司战略。在行业分析中，不仅要关注某一行业不同生命周期对公司的影响，还要分析商业周期对特定行业的影响。例如，汽车、钢铁和高档消费品行业对商业周期的敏感性较强，而一些基础性行业，如食品、公共事业、烟草等行业对商业周期的敏感性较弱。从风险的角度分析，财务杠杆和经营杠杆对商业周期的敏感性较强。在分析公司营利能力的过程中，分析师必须首先对公司所在行业的营利能力做出评价，因为各行业的营利能力有很大的不同。研究表明，一个行业的平均营利能力受该行业的竞争程度和该行业同其客户和供应商讨价还价的能力的影响。竞争强度决定公司在行业中创造超常利润的潜力。微观经济理论指出，如果行业处于完全竞争市场，几乎没有机会获取超额利润；如果行业由一家公司控制，将有获取垄断利润的可能。通常一个行业有三种潜在的竞争源，即现有公司间的竞争、新公司加入的威胁和替代产品或服务的威胁。公司实际利润的获得还受到该行业在投入产出市场上的相对讨价还价能力的影响。在投入市场，公司与劳动力、原材料及资金的供应者发生交易，在产出市场，公司或者将产品直接销售给最终消费者，或者与中间商签订销售合同，在所有这些交易中，投入产出市场上的相对经济实力对行业中各公司的总体营利能力十分重要。

公司的营利能力不仅受行业结构的影响，也受公司在行业中定位时所做战略选择的影响。公司应该选择适合本公司特点的竞争战略，明确公司的竞争优势和在市场中的地位，寻找公司价值创造的核心专长和优势资源。公司战略选择的衡量标准就是能否有效地使用各种资源，为客户提供超越竞争对手的价值，从而实现公司价值的增值。在此基础上，竞争战略的选择不会自动导致竞争优势的获得，因此在进行战略分析时分析师还必须评价公司是否拥有执行其战略所需的能力，以及公司战略的可持续性。

（二）会计分析

会计分析旨在评估会计对公司基本经营现实的反映程度。分析师应该通过确认公司是否存在会计选择弹性及评估其会计政策和估计的恰当性，评价公司会计数字的歪曲程度，进而通过运用现金流量和报表附注信息消除会计失真，重新计算公司的会计数据。合理的会计分析有助于提高会计报表分析的下一步骤——财务分析结论的可靠性。会计分析包括以下六个步骤。

1. 确认关键的会计政策

如战略分析中所述，不同的行业特点和公司的竞争优势决定了公司成功的关键因素和风险。例如，金融业的关键因素是利率和信用风险，零售业的关键因素是存货，制造业的关键因素是产品质量与创新、研究开发等。财务报表分析的目的之一就是评价企业的成功要素和风险管理的成果。因此，会计分析就是分析和评价企业所选择的会计政策和估计其成功的关键因素和风险。

2. 评价会计政策的灵活性

一般而言，各国会计准则和会计惯例都给予企业一定的会计政策和估计的选择权。例如，存货计量方法、固定资产的折旧方法及投资核算方法等。不同的会计政策和会计估计对企业财务报告的影响不同，从而为管理者操纵财务报告提供了平台或空间。如果管理者就企业成功的关键因素在会计政策和会计估计选择方面几乎没有灵活性和自由度，那么会计信息对于理解企业的经济活动就较少有价值；反之，如果管理者就企业成功的关键因素在会计政策和会计估计方面有较大选择，会计信息就可能具有潜在的价值，这主要取决于管理者如何利用这些灵活性。例如，信用风险管理是银行业的关键因素，对于如何估计坏账，管理者享有较大的弹性；而软件开发业可以选择在哪一个阶段将研发费用资本化。

3. 评价会计策略

当管理者拥有会计灵活性时，他们可以运用这种灵活性传递公司经济状况或者隐瞒公司真实业绩。分析师应该了解企业管理者是否运用了会计灵活性，并分析其进行会计策略选择所隐含的可能动机。此时应考察以下问题，企业的会计方针与行业通行的标准相比较有何差异？例如，如果公司计提了低于行业平均水平的产品保修准备，一种解释是公司以高质量为基础展开竞争，将相当多的资源投资于降低产品失败率；另一种解释是公司低估了其产品保修负债。管理当局是否有强烈的动机，为了盈余管理而利用会计判断？管理层是否拥有大量公司股份？经理是否在实现建立在会计基础上的奖金目标上有困难？企业有无变更其会计方针或会计估计？企业过去选择的会计方针或会计估计是否符合实际？企业是否调整业务以便能达到特定的会计目的？公司可以安排收购交易以便能够采用权益结合法而非购买法进行核算。

4. 评价信息披露质量

信息披露质量是衡量企业会计质量的重要尺度。在评价信息披露质量时应注意以下问题，企业对其经营战略及其经济后果有无充分披露？报表附注是否足以表达关键的会计方针、会计假设及其相互之间的逻辑性？企业有无对其报告期的业绩作了充分说明？若会计准则限制企业恰当计量其关键的成功因素，为了帮助外部分析师理解这些因素是如何处理的，企业是否额外进行了充分披露？例如，公司可以借用非财务指标利用管理层的论述和分析突出某些问题的处理方法及其执行结果。企业是否充分披露了有关分部信息？管理当局如何面对坏消息？企业与外部投资者的关系怎样？

5. 识别潜在的风险

企业可能暴露一些会计质量存在可疑问题的危险信号，分析师应当对某些项目进行更深入细致的考察分析。每一种危险信号都有多种解释，一些有正当理由做基础，另一些则暗示会计处理存在问题。因此，应将危险信号分析作为深入研究的起点，一些常见的危险信号如下：未加解释的会计政策和会计估计变更，在公司经营恶化时对此应当特别注意；报告利润与经营活动现金流量之间的差异日益扩大；未加解释的提高利润的一场交易；销售增加的同时应收账款非正常增加；销售增加时，存货非正常增加；不可预见的巨额资产冲销在第四季度和第一季度出现巨额调整；被出具“保留意见”的审计报告或更换 CPA（certified public accountant，注册会计师）的理由不充分；频繁的关联交易、资产重组和剥离、股权转让、资产评估；巨额补贴收入、资产捐赠等。

6. 消除会计失真

如果会计分析表明企业对外报告的会计数字失实，分析师就应当重新调整有关数据，以便尽可能降低会计失真带来的不良影响。虽然仅凭借外部信息不可能彻底消除会计失真，但借助现金流量表和报表附注可以对应计制基础下计算的企业业绩进行调整，重新还原真实的会计信息。

（三）财务分析的目标

财务分析的目标是根据既定的目标和战略运用财务数据评价公司的经营业绩，并评估其可持续性。财务分析有两个关键的前提，即公司的战略是正确而且合理的及供财务分析的公司会计数据是经过合理调整的。财务分析有两种主要的方法，比率分析和现金流量分析。比率分析主要通过损益表和资产负债表数据评估公司财务报表中各项目之间的相互关系；现金流量分析则是分析师通过现金流量表考察公司的流动性以及公司对经营、投资和融资活动现金流量的管理业绩，以此判断公司的现金流量是否在金额和时点上满足企业的需求。

（四）前景分析

前景分析主要侧重于预测公司未来，是综合战略分析、会计分析和财务分析三个步骤的分析结论对公司未来做出的预测、估计公司内在价值，包括财务报表预测和估价两部分。根据历史资料、基本假设、可持续增长率编制预计资产负债表、预计利润表、预计现金流量表，展示公司未来各种战略决策的财务成果和目标，确定公司在计划期内各项投资与生产发展所需的资本数量及时间安排，结合股利政策资本结构等财务政策确定资本来源与运用计划。在此基础上，根据与公司价值评估有关的参数，如资本成本、自由现金流量等，采用不同的价值评估方法，将财务信息、预测信息转化为公司价值信息。

二、财务分析的依据

进行财务分析需要依据一定的财务数据和其他信息，这些数据和信息除了公开披露的财务报表外，还包括财务报表附注、管理层的解释和讨论、审计师意见、其他公告、社会责任报告、媒体和专家评论及监管部门处理公告等。由于分析的主体不同，获得信息的数量和难度也不尽相同，分析者应尽可能地收集可能获得的各种信息，防止片面性。

财务报表是财务分析最直接、最重要的依据。财务报表是企业会计工作的直接结果，资产负债表、利润表和现金流量表被称为基本财务报表。

一个企业的资产负债表数据及其结构实际上是该企业理财行为的结果。具体而言，投资决策决定了资产负债表的资产方数据及其结构，而融资决策、股利政策决定了资产负债表的来源方数据及其结构，所有这一切又决定了整个企业的财务状况。合理的理财行为必将产生合理的资产负债表结构，而不合理的资产负债表结构必定是不合理的理财行为造成的。

利润表的主要功用是反映企业一定时期的获利能力，同时通过杠杆分析技术也是反映企业经营风险与财务风险的一个重要渠道。

“现金流量至高无上”已经成为现代企业进行经营管理所应当遵循的一个基本理念。现金流量表既以现金流量的形式反映着企业理财活动的结果，也历史性地反映着企业价值的实现过程，在企业价值最大化的理财目标下，现金流量表成为一张最核心的财务报表。通过现金流量表，可以获得企业会计期间内的现金流入与流出信息，以现金基础反映企业的经营活动、投资活动与融资活动；帮助辨析会计收益与现金流量之间的关系，分析收益质量方面的信息，弥补应计制会计的不足；评价企业的流动性及财务适应性，对未来经营活动创造现金流量能力进行预测。因此，现金流量表正在逐步成为人们最为关注的财务报表。

三、财务分析的局限性

由于资料来源、分析方法和分析指标存在一定的局限性，财务分析的结果可能与实际情况存在差异。其中财务报表是财务分析的主要依据，报表数据的局限性决定了财务分析与评价的局限性。

依据财务报表得出有效的分析结论需要具备两个前提条件：一是财务报表具有反馈价值，能够如实反映过去；二是财务报表具有前瞻价值，一贯稳定且具有可预测性。但财务会计本身存在固有的局限性，财务会计对经营业绩和财务状况的反映存在着可能偏离实际的因素。这些因素包括几个方面：会计准则的统一性限制了企业的个性化报告；管理层有选择会计政策的自由；管理层选择会计估计的可能偏差和误导；交易事项对会计结果的影响可受人为操纵；等等。影响财务报表质量的因素很多，如会计准则和监管、财务数据估计和预测的准确性、审计的有效性、法律环境和诉讼的可能、管理人员操纵盈利的动机和机会等。

由于以上原因，财务报表存在以下三个方面的局限性：①财务报告没有披露公司的全部信息，管理层拥有更多的信息，得到披露的只是其中的一部分；②已经披露的财务信息存在会计估计误差，不一定是真实情况的准确计量；③管理层的各项会计政策选择，使财务报表会扭曲公司的实际情况。

因此，在进行财务分析时要做好以下三项工作：①全面系统地收集各类信息，既要收集财务信息，也要收集非财务信息；既要收集公开披露信息，也要收集内部信息；既要收集静态信息，也要收集动态信息。注意各种指标的综合运用，定量分析与定性分析相结合，趋势分析与比率分析相结合，横向分析与纵向分析相结合，总量分析与个量分析相结合，静态分析与动态分析相结合，将各项指标综合权衡，并结合经济环境的变化进行系统分析。②对有关分析资料要注意口径是否一致，剔除不可比因素。例如，将不同会计方法的影响差异剔除；将某些特殊的、个别事件和因素剔除；选择同行业同等规模企业进行横向比较等。③从实际出发，坚持实事求是，反对主观臆断、结论先行、搞数字游戏。同时，注意识别盈利操纵的警示信号，善于运用例外管理原则，对各种异常现象进行追踪调查和深入剖析。

四、财务分析的方法

财务分析的方法主要包括趋势分析法、比率分析法和因素分析法。

（一）趋势分析法

趋势分析法又称水平分析法，是通过对比两期或连续数期财务报告中的相同指标，确定其增减变动的方向、数额和幅度，来说明企业财务状况或经营成果变动趋势的一种方法。采用这种方法，可以分析引起变化的主要原因、变动的性质，并预测企业未来的发展前景。

趋势分析法的优点是简便、直观。但在采用时，应注意以下问题。

（1）用于进行对比的各个时期的指标，在计算口径上必须一致。

（2）剔除偶发性项目的影响，使作为分析的数据能反映正常的经营状况。

（3）应运用例外原则，对某项有显著变动的指标做重点分析，研究其产生的原因，以便采取对策，趋利避害。

（二）比率分析法

比率分析法是通过计算各种比率指标来确定经济活动变动程度的分析方法。比率是相对数，采用这种方法，能够把某些条件下的不可比指标变为可以比较的指标，以利于进行分析。比率指标可以有不同的类型，主要有以下三类。

1. 构成比率

构成比率又称结构比率，它是某项财务指标的各组成部分数值占总体数值的百分比，反映部分与总体的关系。例如，企业资产中流动资产、固定资产和无形资产占资产总额的百分比（资产构成比率），企业负债中流动负债和非流动负债占负债总额的百分比（负债构成比率）。利用构成比率，可以考察总体中某个部分的形成和安排是否合理，以便协调各项财务活动。

2. 效率比率

效率比率是某项财务活动中所费与所得的比例，反映投入与产出的关系。利用效率比率指标，可以进行得失比较，考察经营成果，评价经济效益。例如，将利润项目与营业成本、营业收入、资本金等项目加以对比，可计算出成本利润率、营业净利率以及资本金利润率等利润率指标，可以从不同角度观察比较企业营利能力的高低及其增减变化情况。

3. 相关比率

相关比率是对某个项目和与其有关但又不同的项目加以对比所得的比率，反映有关经济活动的相互关系。利用相关比率指标，可以考察企业有联系的相关业务安排得是否合理，以保障运营活动顺畅进行。例如，将流动资产与流动负债加以对比，计算出流动比率，据以判断企业的短期偿债能力。

比率分析法的优点是计算简便，计算结果也比较容易判断，而且可以使某些指标在不同规模的企业之间进行比较，甚至也能在一定程度上超越行业间的差别进行比较。但在采用时，应注意对比项目的相关性和对比口径的一致性，即计算比率的子项和母项之间必须有着一定的逻辑联系（如因果关系），并且子项和母项必须在计算时间、范围等方面保持口径一致。

通常计算比率的子项和母项必须来自同一个企业的同一个期间的财务报表，但不一定来自同一张报表。当财务比率反映的是某一资产负债表变量与某一利润表变量之间的关系时，资产负债表变量就需要计算年度的平均值。外部分析者只能得到年初数和年末数。因此，计算此类财务比率，就无法消除由于季节及周期变化而带来的问题，也反映不出年度内发生的不规则变化。

（三）因素分析法

因素分析法是依据分析指标与其驱动因素的关系，从数量上确定各因素对分析指标影响方向和影响程度的一种方法。采用这种方法的出发点在于，当有若干因素对分析指标发生影响作用时，假设其他各个因素都无变化，顺序确定每一个因素单独变化所产生的影响。

因素分析法具体有连环替代法和差额分析法两种。连环替代法是将分析指标分解为各个可以计量的因素，并根据各个因素之间的依存关系，顺次用各因素的比较值（通常即实际值）替代基准值（通常即标准值或计划值），据以测定各因素对分析指标的影响。差额分析法是连环替代法的一种简化形式，它利用各个因素的比较值与基准值之间的差额，来计算各因素对分析指标的影响。

因素分析法的优点是既可以全面分析各因素对某一经济指标的影响，又可以单独分析某个因素对某一经济指标的影响，在财务分析中应用颇为广泛。但在采用时，应注意因素分解的关联性、因素替代的顺序性、顺序替代的连环性和计算结果的假定性。

第二节　财务指标分析

一、偿债能力分析

偿债能力是指企业偿还到期债务（包括本息）的能力。偿债能力分析包括短期偿债能力分析和长期偿债能力分析。

（一）短期偿债能力分析

短期偿债能力是指企业流动资产对流动负债及时足额偿还的保证程度，是衡量企业当前财务能力，特别是流动资产变现能力的重要指标。短期偿债能力的衡量指标可以分为存量指标和流量指标，存量指标主要有营运资本、流动比率、速动比率和现金比率等，流量指标主要指现金流动负债比率。

1. 营运资本

营运资本是指流动资产超过流动负债的部分，是企业在某一时点以流动资产归还和抵偿流动负债后的剩余。其计算公式为

营运资本=流动资产−流动负债

计算营运资本使用的流动资产和流动负债，通常可以直接取自资产负债表。如果流动资产与流动负债相等，并不足以保证偿债，因为债务的到期与流动资产的现金生成，不可能同步同量。企业必须保持流动资产大于流动负债，即保有一定数额的营运资本作为缓冲，以防止流动负债“穿透”流动资产。营运资本越多，流动负债的偿还越有保障，短期偿债能力越强。

营运资本之所以能够成为流动负债的“缓冲垫”，是因为它是长期资本用于流动资产的部分，不需要在 1 年内偿还。

营运资本 = 流动资产 − 流动负债

= （总资产 − 非流动资产） − （总资产 − 股东权益 − 非流动负债）

= （股东权益 + 非流动负债） − 非流动资产

= 长期资本 − 长期资产

当流动资产大于流动负债时，营运资本为正数，表明长期资本的数额大于长期资产，超出部分被用于流动资产。营运资本的数额越大，财务状况越稳定。当流动资产小于流动负债时，营运资本为负数，表明长期资本小于长期资产，有部分长期资产由流动负债提供资金来源。由于流动负债在 1 年内需要偿还，而长期资产在 1 年内不能变现，偿债所需现金不足，必须设法另外筹资，则财务状况不稳定。营运资本的比较分析，主要是与本企业年初数据的比较，通常称之为变动分析。营运资本是绝对数，不便于不同企业之间比较。在实务中，很少直接使用营运资本作为偿债能力的指标，营运资本的合理性主要通过流动性存量比率来评价。

2. 流动比率

流动比率是指流动资产和流动负债的比率，它表明企业每 1 元流动负债有多少流动资产作为偿还保证，反映企业用可在短期内转变为现金的流动资产偿还到期流动负债的能力。其计算公式为

$$流动比率=\frac{流动资产}{流动负债}\times 100\%$$

并且，流动比率和营运资本配置比率所反映的偿债能力是相同的，它们可以互相换算。

$$流动比率=\frac{1}{\left(1-\frac{营运资本}{流动资产}\right)}\times100\%$$

一般情况下，流动比率越高，反映企业短期偿债能力越强，债权人的权益越有保障。国际上通常认为，流动比率的下限为100%；流动比率等于200%时较为适当，它表明企业财务状况稳定可靠，除了满足日常生产经营的流动资金需要外，还有足够的财力偿付到期短期债务。如果比率过低，则表示企业可能捉襟见肘，难以如期偿还债务。但是，流动比率也不可以过高，过高则表明企业流动资产占用较多，会影响资金的使用效率和企业的筹资成本，进而影响获利能力。究竟应保持多高水平的流动比率，主要视企业对待风险和收益的态度予以确定。

运用流动比率时，必须注意以下几个问题。

（1）虽然流动比率越高，企业偿还短期债务的流动资产保证程度越强，但这并不等于说企业已有足够的现金或存款用来偿债。流动比率高也可能是存货积压、应收账款增多且收账期延长，以及待摊费用和待处理财产损失增加所致，而真正可用来偿债的现金和存款却严重短缺，所以，企业应在分析流动比率的基础上，进一步对现金流量加以考虑。

（2）从短期债权人的角度看，自然希望流动比率越高越好。但从企业经营角度看，过高的流动比率通常意味着企业闲置现金的持有量过多，必然造成企业机会成本的增加和获利能力的降低。因此，企业应尽可能将流动比率维持在不使货币资金闲置的水平。

（3）流动比率是否合理，不同行业、不同企业以及同一企业不同时期的评价标准是不同的，因此，不应用统一的标准来评价各企业流动比率合理与否。

（4）在分析流动比率时应当剔除一些虚假因素的影响。

3. 速动比率

速动比率是指企业速动资产与流动负债的比率，它假设速动资产是可以用于偿债的资产，表明每 1 元流动负债有多少速动资产作为偿还保障。速动资产是指可以在较短时间内变现的资产，包括货币资金、交易性金融资产和各种应收款项等。另外的流动资产，包括存货、待摊费用、一年内到期的非流动资产及其他流动资产等，称为非速动资产。由于剔除了存货等变现能力较弱且不稳定的资产，故速动比率较之流动比率能够更加准确、可靠地评价企业资产的流动性及其偿还短期负债的能力。其计算公式为

$$速动比率=\frac{速动资产}{流动负债}\times100\%$$

一般情况下，速动比率越高，表明企业偿还流动负债的能力越强。国际上通常认为，速动比率等于100%时较为适当。如果速动比率小于100%，必使企业面临很大的偿债风险；如果速动比率大于 100%，尽管债务偿还的安全性很高，却会因企业现金及应收账款资金占用过多而大大增加企业的机会成本。

影响速动比率可信性的重要因素是应收账款的变现能力。账面上的应收账款不一定都能变成现金，实际坏账可能比计提的准备要多；季节性的变化，可能使报表上的应收账款数额不能反映平均水平。这些情况，外部分析人不易了解，而内部人员却有可能做出估计。

在分析时需注意的是，尽管速动比率较之流动比率更能反映出流动负债偿还的安全性和稳定性，但并不能认为流动比率较低的企业的流动负债到期绝对不能偿还。实际上，如果企业存货流转顺畅，变现能力较强，即使速动比率较低，只要流动比率高，企业仍然有望偿还到期的债务本息。

4. 现金比率

速动资产中，流动性最强、可直接用于偿债的资产称为现金资产。现金资产包括货币资金、交易性金融资产等。它们与其他速动资产有区别，其本身就是可以直接偿债的资产，而非速动资产需要等待不确定的时间，才能转换为不确定数额的现金。现金比率是指现金资产与流动负债的比率，它假设现金资产是可偿债资产，表明 1 元流动负债有多少现金资产作为偿还保障。其计算公式为

$$现金比率=\frac{货币资金+交易性金融资产}{流动负债}\times 100\%$$

5. 现金流动负债比率

现金流动负债比率是指企业一定时期的经营现金净流量与流动负债的比率，表明每 1 元流动负债的经营现金流量保障程度，它可以从现金流量角度来反映企业当期偿付短期负债的能力。其计算公式为

$$现金流动负债比率=\frac{年经营现金净流量}{年末流动负债}\times 100\%$$

公式中的“年经营现金净流量”，通常使用现金流量表中的“经营活动产生的现金流量净额”。它代表了企业产生现金的能力，已经扣除了经营活动自身所需的现金流出，是可以用来偿债的现金流量。

现金流动负债比率从现金流入和流出的动态角度对企业的实际偿债能力进行考察。由于有利润的年份不一定有足够的现金（含现金等价物）来偿还债务，所以，利用以收付实现制为基础计量的现金流动负债比率指标，能充分体现企业经营活动所产生的现金净流量可以在多大程度上保证当期流动负债的偿还，直观地反映出企业偿还流动负债的实际能力。用该指标评价企业偿债能力更加谨慎。该指标越大，表明企业经营活动产生的现金净流量越多，越能保障企业按期偿还到期债务，但并不是越大越好，该指标过大则表明企业流动资金利用不充分，营利能力不强。

6. 影响短期偿债能力的其他因素

上述短期偿债能力比率，都是根据财务报表中资料计算的。还有一些表外因素也会影响企业的短期偿债能力，甚至影响相当大。财务报表的使用人应尽可能了解这方面的信息，有利于做出正确的判断。

1）增强短期偿债能力的表外因素

（1）可动用的银行贷款指标。银行已同意、企业未办理贷款手续的银行贷款限额，可以随时增加企业的现金，提高支付能力。这一数据不反映在财务报表中，但会在董事会决议中披露。

（2）准备很快变现的非流动资产。企业可能有一些长期资产可以随时出售变现，而不出现在一年内到期的非流动资产项目中。例如，储备的土地、未开采的采矿权、目前出租的房产等，在企业发生周转困难时，将其出售并不影响企业的持续经营。

（3）偿债能力的声誉。如果企业的信用很好，在短期偿债方面出现暂时困难时比较容易筹集到短缺的现金。

2）降低短期偿债能力的表外因素

与担保有关的或有负债，如果它的数额较大并且可能发生，就应在评价偿债能力时给予关注。

经营租赁合同中承诺的付款，很可能是需要偿付的义务。

建造合同、长期资产购置合同中的分阶段付款，也是一种承诺，应视同需要偿还的债务。

（二）长期偿债能力分析

长期偿债能力是指企业偿还长期负债的能力。衡量长期偿债能力的指标可以分为存量指标和流量指标，存量指标主要有资产负债率、产权比率、权益乘数等，流量指标主要有已获利息倍数、现金利息保障倍数和现金流量债务比等。

1. 资产负债率

资产负债率又称负债比率，指企业负债总额与资产总额的比率。它表明企业资产总额中，债权人提供资金所占的比重，以及企业资产对债权人权益的保障程度。其计算公式为

$$资产负债率=\frac{负债总额}{资产总额}\times 100\%$$

一般情况下，资产负债率越小，表明企业长期偿债能力越强。但是，也并非说该指标对谁都是越小越好。从债权人来说，该指标越小越好，这样企业偿债越有保证。从企业所有者来说，如果该指标较大，说明利用较少的自有资本投资形成了较多的生产经营用资产，不仅扩大了生产经营规模，而且在经营状况良好的情况下，还可以利用财务杠杆的原理，得到较多的投资利润；如果该指标过小则表明企业对财务杠杆利用不够。但资产负债率过大，则表明企业的债务负担重，企业资金实力不强，不仅对债权人不利，而且企业有濒临倒闭的危险。此外，企业的长期偿债能力与营利能力密切相关，因此企业的经营决策者应当将偿债能力指标（风险）与营利能力指标（收益）结合起来分析，予以平衡考虑。保守的观点认为资产负债率不应高于50%，而国际上通常认为资产负债率等于60%时较为适当。

2. 产权比率和权益乘数

产权比率和权益乘数是资产负债率的另外两种表现形式，它和资产负债率的性质一样。产权比率表明 1 元股东权益借入的债务数额。权益乘数表明 1 元股东权益拥有的总资产。它们是两种常用的财务杠杆计量，可以反映特定情况下总资产净利率和净资产收益率之间的倍数关系。财务杠杆表明债务的多少与偿债能力有关，并且可以表明净资产收益率的风险与营利能力有关。其计算公式为

$$产权比率=\frac{负债总额}{股东权益}\times 100\%$$

$$权益乘数=\frac{资产总额}{股东权益}=1+产权比率=\frac{1}{1-资产负债率}$$

一般情况下，产权比率越低，表明企业的长期偿债能力越强，债权人权益的保障程度越高，承担的风险越小，但企业不能充分地发挥负债的财务杠杆效应，所以，企业在评价产权比率适度与否时，应从提高获利能力与增强偿债能力两个方面综合进行，即在保障债务偿还安全的前提下，应尽可能提高产权比率。权益乘数越大，表明所有者投入企业的资本占全部资产的比重越小，企业负债程度越高；该比率越小，表明所有者投入企业的资本占全部资产的比重越大，企业的负债程度越低，债权人权益受保护的程度也越高。

3. 已获利息倍数

已获利息倍数是指企业一定时期息税前利润为利息费用的倍数，反映了获利能力对债务偿付的保证程度。其计算公式为

$$已获利息倍数=\frac{息税前利润总额}{利息费用}$$

其中，息税前利润总额 = 利润总额+利息支出 = 净利润+所得税+利息支出

通常，可以用财务费用的数额作为利息支出，也可以根据报表附注资料确定更准确的利息费用数额。

已获利息倍数不仅反映了企业获利能力的大小，而且反映了获利能力对偿还到期债务的保证程度，它既是企业举债经营的前提依据，也是衡量企业长期偿债能力大小的重要标志。一般情况下，已获利息倍数越高，表明企业长期偿债能力越强。国际上通常认为，该指标为 3 时较为适当。从长期来看，若要维持正常偿债能力，利息保障倍数至少应当大于 1，如果利息保障倍数过小，企业将面临亏损以及偿债的安全性与稳定性下降的风险。究竟企业已获利息倍数应是多少才算偿付能力强，这要根据往年经验结合行业特点来判断。

4. 现金利息保障倍数

现金流量基础的利息保障倍数，是指经营现金流量净额为利息费用的倍数，它表明 1 元的利息费用有多少倍的经营现金流量作保障。它比收益基础的利息保障倍数更可靠，因为实际用以支付利息的是现金，而不是收益。其计算公式为

$$现金利息保障倍数=\frac{经营现金流量净额}{利息费用}$$

5. 现金流量债务比

现金流量债务比是指经营活动所产生的现金流量净额与债务总额的比率。其计算公式为

$$现金流量债务比=\frac{经营现金流量净额}{债务总额}\times 100\%$$

公式中的“债务总额”，一般情况下使用年末和年初的加权平均数，为了简便也可以使用期末数。该比率表明企业用经营现金流量偿付全部债务的能力。比率越高，承担债务总额的能力越强。

6. 影响长期偿债能力的其他因素

上述衡量长期偿债能力的财务比率是根据财务报表数据计算的，还有一些表外因素影响企业的长期偿债能力，必须引起足够的重视。

（1）长期租赁。当企业急需某种设备或厂房又缺乏足够的资金时，可以通过租赁的方式解决。财产租赁的形式包括融资租赁和经营租赁。融资租赁形成的负债大多会反映于资产负债表，而经营租赁则没有反映于资产负债表。当企业的经营租赁量比较大，期限比较长或具有经常性时，就形成了一种长期性筹资，这种长期性筹资，到期时必须支付租金，会对企业的偿债能力产生影响。因此，如果企业经常发生经营租赁业务，应考虑租赁费用对偿债能力的影响。

（2）债务担保。担保项目的时间长短不一，有的涉及企业的长期负债，有的涉及企业的流动负债。在分析企业长期偿债能力时，应根据有关资料判断担保责任带来的潜在长期负债问题。

（3）未决诉讼。未决诉讼一旦判决败诉，便会影响企业的偿债能力，因此在评价企业长期偿债能力时要考虑其潜在影响。

二、营运能力分析

营运能力比率即资产管理比率，用来衡量公司管理资产的效率。这类比率可以分析企业根据目前和预计的销售水平，资产负债表上各类资产总额是否处于合理水平，现有经济资源的利用效率是否合理。

资产营运能力的强弱关键取决于资产的周转速度。一般说来，周转速度越快，资产的使用效率越高，则资产营运能力越强；反之，营运能力就越差。资金周转速度通常用周转率和周转期表示。周转率，即企业在一定时期内资产的周转额与平均余额的比率，它反映企业资产在一定时期的周转次数。周转次数越多，表明周转速度越快，资产营运能力越强。这一指标的反指标是周转天数，它是周转次数的倒数与计算期天数的乘积，反映资金周转一次所需要的天数。周转天数越少，表明周转速度越快，资产营运能力越强。两者的计算公式分别为

$$周转率（周转次数）=\frac{周转额}{平均资产余额}$$

$$周转期（周转天数）=\frac{计算期天数}{周转次数}=\frac{平均资产余额\times计算期天数}{周转额}$$

1. 应收账款周转率

应收账款周转率是企业一定时期内营业收入与平均应收账款余额的比率，是反映应收账款周转速度的指标。其计算公式为

$$应收账款周转率（周转次数）=\frac{营业收入}{平均应收账款余额}$$

$$应收账款周转期（周转天数）=\frac{平均应收账款余额\times365}{营业收入}$$

$$平均应收账款余额=\frac{应收账款余额年初数+应收账款余额年末数}{2}$$

应收账款周转率反映了企业应收账款变现速度的快慢及管理效率的高低，周转率高表明：收账迅速，账龄较短；资产流动性强，短期偿债能力强；可以减少收账费用和坏账损失，从而相对增加企业流动资产的投资收益。同时借助应收账款周转期与企业信用期限的比较，还可以评价购买单位的信用程度，以及企业原定的信用条件是否适当。

在计算和使用应收账款周转率时应注意以下问题。

（1）营业收入的赊销比例问题。从理论上说应收账款是赊销引起的，其对应的流量是赊销额，而非全部营业收入。因此，计算时应使用赊销额取代营业收入。但是，外部分析人无法取得赊销的数据，只好直接使用营业收入计算。实际上相当于假设现金销售时收现时间等于零的应收账款。只要现金销售与赊销的比例是稳定的，不妨碍与上期数据的可比性，只是一贯高估了周转次数。问题是与其他企业比较时，不知道可比企业的赊销比例，也就无从知道应收账款是否可比。

（2）应收账款余额的可靠性问题。应尽可能地使用更详尽的计算资料，如按每月的应收账款余额来计算其平均占用额。

（3）应收账款的减值准备问题。统一财务报表上列示的应收账款是已经提取减值准备后的净额，而营业收入并没有相应减少。其结果是，提取的减值准备越多，应收账款周转天数越少。这种周转天数的减少不是好的业绩，反而说明应收账款管理欠佳。如果减值准备的数额较大，就应进行调整，使用未提取坏账准备的应收账款计算周转天数。报表附注中应披露应收账款减值的信息，可作为调整的依据。

（4）应收票据是否计入应收账款周转率。大部分应收票据是销售形成的，只不过是应收账款的另一种形式，应将其纳入应收账款周转天数的计算，称为应收账款及应收票据周转天数。

（5）应收账款周转天数是否越少越好。应收账款是赊销引起的，如果赊销有可能比现金销售更有利，周转天数就不会越少越好。收现时间的长短与企业的信用政策有关。例如，甲企业的应收账款周转天数是 18 天，信用期是 20 天；乙企业的应收账款周

转天数是 15 天，信用期是 10 天。前者的收款业绩优于后者，尽管其周转天数较多。改变信用政策，通常会引起企业应收账款周转天数的变化。信用政策的评价涉及多种因素，不能仅仅考虑周转天数的缩短。

（6）应收账款分析应与营业额分析、现金分析联系起来。应收账款的起点是销售，终点是现金。正常的情况是销售增加引起应收账款增加，现金的存量和经营现金流量也会随之增加。如果一个企业应收账款日益增加，而销售和现金日益减少，则可能是销售出了比较严重的问题，促使放宽信用政策，甚至随意发货，而现金收不回来。

总之，应当深入应收账款的内部，并且要注意应收账款与其他问题的联系，才能正确评价应收账款周转率。

2. *存货周转率*

存货周转率是企业一定时期内营业成本与平均存货余额的比率，是反映企业流动资产流动性的一个指标，也是衡量企业生产经营各环节中存货运营效率的一个综合性指标。其计算公式为

$$存货周转率（周转次数）=\frac{营业成本}{平均存货余额}$$

$$存货周转期（周转天数）=\frac{平均存货余额\times 365}{营业成本}$$

$$平均存货余额=\frac{存货余额年初数+存货余额年末数}{2}$$

存货周转速度的快慢，不仅反映出企业采购、储存、生产、销售各环节管理工作状况的好坏，而且对企业的偿债能力及获利能力产生决定性的影响。一般来讲，存货周转率越高越好，存货周转率越高，表明其变现的速度越快，周转额越大，资产占用水平越低。因此，通过存货周转分析，有利于找出存货管理存在的问题，尽可能降低资金占用水平。首先，存货既不能储存过少，否则可能造成生产中断或销售紧张；又不能储存过多，否则可能导致呆滞、积压。一定要保持结构合理、质量可靠。其次，存货是流动资产的重要组成部分，其质量和流动性对企业流动比率具有举足轻重的影响，并进而影响企业的短期偿债能力。因此，一定要加强存货的管理，来提高其投资的变现能力和营利能力。

在计算和使用存货周转率时应注意以下几个问题。

（1）存货计价方法对存货周转率有较大的影响，因此，在分析企业不同时期或不同企业的存货周转率时，应注意存货计价方法的口径是否一致。

（2）分子、分母的数据应注意时间上的对应性。

（3）存货周转天数不是越低越好。存货过多会浪费资金，存货过少不能满足流转需要，在特定的生产经营条件下存在一个最佳的存货水平，所以存货不是越少越好。

（4）应注意应付款项、存货和应收账款（或销售）之间的关系。一般说来，销售增加会拉动应收账款、存货、应付账款增加，不会引起周转率的明显变化。但是，当企业接受一个大的订单时，先要增加采购，然后依次推动存货和应收账款增加，最后才引

起收入上升。因此，在该订单没有实现销售以前，先表现为存货等周转天数增加。这种周转天数增加，没有什么不好。与此相反，预见到销售会萎缩时，先行减少采购，依次引起存货周转天数等下降。这种周转天数下降不是什么好事，并非资产管理的改善。因此，任何财务分析都以认识经营活动的本来面目为目的，不可根据数据的高低做出简单结论。

（5）应关注构成存货的产成品、自制半成品、原材料、在产品和低值易耗品之间的比例关系。各类存货的明细资料及存货重大变动的解释，在报表附注中应有披露。正常情况下，它们之间存在某种比例关系。如果产成品大量增加，其他项目减少，很可能是销售不畅，放慢了生产节奏。此时，总的存货金额可能并没有显著变动，甚至尚未引起存货周转率的显著变化。因此，在分析时既要重点关注变化大的项目，也不能完全忽视变化不大的项目，其内部可能隐藏着重要问题。

3. 流动资产周转率

流动资产周转率是企业一定时期内营业收入与平均流动资产余额的比率，也是反映企业流动资产流动性的一个指标。其计算公式为

$$流动资产周转率（周转次数）=\frac{营业收入}{平均流动资产余额}$$

$$流动资产周转期（周转天数）=\frac{平均流动资产余额\times 365}{营业收入}$$

$$平均流动资产余额=\frac{流动资产余额年初数+流动资产余额年末数}{2}$$

在一定时期内，流动资产周转次数越多，表明以相同的流动资产完成的周转额越多，流动资产利用效果越好。从流动资产周转天数来看，周转一次所需要的天数越少，表明流动资产在经历生产和销售各阶段时所占用的时间越短。生产经营任何一个环节上的工作改善，都会反映到周转天数的缩短上来。

4. 固定资产周转率

固定资产周转率是企业一定时期内营业收入与平均固定资产净值的比率。其计算公式为

$$固定资产周转率（周转次数）=\frac{营业收入}{平均固定资产净值}$$

$$固定资产周转期（周转天数）=\frac{平均固定资产净值\times 365}{营业收入}$$

$$平均固定资产净值=\frac{固定资产净值年初数+固定资产净值年末数}{2}$$

需要说明的是，与固定资产有关的价值指标有固定资产原价、固定资产净值和固定资产净额等。其中，固定资产原价是指固定资产的历史成本。固定资产净值为固定资产原价扣除已计提的累计折旧后的余额（固定资产净值＝固定资产原价－累计折旧）。固定资产净额则是固定资产原价扣除已计提的累计折旧以及已计提的减值准备后的余额

（固定资产净额 = 固定资产原价 − 累计折旧 − 已计提减值准备）。

一般情况下，固定资产周转率越高，表明企业固定资产利用越充分，同时也能表明企业固定资产投资得当，固定资产结构合理，能够充分发挥效率；如果固定资产周转率不高，则表明固定资产使用效率不高，提供的生产成果不多，企业的营运能力不强。

运用固定资产周转率时，需要考虑固定资产因计提折旧的影响其净值不断减少，以及因更新重置其净值突然增加的影响。同时，由于折旧方法的不同，可能影响其可比性，故在分析时，一定要删除掉这些不可比因素。

5. 非流动资产周转率

非流动资产周转率是企业一定时期内营业收入与平均非流动资产余额的比率。其计算公式为

$$非流动资产周转率（周转次数）=\frac{营业收入}{平均非流动资产余额}$$

$$非流动资产周转期（周转天数）=\frac{平均非流动资产余额\times 365}{营业收入}$$

$$平均非流动资产余额=\frac{非流动资产余额年初数+非流动资产余额年末数}{2}$$

非流动资产周转率反映非流动资产的管理效率。分析时主要是针对投资预算和项目管理，分析投资与其竞争战略是否一致，收购和剥离政策是否合理等。

6. 总资产周转率

总资产周转率是企业一定时期内营业收入与平均资产总额的比率，可以用来反映企业全部资产的利用效率。其计算公式为

$$总资产周转率（周转次数）=\frac{营业收入}{平均资产总额}$$

$$总资产周转期（周转天数）=\frac{平均资产总额\times 365}{营业收入}$$

$$平均资产总额=\frac{资产总额年初数+资产总额年末数}{2}$$

总资产周转率越高，表明企业全部资产的使用效率越高；如果该指标较低，则说明企业利用全部资产进行经营的效率较差，最终会影响企业的营利能力。企业应采取各项措施来提高企业的资产利用程度，如提高营业收入或处理多余的资产。

需要说明的是，上述指标的计算中均以年度作为计算期，在实际中，计算期应视分析的需要而定，但应保持分子与分母在时间口径上的一致。如果资金占用的波动性较大，企业应采用更详细的资料进行计算。如果各期占用额比较稳定，波动不大，季度、年度的平均占用额也可以直接用（期初数+期末数）/ 2 的公式来计算。

三、营利能力分析

营利能力就是企业资金增值的能力，它通常体现为企业收益数额的大小与水平的高

低。营利能力分析包括经营营利能力分析、资产营利能力分析、资本营利能力分析和收益质量分析。

（一）经营营利能力分析

经营营利能力分析是指通过企业生产过程中的产出、耗费和利润之间的比例关系来研究和评价企业获利能力，其衡量指标主要有营业毛利率、营业利润率、营业净利率和成本费用利润率等。

1. 营业毛利率

营业毛利率是指企业一定时期毛利与营业收入比率，表示1元营业收入扣除营业成本后，有多少钱可以用于各项期间费用和形成盈利。其计算公式为

$$营业毛利率=\frac{营业收入-营业成本}{营业收入}\times 100\%$$

2. 营业利润率

营业利润率是指企业一定时期营业利润与营业收入的比率。其计算公式为

$$营业利润率=\frac{营业利润}{营业收入}\times 100\%$$

营业利润率越高，表明企业市场竞争力越强，发展潜力越大，从而营利能力更强。

3. 营业净利率

营业净利率是指企业一定时期净利润与营业收入的比率，反映1元营业收入与其成本费用之间可以“挤”出来的净利润。其计算公式为

$$营业净利率=\frac{净利润}{营业收入}\times 100\%$$

营业净利率越大，则企业的营利能力越强。

4. 成本费用利润率

该指标是指企业一定时期利润总额与成本费用总额的比率，其计算公式为

$$成本费用利润率=\frac{利润总额}{成本费用总额}\times 100\%$$

其中，成本费用总额=营业成本+营业税金及附加+销售费用+管理费用+财务费用。

该指标越高，表明企业为取得利润而付出的代价越小，成本费用控制得越好，营利能力越强。

成本费用的计算口径也可以分为不同的层次，如主营业务成本、营业成本等。在评价成本费用开支效果时，应当注意成本费用与利润之间在计算层次和口径上的对应关系。

（二）资产营利能力分析

资产营利能力是指企业经济资源创造利润的能力，其衡量指标主要有总资产利润

率、总资产报酬率和总资产净利率等。

1. 总资产利润率

总资产利润率是指企业的利润总额与平均资产总额的比率，它反映企业综合运用所拥有的全部经济资源获得的效果，是一个综合性的效益指标。其计算公式为

$$总资产利润率=\frac{利润总额}{平均资产总额}\times 100\%$$

总资产利润率表现企业利用全部资产取得的综合效益。一般情况下，该指标越高，反映企业资产的利用效果越好。它受利润总额和平均资产总额的影响。要提高总资产利润率，一方面要加强销售业务，扩大经营，增加营业利润，另一方面要加强企业资产管理，提高资产利润率，降低总资产占用额。

2. 总资产报酬率

总资产报酬率是指企业一定时期内获得的报酬总额与平均资产总额的比率。它是反映企业资产综合利用效果的指标，也是衡量企业利用债权人和所有者权益总额所取得盈利的重要指标。其计算公式为

$$总资产报酬率=\frac{息税前利润总额}{平均资产总额}\times 100\%$$

其中，息税前利润总额 = 利润总额 + 利息支出 = 净利润 + 所得税 + 利息支出。

总资产报酬率全面反映了企业全部资产的获利水平，企业所有者和债权人对该指标都非常关心。一般情况下，该指标越高，表明企业的资产利用效益越好，整个企业营利能力越强，经营管理水平越高。企业还可以将该指标与市场资本利率进行比较，如果前者较后者大，则说明企业可以充分利用财务杠杆，适当举债经营，以获得更多的收益。

3. 总资产净利率

总资产净利率是指净利润与平均资产总额的比率，它反映公司从 1 元受托资产（不管资金来源）中得到的净利润。其计算公式为

$$总资产净利率=\frac{净利润}{平均资产总额}\times 100\%$$

影响总资产净利率的驱动因素是营业净利率和总资产周转率。

$$\begin{aligned}总资产净利率 &= \frac{净利润}{平均资产总额}=\frac{净利润}{营业收入}\times\frac{营业收入}{平均资产总额}\\ &= 营业净利率\times 总资产周转率\end{aligned}$$

总资产周转次数是 1 元资产创造的营业收入，营业净利率是 1 元营业收入创造的净利润，两者共同决定了资产净利率，即 1 元资产创造的净利润。

（三）资本营利能力分析

资本营利能力是指企业的所有者通过投入资本在生产经营过程中所取得利润的能力，其衡量指标主要有净资产收益率、资本收益率等。

1. 净资产收益率

净资产收益率是指企业一定时期净利润与平均净资产的比率。其计算公式为

$$净资产收益率=\frac{净利润}{平均净资产}\times100\%$$

$$平均净资产=\frac{股东权益年初数+股东权益年末数}{2}$$

净资产收益率是评价企业自有资本及其积累获取报酬水平的最具综合性与代表性的指标，反映企业资本运营的综合效益。该指标通用性强，适应范围广，不受行业局限，在国际上的企业综合评价中使用率非常高。通过对该指标的综合对比分析，可以看出企业营利能力在同行业中所处的地位，以及与同类企业的差异水平。一般认为，净资产收益率越高，企业自有资本获取收益的能力越强，运营效益越好，对企业投资人和债权人权益的保证程度越高。

2. 资本收益率

资本收益率是指企业一定时期净利润与平均资本（即资本性投入及其资本溢价）的比率，反映企业实际获得投资额的回报水平。其计算公式为

$$资本收益率=\frac{净利润}{平均资本}\times100\%$$

$$平均资本=\frac{\left(\begin{matrix}实收资本（股本）\\年初数\end{matrix}+\begin{matrix}资本公积\\年初数\end{matrix}\right)+\left(\begin{matrix}实收资本（股本）\\年末数\end{matrix}+\begin{matrix}资本公积\\年末数\end{matrix}\right)}{2}$$

其中，资本公积＝资本公积中的资本溢价（股本溢价）。

需要说明的是，企业所有者权益的来源包括所有者投入的资本、直接计入所有者权益的所得和损益、留存收益等。其中，所有者投入的资本反映在实收资本（股本）和资本公积（资本溢价或股本溢价）中；直接计入所有者权益的利得和损益反映在资本公积（其他资本公积）中，留存收益则包括未分配利润和盈余公积。换句话说，并非资本公积中的所有金额都属于所有者投入的资本，只有其中的资本溢价（股本溢价）属于资本性投入。

（四）收益质量分析

收益质量是指企业盈利的结构和稳定性，评价收益质量的主要指标是盈余现金保障倍数。

盈余现金保障倍数是企业一定时期经营现金净流量与净利润的比值，反映了企业当期净利润中现金收益的保障程度，真实反映了企业盈余的质量，是评价企业盈利状况的辅助指标。其计算公式为

$$盈余现金保障倍数=\frac{经营现金净流量}{净利润}$$

盈余现金保障倍数是从现金流入和流出的动态角度，对企业收益的质量进行评价，

在收付实现制的基础上，充分反映出企业当期净利润中有多少是有现金保障的。一般来说，盈利企业的盈余现金保障倍数等于或大于 1，说明企业的利润有相应的现金流量为保障。该指标越大，表明企业经营活动产生的净利润对现金的贡献越大。

四、发展能力分析

发展能力是企业在生存的基础上扩大规模、壮大实力的潜在能力。发展能力分析包括盈利增长能力分析、资产增长能力分析、资本增长能力分析和技术投入增长能力分析。

（一）盈利增长能力分析

企业的价值主要取决于其盈利和增长能力，因而，企业的盈利增长是反映企业发展能力的重要方面，其衡量指标主要有营业收入增长率、营业利润增长率、净利润增长率和营业收入三年平均增长率等。

1. 营业收入增长率

营业收入增长率是指企业本年营业收入增长额与上年营业收入总额的比率。它反映企业营业收入的增减变动情况，是评价企业成长状况和发展能力的重要指标。其计算公式为

$$营业收入增长率=\frac{本年营业收入增长额}{上年营业收入总额}\times 100\%$$

营业收入增长率是衡量企业经营状况和市场占有能力、预测企业经营业务拓展趋势的重要标志。不断增加的营业收入，是企业生存的基础和发展的条件。该指标若大于 0，表示企业本年的营业收入有所增长，指标值越高，表明增长速度越快，企业市场前景越好；若该指标小于 0，则说明产品或服务不适销对路、质次价高，或是在售后服务等方面存在问题，市场份额萎缩。该指标在实际操作时，应结合企业历年的营业收入水平、企业市场占有情况、行业未来发展及其他影响企业发展的潜在因素进行前瞻性预测，或者结合企业前三年的营业收入增长率做出趋势性分析判断。

2. 营业利润增长率

营业利润增长率是指企业本年营业利润增长额与上年营业利润总额的比率，反映企业营业利润的增减变动情况。其计算公式为

$$营业利润增长率=\frac{本年营业利润增长额}{上年营业利润}\times 100\%$$

营业利润增长率越大，说明企业营业利润增长得越快，表明企业业务突出、业务扩张能力强；营业利润增长率越小，说明企业营业利润增长得越慢，表明企业业务发展停滞、业务扩张能力弱。

3. 净利润增长率

净利润增长率是指企业本年净利润增长额与上年净利润的比率，是企业发展性的基

本表现。其计算公式为

$$净利润增长率 = \frac{本年净利润增长额}{上年净利润} \times 100\%$$

净利润增长率越大，表明企业收益增长得越多，表明企业经营业绩突出，市场竞争力却强；相反，如果企业的净利润增长率越小，则说明企业收益增长得越少，表明企业经营业绩不佳，市场竞争能力越弱。

4. 营业收入三年平均增长率

营业收入三年平均增长率表明企业营业收入连续三年的增长情况，体现企业的持续发展态势和市场扩张能力。其计算公式为

$$\begin{matrix}营业收入三年\\平均增长率\end{matrix} = \left(\sqrt[3]{\frac{本年营业收入总额}{三年前营业收入总额}} - 1\right) \times 100\%$$

其中，三年前营业收入总额指企业三年前的营业收入总额数，如在评价企业 2008 年的绩效状况时，则三年前营业收入总额是指 2005 年的营业收入总额。

营业收入是企业积累和发展的基础，该指标越高，表明企业积累的基础越牢，可持续发展能力越强，发展的潜力越大。利用营业收入三年平均增长率指标，能够反映企业的经营业务增长趋势和稳定程度，体现企业的连续发展状况和发展能力，避免因少数年份业务波动而对企业的发展潜力产生误判。一般认为，该指标越高，表明企业经营业务持续增长势头越好，市场扩张能力越强。

（二）资产增长能力分析

资产的增长是企业发展的一个重要方面，也是企业价值增长的重要手段，其衡量指标主要是总资产增长率。

总资产增长率是企业本年总资产增长额与年初资产总额的比率，它反映企业资产规模的增长情况。其计算公式为

$$总资产增长率 = \frac{本年总资产增长额}{年初资产总额} \times 100\%$$

总资产增长率是从企业资产总量扩张方面衡量企业的发展能力，表明企业规模增长水平对企业发展后劲的影响。该指标越高，表明企业一定时期内资产经营规模扩张的速度越快。但在实际分析时，应注意考虑资产规模扩张的质和量的关系，以及企业的后续发展能力，避免资产盲目扩张。

（三）资本增长能力分析

资本增长是企业发展强盛的标志，也是企业扩大再生产的源泉，展示了企业的发展水平，是评价企业发展能力的重要方面，其衡量指标主要有资本积累率、资本保值增值率和资本三年平均增长率等。

1. 资本积累率

资本积累率是指企业本年股东权益增长额与年初股东权益的比率。它反映企业当年资本的积累能力，是评价企业发展潜力的重要指标。其计算公式为

$$资本积累率=\frac{本年股东权益增长额}{年初股东权益总额}\times 100\%$$

资本积累率是企业当年股东权益总的增长率，反映了股东权益在当年的变动水平，体现了企业资本的积累情况，是企业发展强盛的标志，也是企业扩大再生产的源泉，展示了企业的发展潜力。资本积累率还反映了投资者投入企业资本的保全性和增长性。该指标若大于0，则指标值越高，表明企业的资本积累越多，应付风险、持续发展的能力越大；该指标若为负值，表明企业资本受到侵蚀，股东利益受到损害，应予以充分重视。

2. 资本保值增值率

资本保值增值率是指企业扣除客观因素后的本年末股东权益总额与年初股东权益总额的比率，反映企业当年资本在企业自身努力下的实际增减变动情况。其计算公式为

$$资本保值增值率=\frac{扣除客观因素后的年末股东权益总额}{年初股东权益总额}\times 100\%$$

一般认为，资本保值增值率越高，表明企业的资本保全状况越好，所有者权益增长越快，债权人的债务越有保障。该指标通常应当大于100%。

3. 资本三年平均增长率

资本三年平均增长率表示企业资本连续三年的积累情况，在一定程度上体现了企业的持续发展水平和发展趋势。其计算公式为

$$\begin{matrix}资本三年\\平均增长率\end{matrix}=\left(\sqrt[3]{\frac{年末股东权益总额}{三年前年末股东权益总额}}-1\right)\times 100\%$$

其中，三年前年末股东权益总额指企业三年前的股东权益年末数，如在评价企业2008年的绩效状况时，则三年前股东权益年末数是指2005年的股东权益年末数。

由于一般增长率指标在分析时具有“滞后”性，仅反映当期情况，而利用该指标，能够反映企业资本积累或资本扩张的历史发展状况，以及企业稳步发展的趋势。一般认为，该指标越高，表明企业所有者权益得到保障的程度越大，企业可以长期使用的资金越充足，抗风险和持续发展的能力越强。

（四）技术投入增长能力分析

技术投入增长体现了企业研究开发和技术创新的重视程度和投入情况，是评价企业发展能力的重要方面，其衡量指标主要有技术投入比率。

技术投入比率是企业本年科技支出（包括用于研究开发、技术改造、科技创新等方面的支出）与本年营业收入金额的比率，反映企业在科技进步方面的投入，在一定程度上可以体现企业的发展潜力。其计算公式为

$$技术投入比率=\frac{本年科技支出合计}{本年营业收入净额}\times 100\%$$

技术投入比率越高，表明企业对新技术的投入越多，企业对市场的适应能力越强，未来竞争优势越明显，生存发展的空间越大，发展前景越好。

五、上市公司主要财务指标

1. 每股收益

每股收益，也称每股利润或每股盈余，反映企业普通股股东持有每一股份所能享有的企业利润和承担的企业亏损，是衡量上市公司营利能力时最常用的财务分析指标。每股收益越高，说明公司的营利能力越强。

每股收益的计算包括基本每股收益和稀释收益。

企业应当按照归属于普通股股东的当期净利润，除以发行在外普通股的加权平均数计算基本每股收益。其计算公式为

$$基本每股收益=\frac{归属于普通股股东的当期净利润}{当期发行在外普通股的加权平均数}$$

其中，当期发行在外普通股的加权平均数=（期初发行在外普通股股数 × 报告期时间 + 当期新发行普通股股数 × 已发行时间 − 当期回购普通股股数 × 已回购时间）÷ 报告期时间。（注：已发行时间、报告期时间和已回购时间一般按照天数计算，在不影响计算结果的前提下，也可以按月份简化计算。）

企业存在稀释性潜在普通股的，应当分别调整归属于普通股股东的当期净利润和发行在外普通股的加权平均数（即基本每股收益计算公式中的分子、分母），并据以计算稀释每股收益。其中，稀释性潜在普通股，是指假设当期转换为普通股会减少每股收益的潜在普通股，主要包括可转换公司债券、认股权证和股票期权等。

计算稀释每股收益，对基本每股收益分子的调整项目有：①当期已确认为费用的稀释性潜在普通股的利息；②稀释性潜在普通股转换时将产生的收益或费用。同时，将基本每股收益分母调整为当期发行在外普通股的加权平均数与假定稀释性潜在普通股转换为已发行普通股而增加的普通股股数的加权平均数之和。

2. 每股净资产

每股净资产反映发行在外的每股普通股所代表的账面权益的成本，是年末股东权益（扣除优先股权益后的余额）与年末普通股股份总数的比值。其计算公式为

每股净资产=年末股东权益 ÷ 年末普通股股数

每股净资产提供了理论上的股票最低价值。若公司股票价格低于净资产成本，成本又接近变现价值，说明公司已无存在价值。但是每股净资产是用历史成本计量的，不反映净资产的变现价值，也不反映净资产的收益能力，所以，在投资分析时只能有限地使用这个指标。

3. 市盈率

市盈率是上市公司普通股每股市价相当于每股收益的倍数，反映投资者对上市公司每元净利润愿意支付的价格，可以用来估计股票的投资报酬和风险。其计算公式为

市盈率=每股市价 ÷ 每股收益

市盈率是反映上市公司营利能力的一个重要财务比率，投资者对这个比率十分重视。这一比率是投资者做出投资决策的重要参考因素之一。一般来说，比率越高，意味着期望的未来收益较之于当前报告收益就越高，投资者对该公司的发展前景看好，愿意出较高的价格购买该公司股票，所以一些成长性较好的高科技公司股票的市盈率通常要高一些。当然，某一种股票在特定年份市盈率过高的原因则至少可能有两种情况：一是当期报告利润暂时性下降；二是预期未来若干年利润的持续增长。此外，如果某一种股票的市盈率过高，也意味着这种股票具有较高的投资风险。

4. 市净率

与市盈率相对的是市净率指标，它是投资者评价上市公司状况的另一个比率。市净率把每股净资产和每股市价联系起来，说明市场对公司资产质量的评价。其计算公式为

市净率=每股市价 ÷ 每股净资产

市净率可以用于投资分析。每股市价是资产的现在价值，是证券市场的交易价格；而每股净资产是股票的账面价值，是以成本计量的。一般认为，市价高于账面价值时企业有发展潜力，资产质量好；反之，企业发展潜力小。市净率一般大于 1，这意味着投资者愿意支付比会计账面价值更高的价格购买股票。

第三节　财务综合分析

财务分析的最终目的在于全方位地了解企业经营理财的状况，并借以对企业经济效益的优劣做出系统的、合理的评价。单独分析任何一项财务指标，都难以全面评价企业的财务状况和经营成果，要想对企业财务状况和经营成果有一个总的评价，就必须进行相互关联的分析，采用适当的标准进行综合性的评价。财务综合分析就是将偿债能力、营运能力、营利能力和发展能力等方面的分析纳入一个有机的整体之中，全面地对企业财务状况、经营成果进行揭示与披露，对企业经济效益的优劣做出准确的评价与判断。

一、传统的杜邦财务分析体系

传统的杜邦财务分析体系是利用各财务指标间的内在关系，对企业综合经营理财及经济效益进行系统分析评价的方法。因其最初由美国杜邦公司创立并成功运用而得名。

（一）传统杜邦财务分析体系的核心比率

净资产收益率是该分析体系的核心比率，它有很好的可比性，可以用于不同企业之间的比较。由于资本具有逐利性，总是流向投资报酬率高的行业和企业，使得各企业的净资

产收益率趋于接近。如果一个企业的净资产收益率经常高于其他企业，就会引来竞争者，迫使该企业的净资产收益率回到平均水平。如果一个企业的净资产收益率经常低于其他企业，就得不到资金，会被市场驱逐，使得幸存企业的股东净资产收益率提升到平均水平。

净资产收益率不仅有很好的可比性，而且有很强的综合性。为了提高股东净资产收益率，管理者有三个可以使用的比率：

$$净资产收益率=总资产净利率\times权益乘数$$

$$=营业净利率\times总资产周转率\times权益乘数$$

其中，

$$营业净利率=\frac{净利润}{营业收入}$$

$$总资产周转率=\frac{营业收入}{平均资产总额}$$

$$权益乘数=\frac{平均资产总额}{平均股东权益总额}=\frac{1}{1-资产负债率}$$

无论提高其中的哪一个比率，净资产收益率都会提升。其中，营业净利率是利润表的概括，营业收入在利润表的第一行，净利润在利润表的最后一行，两者相除可以概括全部经营成果；权益乘数是资产负债表的概括，表明资产、负债和股东权益的比例关系，可以反映最基本的财务状况；总资产周转率把利润表和资产负债表联系起来，使净资产收益率可以综合整个企业的经营活动和财务活动的业绩。

（二）传统杜邦财务分析体系的基本框架

传统杜邦财务分析体系的基本框架可用图 9-1 表示。

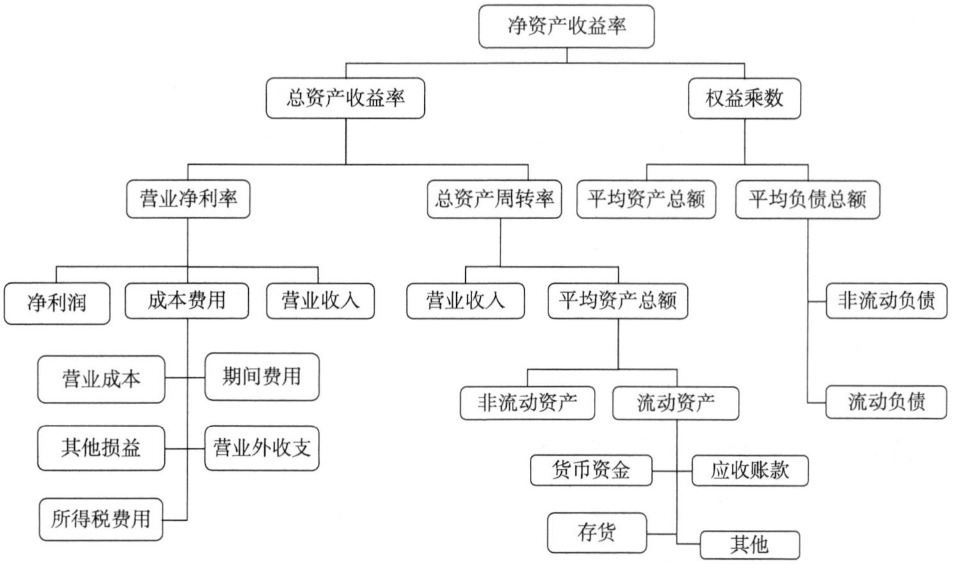

图 9-1 传统杜邦财务分析体系的基本框架

该体系是一个多层次的财务比率分解体系。各项财务比率，在每个层次上与本企业历史或同业的财务比率比较，比较之后向下一级分解。逐级向下分解，逐步覆盖企业经营活动的每一个环节，可以实现系统、全面评价企业经营成果和财务状况的目的。

第一层次的分解，是把净资产收益率分解为营业净利率、总资产周转率和权益乘数。这三个比率在各企业之间可能存在显著差异。通过对差异的比较，可以观察本企业与其他企业的经营战略和财务政策有什么不同。

分解出来的营业净利率和总资产周转率，可以反映企业的经营战略。一些企业营业净利率较高，而总资产周转率较低；另一些企业与之相反，总资产周转率较高而营业净利率较低。两者经常呈反方向变化，并且这种现象不是偶然的。为了提高营业净利率，就是要增加产品的附加值，往往需要增加投资，引起周转率的下降。与此相反，为了加快周转，就要降低价格，引起营业净利率下降。通常，营业净利率较高的制造业，其周转率都较低；周转率很高的零售商业，营业净利率很低。采取“高盈利、低周转”还是“低盈利、高周转”的方针，是企业根据外部环境和自身资源做出的战略选择。正因为如此，仅从营业净利率的高低并不能看出业绩好坏，把它与总资产周转率联系起来可以考察企业经营战略。真正重要的，是两者共同作用而得到的总资产净利率。总资产净利率可以反映管理者运用受托资产赚取盈利的业绩，是最重要的营利能力。

分解出来的财务杠杆可以反映企业的财务政策。在总资产净利率不变的情况下，提高财务杠杆可以提高净资产收益率，但同时也会增加财务风险。一般说来，总资产净利率较高的企业，财务杠杆较低；总资产净利率较低的企业，财务杠杆较高。这种现象也不是偶然的。可以设想，为了提高净资产收益率，企业倾向于尽可能提高财务杠杆。但是，贷款提供者不一定会同意这种做法。贷款提供者不分享超过利息的收益，更倾向于为预期未来经营现金流量比较稳定的企业提供贷款。为了稳定现金流量，企业的一种选择是降低价格以减少竞争，另一种选择是增加营运资本以防止现金流中断，这都会导致总资产净利率下降。这就是说，为了提高流动性，只能降低营利性。因此，我们实际看到的是，经营风险低的企业可以得到较多的贷款，其财务杠杆较高；经营风险高的企业，只能得到较少的贷款，其财务杠杆较低。总资产净利率与财务杠杆负相关，共同决定了企业的净资产收益率。企业必须使其经营战略和财务政策相匹配。

（三）财务比率的比较和分解

该分析体系要求，在每一个层次上进行财务比率的比较和分解。通过与上年比较可以识别变动的趋势，通过同业的比较可以识别存在的差距。分解的目的是识别引起变动（或产生差距）的原因，并计量其重要性，为后续分析指明方向。

（四）传统杜邦财务分析体系的局限性

1. 计算总资产净利率的“总资产”与“净利润”不匹配

首先被质疑的是总资产净利率的计算公式。总资产是全部资产提供者享有的权利，而净利润是专门属于股东的，两者不匹配。由于总资产净利率的“投入与产出”

不匹配，该指标不能反映实际的回报率。为了改善该比率的配比，要重新调整其分子和分母。

为公司提供资产的人包括股东、有息负债的债权人和无息负债的债权人，要求分享收益的是股东、有息负债的债权人。因此，需要计量股东和有息负债债权人投入的资本，并且计量这些资本产生的收益，两者相除才是合乎逻辑的总资产报酬率，才能准确反映企业的基础营利能力。

2. 没有区分经营活动损益和金融活动损益

传统财务分析体系没有区分经营活动和金融活动。对于多数企业来说金融活动是净筹资，它们从金融市场上主要是筹资，而不是投资。筹资活动没有产生净利润，而是支出净费用。这种筹资费用是否属于经营活动的费用，即使在会计规范的制定中也存在争议，各国的会计规范对此的处理也不尽相同。从财务管理的基本理念看，企业的金融资产是投资活动的剩余，是尚未投入实际经营活动的资产，应将其从经营资产中剔除。与此相适应，金融费用也应从经营收益中剔除，才能使经营资产和经营收益匹配。因此，正确计量基础营利能力的前提是区分经营资产和金融资产，区分经营收益与金融收益（费用）。

3. 没有区分有息负债与无息负债

既然要把金融（筹资）活动分离出来单独考察，就会涉及单独计量筹资活动的成本。负债的成本（利息支出）仅仅是有息负债的成本。因此，必须区分有息负债与无息负债，利息与有息负债相除，才是实际的平均利息率。此外，区分有息负债与无息负债后，有息负债与股东权益相除，可以得到更符合实际的财务杠杆。无息负债没有固定成本，本来就没有杠杆作用，将其计入财务杠杆，会歪曲杠杆的实际作用。

针对上述问题，人们对传统的财务分析体系做了一系列的改进，逐步形成了一个新的分析体系。

二、改进的杜邦财务分析体系

（一）改进的杜邦财务分析体系的主要概念

1. 资产负债表的有关概念

净经营资产=净金融负债+股东权益。其中，净经营资产=经营资产−经营负债；净金融负债=金融负债−金融资产。

与传统分析体系相比，主要的区别如下。

（1）区分经营资产和金融资产。经营资产是指用于生产经营活动的资产。与总资产相比，它不包括没有被用于生产经营活动的金融资产。严格来说，保持一定数额的现金是生产经营活动所必需的，但是外部分析人员无法区分哪些金融资产是必需的，哪些是投资的剩余，为了简化，都将其列入金融资产，视为未投入运营的资产。应收项目大部分是无息的，将其列入经营资产。区分经营资产和金融资产的主要标志是有无利息，如果能够取得利息则列为金融资产。例如，短期应收票据如果以市场利率计息就属于金融资产，否则应归入经营资产，它们只是促进销售的手段。只有短期权益性投资是个例外，它是暂时利用多余现金的一种手段，所以是金融资产，应以市价计价。至于长期权益性投资，则属于经营资产。

（2）区分经营负债和金融负债。经营负债是指在生产经营中形成的短期和长期无息负债。这些负债不要求利息回报，是伴随经营活动出现的，而非金融活动的结果。金融负债是公司筹资活动形成的有息负债。划分经营负债与金融负债的一般标准是有无利息要求。应付项目的大部分是无息的，故将其列入经营负债；如果是有息的，则属于金融活动，应列为金融负债。

金融负债减去金融资产，是公司的净金融负债，简称净负债。这里有一个重要的概念，金融资产是“负”的金融负债。它可以立即偿债并使金融负债减少。公司真正背负的偿债压力是借入后已经用掉的钱即净负债。净负债是债权人实际上已投入生产经营的债务资本。

2. 利润表的有关概念

净利润=税后经营利润−税后利息费用。其中，税后经营利润=税前经营利润×（1−所得税税率）；税后利息费用=利息费用×（1−所得税税率）。

改进的财务分析体系对收益分类的主要特点如下。

（1）区分经营活动损益和金融活动损益。金融活动的损益是负的税后利息费用，即利息收支的净额。金融活动收益和成本，不应列入经营活动损益，两者应加以区分。利息支出包括借款和其他有息负债的利息。从理论上说，利息支出应包括会计上已经资本化的利息，但是实务上很难这样去处理，因为分析时找不到有关的数据。资本化利息不但计入了资产成本，而且通过折旧的形式列入费用，进行调整极其困难。利息收入包括银行存款利息收入和债权投资利息收入。如果没有债权投资利息收入，可以用“财务费用”作为税前“利息费用”的估计值。金融活动损益以外的损益，全部视为经营活动损益。经营活动损益与金融活动损益的划分，应与资产负债表对经营资产与金融资产的划分保持对应。

（2）经营活动损益内部，可以进一步区分主要经营利润、其他营业利润和营业外收支。主要经营利润是指企业日常活动产生的利润，它等于营业收入减去营业成本及有关的期间费用，是最具持续性和预测性的收益；其他营业利润，包括资产减值、公允价值变动和投资收益，它们的持续性不易判定，但肯定低于主要经营利润；营业外收支不具持续性，没有预测价值。这样的区分，有利于评价企业的营利能力。

（3）法定利润表的所得税是统一扣除的。为了便于分析，需要将其分摊给经营利润和利息费用。分摊的简便方法是根据实际的所得税税率比例分摊，严格的办法是分别根据适用的税率计算应负担的所得税。

根据上述概念，需要重新编制公司的经调整的资产负债表和利润表。

（二）改进的杜邦财务分析体系的核心公式

该体系的核心公式如下：

$$净资产收益率=\frac{税后经营利润}{平均股东权益总额}-\frac{税后利息}{平均股东权益总额}$$

$$=\frac{税后经营利润}{平均净经营资产}\times\frac{平均净经营资产}{平均股东权益总额}-\frac{税后利息}{平均净负债}\times\frac{平均净负债}{平均股东权益总额}$$

$$=\frac{税后经营利润}{平均净经营资产}\times\left(1+\frac{平均净负债}{平均股东权益总额}\right)-\frac{税后利息}{平均净负债}\times\frac{平均净负债}{平均股东权益总额}$$

$$=净经营资产利润率+（净经营资产利润率-税后利息率）\times净财务杠杆$$

根据该公式，净资产收益率的高低取决于三个驱动因素：净经营资产利润率（可进一步分解为税后经营利润率和净资产周转次数）、税后利息率和净财务杠杆。改进的财务分析体系的基本框架如图 9-2 所示。

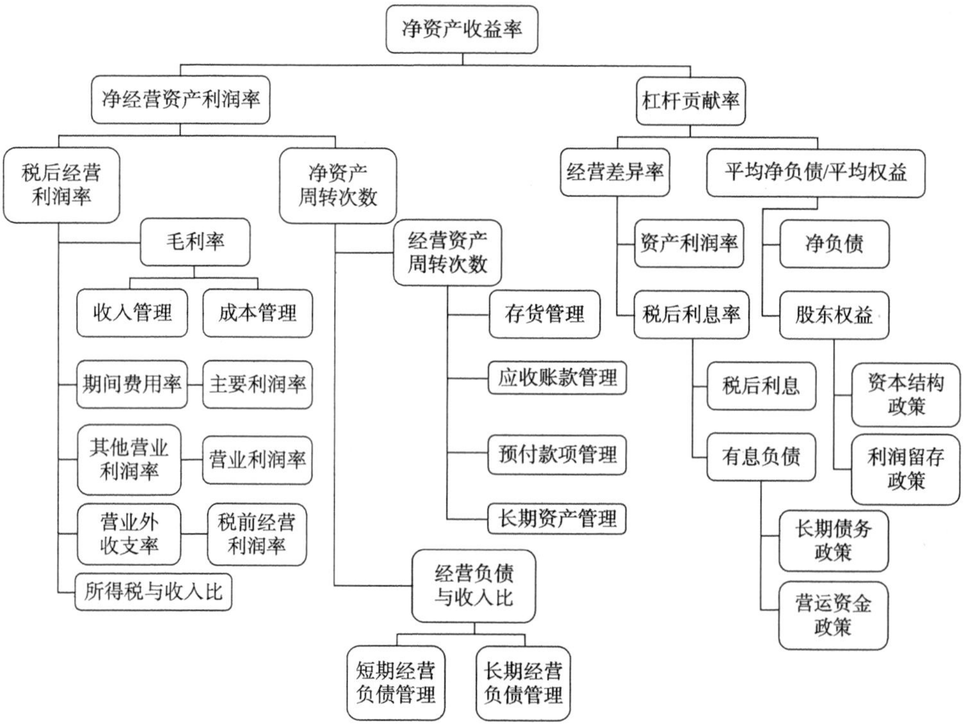

图 9-2　改进的财务分析体系的基本框架

净资产收益率被分解为净经营资产利润率和杠杆贡献率两部分，为分析净财务杠杆提供了方便。对净经营资产利润率的分析，与传统的分析体系类似，只是数据更合理，得出的结论更准确。需要说明的是杠杆贡献率的分析方法。影响杠杆贡献率的因素是税后利息率、净经营资产利润率和净财务杠杆。

杠杆贡献率=（净经营资产利润率-税后利息率）×净财务杠杆

税后利息率的分析，需要使用报表附注的明细资料。

经营差异率是净经营资产利润率和税后利息率的差额，它表示每借入 1 元债务资本投资于经营资产产生的收益，偿还税后利息后剩余的部分。该剩余归股东享有。税后利息越低，税后经营利润越高，剩余的部分越多。经营差异率是衡量借款是否合理的重要依据之一。如果经营差异率为正值，借款可以增加股东权益；如果它为负值，借款会减少股东收益。从增加股东收益来看，净经营资产利润率是企业可以承担的税后利息率的上限。

杠杆贡献率是经营差异率和净财务杠杆的乘积。以净负债/股东权益衡量的净财务杠杆，表示每 1 元权益资本配置的净债务。如果公司增加借款，会增加财务风险，推动利息率上升，使经营差异率进一步缩小。因此，进一步加大财务杠杆可能不是明智之举。依靠财务杠杆提高杠杆贡献率是有限度的。

参 考 文 献

鲍新中，徐鲲. 2021. 财务管理案例教程. 北京：清华大学出版社.

伯克 J，德马佐 P. 2014. 公司理财（上下册）. 3 版. 姜英兵译. 北京：中国人民大学出版社.

荆新，王化成，刘俊彦. 2018. 财务管理学. 8 版. 北京：中国人民大学出版社.

李秉祥，任晗晓. 2021. 大数据资产的估值. 会计之友，（21）：127-133.

黎精明. 2014. 经典财务理论赏析. 北京：经济管理出版社.

刘淑莲. 2019. 财务管理理论与实务. 4 版. 大连：东北财经大学出版社.

刘淑莲，牛彦秀. 2017. 公司理财. 4 版. 大连：东北财经大学出版社.

罗斯 SA，伍斯特菲尔德 LW，杰富 JF，等. 2019. 公司理财. 11 版. 北京：机械工业出版社.

马忠. 2015. 公司财务管理案例分析. 北京：机械工业出版社.

王爱东. 2013. 财务管理学. 2 版. 东营：中国石油大学出版社.

中国注册会计师协会. 2021. 财务成本管理. 北京：中国财政经济出版社.